陈高华　徐吉军　主编

全彩插图本中国风俗通史丛书
辽金风俗

宋德金　著

上海文艺出版社

《全彩插图本中国风俗通史丛书》
编辑委员会

陈高华　徐吉军　史金波　宋镇豪　宋德金　宋兆麟

陈绍棣　彭　卫　杨振红　张承宗　吴玉贵　方建新

方　健　吕凤棠　陈宝良　林永匡　徐华龙　高洪兴

总 序

《中国风俗通史》由上海文艺出版社2001年出版至今已有十多年的时间，其间承蒙读者的厚爱，多次加印，被学术界推称为中国风俗史研究具有代表性的著作。

众所周知，风俗的内涵极其丰富，涉及物质生活和精神生活诸多层面，历来有关研究著作论述的范围颇有出入。我们与各卷作者经过多次的认真讨论和深入研究，在认真吸取前人成果的基础上，力求有所突破。按其内容和形式，将其分为饮食、服饰穿着、居住与建筑、行旅交通、生育、婚姻、寿诞、卫生保健与养老、丧葬、岁时节日、交际、经济生产、娱乐、宗教信仰等大项，并努力探讨各个时代风俗的基本特征及演变规律。在写作时，力图用洗练和平实的语言，详尽的文献和考古史料，以及丰富多彩的历史图像，对中国古代社会生活和风俗的各个方面作细致入微的整体揭示和准确考证，由于种种原因，存在着一些不如意的地方。

本次修订改版，我们仍按历史断代划分，定为原始社会、夏商、两周、秦汉、魏晋南北朝、隋唐五代、宋、辽金、西夏、元、明、清、民国十三卷，力图更加全面、科学、深入、系统地反映各个时代的风俗特点，同时又呈现不同时期、不同地区、不同民族的风俗差异，将每一段历史时期中最值得探索的热点、最能反映当时社会生活风尚的事例加以发掘和论述，进而从风俗角度对整个中国历史提供一种诠释。

21世纪，是学术大发展的时期，也是一个学术创新的时代，一个读图的时代。如何适应时代的需要，使学术图书走向市场，贴近大众，并让他们更易读懂，并获得快感和美感，是值得我们探索的，也是我们努力的目标。为此，我们与出版方一起对各卷图书的插图进行了大幅度的调整，增加了大量第一手的、精美的、存世罕见的文物历史绘画、书法及碑刻等方面的图片，使丛书的文字与图片相得益彰，更好地展示中国风俗的历史画面。

　　需要说明的是，由于历史的关系和条件的限制，要在每一卷的相关内容里都配上插图，并非易事。特别是有的朝代距今甚远，如史前时期、夏商时期，距今三四千年以上，不仅史料不足征，探索当时的风俗是一件很困难的事情，要进行图片收集更是难上加难，而这些正是需要读者谅解的。

陈高华　徐吉军

目 录

总序 …………………………………… 1

【导　言】

一、辽金风俗形成的历史背景与
　　地理环境 ……………………… 3
二、辽金风俗观念与政策 ………… 6
三、结语 …………………………… 9

上编　辽代

【第一章　饮　食】

第一节　主食与副食 ……………… 4
　　一、肉食 ………………………… 4
　　二、野味貔狸 …………………… 8
　　三、乳品 ………………………… 10
　　四、谷物食品 …………………… 11
　　五、副食 ………………………… 11
　　六、果品 ………………………… 13
第二节　酒、茶及其他饮料 ……… 14
　　一、酒 …………………………… 14
　　二、茶 …………………………… 21

三、其他饮料 …………………… 25
第三节　契丹名宴 ………………… 26
　　一、头鹅宴 ……………………… 26
　　二、头鱼宴 ……………………… 28
第四节　炊具与饮食器皿 ………… 31
　　一、炊具 ………………………… 31
　　二、饮食器皿 …………………… 32
第五节　辽代饮食风俗的特点和影响 … 43
　　一、原始，粗放 ………………… 43
　　二、贵生鲜，尚豪饮 …………… 44
　　三、对中原汉人饮食文化的借鉴
　　　　与吸收 ……………………… 44
　　四、契丹饮食对境内汉人和其他族
　　　　以及邻境的影响 …………… 45

【第二章　穿　着】

第一节　服饰制度与风俗 ………… 48
　　一、契丹早期服饰 ……………… 48
　　二、官服：国服与汉服 ………… 49
　　三、从考古发现看辽代服饰 …… 52
第二节　首饰、发式与面妆 ……… 68
　　一、首饰 ………………………… 68
　　二、发式 ………………………… 70
　　三、面妆 ………………………… 72

第三节　辽代穿着风俗特点及演变 ……… 75

【第三章　居住与建筑】

第一节　穹庐与板筑土屋 ……………… 78
　　一、穹庐 …………………………… 78
　　二、板筑土屋 ……………………… 80
第二节　五京及其建筑 ………………… 82
　　一、上京临潢府 …………………… 82
　　二、中京大定府 …………………… 84
　　三、东京辽阳府 …………………… 85
　　四、南京析津府 …………………… 86
　　五、西京大同府 …………………… 86
第三节　捺钵行宫 ……………………… 89
第四节　居室设备与家具 ……………… 91
　　一、床榻 …………………………… 91
　　二、胡床 …………………………… 91
　　三、床上用品及其他家具 ………… 92
　　四、出土文物中的居室设备与家具 … 92
第五节　辽代居住与建筑风俗特点及
　　　　历史地位 ……………………… 96
　　一、游动性 ………………………… 96
　　二、多东向 ………………………… 96
　　三、开放性 ………………………… 97
　　四、辽朝建筑的历史地位 ………… 98

【第四章　行旅交通】

第一节　陆路 …………………………… 100
　　一、畜力 …………………………… 100
　　二、车辆 …………………………… 105

　　三、皇帝的车舆 …………………… 108
第二节　水路 …………………………… 111
　　一、舟船 …………………………… 111
　　二、桥梁 …………………………… 112
第三节　驿道与驿馆 …………………… 114
　　一、驿道 …………………………… 114
　　二、驿馆 …………………………… 115
　　三、捺钵路线及鹰路 ……………… 116

【第五章　婚　姻】

第一节　婚姻制度与形式 ……………… 118
　　一、婚姻制度 ……………………… 118
　　二、婚姻形式 ……………………… 120
第二节　契丹婚姻习俗 ………………… 123
　　一、皇帝纳后仪 …………………… 123
　　二、公主下嫁仪 …………………… 124
　　三、"捧镜"、"跨鞍"之俗 ……… 124
第三节　辽朝婚姻政策与辽人婚姻观念 … 126
　　一、辽朝婚姻政策 ………………… 126
　　二、辽人婚姻观念 ………………… 127

【第六章　生育与姓名】

第一节　生育 …………………………… 130
　　一、皇后生育习俗 ………………… 130
　　二、平民生育习俗 ………………… 131
　　三、契丹生育习俗中的信仰 ……… 131
第二节　姓名 …………………………… 132
　　一、姓名次序 ……………………… 132
　　二、赐姓名 ………………………… 133

三、避讳 …………………………… 133
　　四、其他命名习俗 ………………… 134

【第七章　丧　葬】

第一节　葬法与墓室 …………………… 136
　　一、葬法 …………………………… 136
　　二、墓室形制 ……………………… 139
第二节　尸体防腐与网络面具 ………… 142
　　一、尸体防腐 ……………………… 142
　　二、网络与面具 …………………… 143
第三节　皇帝丧仪与陵寝 ……………… 147
　　一、丧仪 …………………………… 147
　　二、陵寝 …………………………… 148
第四节　殉葬与"烧饭" ……………… 153
　　一、殉葬 …………………………… 153
　　二、"烧饭" ……………………… 157
第五节　辽代丧葬习俗的特点、演变轨
　　　　迹及文化内涵 ………………… 159
　　一、辽代丧葬习俗具有鲜明的民族
　　　　和地方特色 …………………… 159
　　二、由简而繁、由朴入奢是辽代丧
　　　　葬习俗的趋势 ………………… 159
　　三、辽代丧葬习俗体现了两种文化
　　　　的交流与融合 ………………… 162
　　四、辽代墓葬不仅反映了丧葬习俗，
　　　　而且具有更为丰富的文化内涵 … 162

【第八章　生　产】

第一节　渔猎 …………………………… 164
　　一、捕鱼 …………………………… 164
　　二、狩猎 …………………………… 165
第二节　畜牧 …………………………… 170
第三节　农业 …………………………… 173
　　一、契丹农业的出现和辽代农业
　　　　的发展 ………………………… 173
　　二、农业生产门类 ………………… 174
　　三、节令与农时 …………………… 177

【第九章　信　仰】

第一节　原始信仰 ……………………… 180
　　一、拜日 …………………………… 180
　　二、祭祀天地 ……………………… 181
　　三、祭山 …………………………… 183
　　四、其他信仰 ……………………… 185
第二节　萨满教 ………………………… 187
第三节　佛教 …………………………… 189
　　一、佛教在辽朝的传播和发展 …… 189
　　二、辽人信仰佛教的特点 ………… 193
　　三、辽代佛教与社会文明 ………… 198
第四节　道教 …………………………… 201

【第十章　契丹仪礼】

第一节　再生礼 ………………………… 206
　　一、再生礼的名称及仪式 ………… 206
　　二、再生礼的寓意 ………………… 207
　　三、再生礼与本命年风俗 ………… 208
第二节　柴册礼 ………………………… 210
　　一、柴册礼及其由来 ……………… 210

二、柴册礼礼俗 …………………… 211
第三节　瑟瑟礼 ……………………………… 213
　　一、瑟瑟礼与祈雨射柳 ………… 213
　　二、契丹瑟瑟礼中对其他民族风习
　　　　的承袭 …………………………… 214
第四节　射鬼箭 ……………………………… 215

【 第十一章　节　日 】

第一节　年节 ………………………………… 218
　　一、元旦 …………………………… 218
　　二、人日（正月初七） …………… 219
　　三、放偷日 ………………………… 219
　　四、元宵节（正月十五日） ……… 220
　　五、中和节（二月一日） ………… 220
　　六、佛诞日（二月八日，四月八日）… 221
　　七、上巳（三月三日） …………… 221
　　八、端午（五月初五） …………… 222
　　九、三伏（六月十八日） ………… 223
　　十、中元节（七月十五日） ……… 223
　　十一、中秋节（八月十五日） …… 223
　　十二、重阳节（九月九日） ……… 224
　　十三、小春（十月十五日） ……… 224
　　十四、腊辰日 ……………………… 225
第二节　节气 ………………………………… 226
　　一、立春 …………………………… 226
　　二、清明 …………………………… 227
　　三、夏至 …………………………… 227
　　四、冬至 …………………………… 227
第三节　圣节 ………………………………… 228

【 第十二章　游　艺 】

第一节　口头文学 …………………………… 230
　　一、传说 …………………………… 230
　　二、咒语、歌谣、谚语 …………… 230
第二节　音乐 ………………………………… 232
　　一、国乐 …………………………… 232
　　二、雅乐 …………………………… 232
　　三、大乐 …………………………… 234
　　四、散乐 …………………………… 234
　　五、军乐 …………………………… 234
　　六、诸国乐 ………………………… 237
第三节　舞蹈 ………………………………… 238
　　一、宫廷乐舞 ……………………… 238
　　二、民间舞蹈 ……………………… 239
第四节　杂技、体育和游戏 ………………… 240
　　一、杂戏 …………………………… 240
　　二、戏马 …………………………… 241
　　三、角抵 …………………………… 241
　　四、击球 …………………………… 245
　　五、棋类 …………………………… 246

【 第十三章　社会组织 】

第一节　家庭结构与观念 …………………… 250
　　一、家庭结构 ……………………… 250
　　二、家庭观念 ……………………… 259
第二节　邑社 ………………………………… 262
　　一、宗旨与组织 …………………… 262
　　二、邑社的种类 …………………… 262

下编 金代

【第一章 饮　食】

第一节　主食与副食 …………………… 268
　　一、谷物食品 ……………………… 268
　　二、肉、乳 ………………………… 270
　　三、菜肴 …………………………… 271
　　四、调味品 ………………………… 274
第二节　酒、茶及其他饮料 …………… 277
　　一、酒 ……………………………… 277
　　二、茶 ……………………………… 284
　　三、其他饮料 ……………………… 288
第三节　宴饮名目 ……………………… 290
　　一、御厨宴 ………………………… 290
　　二、花宴 …………………………… 290
　　三、较射宴 ………………………… 291
　　四、换衣灯宴 ……………………… 291
第四节　炊具与饮食器皿 ……………… 293
　　一、炊具 …………………………… 293
　　二、饮食器与存贮器 ……………… 295
第五节　金代饮食观念、特点及影响 … 301
　　一、饮食思想与观念 ……………… 301
　　二、饮食特点及其影响 …………… 303
　　三、饮食的汉化与女真化 ………… 303

【第二章 穿　着】

第一节　女真早期衣着 ………………… 308

第二节　服饰制度 ……………………… 309
　　一、金代服制的确立 ……………… 309
　　二、礼服 …………………………… 310
　　三、常服 …………………………… 310
　　四、文物考古资料中的金人衣着 … 315
第三节　发式、首饰、佩饰及化妆 …… 321
　　一、发式 …………………………… 321
　　二、首饰、佩饰 …………………… 321
　　三、化妆 …………………………… 323
第四节　服饰风尚的变迁 ……………… 325

【第三章 居住与建筑】

第一节　民居 …………………………… 330
第二节　宫室 …………………………… 332
　　一、上京 …………………………… 332
　　二、中都 …………………………… 335
　　三、南京 …………………………… 346
第三节　火炕 …………………………… 347

【第四章 行旅交通】

第一节　陆路 …………………………… 352
　　一、畜力 …………………………… 352
　　二、车辆 …………………………… 354
　　三、车舆制度 ……………………… 354
第二节　水路 …………………………… 356
　　一、金初舟楫和造船业的发展 …… 356
　　二、破冰船 ………………………… 357
　　三、漕运 …………………………… 357
第三节　桥梁 …………………………… 359

一、浮桥 …………………… 359
　　二、木桥 …………………… 360
　　三、石桥 …………………… 360
第四节　要道与驿站 …………… 365
　　一、皇帝游幸通道 ………… 365
　　二、金宋驿道 ……………… 365
　　三、驿站 …………………… 366

【第五章　婚　姻】

第一节　婚姻制度 ……………… 370
　　一、一夫一妻制的确立 …… 370
　　二、原始婚制的残余 ……… 371
　　三、皇族世婚制 …………… 372
　　四、金朝的婚姻政策 ……… 374
第二节　婚嫁习俗 ……………… 375
　　一、婚恋自由 ……………… 375
　　二、婚仪 …………………… 375
　　三、渤海婚俗 ……………… 376
　　四、同性恋 ………………… 376
　　五、指腹为婚 ……………… 376

【第六章　生育与姓名】

第一节　生育 …………………… 378
　　一、重视生子 ……………… 378
　　二、自择佳辰为"生日" …… 378
　　三、诞生礼俗 ……………… 379
第二节　姓氏与命名 …………… 386
　　一、姓氏 …………………… 386
　　二、命名 …………………… 388

【第七章　丧　葬】

第一节　葬法与墓葬形制 ……… 390
　　一、葬法 …………………… 390
　　二、墓葬形制 ……………… 391
第二节　殉葬、劈面、"烧饭"及其他
　　　　葬祭习俗 ………………… 398
　　一、殉葬 …………………… 398
　　二、劈面 …………………… 399
　　三、"烧饭" ………………… 399
第三节　帝王陵寝与宗庙 ……… 402

【第八章　生　产】

第一节　农业 …………………… 408
　　一、农业生产的发展 ……… 408
　　二、作物种类和耕作习俗 … 410
　　三、重视农时和祈祷丰收 … 412
第二节　畜牧业 ………………… 414
第三节　狩猎业 ………………… 416
第四节　工商业 ………………… 419

【第九章　信　仰】

第一节　原始信仰及其他民间信仰 … 424
　　一、原始信仰 ……………… 424
　　二、其他民间信仰 ………… 429
第二节　萨满教 ………………… 433
第三节　佛教 …………………… 435
第四节　道教 …………………… 446
　　一、金代道教发展的原因 … 446

二、新道教的产生、教义及传播 … 447

第十章 节 日

第一节 女真传统节日 …………… 454
第二节 金朝节日 ………………… 455
  一、除夕、元旦 ……………… 455
  二、晦日 ……………………… 456
  三、人日 ……………………… 456
  四、上元 ……………………… 456
  五、中和 ……………………… 457
  六、上巳 ……………………… 457
  七、四月八日 ………………… 458
  八、端午 ……………………… 458
  九、三伏 ……………………… 459
  十、七夕 ……………………… 459
  十一、中元 …………………… 459
  十二、中秋节 ………………… 460
  十三、重阳 …………………… 460
  十四、下元 …………………… 461
第三节 节气 ……………………… 462
  一、立春 ……………………… 462
  二、寒食、清明 ……………… 463
第四节 圣节 ……………………… 464

第十一章 游 艺

第一节 口头文学 ………………… 470

一、女真自度歌 ………………… 470
二、汉语歌谣、谚语 …………… 470
第二节 音乐、舞蹈与曲艺 ……… 472
  一、音乐 ……………………… 472
  二、舞蹈 ……………………… 474
  三、曲艺 ……………………… 476
第三节 体育与游戏 ……………… 480
  一、骑射 ……………………… 480
  二、射柳 ……………………… 481
  三、击球 ……………………… 482
  四、角抵 ……………………… 483
  五、棋类 ……………………… 483
  六、其他 ……………………… 484

第十二章 社会组织

第一节 家庭结构与观念 ………… 486
  一、家庭结构 ………………… 486
  二、家庭成员的地位 ………… 487
  三、家庭观念 ………………… 489
第二节 邑社 ……………………… 492
  一、邑社宗旨 ………………… 492
  二、邑社组织 ………………… 492
  三、集资方式 ………………… 493

后记 …………………………………… 494

导 言

风俗，一般指相沿积久而成的风气、习俗。《荀子·强国篇》载，秦相应侯范雎问孙卿子入秦何所见，孙卿子回答说："入境，观其风俗。其百姓朴，其声乐不流污，其服不挑，甚畏有司而顺，古之民也。及都邑官府，其百吏肃然，莫不恭俭敦敬，忠信而不楛，古之吏也。入其国，观其士大夫，出于其门，入于公门，出于公门，归于其家，无有私事也，不比周，不朋党，倜然莫不明通而公也，古之士大夫也。观其朝廷，其间听决百事不留，恬然如无治者，古之朝也。"①百姓俭朴、守法，官府肃然、恭俭、忠信，士大夫秉公无私、不比周、不朋党，朝廷勤政黾勉等等，均为观察风俗的范畴，说明古代风俗的内涵颇为广泛。孔子说："移风易俗，莫善于乐；安上治民，莫善于礼。"②汉代流行"百里不同风，千里不同俗，户异政，人殊服"③之语。应劭《风俗通义》说："为政之要，辨风正俗最其上也。"④由此可见，风俗历来为世所重视。

正是由于风俗在社会发展中具有十分重要的地位和作用，我国古代文献中保留了大量有关风俗的著述。历代"正史"中的相关资料，多集中在礼、乐、舆服、仪卫、食货、五行、刑法等志里；政书中的"十通"（《通典》《通志》《文献通考》《续通典》《清通典》《续通志》《清通志》《续文献通考》《清文献通考》《清续文献通考》）、历朝会要、礼制专书以及大量笔记小说、地方史志及文集中，也散见许多风俗史资料。近代以来，地下考古发掘则提供了大量实物资料。

20世纪初，伴随"新史学"观念的确立和西方社会科学的传入，开始出现一些近代意义上的风俗史著述，其中最早出现、影响较大的是张亮采编著《中国风俗史》（1911），标志近代学者研究中国社会史、风俗史之始。此后，相继有陈顾远《中国古代婚姻史》、陈东原《中国妇女史》、瞿宣颖《中国社会史料丛钞》、尚秉和《历代社会风俗事物考》等社会史、风俗史著述问世，但是在20世纪后半叶50至70年代，社会史、风俗史研究颇显冷落沉寂，鲜有研究论著出现。70年代末80年代以来，社会史、风俗史研究开始复兴，并呈现出前所未有的兴旺局面。

辽金是由契丹、女真分别在中国北方建立的王朝，传世历史文献较少，有关风俗的资料匮乏，风俗研究在辽金史研究中更显薄弱，直至20世纪80年代以后，这方面的论著才逐渐多了起来。当前，辽金风俗史研究已取得若干成果，并且在向纵深发展。

下面，根据《插图本中国风俗通史丛书》的编撰体例，就与辽金风俗相关的几个问题略作阐述。

---

① 王先谦《荀子集解》卷一一，上海书店影印世界书局"诸子集成"本，1986年版。
② 《孝经》引孔子语，文渊阁"四库全书"本。
③ 《汉书》卷七二《王吉传》，中华书局1997年版。
④ 应劭《风俗通义·序》，吴树平校释《风俗通义校释》第2页，天津人民出版社1980年版。

一、辽金风俗形成的历史背景与地理环境

一定历史时期社会风俗的形成和演变，是由其所处时代、民族文化传统及地域环境等多种因素决定的。

辽朝是公元 10 世纪初契丹人在中国北方建立的多民族王朝。

契丹是我国古代北方一个古老的民族。历史文献中关于契丹的记载始见于《魏书》。契丹出自鲜卑别支，与库莫奚属"异种同类"。登国三年（388 年），北魏大破库莫奚，契丹从库莫奚分离出来，退居潢河（今西拉木伦河）以南、土河（今老哈河）以北的地区。经过数十年，逐渐得到恢复和发展。契丹通过"朝献"、"岁贡"等方式同北魏进行贸易活动，与中原保持联系。

契丹初期，分为八部，活动在潢河以南、土河以北一带。当时八部之间互不统属，尚未形成统一的部落联盟。到隋唐时期，契丹实力得到进一步的发展，他们过着"逐寒暑，随水草畜牧"①的游牧生活。至唐朝初期，形成了以大贺氏为首的部落联盟。随着部落联盟的不断发展壮大，时常同唐王朝发生冲突。大贺氏衰落瓦解之后，遥辇氏部落联盟代之而起，并逐渐强大起来。世代为遥辇氏夷离堇（军事首领）的世里氏（即耶律氏）成了显赫家族。公元 916 年，耶律阿保机在今内蒙古西拉木伦河流域建立契丹国，后改号大辽。1125 年天祚帝时被金朝所灭，共存在 209 年。在此期间，几易国号，有时称契丹，有时称大辽，一般统称辽朝。辽灭亡后，耶律大石率部西迁，建立政权，史称西辽，1218 年为蒙古所灭。

辽朝境内，除契丹外，还有奚、渤海、汉、女真人等。

奚，本名库莫奚，其先为东胡宇文部之别种，与契丹"异种同类"，本属一个民族共同体。至北魏登国年间，契丹分离出去。库莫奚地盛产名马、文皮。北朝时已分为五部，他们"随逐水草，颇同突厥"，有阿会氏，于五部中最盛，诸部皆归之，时常与契丹互相攻击，"虏获财畜"。②至隋唐时，奚仍在广袤的草原上过着游牧生活，逐水草，居毡庐，"以畜牧为业，迁徙无常"，③"其人善猎"，"稼多穄"，④有了原始农业。

渤海，其先世可以上溯至先秦时的肃慎，肃慎后来又称挹娄、勿吉、靺鞨。唐朝时由粟末靺鞨建渤海国。渤海政治、经济在当时都达到了较高的水平，有"海东盛

---

① 《隋书》卷八四《契丹传》，中华书局 1997 年版。
② 《北史》卷九四《奚传》，中华书局 1997 年版。
③ 《旧唐书》卷一九九下《奚传》，中华书局 1997 年版。
④ 《新唐书》卷二一九《奚传》，中华书局 1997 年版。

国"之称。

女真是辽朝境内另一个主要民族，后来取辽而代之，建立金朝。

汉族，辽朝入主中原后，占有原五代、北宋之地，那里汉族的经济一度遭到破坏，生活方式也在后来的发展中受契丹影响，但他们原有的生活方式在很大的程度上仍然被保留下来。

辽朝境内诸族，各有本族的传统风俗，他们又互相影响，共同构成了丰富多彩的辽代风俗文化画卷。

不同国家、民族、地域某种风俗的形成和发展，除了取决于所处时代、民族文化传统之外，也受地理环境制约。应劭说："风者，天气有寒暖，地形有险易，水泉有美恶，草木有刚柔。"① 就是说，风俗的形成与自然环境相关联。辽朝的疆域广阔，"东自海，西至于流沙，北绝大漠"，② 即东邻今鄂霍茨克海、日本海，西越阿尔泰山，北达外兴安岭，南抵今河北霸州、雄县一带。辽朝境内有平原、草原、沙漠、戈壁、高山等各种地形、地貌，地域偏北，纬度较高，气候寒冷，干旱少雨。

辽朝各民族的传统、广阔的疆域、自然环境等都不可避免的直接影响着其社会经济的发展和风俗文化的形成和演变。

金朝是公元12世纪初以女真为统治民族建立的王朝。

女真的先世可以上溯到先秦时期的肃慎。肃慎又称息慎、稷慎，是东北地区见诸文献记载的最古老的民族。其后裔，两汉时称挹娄，北魏时称勿吉，隋唐时称靺鞨。其中以粟末、黑水两部最为强大。公元698年，以粟末靺鞨为主体建立渤海国，926年为辽所灭。

女真是五代时由黑水发展而来的。本名朱理真，讹为女真，或称虑真。辽道宗时避兴宗耶律宗真名讳，又称女直。五代时，契丹尽取渤海之地，而黑水靺鞨则附于契丹。女真在南者，编入契丹户籍，号熟女真；在北者，不入契丹籍，号生女真。公元11至12世纪间，生女真的完颜部落联盟不断发展壮大，女真社会已到了从原始社会向阶级社会过渡的历史阶段。

公元12世纪初，由于女真社会自身发展的需要和女真不堪契丹人的统治压迫，其首领阿骨打揭开了反辽斗争的序幕。天庆四年（1114年）九月，进攻宁江州（今吉林扶余东南小城子），十月攻克宁江州城。十一月，与辽军大战于出河店（今黑龙江肇源西南），取得了重大胜利。天庆五年（1115年），阿骨打在今黑龙江哈尔滨东南的阿城称帝，是为金太祖，国号大金，建元收国。

---

① 应劭撰、吴树平校释《风俗通义校释》第1页。
② 《辽史》卷二《太祖纪下》，中华书局1997年版。

阿骨打建国后，继续进攻辽朝诸路，攻取重镇黄龙府（今吉林农安）。太宗天会三年（1125年），擒获辽天祚帝，辽朝灭亡。金灭辽后，便集中兵力，进攻宋朝。天会五年（宋靖康二年，1127年），掳宋徽宗、钦宗及皇后、诸王、王妃、帝姬、郡王、国公等北归。立张邦昌为帝，国号楚，作为金朝在中原的代理政权。北宋灭亡后，宋徽宗第九子康王赵构在应天重建赵宋政权，史称南宋。天会八年（1130年），金朝又扶植刘豫为皇帝，国号齐，都大名府（今河北大名），后迁开封。

金熙宗完颜亶自幼接受汉族文化熏陶，并仿照唐宋制度，实行改革。熙宗后期，统治集团内部新旧势力矛盾斗争激烈。皇统九年（1149年）完颜亮发动宫廷政变，夺取皇位，改元天德，是为海陵王。

海陵王即位后，贞元元年（1153年）把首都从女真发祥地上京迁到燕京（今北京），改名中都。同时改汴京为南京，中京为北京。海陵王为了发动对南宋的战争，于正隆六年（1161年）六月，迁都南京开封，九月率军攻宋。十月，随从海陵王南侵的部下举部亡归，返回东京辽阳府（今辽宁辽阳），拥立东京留守完颜雍为帝，改元大定，是为金世宗。

金世宗在位期间，稳定政局，发展经济，与宋议和，整顿吏治，金朝出现了"群臣守职，上下相安，家给人足，仓廪有余"的"小康"局面。①

金世宗的继承者金章宗完颜璟即位后，在许多方面承袭世宗的施政方针，取得了一定成效。章宗时期，金朝政治制度更臻完善，中原汉文化得到广泛传播，社会经济得到较大发展。世宗、章宗两朝是金代社会的鼎盛时期。章宗后期，在抵御来自北方和南宋的战争中消耗了大量人力物力，章宗的一些弊政，加深了金朝社会的内部矛盾，金朝开始由盛转衰。

至宣宗时，在北方蒙古的不断进逼下，于贞祐二年（1214年）南迁。南迁后，政治腐败，国力衰弱。宣宗虽有励精图治之志，但是却错误地"南开宋衅，西启夏侮"，分散了兵力，"功不补患"。② 金朝灭亡，已成定局。到哀宗时，金王朝更是江河日下，天兴三年（1234年），在宋蒙联合进攻下，金朝灭亡。

金朝从建国到灭亡，凡历九帝，存在120年。

金朝的民族，除女真外，还有契丹、奚、渤海、汉族等。金朝疆域，在其最强大时，北起外兴安岭，南与宋朝接界（西起大散关，东沿淮河一线），东濒大海，西与西夏为邻。其版图约当南宋的两倍。金朝地疆辽阔，有山区、平原、河流及绵长的海岸等各种地形地貌。山区的原始森林和江河，是女真人从事渔猎的好场所；一望无际的

---

① 《金史》卷八《世宗纪下》，中华书局1997年版。
② 《金史》卷一七《哀宗纪上》。

沃野草原，则为农耕、畜牧的发展提供了条件。金朝历史、社会与地理环境影响和制约了其风俗的形成与发展。

二、辽金风俗观念与政策

　　一代风俗的形成和演变除同时代、民族传统及地域密切相关之外，还与统治者的风俗政策有很大关系。《风俗通义》序云："俗者，含血之类，像之而生。故言语歌讴异声，鼓舞动作殊形，或直或邪，或善或淫也。圣人作而齐之，咸归于正，圣人废则还其本俗。"① 就是说风俗的形成和变化同风俗政策、教化间的关系。

　　辽代风俗政策，概括地说，大致有以下几个方面：

　　首先，提倡和保持"国俗"，亦即契丹风俗。

　　契丹的某些传统风俗，终辽之世都得以保留和传承，这是与统治者的倡导分不开的。如契丹独具特色的礼俗——祭山仪、拜日仪、柴册礼、再生礼、瑟瑟礼、射鬼箭等，大都从契丹早期传承至辽代后期。这些礼仪，一般都由皇帝、皇后、臣僚等参与，它们得以长期存在就是不难理解的了。

　　其次，有限度地吸收和借鉴中原汉族礼俗。

　　有辽一代，在保持契丹民族许多传统风俗、制度的同时，还吸收和借鉴不少汉人礼俗。辽太宗克晋后，中原的文物、制度、法驾、乐器、乐工等大量入辽，于是辽朝"稍用汉礼"，② 如雅乐、大乐、散乐等，都是这时传入辽国的。应历元年（951年），穆宗重申"朝会依嗣圣皇帝（太宗）故事，用汉礼"。③ 一些本来盛行于中原的伦理道德观念、习俗等，经过契丹统治者的倡导，也在各族人中逐渐流行开来。如圣宗曾手书耶律铎轸衣裙曰："勤国忠君，举世无双。"④ 他还教诫诸侄说："惟忠惟孝，保家保身。"⑤ 圣宗曾旌表"六世同居"、"四世同居"⑥ 者。兴宗时，耶律义先惕隐（官名）戒族人说，"不孝不义，虽小不可为"。⑦ 这些都对辽朝中期以后忠孝节义观念风习的流行起了倡导和推动的作用。皇帝依中原岁时节日风俗过节，如上元观灯、重九登高饮菊花酒等，

---

　　① 《风俗通义校释》第1页。
　　② 《辽史》卷四九《礼志一》。
　　③ 《辽史》卷六《穆宗纪上》。
　　④ 《辽史》卷九三《耶律铎轸传》。
　　⑤ 《契丹国志》卷一四《诸王传》，上海古籍出版社1985年版。
　　⑥ 《辽史》卷一五《圣宗纪五》。
　　⑦ 《辽史》卷四五《百官志一》。

促进了汉族岁时节日风俗在辽国的流行。

再次，限制原始陋习和侈靡之风。

随着社会的进步和社会财富的增多，辽朝颁布一系列诏令和措施，对原始陋习及侈靡风习予以禁限。如会同三年（940年），"除姊亡妹续之法"。① 统和十年（992年），圣宗禁丧葬礼杀马，及藏甲胄、金银、器玩。太平五年（1025年），圣宗禁天下服用明金及金线绮，国亲当服者，奏而后用。《辽史·圣宗纪》赞语中肯定了圣宗在位期间"抑奢僭"的功绩。这些诏令的颁布，对限制原始陋习及侈靡之风方面起了一定的正面作用，当然不能根绝。

最后，重视儒释道，特别是崇佛佞佛，对辽朝社会风俗的形成和演变具有重大作用。

辽朝建立伊始，太祖阿保机先后诏建孔子庙、佛寺、道观，及亲谒孔子庙，命皇后、皇太子分谒寺观，对儒释道采取兼容并包的态度。特别是圣、兴、道宗三朝，提倡儒家思想，崇佛佞佛，对辽代社会风俗的形成和演变产生了极为深刻的影响。

金朝历时120年，在此期间，社会经济、文化和风俗都发生了很大变化。社会的进步与发展及金朝统治者制定的一系列政策，对金代社会风俗的形成与发展起了一定的作用。

首先，限制原始婚习。

金朝初年，随着女真社会的发展及同汉族接触的增多，金朝统治者开始对原始群婚制残余提出一些限制措施。天辅元年（1117年），"诏自收宁江州已后，同姓为婚者，杖而离之"。② 天会五年（1127年），诏曰："合苏馆诸部与新附人民，其在降附之后，同姓为婚者，离之。"③ 八年（1130年）五月，禁继父继母的子女互相嫁娶。对同姓为婚及兄弟姊妹间同辈婚配的现象予以限制。

其次，提倡节俭、纯朴、质直旧风。

伴随金代社会生产力的提高，社会物质财富的增多，及受汉族风习的影响，女真生活方式也发生很大变化。这些变化，一方面反映了生活方式的进步，另一方面是统治者及少数奴隶主、贵族的生活渐趋奢靡和整个社会风尚出现由俭入奢之势。世宗不仅躬自节俭，而且针对社会上的奢靡之风，多次提出批评，大力倡导恢复节俭、纯朴、质直的女真旧风。他把当时社会风尚渐趋奢靡，一律简单地归咎于海陵王的败坏及受汉族风俗影响所致，固然是不全面的，但是他提倡节俭，反对奢华，对推动社会进步

---

① 《辽史》卷四《太宗纪下》。
② 《金史》卷二《太祖纪》。
③ 《金史》卷三《太宗纪》。

和净化社会风尚还是有益的。大定十四年（1174年），吏部尚书梁肃"请禁奴婢服罗绮"。世宗说："朕宫中服御，常自节约，旧服明金者，已减大半矣。……卿等当更务从俭素，使民知所效也。"① 十六年（1176年），世宗与亲王、宰执等论古今兴废事，说："女直旧风最为纯直……旧风不可忘也。"② 世宗还对孟浩说："女直本尚纯朴，今之风俗，日薄一日，朕甚悯焉。"③ 二十七年（1187年），世宗谓大臣说："国初风俗淳俭，居家惟衣布，非大会宾客，未尝熟烹羊豕。朕尝念当时节俭之风，不欲妄费。凡宫中之官与赐之食者，皆有常数。"④ 章宗时承袭世宗政策，颁行了一些限制奢华的措施。他即位之初，李晏上奏十事，其中第一条即为"风俗奢僭，宜定制度"，⑤ 得到章宗的赞许和采纳。

最后，汉化与限制汉化。

金朝建国之初的太祖、太宗时期，女真与汉人接触增多，为保持女真旧俗与尚武作风，出现了第一次抵制汉化的高潮。太祖告诫太宗，诸事"一依本朝制度"。天会七年（1129年），金元帅府，"禁民汉服，又下令髡发不如式者杀之"。⑥

熙宗、海陵王时期，由于他们本人仰慕汉文化，有明显汉化倾向，所以他们并不强行在统治区内的其他民族中推行女真字和衣冠。天眷元年（1138年）九月，熙宗"诏百官诰命，女真、契丹、汉人各用本字，渤海人同汉人"。⑦ 天德二年（1150年），海陵王"诏河南民衣冠，许从其便"。⑧

世宗、章宗时期，出现了第二次限制汉化的高潮。其原因：第一，世宗是在非正常情况下即位的，必然要采取一些区别于海陵王的政策，把女真人学习汉人风俗一律视为奢华，予以限制。第二，随着女真文化与汉文化交流的增多，女真风俗汉化愈演愈烈，大有不可阻挡之势。第三，是为了保持女真民族的特性和尚武精神，以维护和巩固其统治地位。基于以上认识，世宗颁布了一系列抵制汉化的措施。大定十三年（1173年），"禁女直人毋得译为汉姓"。十四年三月，命"应卫士有不闲女直语者，并勒习学，仍自后不得汉语"。十六年十月，诏谕宰相："诸王小字未尝以女直语命之，今皆当更易，卿等择名以上。"⑨ 二十七年十二月，禁女直人不得改称汉姓、学南人衣装，

---

① 《金史》卷七《世宗纪中》。
② 同上。
③ 《金史》卷八九《孟浩传》。
④ 《金史》卷八《世宗纪下》。
⑤ 《金史》卷九六《李晏传》。
⑥ 《建炎以来系年要录》卷二八，建炎三年，中华书局1988年版。
⑦ 《金史》卷四《熙宗纪》。
⑧ 《建炎以来系年要录》卷一六一，绍兴二十年六月，中华书局1988年版。
⑨ 以上《金史》卷七《世宗纪中》。

犯者抵罪。章宗承袭世宗政策。明昌二年（1191年），"制诸女直人不得以姓氏译为汉字"；①泰和七年（1207年）九月，"敕女直人不得改为汉姓及学南人装束"；②等等。

为了保持女真族的尚武精神，金朝皇帝一直不忘骑射、习武。大定八年（1168年），世宗击球，有大臣谏阻，世宗说："朕以示习武耳。"③章宗明昌四年（1193年），"敕女直进士及第后，仍试以骑射"，④也是要女真人不忘习武的意思。

上述政策，只能起到某些抑制作用，并不能根本扭转女真风俗汉化的趋势。同时，女真的一些风俗也必然为汉人及其他族人所吸收。各民族文化互相交流与融合的大趋势是阻挡不了的。

三、结语

辽宋金时期是我国历史上北方各民族大融合时期。在这一历史时期里，我国传统文化在北方得到较前更为广泛和深入的传播。不同民族和地域间的社会风俗互相影响，其中处在落后地位的民族和地区接受先进民族和地区的影响，远比先进民族和地区接受落后民族和地区的影响要大。金代女真落后于汉人，在衣食住行、婚丧礼俗、宗教信仰、岁时风俗等方面的变化，明显地反映出接受汉人影响即汉化的趋势。女真汉化程度较契丹更为深广，其文化特色也就不及契丹鲜明。女真和金国的某些风俗也影响了境内各族及南宋，有些风俗还流传到后世。特别是后来北京及华北、东北地区许多风俗是从辽金时期承袭衍变而来的。

---

① 《金史》卷九《章宗纪一》。
② 《金史》卷一二《章宗纪四》。
③ 《金史》卷六《世宗纪上》。
④ 《金史》卷十《章宗纪二》。

上编　辽代

第一章

饮 食

第一节 主食与副食

契丹人从渔猎、畜牧业中获取鱼、野兽和牲畜,成为日常生活中肉食的主要来源。他们还通过战争掠获大量牲畜,增加肉食来源,常常在一次战役中即获取不可胜计的驼马牛羊。契丹人从不同途径得来的大量牲畜,还为人们提供了生活中所必需的乳品。

一、肉食

契丹人食用肉类的方法大致有生食、濡、烧烤、腊,以及将其制成肉糜等。

(一)生食

生食是人类最原始、简易的食用方法,契丹人也是如此。武珪《燕北杂记》载:辽俗,九月九日打围,宴饮,"出兔肝切生,以鹿舌酱拌食之",[1]就是以鹿舌酱拌生兔肝。据胡峤《陷辽记》(又称《陷虏记》《陷北记》)载,辽代女真人也有生食肉类的习惯。他们常作鹿鸣,把鹿引来,将其射杀,"食其生肉"。[2]其实这时的契丹人、女真人早已学会用火,大约是由于长期形成的饮食习惯,或者认为生食鲜美,所以长期保留有这种吃生肉的食俗。

当时北方各族还有借生食人肉和内脏来表达报仇雪恨的习俗。如燕人张藏英父为人所杀,藏英尚幼,稍长,擒仇人,"生脔割以祭其父,然后食其心肝",乡人谓之"报仇张孝子",辽用为芦台军使。[3]又如,后晋张彦泽擅徙石重光于开封,杀桑维翰,

---

[1] 曾慥编《类说》卷五,文渊阁"四库全书"本。
[2] 贾敬颜《五代宋金元人边疆行记十三种疏证稿》第28页,中华书局2004年版。
[3] 见司马光《涑水纪闻》卷二,文渊阁"四库全书"本。

辽太宗也不满张彦泽纵兵大掠，遂将他斩之于市。晋人"割其心以祭死者"，"市人争破其脑取髓，脔其肉而食之"。① 不过这已不属于饮食文化的范畴了。

（二）濡

濡，或作胹，即用汁汤调和烹煮食物。

濡是较为简便的加工方法。《辽史·太祖纪上》载，太祖七年（913年），部卒久出，在外作战，辎重供应不上，"士卒煮马驹、采野菜以为食"。宋人路振使辽时，受到主人热情宴请，席间有"熊肪、羊、豚、雉、兔之肉为濡肉"。② 这些都是契丹人平时和战时流行煮肉的明证。

除文献记载之外，在一些辽墓壁画中留下了契丹人煮肉的场面。如巴林左旗白音敖包辽墓有契丹人割肉图：一髡首契丹人面前摆放一椭圆形大木浅盆，盆旁有一长方木盘，契丹人左手持蹄肘，右手持长刀割肉，刀上已割下一长条肉片，刀下有已割下的数块肉片。又如，毛布沟三号墓有契丹人煮肉图。图中灶口正在烧柴，锅上有两只肘蹄并列，一髡首契丹人跪坐，手持长钩，作欲钩肉状，系肉将煮熟。再如，敖汉旗康营子辽墓壁画则更为生动。图中一人调鼎鼐，一人前有三足铁锅，煮畜头、雁头、肘蹄等。小桌上放置杯、盘等物，桌旁尚有长颈罐。③ 以上壁画都真实、形象地反映了契丹人平时煮肉的情景。

（三）烧烤

《辽史·礼志一》载有"燔胙"："大臣、命妇以次燔胙，四拜。""燔胙"，又称燔肉，即烧烤祭祀用的肉。燔胙既然作为祭祀形式被记录下来，这也应是日常生活中常用的加工肉类方法。

（四）腊、脯

腊、脯，即干肉。各种野兽、家禽乃至鱼雁等，均可作成肉干，以利长时间保存，为祭祀、待客及日常生活中所必备。前引路振《乘轺录》载，他出使辽国时，辽遣使置宴，席上就有"牛、鹿、雁、鹜、熊、貉之肉为腊肉，割之令方正，杂置大盘中"。辽人还把野兽肉制成肉脯，作为馈赠邻国的礼品。大安五年（1089年）秋九月，辽曾"遣使遗宋鹿脯"；八年冬十月，又"遣使遗宋鹿脯"。④ 此外，张舜民《画墁录》载，宋贺契丹正旦生辰使至辽，皇帝"密赐羊靶十枚"。⑤ 羊靶，即羊肉干。

---

① 司马光《资治通鉴》卷二八六《后汉纪一》，中华书局1956年版。
② 《乘轺录》，贾敬颜《五代宋金元人边疆行记十三种疏证稿》第46页，中华书局2004年版。
③ 见项春松《辽宁昭乌达地区发现的辽墓绘画资料》，《文物》1979年第6期；佟柱臣《辽墓壁画反映的契丹人生活》，《辽金史论集》第5辑，文津出版社1991年版。
④ 《辽史》卷二五《道宗纪五》。
⑤ "丛书集成初编"本。

第一章 饮食

敖汉北羊山辽墓壁画，烹饪图（孙建华编著《内蒙古辽代壁画》，文物出版社2009年）

烹饪图（局部，《内蒙古辽代壁画》）

（五）肉糜

肉糜，即肉粥，是契丹人日常生活中一种常见的肉食。路振使辽，在辽人接待他的席间有"骆糜"，或即骆驼肉粥。

二、野味貔狸

在宋人笔记、行程录和使辽诗中，对契丹境内的一种名为貔狸（又作毗黎邦、毗狸等）的小动物记述颇多，并且盛赞这种奇特的野味。历来关于貔狸记载多有歧异，这里略作考述。

沈括《梦溪笔谈》曰：

刁约使契丹，戏为四句诗曰："押燕移离毕，看房贺跋支。饯行三匹裂，密赐十貔狸。"皆记实也。移离毕，官名，如中国执政官。贺跋支，如执衣防閤。匹裂，[似]小木罂，以色绫木为之，[加]黄漆。貔狸，形如鼠而大，穴居，食果谷，嗜肉，狄人为珍膳，味如□子而脆。①

王辟之《渑水燕谈录》卷八云：

契丹国产毘狸，形类大鼠而足短，极肥，其国以为殊味，穴地取之，以供国主之膳，自公、相下，不可得而尝。常以羊乳饲之。顷年虏使尝携至京，烹以进御。今朝臣奉使其国者皆得食之，然中国人亦不嗜其味也。②

陆游《家世旧闻》云：

楚公讳佃，字农师，使北归，携所得貔狸至京师……其状如大鼠，而极肥腯，甚畏日，偶为隙光所射辄死。性能糜肉，一鼎之肉以貔一脔投之，旋即糜烂。然北人不以此贵之，但谓珍味耳。③

---

① 胡道静校注《新校梦溪笔谈》第252页，中华书局1958年版。
② 中华书局1981年版。
③ 《说郛》卷四五，见《说郛三种》，上海古籍出版社1988年版。

综观以上记载，大致可知，貔狸是一种如鼠大小的食谷小动物，穴居，畏光。其味极鲜美，深受契丹人珍爱，把它作为馈赠宋使的珍贵礼物，而且还要"密赐"。然而也许由于饮食习惯差异所致，或者是汉人没有掌握烹饪貔狸的方法，当时宋人却"不嗜其味"。貔狸具有催熟作用，将其投入煮肉的锅中，肉很快即可糜烂。

至于这种貔狸究竟是何动物？历来说法不尽相同。宋人周密《齐东野语》卷十六认为属"竹㹨、玃狸之类"。① 明人镏绩《霏雪录》中对黄鼠的记载，与貔狸十分相近。他说：

> 北方黄鼠，穴处，各有匹配。人掘其穴者，见其中作小土窖，若床榻状，则牝牡所居之处也。秋时蓄黍菽及草木之实以御冬，各为小窖，别而贮之。天气晴和时，出坐穴口，见人则拱前腋如揖状，即窜入穴。韩孟联句，所谓"礼鼠拱而立"者是也。惟畏地猴，地猴形极小，人驯养之，纵入其穴，则衔黄鼠喙，曳而出之。味极肥美，元朝恒为玉食之献。置官守其处，人不得擅取也。②

从镏绩所记，黄鼠的主要特征是穴居，见人作拱揖状，味美，而且十分珍贵，很像貔狸。

李时珍也明确认定貔狸为黄鼠。《本草纲目》卷五一《兽部》"黄鼠"条：

> 黄鼠，晴暖则出坐穴口，见人则交其前足，拱而如揖，乃窜入穴，即《诗》所谓"相鼠有礼，人而无礼"，韩文所谓"鼠拱而立"者也。古文谓之鼮鼠。辽人呼为貔狸，或以貔狸为竹□狸玃者非，胡人亦名令邦。③

清人纪昀也称貔狸即黄鼠："辽重貔狸，亦曰毗令邦，即宣化黄鼠，明人尚重之，今不食矣。"④

从宋以来有关文献记载判断，貔狸即黄鼠，应无疑义。

---

① 中华书局1983年版。
② 日人岛田正郎《记契丹奇兽貔狸》一文注中谓《霏雪录》系明人孟熙作，《辽史拾遗补》以为刘绩作恐误"。按，岛田此考实误。镏（刘）绩，字孟熙，并非二人。
③ 中国书店1966年版。
④ 《辽史纪事本末》卷二四《澶渊之盟》引，中华书局1983年版。

三、乳品

契丹人长期过着"马逐水草,人仰湩酪"①的游牧生活,马、牛、羊乳及其制品是他们的重要饮料和食品。

（一）乳酪

乳酪系由马、牛、羊乳炼制而成。据元人鲁明善《农桑衣食撮要》载,其造法:用乳半勺,锅内炒过。入余乳,熬数十沸,常以勺纵横搅之,乃倾出,罐盛,待冷,掠取浮皮以为酥;入旧酪少许,纸封放之,即成矣。②契丹人炼制乳酪的方法,不见记载,应大体与此相同。乳酪营养丰富,又可保存,是契丹人居家和待客的常见食品。沈括《熙宁使契丹图抄》谓契丹人"行则乘马,食牛羊之肉酪而衣其皮"。③苏颂《后使辽诗·契丹帐》有"酪浆膻肉夸希品,貂锦羊裘擅物华"句,《辽人牧》诗中有"毡裘冬猎千皮富,湩酪朝中百品珍"④句,都可以说明这点。

乳酪也是佛家的日常食品。《洪福寺碑》（咸雍六年）云:"谓厨堂则气楼迤逦,炼鼎恢弘;烹乳酪之珍馐,造醍醐之上味。时修盛馔,日给群僧。"⑤醍醐即指酪酥凝聚的油。关于醍醐制法,据《本草纲目》卷五一引寇宗奭曰:"作酪时,上一重凝者为酥,酥上如油者为醍醐,熬之即出,不可多得,极甘美。"⑥

（二）乳粥

乳粥是用马、牛、羊乳加野菜等熬煮而成。宋人王洙《谈录》"北方风物"条载:"北人（指契丹）馈客以乳粥,亦北荒之珍。其中有铁脚草,采取阴干,投之沸汤中,顷之,茎叶舒卷如生。"⑦这里所谓将铁脚草阴干云云,是因北方生长蔬菜季节较短,所以人们往往将蔬菜、野菜晾干后保存起来,至今东北仍有此俗。苏辙《渡桑干》云:"会同出入凡十日,腥膻酸薄不可食。羊脩乳粥差便人,风隧沙场不宜客。"⑧朱彧《萍州可谈》说:"先公至北,日供乳粥一碗,甚珍。但沃以生油,不可入口。"⑨从乳粥常被使辽宋人提及,可见它是契丹人的常备食品。

---

① 《辽史》卷五九《食货志上》。
② "丛书集成初编"本。
③ 贾敬颜《熙宁使契丹图抄疏证稿》,见《五代金元人边疆行记十三种疏证稿》第127页。
④ 《苏魏公文集》卷一三,中华书局1989年版。
⑤ 向南《辽代石刻文编》第345页,河北教育出版社1995年版。
⑥ 中国书店1988年版。
⑦ 《说郛》本,上海古籍出版社1988年版。
⑧ 《栾城集》卷一六《奉使契丹二十八首》,上海古籍出版社1987年版。
⑨ 文渊阁"四库全书"本。

四、谷物食品

契丹内地在辽朝建立前就有原始农业，但是粮食品种不多，产量很低，在契丹人的食品中不占主要地位。辽朝建立后，随着契丹据有燕云地区及农业生产的发展，境内粮食作物品种、产量都有所增加。契丹人的米、面食品比较简单。

（一）米食

通常被用来做粥和炒米。王曾《上契丹事》说，契丹人"食止糜粥、籹糒"。《辽史·礼志》多次出现所谓"行粥"的记载。沈括《熙宁使契丹图抄》也说契丹除食牛羊肉酪外，"间啖籹粥"。胡峤《陷辽记》称："契丹尝选百里马二十匹，遣人赍干饳北行。"籹、籹、饳互通。籹糒，即干粮，炒米、炒面之属。炒米、炒面便于携带，是游牧、行军的方便食品。这种加工食品的方法，一直被北方民族沿用下来。如今北方的油茶面应与炒米、炒面同源，不过另外加添辅料和制作更为精细罢了。

（二）面食

辽人的面食有馒头、煎饼、饼饵、艾糕等。

馒头。《辽史·礼志》中多有"行馒头"的记载。古之馒头有馅，用猪、羊肉包之以面，像人头。契丹人的馒头是否有馅，不见记载，但从其后的金代馒头是有馅的判断，辽代亦应如此。

煎饼、饼饵。《契丹国志·岁时杂记》载：人日（正月初七日）"京都人食煎饼于庭中，谓之'薰天'"。[1]《辽史·礼志一》有"命中丞奉茶果、饼饵各二器，奠于天神、地祇位"。

艾糕。端午节风俗，"渤海厨子进艾糕"，[2] 当是以面加艾叶制成的糕点。

五、副食

（一）菜蔬

契丹蔬菜种类少，食用方法也较简易，或生食，或做羹汤，有时也将蔬菜与米混杂在一起做成带菜的米饭。《辽史·张俭传》载，辽兴宗曾往张俭家"进葵羹干饭，帝食之美"，葵羹干饭即应是带菜的米饭。

---

[1] 《契丹国志》卷二七《岁时杂记》，上海古籍出版社1985年版。
[2] 同上。

在栽培蔬菜得到推广之后，辽国各族人仍喜欢采摘新鲜野菜吃。如政事舍人刘经曾奉使宋朝，"路中有野韭可食，味绝佳"，遂作诗云，"野韭长犹嫩，沙泉浅更清"，① 反映了当时人们对新鲜野菜的喜爱。

（二）调味品

辽人的调味品，主要有盐、醋、油、蜜等。

1. 盐

盐是人们日常生活中不可缺少的主要调味品。辽朝十分重视对食盐生产与运销的管理。于五京及长春、辽西、平州等地置盐铁司，管理食盐生产与专卖。在盐产地设监院，置使和都监等。兴宗时，赵为干曾监永济盐院，"任循一载，课余万缗"。永济院是辽代重要的煮盐之场。孟有孚曾为"辰渌盐院使"。辰、渌在今辽宁盖县、辽阳一带。辽代的食盐资源丰富，不仅供应境内居民食用，而且用作赠送邻国的礼品。统和二十三年（1005年），契丹在贺宋朝皇帝生日的礼物中即有"青盐""白盐"等。②

辽国的食盐，有池盐、海盐以及来自境外的"贡盐"等。

池盐。《辽史·食货志下》载，辽有池盐之利，"上下足用"。

海盐。《辽史·地理志三》载，海滨县（今辽宁绥中东北）"濒海，地多碱卤，置盐场于此"。

贡盐。《契丹国志》卷一"外国贡进礼物"条载，西夏每年向辽贡纳井盐一千斤。

2. 醋

辽朝寺公大师《醉义歌》中有"丈人迎立瓦杯寒，老母自供山果醋"③ 句，可知民间流行用山果酿醋。

3. 油脂

契丹人善狩猎、畜牧，多获野兽及产马、牛、羊等，这些动物的脂肪是食用油的主要来源。

4. 蜜

蜜是契丹人常用的调味品，它主要是从境内女真人那里获得的。女真以产"蜜蜡"著称。制作面点一类的甜食以及蜜渍山果、蜜晒山果等，都需要添加蜜。

---

① 杨亿《杨文公谈苑》"刘经野韭诗"，《宋元笔记小说大观》第 1 册第 492 页，上海古籍出版社 2001 年版。
② 李焘《续资治通鉴长编》卷六一，景德二年，中华书局 1980 年。
③ 耶律楚材《湛然居士文集》卷八，中华书局 1986 年版。

六、果品

（一）蜜饯、果脯

蜜饯、果脯是用蜜蜡浸渍水果而成，以利长期保存。在契丹贺宋朝生日礼单中就有"蜜渍山果"、"蜜晒山果"，即蜜饯、果脯之类。蜜渍山果的传统，在北方一直沿用下来。清代东北有以野果、欧李"渍以饧蜜"，成为"秋日下酒佳品"。[①] 今日北京特产果脯当是从辽代传承下来的。

（二）酒果

《契丹国志》卷二一载，契丹回赐新罗礼物有"酒果"、"酒果子"。这种酒果子是用酒浸渍的水果，经过如此处理，可以久存。酒果，亦酒亦果，是当时辽宋很时兴的饮料与果品。《萍州可谈》卷一载，宋大臣上朝时，"每位有翰林官给酒果，以供朝臣。酒绝佳，果实不可咀嚼，欲其久存"。[②]

（三）冻梨

庞元英《文昌杂录》载："余奉使北辽，至松子岭。旧例，互置酒，行三，时方穷腊，坐上有北京压沙梨，冰冻不可食，接伴使耶律筠取冷水浸，良久，冰皆外结，已而敲去，梨已融释。自尔所携柑桔之类，皆用此法，味即如故也。"[③] 后来在我国东北地区仍然流行用这种方法保存秋梨，称之为冻秋梨。

---

① 西清《黑龙江外记》卷八，黑龙江人民出版社1984年版。
② 文渊阁"四库全书"本。
③ "丛书集成初编"本。

【第二节 酒、茶及其他饮料】

辽代的饮料，主要有酒、茶及其他用药材、水果、谷物加水熬制的汤饮，特别是酒在朝廷礼仪和人们日常生活中占有重要地位。

一、酒

（一）酿酒管理与酒之种类

契丹人很早就会酿酒。《隋书·契丹传》载：契丹风俗，其父母死，以其尸置于山树之上，经三年后，收其尸而焚之。因醑而祝曰："冬月时，向阳食。若我射猎时，使我多得猪鹿。"醑，即洒酒于地，表示祭奠，说明其时契丹民间已经掌握酿酒技术。

辽朝建立后，随着农业的发展，粮食产量的增加，酿酒业有了进一步的发展。辽朝设有专门机构管理酿酒，实行专卖，征收酒税。如在上京大内西南置有麹院，东京置麹院使，还有商务麹务都监和商麹铁烟火都监等，设置官员专掌"征商榷酒等务"。[①]

辽朝酿酒分官酿与私酿。宫廷内有"酒人"，专门管理皇家酒事。

辽代的酒，主要是用谷物发酵酿造而成。在东京、燕云等农业地区都有较发达的酿酒业。东京道（今辽宁辽阳）地区有较好的农业基础，到圣宗、兴宗时期，粮食产量有新的增长，酿酒业获得更大发展。燕云地区也有酿酒传统，燕京一带农作物种类多，"蔬蓏果实、稻粱之类靡不毕出"，[②] 为酿酒提供了充足的原料。云中（今山西大同）一

[①]《丁文道墓志》，向南《辽代石刻文编》第640页，河北教育出版社1995年版。
[②]《许亢宗行程录疏证稿》，贾敬颜《五代宋金元边疆行记疏证稿》第222页。

带,"矾麹尤盈"。① 麹,即曲霉,用以酿造,也泛指酒。

除粮食酒外,还有配制酒和果酒。

配制酒,是以粮食酒加中草药等配制而成,如菊花酒、茱萸酒等。《契丹国志》卷二七《岁时杂记》载,每逢重九(九月九日),契丹皇帝与番汉大臣登高,饮菊花酒。又以茱萸研酒,洒门户间,用来辟邪,也有加入盐少许而饮之。

果酒,是用水果酿造而成,如葡萄酒等。辽代的葡萄酒最早是由境外进献,如穆宗应历二年(公元952年),五代后汉即遣使进葡萄酒。② 辽亡后,耶律大石率部西行,称帝建元,史称西辽。其疆域,北至巴尔喀什湖一带,东至喀什噶尔、和阗,西达阿姆河。那里盛产葡萄,并有酿造葡萄酒的历史。

关于西辽的葡萄酒,在金元人的游记与诗文中多有记载。刘祁《北使记》载,西辽"唯桑五谷颇类中国……酿葡萄为酒"。③ 李志常《长春真人西游记》载,七河地区,"平原颇多,以农桑为务,酿葡萄为酒,果实与中国同"。④ 契丹贵族后裔耶律楚材留下许多咏葡萄酒的篇什,如"积年飘泊困边城,闲过西隅谒故人。忙唤贤姬寻器皿,便呼辽客奏筝篆。葡萄架底葡萄酒,杷榄花前杷榄仁。酒酽花繁正如许,莫教辜负锦城春"。⑤ "葡萄酒熟愁肠断,玛瑙杯寒醉眼明。"⑥ "葡萄新酒泛鹅黄",自注云:"白葡萄酒色如金波。"⑦ 他还有"葡萄酒熟红珠滴"⑧句。从这些诗篇中,不仅说明那里葡萄酒的普及,以及它在人们日常生活中的地位,而且还可知当时的葡萄酒已有红、白两种。

(二)饮酒的场合

酒在辽代政治生活和人们日常生活中占有很重要的地位,许多场合都离不开酒。

1. 饮酒与政治事变

史料记载,契丹初有八部,常推一人为王,以统八部,每三年以次相代。到阿保机时,他以"中国之主无代之者"为由,不肯放弃这个位置。为了巩固自己的地位,使人召集诸部大人说:"我有盐池之利,诸部所食。然诸部知食盐之利,而不知盐有主人,可乎?当来犒我。"于是诸部大人"共以牛酒会盐池",阿保机伏兵其旁,酒酣伏发,尽杀诸部大人,复并为一国,东北诸夷皆畏服之。⑨ 清人有诗咏此事曰:"盐池杯酒戎机

---

① 《张绩墓志》,《辽代石刻文编》,第314页。
② 见《辽史》卷六《穆宗纪上》。
③ 刘祁《归潜志》卷一三,中华书局1983年版。
④ "丛书集成初编"本。
⑤ 《赠蒲察元帅七首》其二,《湛然居士文集》卷五。
⑥ 《庚辰西域清明》,同上。
⑦ 《戏作二首》其一,同上书,卷六。
⑧ 《戏作二首》其二。
⑨ 叶隆礼《契丹国志》卷二三《併和部落》,上海古籍出版社1985年。

伏,却胜天皇十万兵。"①反映了酒在契丹政治生活中的作用。辽朝有的皇帝如世宗、穆宗等均因本人或群臣酗酒而为宫廷政变提供了时机。此外,还有因酒兴而起事者。天祚帝天庆六年(1116年)正月,东京夜有恶少十余人"乘酒执刃,逾垣入留守府",杀死留守萧保先,其裨将渤海高永昌乘机据东京,建国号。②

从以上所举事例,足见酒与辽朝政治生活有密切关系,它直接同一些重大历史事件联系在一起。

2. 礼仪中用酒

综观《辽史·礼志》,各种庆典、仪式,包括吉仪、凶仪、军仪、宾仪、嘉仪等,均离不开饮酒。

吉仪。包括祭山仪、瑟瑟仪、柴册仪、拜日仪、告庙仪、谒庙仪等。如祭山仪,设天神、地祇位于木叶山,祭时"太巫以酒酹牲"。仪式中,皇帝、皇后、大臣、命妇等都要持酒祭奠。瑟瑟仪,巫进献酒醴、黍稷,祝福祈雨。柴册仪,皇帝拜先帝及诸帝画像后,宴飨群臣,少不了饮酒。

凶仪。包括丧葬仪、上谥册仪、忌辰仪、宋使祭奠吊慰仪等,大都用酒。如丧葬仪中有"奠酒、哭临"的礼仪。上谥册仪,就是皇帝死后,新即位的皇帝为先帝上谥号的仪式,仪式结束前,也要"奠酒"。

军仪。包括皇帝亲征仪、腊仪、出军仪等。腊仪,在十二月辰日举行,此日,皇帝、皇后、群臣在事先选好的地方围猎。敌烈麻都(掌礼官)以酒二尊向皇帝、皇后进献。皇太子、亲王也率群臣进酒。最后,皇帝赐群臣饮酒。

至于宾仪、嘉仪等更不能无酒,《辽史·礼志》中屡有"行酒"、"酒三行"、"皇帝、皇后饮酒"、"三进酒"、"七进酒"等,这里就不一一列举了。

3. 喜庆、欢娱时用酒

辽朝在国内平叛及同邻邦作战、外事交涉中取得胜利等场合,要饮酒庆贺,或以酒祭祀天地。大同元年(947年),太宗之母述律太后为庆祝灭后晋的胜利,遣使"以其国中酒馔脯果赐契丹主(太宗),贺平晋国,契丹主与群臣宴于永福殿,每举酒,立而饮之,曰:'太后所赐,不敢坐饮'"。③穆宗应历十年(960年)秋,政事令耶律寿远、太保楚阿不等谋反,伏诛,"以酒脯祠天地于黑山"。④统和四年(986年),耶律休哥在对宋作战中获胜,捷报传至朝廷,圣宗"以酒脯祭天地,率群臣贺于皇太后"。⑤后妃

---

① 陆长春《辽宫词》,收入《辽金元宫词》,北京古籍出版社1988年版。
② 《辽史》卷二八《天祚帝纪二》。
③ 《资治通鉴》卷二八六,天福十二年,中华书局1963年版。
④ 《辽史》卷六《穆宗纪上》。
⑤ 《辽史》卷一一《圣宗纪二》。

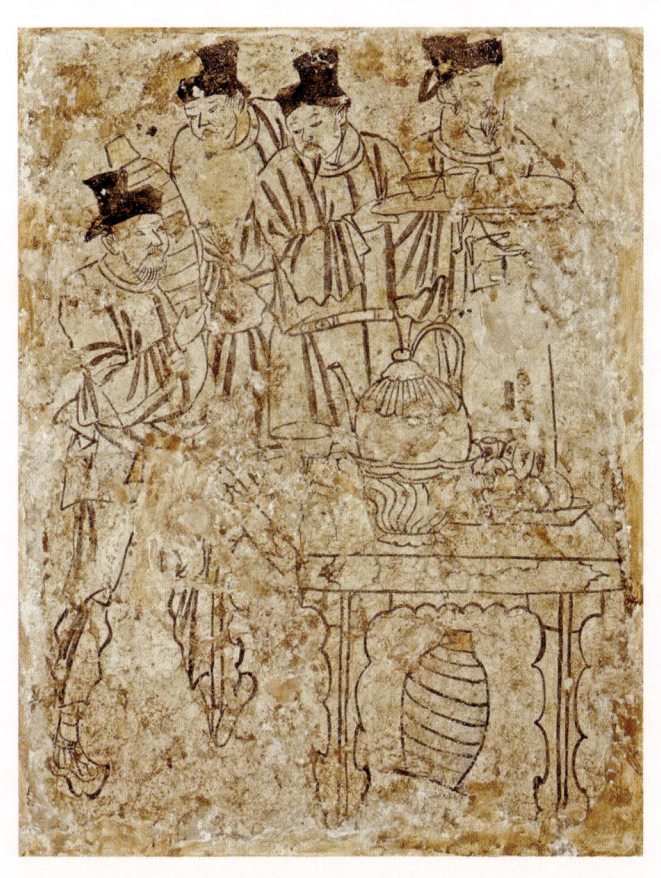

敖汉下湾子5号辽墓壁画,备饮图(《内蒙古辽代壁画》,文物出版社2009年)

生子,也要宴饮。兴宗重熙十年(1041年)冬十月,以皇子胡卢斡里生,北宰相、驸马撒八宁"迎上至其第宴饮,上命卫士与汉人角抵为乐"。次日,"复饮皇太后殿"。"夕,复引公主、驸马及内族大臣入寝殿剧饮"。①

此外,连皇帝、皇后猎获熊、鹿等被视为喜庆之事,都要饮酒助兴。大康二年(1076年),道宗秋猎,一日射鹿三十,于是大宴扈从,"酒酣",命宠臣、北府宰相张孝杰赋《云上于天诗》。②

4. 接待境外使者用酒

凡是宋、高丽、西夏使者来辽朝贺正旦、生辰及因其他事入朝,都要设宴饮酒。如宋使贺辽国正旦、生辰,经过一番仪式之后,"大臣进酒,皇帝饮酒",接着,亲王、

---

① 《辽史》卷一九《兴宗纪二》。
② 《辽史》卷一一〇《张孝杰传》。

使相、使副"各就坐行酒"。"若宣令饮尽，并起，立饮讫"，也就是干杯，如此反复多次。高丽、西夏国人见辽朝皇帝，都有所谓"酒三行"等。① 纳兰成德《渌水亭杂识》对辽朝曲宴宋使的情景有生动的描述：

辽曲宴宋使，酒一行，觱篥起歌；酒三行，手伎入；酒四行，琵琶独弹。然后食入，杂剧进，继以吹笙、弹筝、歌击、架乐、角抵。王介甫诗曰："涿州沙上饮盘桓，看舞春风小契丹。"盖记其事也。②

辽宋和好时期，宋使往往在契丹皇帝春捺钵时被邀观看钩鱼，场面更是热烈。宋庆历中，王君贶使契丹，兴宗宴君贶于混同江，观钩鱼。"临归，戎主（兴宗）置酒，谓君贶曰：'南北修好岁久，恨不得亲见南朝皇帝兄。托卿为传一杯酒到南朝。'乃自起酌酒，容甚恭，亲授君贶举杯；又自鼓琵琶，上南朝皇帝千万岁寿。"③

北宋使者奉使辽国受到契丹皇帝酒馔宴请的事例、佳话很多。

兴宗间，宋朝余靖两使辽朝，与兴宗有很好的友情。余靖通晓契丹语言文字，并能用契丹文赋诗。兴宗说："卿能道，吾为卿饮。"余靖遂夹杂汉语、契丹语作诗曰："夜筵设逻（原注：厚盛也）臣拜洗（原注：受赐），两朝厥荷（原注：通好）情感勤（原注：厚重）。微臣雅鲁（原注：拜舞）祝若统（原注：福佑），圣寿铁摆（原注：嵩高）俱可忒（原注：无极）。"兴宗听了大笑，"遂为醽觞"。④ 天祚帝时，北宋林摅奉使辽国，伴使在馆中接待林摅，自然少不了酒馔。当时辽国"新为碧室，云如中国之明堂"。酒席间，契丹伴使行酒令说："白玉石，天子建碧室。"（"白玉石"三字合起来为"碧"）林摅对曰："口耳王，圣人坐明堂。"（"口耳王"合起来为繁体"聖"）契丹伴使嘲笑说："奉使不识字，只有'口耳壬'，却无'口耳王'。"（意为"圣"字系由"口耳壬"组成，而非"口耳王"）林摅大窘，几至辱命。⑤

不仅朝廷设宴置酒接待使者，而且每当宋使入境后，即会受到接伴使的酒宴款待。宋真宗景德二年（1005年），派孙仅为契丹国母生辰使，孙仅等入契丹境，"其刺史皆迎谒，又命幕职、县令，父老捧卮献酒于马前，民以斗焚香相迎，门置水浆盂勺于路侧"，并"具蕃汉食味"⑥款待宋使。

---

① 《辽史》卷五一《礼志四》。
② "昭代丛书"本。
③ 沈括《梦溪笔谈》卷二五，中华书局1958年版。
④ 刘攽《中山诗话》，见清何文焕辑《历代诗话》，中华书局1981年版。
⑤ 赵彦卫《云麓漫钞》卷十，"丛书集成初编"本。
⑥ 《续资治通鉴长编》卷五九，景德二年。

5. 民众慰劳军队时进酒

天显九年（934年）冬十月，契丹军队攻取北宋灵丘，"父老进牛酒犒师"。①

6. 要犯临刑前及许属国自新时，皇帝赐酒

阿保机八年（914年），在平息其弟剌葛、迭剌、寅底石、安端等谋反后，阿保机"以人命至重，死不复生，赐宴一日，随其平生之好，使为之。酒酣，或歌，或舞，或戏射、角抵，各极其意"。明日，乃以轻重论刑。②后世在处决死刑犯之前，让犯人饮酒和饱餐一顿，与此有相似之处。重熙十三年（1044年），夏国元昊遣使向辽献方物，兴宗诏北院枢密副使萧革迎接，并诏萧革谴责其纳叛背盟，"元昊伏罪，赐酒，许以自新"。③

7. 文人与酒

饮酒更是文人生活中和友人雅集时不可缺少的内容，也是诗文中常见的话题。蒋一葵《尧山堂外纪》载：胡峤有"瓶里数枝婪尾春"句，许多人都不解其意。桑维翰说，"唐末文人有谓芍药为婪尾春者"。④婪尾酒乃最后一杯之意。因芍药是春季最晚的花种，由此得名。韦居安《梅磵诗话》卷上载：宋富弼奉使辽国，辽伴使云："早登鸡子之峰，危如累卵。"富答曰："夜宿丈之馆，安若泰山。"辽使又云："酒如线，因针乃见。"富答曰："饼如月，遇食则缺。"⑤从文人诗词和使者应对中，也反映了饮酒是当时社会生活中常见的内容。

（三）食店酒肆及酗酒禁酒

1. 食店、酒肆

辽朝饮酒风行，不仅表现在朝廷礼仪、祭典以及朝野岁时节日不可无酒，宫廷、家居均为饮酒之所，而且在城镇、乡村都可见到食店、酒肆。如辽兴宗耶律宗真曾与教坊使王税轻等数十人"变服微行，数入酒肆"⑥饮酒。在临近京城的山乡路上，也多有食店、酒肆。苏颂在使辽诗《奚山路》题下注曰："入中京界，道旁店舍颇多，人物亦众。"诗云："行尽奚山路更赊，路旁时见百余家。风烟不改卢龙俗，尘土犹兼瀚海沙。朱板刻旗村肆食，青毡通幰贵人车。"⑦在"朱板刻旗村肆食"句下，诗人自注，"食邸门挂木刻朱旗"。这种"木刻朱旗"就是食店酒肆用以招徕顾客的幌子。苏颂还在另一首

---

① 《辽史》卷三《太宗纪上》。
② 《辽史》卷一《太祖纪上》。
③ 《辽史》卷一九《兴宗纪二》。
④ "丛书集成初编"本。
⑤ "宛委别藏"本，江苏古籍出版社1988年版。
⑥ 《契丹国志》卷八《兴宗文成皇帝》。
⑦ 《苏魏公文集》卷一三，中华书局1988年版。

《奚山道中》题下注:"村店炊黍卖饧,有如南土。"诗云:"食饧宛类吹箫市,逆旅时逢炀灶翁。渐使边氓归畎亩,方知厚泽遍华戎。"① 可见这种酒肆、食店在交通要道是不难见到的。

2. 酗酒与禁酒

辽代皇帝、臣僚中,酗酒者不乏其人,有的则因酗酒而酿成大祸。世宗就是因本人与群臣酗酒而被害。天禄五年(951年),世宗率兵伐周,至详古山,太后与世宗祭文献皇帝于行宫,"群臣皆醉",耶律察割率兵入行宫,杀太后与世宗。② 牒蜡(字述兰)则因醉酒而参与谋反。耶律察割杀太后及世宗,"牒蜡方醉,其妻扶入察割之幕,因从之"。后来,寿安王平叛时,牒蜡不降,凌迟而死,妻子同时被诛。③

穆宗更是以嗜酒而闻名的君王。《契丹国志》卷五载:"帝(穆宗)年少,好游戏,不亲国事,每夜酣饮,达旦乃寐,日中方起,国人谓之睡王。"《辽史》卷六本纪也多处记载穆宗酗酒。如"昼夜酣饮者九日";"复终长夜酣饮";"饮于虞人之家,凡四日";应历十六年(966年)"九月庚子,以重久宴饮,夜以继日,至壬子乃罢"。从庚子到壬子,凡十三天。穆宗在位的最后一年,酗酒达到高峰,并导致了自身的灭亡。应历十九年(969年)正月初一,宴饮宫中,不受朝贺。立春日,又酗酒,并命官员代替他行"击土牛"礼(立春日的传统节俗)。几天后,穆宗又诏太尉化哥说:"朕醉中处事有乖,无得曲从。酒解,可覆奏。""自立春饮至月终,不听政。"二月,穆宗去怀州打猎,因获一头熊,"欢饮方醉,还行宫"。当夜,近侍小哥、盥人花哥、庖人辛古等六人谋反,穆宗被害。正如《辽史·穆宗纪》所说,"荒耽于酒,畋猎无厌","变起肘腋,宜哉!"

由于辽代朝野饮酒盛行,浪费大量粮食,事变迭出,群臣时有禁酒之议,朝廷曾诏令限酒、禁酒。如兴宗即位,诏令"禁诸职官不得擅造酒縻谷",遇婚丧,须经有关部门特批方可酿造。④ 重熙九年(1040年),发布诏令:"诸职官非婚祭,不得酗酒废事。"⑤ 政事令郭袭曾因景宗游猎,而上书谏曰:"伏望陛下节从禽酣饮之乐,为生灵社稷计,则有无疆之休。"景宗"览而称善",并赐郭袭以协赞功臣,拜武宣军节度使。⑥

---

① 《苏魏公文集》卷一三,中华书局1988年版。
② 《辽史》卷一一二《逆臣传上》。
③ 《辽史》卷一一三《逆臣传中》。
④ 《辽史》卷五九《食货志上》。
⑤ 《辽史》卷一八《兴宗纪一》。
⑥ 《辽史》卷七九《郭袭传》。

二、茶

　　我国自唐宋以来，饮茶之风盛行。契丹人多食肉乳，而且北方蔬菜、水果品种数量较少，茶在日常生活中显得尤其重要。

　　辽地本不产茶，人们饮用之茶，主要来源于与北宋榷场贸易所得。北宋建国之初，即同契丹进行"缘边市易"，但是没有形成定制。太平兴国二年（辽景宗保宁九年，977年），双方于镇、易、雄、霸、沧等州各置榷场，开展官方贸易，后因战争而中辍。澶渊之盟后，重开榷场。北宋向辽输出的主要有香药、犀、象以及茶等。① 沈括《梦溪笔谈》卷一一云："自景德中北戎入寇之后，河北籴使之法荡尽，此后茶利十丧其九。"从一个侧面反映了茶在双方榷场贸易中占有重要地位。辽人所饮之茶，还有一部分是来自邻境馈赠，或以"入贡"为表现形式的交易。会同元年（938年），太宗与东丹王耶律倍各遣使以羊马"入贡"南唐，并另持羊三万口、马三百匹换取南唐的茶、药、罗、纨等。② 会同三年（940年），太宗幸南京，宴晋及诸国使，"晋遣使进茶药"。③《契丹国志》卷二一"南北朝馈献礼物"条载，契丹帝生日，宋馈献"乳茶十斤，岳麓茶五斤"。"外国贡进礼物"条载，新罗贡进"脑元茶十斤"等。

　　辽人所饮之茶，主要来源于北宋，其品种也与宋相同。宋代茶主要有两大系列，即散茶（又称草茶）和片茶（又称团茶、饼茶）。散茶，是普通的茶叶，为一般平民所饮用。团茶较为珍贵，其中建安团茶尤负盛名，只有皇室、贵族等上层人才能饮用。张舜民《画墁录》云：

　　　　熙宁中，苏子容（苏颂）使虏，姚麟为副，曰："盍载些小团茶乎？"子容曰："此乃上供之物，俦敢与虏人？"未几，有贵公子使虏，广贮团茶。自尔虏人非团茶不纳也，非小团不贵也。彼以二团易番罗一匹，以此一罗酬四团，少不满则形言语。④

于此可见团茶的名贵。

　　辽人用茶场合，与酒相近。在一些重大礼仪中，常与酒先后出现。如吉仪之祭山

---

① 《文献通考》卷二一《市籴考一》，中华书局1986年版。
② 陆游《南唐书》卷一八，"藏修书屋"本。
③ 《辽史》卷四《太宗纪下》。
④ 《宋元笔记小说大观》第2册，第1547—1548页，上海古籍出版社2001年版。

备茶图（局部，张匡正墓壁画，河北省文物研究所编《宣化辽墓壁画》，文物出版社2001年）

张匡正墓后室东壁壁画（《宣化辽墓壁画》）

张世卿墓后室西壁壁画（《宣化辽墓壁画》）

仪中，皇帝、皇后、大臣、命妇举酒祭奠后，乃"命中丞奉茶果、饼饵各二器，奠于天神、地祇位"。① 又如宾仪中多有"行汤、行茶"、"行茶、行殽、行膳"，② 嘉仪中亦有"行茶"、"行饼茶"③ 等记载，说明茶是礼仪、宴飨中不可缺少的。

契丹还有富于民族特色的乳茶，是由茶、乳加盐煮成，犹如后来蒙古族的奶茶。

饮茶是辽人的一种风尚，它不仅行于朝廷典礼，而且也是人们日常生活和待客所不可缺少的内容。辽人饮食习俗是先汤后茶，《辽史·礼志》多有依次"行汤、行茶"的记载。这一次序，恰同宋人先茶后汤相反。宋人朱彧《萍洲可谈》卷一云："茶见于唐时，味苦而转甘，晚采者为茗。今世俗客至则啜茶，去则啜汤，……此俗遍天下。先公使辽，辽人相见，其俗先点汤后点茶，至宴会亦先水饮，然后品味以进。"

辽代燕京一带，有许多茶肆，供人休憩品茗。洪皓《松漠记闻》载："燕京茶肆，设双陆局，或五或六，多至十博者，蹴局如南人茶肆中置棋具也。"④

从出土的大量辽代壁画中也反映出契丹人饮茶的风尚。如河北宣化辽墓壁画中有多幅茶道图。其中，张正嵩壁画墓（M10）《备茶图》，画面由五人组成，可分为两组。前面一组，一女子在左，双手持茶托、茶盏；其右一双髻男童，半侧身而坐，身前放一茶碾，右手推碾；碾旁有一茶炉，上坐一执壶；炉前一髡发童子双膝跪地，口中含管用力向炉口吹气。后面一组二人，左为一装束华丽女子，双手持茶托、茶盏；右为一契丹装束男子，髡发，双手作取物状。身后为方桌，上置茶具。张□□壁画墓（M6）《备茶图》，画面五人，可分为两组：前面一组为两个不同装束的幼童。左为一双髻男童，半侧身而坐，身前有一茶碾，右手推碾。碾旁有一茶炉，上坐一执壶。炉前一髡发童子双膝跪地，右手持团扇扇火。后面一组三人，左为一髡发男子，双手持执壶。右侧为一女子，双手持茶托、茶盏。此外，张世卿壁画墓（M1）有《备茶图》、张世顾壁画墓（M5）有《备茶图》张恭诱壁画墓（M5）有《备茶图》、韩师训壁画墓（M5）有《备茶图》，⑤ 其细节就不一一备述了。内蒙古敖汉旗喇嘛沟辽墓壁画《煮茶图》，画中有一长方形火盆，盆内炭火正燃着，仆人在用火筷夹炭，炭火上置执壶，似在煮茶。⑥

---

① 《辽史》卷四九《礼志一》。
② 《辽史》卷五一《礼志四》。
③ 《辽史》卷五三《礼志六》。
④ "丛书集成初编"本。
⑤ 河北文物研究所编《宣化辽墓壁画》，文物出版社2001年版。
⑥ 孙建华编著《内蒙古辽代壁画》，文物出版社2009年版。

三、其他饮料

辽代酒、茶以外的饮料，有各种汤。汤是一种与茶并重的饮料，在朝廷的一些重大礼仪及平日待客时，大都用汤。如前引《辽史·礼志》中多有"行汤、行茶"的记载。朱彧《萍洲可谈》也谈及先公使辽，辽人相见，"先点汤后点茶"。

汤是用药材、水果、谷物等加水熬煮而成。朱彧《萍洲可谈》卷一载："汤取药材甘香者屑之，或温或凉，未有不用甘草者。此俗遍天下。"看来宋、辽人的汤大体相同。一般由有甘香味的中草药研磨成屑和水煎成，而甘草往往是不可缺少的。冷饮热饮均可，为待客之必备。只是辽宋人饮汤茶的次序不同而已。辽人宴会中，"先水饮"，"然后品味以进"，同后世宴会先上茶或饮料，然后为正餐大体是一致的。

契丹还有以果品、谷物等和水、乳煎煮而成的饮料，如酥调杏油、黑豆汤等。王易《燕北录》载，契丹皇后"若生男时，方产子，戎主著红衣服于前帐内动番乐，与近上契丹臣僚饮酒，皇帝即服酥调杏油半盏。如生女时，戎主著皂衣，动汉乐，与近上汉儿臣僚饮酒，皇后服黑豆汤调盐三钱。"酥调杏油，大约是由乳、杏等成分制成的饮料。酥，一般指酪类，即用牛羊乳制成的食品。《本草纲目》卷五〇《兽部》"集解"云："酥本牛羊乳所作也。"李时珍云："酥本乳液，润燥调养，与血同功"，"能除腹内尘垢，又追毒气发出毛孔间也"。可见是很适合产妇服用的。黑豆汤，是由黑豆加盐煮成。据《本草纲目》卷二四《谷部》"黑大豆"条载：黑豆气味甘平，无毒。入药，能止消渴，治产后头风等。同甘草煮汤饮，去一切热毒气。

此外，辽代渤海人的饮料有"大黄汤"。每逢端午，皇帝与臣僚宴饮，"渤海厨子进艾糕，各点大黄汤下"。① 大黄汤可能是以中药大黄为其主要成分熬成的饮料。大黄有攻积导滞、泻火解毒的功效。辽人于端午节饮大黄汤是同中原端午有许多禳毒除瘟的风俗相一致的。

---

① 《契丹国志》卷二七《岁时杂记》。

第三节　契丹名宴

头鹅宴与头鱼宴是契丹的两大名宴。契丹风俗，每当冬去春来江河解冻之前，皇帝在群臣的护卫下来到春捺钵地，先是凿冰钩鱼，继而纵鹰鹘捕鹅雁。头鹅宴与头鱼宴就是在这个季节里举行的。

一、头鹅宴

据《辽史·营卫志中》载：每当江河化冻之时，正是捕获鹅雁的最好季节。群臣扈从皇帝来到水边，侍卫击扁鼓，惊起水上的天鹅，放飞海东青，擒捉天鹅，或由皇帝亲射。"鹘擒鹅坠，势力不加，排立近者，举锥刺鹅，取脑以饲鹘。救鹘人例赏银绢。皇帝得头鹅，荐庙，群臣各献酒果，举乐。更相酬酢，致贺语，皆插鹅毛于首以为乐。赐从人酒，遍散其毛。"其他如《续资治通鉴长编》卷八一、《契丹国志》卷二三《渔猎时候》、《宋会要》蕃夷二之三八等，均有记载，文字大体相同。

此外，《燕山杂录》亦记载："漷县西有延芳淀，大数顷，中饶荷芰，水鸟群集其中。辽时，每季春必来弋猎，打鼓惊天鹅飞起，纵海东青擒之，得一头鹅，左右皆呼万岁。"①宋代诗人姜夔（白石）在《契丹歌》中有"一鹅先得金百两"②句。从得头鹅者受此重赏，也可想见头鹅宴的盛况了。《辽史》本纪中记载了几次头鹅宴的情况：穆宗应历十八年（968年）"三月甲申朔，如潢河。乙酉，获鸳鹅，祭天地。造大酒器，刻为鹿文，名曰'鹿瓢'，贮酒以祭天"。"（五月）壬辰，获鹅于述古水，野饮终夜。"道

---

① 《辽史拾遗》卷一七，"丛书集成初编"本。
② 《白石道人诗集》卷上，"娱园丛刻"本。
③ 《辽史》卷七《穆宗纪下》。

白音罕山辽墓擎鹰图（摹本，《内蒙古辽代壁画》，文物出版社 2009 年）

宗大康元年（1075年），"正月乙未，如混同江"。"（二月）乙酉，驻跸大鱼泺。丁亥，以获鹅，加鹰坊使耶律杨六为工部尚书。"① 五年，"三月辛未，以宰相仁杰获头鹅，加侍中"。② 获头鹅者不仅可获重金，而且加官进爵。

从以上文献及诗词中对头鹅宴的记载，说明它是契丹人的名宴及盛典。

二、头鱼宴

《辽史·国语解》云："头鱼宴，上岁时钩鱼，得头鱼，辄置酒张宴，与头鹅宴同。"

头鱼宴在凿冰钩鱼的季节里举行，时间在头鹅宴之前，即江河尚未解冻之时。《续资治通鉴长编》卷一七七载，至和元年（1054年）九月，"辛巳，三司使、吏部侍郎王拱辰为回谢契丹使，德州刺使李珣副之。拱辰见契丹主于混同江。其国每岁春涨，于冰上置冰钩鱼，惟贵族近侍得与。一岁盛礼在此。每得鱼，必亲酌劝拱辰，又亲鼓琵琶侑之"。按，契丹钩鱼一般在春捺钵期间进行。遍查《辽史》本纪，皇帝往混同江时间绝大多数在春正月，偶有在闰十二月或二月者。此处亦称"其国每岁春涨，于水上置宴钩鱼"。故此事虽系于九月，但头鱼宴必不在该月。《辽史·天祚帝纪一》载，天庆二年（1112年）二月丁酉，"如春州，幸混同江钩鱼，界外生女真酋长在千里内者，以故事皆来朝。适遇头鱼宴，酒半酣，上（天祚帝）临轩，命诸酋次第起舞，独阿骨打辞以不能"。同书卷五四《乐志》、卷一〇二《萧奉先传》亦载有此事。

从以上史料记载以及时人和后人的评论中，可以对头鱼宴归纳为如下几点：头鱼宴在一年之始的春季进行，契丹于达鲁河钩鱼，"以其得否，为岁占好恶"，③ 表达了契丹人对在新的一年里获得丰收的企盼；头鱼宴是辽朝的盛典，只有皇帝、贵族、近臣以及外国使者才可参与；头鱼宴的内容包括祭祀天地祖宗、饮酒、奏乐、舞蹈等内容。

至于究竟何谓"头鱼"？诸家解释，不尽相同。

1. 头鱼为牛鱼，即鲟鱼，其头如牛，其大如牛，其值如牛。程大昌《演繁录》卷三"契丹于达鲁河钩鱼"条引《燕北杂录》云："达鲁河钩牛鱼，辽中盛礼，意慕中国赏花钓鱼，然非钓也，钩也。"④ 周麟之《海陵外集》云："牛鱼出混同江，其大如牛，或云可

---

① 《辽史》卷二三《道宗纪三》。
② 《辽史》卷二四《道宗纪四》。
③ 程大昌《演繁录》卷一三"牛鱼"条，文渊阁"四库全书"本。
④ 文渊阁"四库全书"本。

备宴图(张世卿墓壁画,《宣化辽墓壁画》)

备饮图（敖汉喇嘛沟辽墓壁画，《内蒙古辽代壁画》）

与牛同价，故名。"① 周必大《二老堂杂志》卷四引赞宁说"东海有牛鱼，其形如牛"。② 王易《燕北录》称："牛鱼，嘴长鳞硬，头有脆骨，重百斤，即南方鲐䱜鱼也。鲐䱜，鲟同。牛鱼即鲟之大者。"③ 清人杨宾《柳边纪略》卷三亦沿袭此说："牛鱼，鲟鱼也，头略似牛，微与南方有别，然土人直呼为鲟，惟中人或谓之为牛耳，重数百斤或千斤。混同黑龙两江、虎儿哈河皆有之，最不易得，得之则聚而脔之。"④

2. 不同意前说，因《本草纲目》中既有鲟鱼，又别有牛鱼，认为牛鱼非鲟鱼。

3. 其实，所谓"头鹅"、"头鱼"主要是指"首得之"，当然也含有大的意思。元人陶宗仪《辍耕录》卷一"昔宝赤"条即云：

> 昔宝赤，鹰房之执役者，每岁以所养海青获头鹅者，赏黄金壹锭。头鹅，天鹅也。以首得之，又重过三十余斤，且以进御膳，故曰头。⑤

契丹的头鹅宴、头鱼宴，至金元时仍有此俗，及至清代，则已完全失而不传。

---

① 《辽史拾遗补》卷五。
② "丛书集成初编"本。
③ 《辽史拾遗》卷二三，"丛书集成初编"本。
④ "辽海丛书"本。
⑤ 中华书局 1980 年版。

第四节　炊具与饮食器皿

辽代炊具主要有炉、灶及锅、鼎等。饮食器皿用木、陶瓷及玉、玻璃、金、银等制成，种类繁多，其中以鸡冠壶最具民族特色。

一、炊具

（一）炉

炉，盛火的器具，用以烹饪、取暖等。《契丹国志》卷二七即有关于火炉的记载，"于帐内诸火炉内爆盐"。帐中的火炉当有烹饪、取暖的功用。同卷又载：人日，京都人食煎饼于庭中，俗云"薰天"，也应使用火炉。考古工作者曾在辽宁建平张家营子辽墓中发掘出一具当时契丹人使用过的铁火炉。炉体呈正方形，外折平口，系锻打铁片制成，铆乳钉，炉四周分层铁片镂孔，两侧各有一把环。[1]此外，在平泉小吉沟和赤峰一带的辽墓中也都出土有大型长方铁火炉。火炉结构灵巧，造型美观。[2]

（二）灶

灶是我国北方各族在定居之后所采用的炊具。随着农业生产的发展，灶也为契丹人所采用。灶多用砖石垒成。

（三）锅、鼎

辽人的主要炊具，一般为铁质和陶质，也有铜质者。锅、鼎是用来烹煮食品的。张舜民《画墁录》即载，契丹人将肉置鼎中烹煮。考古工作者还发现有许多辽代不同形制的铁锅和铜锅。

---

[1]　冯永谦《辽宁省建平、新民的三座辽墓》，《考古》1960年第2期。
[2]　张秀夫等《河北平泉县小吉沟辽墓》，《文物》1982年第7期；郑绍宗《赤峰县大营子辽墓发掘报告》，《考古学报》1956年第3期。

（四）鏊子（平底烙锅）、鐎等

在今北京地区发现有辽金铁质炊具，如六鏊锅、鏊、三足铛、罐等。[①] 在内蒙古宁城辽中京的辽墓中发现一套辽代陶质明（冥）器，有灶、锅、铛、炉、鏊、钵等。[②] 1989 年在河北宣化下八里辽金壁画墓中也发现有多种陶器炊具，其中有锅、罐、鼎、鐎斗、烤架、钵、盆等。[③]

（五）刀

辽代炊具还有割肉及切菜用的刀等。

二、饮食器皿

（一）木器

宋人路振奉使辽国时，辽以驸马都尉兰陵郡王萧宁侑宴，"文木器盛虏食，先荐骆糜，用勺而啖焉"，[④] 即以绘有图案的木器盛食品，用木勺舀骆糜吃。宋真宗景德二年（1005 年），贺契丹国母生辰使孙仅使辽，入辽境，"幕职、县令、父老捧卮献酒于马前，民以斗焚香相迎，门置水浆盂勺于路侧"，"具蕃汉食味，汉食贮以金器，蕃食贮以木器"。[⑤]

（二）陶瓷器

辽人所用的陶瓷器，多由辽国生产，也有少部分来自北宋的几座名窑。

根据考古发掘，现在已知的辽代瓷窑有多处。如上京地区有林东辽上京窑，林东南山窑，林东白音戈勒窑；中京地区有赤峰缸瓦窑；东京地区有辽阳江官屯窑；南京地区有龙泉务窑；西京地区，大同市西郊青瓷窑村发现窑址，所烧器物为黑釉鸡腿坛等，据判断应是辽金时期产品。

林东上京窑，以烧制白和黑釉瓷器为主，也烧少量的绿釉陶器。白瓷产品有杯、碗、盘、瓶、罐、盂、壶等。其中盘口长颈瓶、海棠花式长盘、方盘、长把执壶等，颇受契丹人所喜爱。黑瓷有瓶、罐、壶、盂等。林东南山窑，以烧制三彩釉陶器为主，质量较差，有盘、碟等。林东白音戈勒窑专烧茶叶末绿釉和黑釉大型粗瓷器，有鸡腿瓶等。

---

① 《北京考古四十年》，第 157—158 页，北京燕山出版社 1990 年版。
② 《文物考古工作三十年（1949—1979）》第 79 页，文物出版社 1979 年版。
③ 《河北宣化下八里辽金壁画墓》，《文物》1990 年第 10 期。
④ 《乘轺录疏证稿》，贾敬颜《五代宋金元人边疆行记十三种疏证稿》第 46 页。
⑤ 《续资治通鉴长编》卷五九，景德二年。

褐釉提梁鸡冠壶

葫芦形黄釉瓷壶

第一章 饮食

喇叭口浅褐釉瓷壶

摩羯纹鎏金银提梁壶

龙首绿釉提梁鸡冠壶

茶釉单孔鸡冠壶

折肩孝子图鎏金錾花银壶

龙纹三彩执壶

第一章 饮食

摩羯形三彩壶

鸳鸯形三彩壶

第一章 饮食

摩羯形三彩壶

盘口穿带白瓷瓶

双猴绿釉鸡冠壶

仰莲纹银杯

荷叶形银杯

折肩孝子图鎏金錾花银壶

刻花高颈玻璃瓶[①]

---

① 以上器皿图片均见中国历史博物馆、内蒙古自治区文化厅编《契丹王朝》，中国藏学出版社2002年版。

赤峰缸瓦窑，以烧白瓷为主，有杯、碗、盘、碟、壶、罐等。也烧三彩及单色釉陶器，有盘、碟、鸡冠壶等。

辽阳江官屯窑，以烧白釉粗瓷为主，也烧黑釉器。白釉器产品有杯、碗、盘、碟、瓶罐等，黑釉器多为日用的粗糙大器。①

北京龙泉务窑，产品以盘、碗、碟、钵为主，其次有罐、壶、盂、盒等。花纹有印花、刻花、雕花、剔花等手法。釉色以白、乳白、灰白为主，酱釉、黑釉、茶叶末釉次之。早期作品胎质粗糙，釉色灰白者居多。中晚期作品较精致，胎质洁白坚硬，釉白而细腻。②

在辽人使用的饮食和贮藏器中，最具民族特色的是仿照契丹人的皮制或木制容器所烧造的陶瓷器，主要有鸡冠壶、凤首瓶、长颈瓶、注壶、鸡腿坛等。其中尤以鸡冠壶最有代表性。

鸡冠壶是仿照契丹人使用的盛水皮囊而烧制的，它便于携带，保留着游猎生活的特点。鸡冠壶在辽墓中多有发现，其造型有扁身单孔、扁身双孔、扁身提梁、圆身提梁、矮身横梁等形式。

辽瓷中的碗、盘、碟、杯、盂、壶等，是依照中原陶瓷器形制而烧造的，特别是受唐、宋陶瓷的影响。

此外，在辽人使用的陶瓷饮食器中，还有些是北宋定窑、汝窑，乃至景德镇窑的产品。

考古工作者在各地辽墓中经常发现陶瓷器，为后人了解辽代陶瓷饮食器提供了可靠的物证。如在北京地区就出土过许多瓷器，有白瓷系的定窑、龙泉务窑的仿定，青瓷系的越窑、影青瓷、临汝窑瓷。王泽墓、马直温墓、大玉胡同辽墓中还出土了一些来自中原的精美瓷器。③

在内蒙古奈曼旗陈国公主墓发现有许多陶瓷器随葬品。如绿釉长颈盖壶、茶绿釉鸡腿坛、绿釉罐、莲花纹白瓷盖罐、白瓷盆、白瓷盒、花口白瓷碗、青瓷盘等。这些瓷器制作精致，造型美观，器表有雕花、划花、印花，纹样有莲瓣纹、双蝶纹、缠枝菊花纹等。④

在辽宁阜新县白玉都、海力板村辽墓也出土了精美的瓷器，有矮身扁梁鸡冠壶、

---

① 《中国陶瓷史》第七章第八节《辽的陶瓷》，文物出版社 1982 年版。
② 齐鸿浩、黄秀纯《辽代瓷器烧造业的主要窑场龙泉务窑》，1997 年 10 月 21 日《北京日报》。
③ 《北京考古工作四十年》第一章辽代，北京燕山出版社 1990 年版。
④ 内蒙古文物考古研究所《陈国公主驸马合葬墓发掘简报》，《文物》1987 年第 11 期；内蒙古考古研究所、哲里木盟博物馆《辽陈国公主墓》第 52 页，文物出版社 1993 年版。

扁身单身鸡冠壶等，康平后刘东屯辽墓出土有雕莲瓣纹葫芦形白瓷注壶。①

（三）金、银、铜、玉、水晶、玛瑙、玻璃等器皿

辽朝皇帝有时以金银器皿赏赐给臣僚、近侍等。如应历十五年（965年），穆宗以掌鹿矧恩代斡里为闸撒狘（官名，掌宫卫之禁者），赐金带、金盏、银二百两。②金盏即为饮酒器。

每逢皇帝生辰及正旦等，辽宋互相馈献的礼物中，往往有金银器，其中也含饮食器。《契丹国志》卷二一"宋朝贺契丹生辰礼物"条载，"契丹帝生日，南宋遗金酒食茶器三十七件"。路振使辽时，圣宗君臣在接待他的盛宴上使用的即有金、银、玉等饮食器皿，"先进酒，酌以玉瓘、玉盏，双置玉台，广五寸，长尺余，有四足，瓘、盏皆有屈指。虏主（圣宗）座前，先置银盘，盘有三足，如几状，中有金曡"。③其中瓘、盏、盘、曡均为饮食器或贮藏器。世宗天禄五年（951年），察割谋反，率兵杀太后与世宗，"阅内府物，见玛瑙碗，曰：'此稀世宝，今为我有'"！其妻说："吾属无噍类，此物何益！"④玛瑙器皿只有帝王、后妃等才能使用，可见其珍贵。

在上述陈国公主墓的随葬品中，有银执壶、银盏托、银匙、银刀、琥珀柄银刀、玉柄银刀、铜盆、铜盘、玻璃瓶、杯、盘、玛瑙盅、水晶杯等。⑤其中玻璃器皿，在当时极为名贵，是罕见之物。我国当时尚无生产玻璃的记录，而埃及、叙利亚和两河流域是伊斯兰玻璃的主要产地，玻璃器皿可能是通过丝绸之路而间接传到辽境的。⑥

---

① 《文物考古十年（1079—1989）》第66页，文物出版社1990年版。
② 《辽史》卷七《穆宗纪下》。
③ 《乘轺录疏证稿》，贾敬颜《五代宋金元人边疆行记十三种疏证稿》第63页。
④ 《辽史》卷一一二《察割传》。
⑤ 内蒙古自治区文物考古研究所、哲里木盟博物馆《陈国公主墓》第四章"随葬品"，文物出版社，1993年版。
⑥ 《陈国公主墓》附录五《陈国公主与驸马合葬墓出土的玻璃器皿及有关问题》。

第五节　辽代饮食风俗的特点和影响

辽朝是一个以北方民族契丹为统治民族建立的多民族（包括汉、渤海、奚等）政权，由于地理环境、社会经济发展水平、民族传统等因素决定了辽代饮食风俗具有某些显明的民族和地方特点。

一、原始，粗放

契丹肇兴之初，渔猎、畜牧是其获取生活资料的主要手段，其社会发展阶段落后于同时期的中原地区。契丹的饮食原始、粗放，具有游牧民族的特点。主副食品的加工制作，一般来说较为简易，食品种类较少。加之由于生活方式不同和民族偏见，契丹饮食在北宋汉人眼中显得十分单调，这在宋人的行程录、语录、使辽诗中多有反映。如苏颂《契丹帐》诗云："行营到处即为家，一卓穹庐数乘车。千里山川无土著，四时畋猎是生涯。酪浆膻肉夸希品，貂锦羊裘擅物华。种类益繁人自足，天教安逸在幽遐。"① 反映了辽人饮食的单调及他们安于这种生活的景况。沈括说契丹人"食牛羊之肉酪"，"间啖麰粥"。② 苏辙《渡桑干》诗云："会同出入凡十日，腥膻酸薄不可食。""羊脩乳粥差便人，风隧沙场不宜客。"③ 也记述了契丹人饮食的原始与单调。当然，以上宋人对契丹饮食的评论难免带有某些偏见。

---

① 《苏魏公文集》卷一三。
② 《熙宁使契丹图抄疏证稿》，贾敬颜《五代宋金元人边疆行记十三种疏证稿》第127页。
③ 《栾城集》卷一六，上海古籍出版社1987年版。

二、贵生鲜，尚豪饮

由于契丹人长期过着渔猎、游牧的生活，在外作业，缺乏烹饪条件，养成了生食鱼肉的习惯。随着社会的发展，生活条件有了改进，但是食生鲜仍作为一种习惯被保留下来。

尚豪饮是契丹乃至北方人的一个共同特点，至今亦然。每逢宴饮，客人大碗喝酒，大块吃肉，主人便十分高兴，表现了契丹和许多北方人的豪爽性格。魏泰《东轩笔录》卷一五云："北番每宴使人，劝酒器不一，其间最大者，剖大瓠之半，范以金，受三升，前后使人无能饮者，惟方偕一举而尽，戎主大喜，至今目为方家瓠，每宴南使，即出之。"① 所谓"剖大瓠之半"，就是至今在东北农村仍被广泛使用的葫芦瓢。路振《乘轺录》记载他在辽国受到接伴使的款待，熊肪、羊、豚、雉、兔之肉为濡肉，牛、鹿、雁、鹜、熊、貉之肉为腊肉，"割之令方正，杂置大盘中"，"二胡雏衣鲜洁衣，持帨巾，执刀匕，遍割诸肉，以啖汉使"。② 这种饮食风尚固然说明其粗放原始，同时也体现了契丹人的豪爽性格。

三、对中原汉人饮食文化的借鉴与吸收

随着辽朝社会经济的发展，与北宋往来增多，同汉族的接触日益频繁，契丹对汉族饮食文化的借鉴与吸收便成为一个普遍的现象。以节日饮食习俗为例，辽朝节日、节气，如正旦、立春、人日、中和、上巳、端午、夏至、中元、中秋、重九、冬至等，均源于中原，其食俗也多与中原有关，显然这是借鉴与吸收汉族饮食文化的结果。

在朝廷庆典及皇室、贵族上层社会生活中受汉族文化影响也很明显。从《辽史·礼志》可以发现在辽朝诸多仪式中，有"行酒"、"行茶"、"行茶饼"等，伴之以散乐、舞蹈，其程式繁缛，颇受中原影响。在宋人使辽时，辽人为之张宴，"阶下列百戏"，甚至"有舞女八佾"。③ 八佾乃天子乐舞，孔子曾因季氏以"八佾舞于庭"而大加挞伐之。辽朝礼仪中的饮食场面受汉文化影响之深，于此可见一斑。

---

① 中华书局1983年版。
② 《乘轺录疏证稿》，贾敬颜《五代宋金元人边疆行记十三种疏证稿》第46页。
③ 同上书；第65页。

四、契丹饮食对境内汉人和其他族以及邻境的影响

契丹作为辽朝的统治民族，它的饮食文化必然对境内和邻境各族产生一定的影响。辽朝的若干节令食俗，除有一部分借鉴吸收中原汉族食俗外，还保留有一些本民族的特色。它作为辽朝的岁时杂仪，必然对境内的汉、渤海、奚等产生影响，特别是在朝廷为节日、节气设宴时，要有各族臣僚参与，契丹国俗自然影响了汉与其他族官员。

辽朝与北宋和高丽、西夏和好时期，每逢正旦、帝后生辰等，都互派使节，互赠礼物，契丹也把具有本民族风味的特产，如蜜晒山果、蜜渍山果、牛羊鱼鹿腊肉等传到邻国。①

此外，契丹的名宴头鹅宴、头鱼宴，不仅为当时盛典，而且对后世有一定影响，为金元所承袭。

---

① 《契丹国志》卷二一《契丹贺宋朝生日礼物》。

第二章

穿　着

【第一节　服饰制度与风俗】

辽代服饰，就民族分，有国服和汉服之别。国服指契丹服饰，汉服指汉人服饰。就朝野论，有官服和民服之分。

一、契丹早期服饰

契丹早朝的生产方式以狩猎、游牧为主，衣服原料主要来源于野兽和牲畜的皮毛。

（一）野兽皮毛

契丹同许多民族一样，最早的衣料来源是野兽皮毛。

《契丹国志》卷首《契丹国初兴本末》载契丹传说，有一酋长号喎呵，戴野猪皮，披猪皮，居穹庐之中。后因其妻窃其猪皮，遂"莫之所如"。后来又有一酋长，号昼里昏呵，也"戴猪服豕，罔测所终"。这一传说反映出契丹人早期以猪皮为服饰。

（二）牲畜皮毛

马、牛、羊、驼等皮毛，是契丹出现畜牧业后人们衣料的又一重要来源。

《辽史·仪卫志》"国服"载：

> 契丹转居荐草之间，去邃古之风犹未远也。太祖仲父述澜，以遥辇氏于越之官，占居潢河沃壤，始置城邑，为树艺、桑麻、组织之教，有辽王业之隆，其亦肇迹于此乎！

《辽史·太祖纪二》亦载，德祖（太祖阿保机之父）之弟述澜"始兴板筑，置城邑，教民种桑麻，习组织"。是知至述澜时，契丹社会出现了原始农业与纺织业，有了植物（如麻）纺织品及桑蚕生产的丝绸。植物织品和丝绸的出现，极大地丰富了衣料来源。

二、官服：国服与汉服

辽朝建立之后，伴随着疆土的拓展，同汉人接触的增多，农业、手工业及榷场贸易的开展等，毛麻纺织品及丝绸罗绮之类逐渐多了起来。受中原文化的影响，契丹衣着的功能也在扩大，它已不限于御寒蔽体，而且成了"别上下，明等威"的标志。辽太宗时，正式制定衣冠之制。《辽史·仪卫志》载："太宗制中国，紫银之鼠，罗绮之筐，麇载而至。纤丽奭毳，被土绸木。于是定衣冠之制，北班国制，南班汉制，各从其便焉。"

（一）国服

国服，有祭服、朝服、公服、常服、田猎服、吊服等。

1. 祭服

皇帝、臣僚、命妇等在祭典时所穿衣服。这些祭典，包括吉仪、凶仪、军仪、宾仪、嘉仪等。在上述诸礼仪中，又分若干项。吉仪中之祭山仪为大礼，"服饰尤盛"。[①] 因祭礼的规模等级不同，其服饰也有所区别。

大祀。皇帝服金文金冠，白绫袍，红带，悬鱼，饰犀玉刀错。

小祀。皇帝服硬帽，红克丝龟文袍。皇后戴红帕，或绛帓（绛色头巾），服红袍，悬玉佩，乌靴。

臣僚、妇女服饰，各从本部旗帜之色。巫穿白衣。惕隐（官名，掌管皇族事务）戴素巾。

2. 朝服

皇帝着衮冠、红袍，饰犀玉带错，着靴，谓之国服衮冕。臣僚戴毡冠或纱冠，当是根据季节而定。毡冠以金花为饰，或加珠玉翠毛。纱冠制如乌纱帽，无檐。服窄袍。系靮韗带，以皮革为之，并用金、玉、水晶、靛石等缀之，为之"盘紫"。

3. 公服

皇帝头戴紫皂幅巾，身着紫窄袍或红袄。臣僚也着幅巾、紫衣。

4. 常服

《辽史·仪卫志二》"宰相中谢仪"称皇帝着"常服"，但未载其服制。皇后常服，据王鼎《焚椒录》载，道宗宣懿皇后与伶人赵惟一对弹《回心院》时，所着"紫金百凤衫，杏黄金缕裙，上戴百宝花髻，下穿红凤花靴"，应是皇后的常服。臣僚常服称"盘裹"，即便衣。为绿花窄袍，中单（内衣）多红绿色。赵惟一与宣懿皇后弹《回心院》时，

---

 ①《辽史》卷五六《仪卫志二》。

"去官服","着绿巾金抹额,窄袖紫罗衫,带,乌革靴"。[1] 这应是臣僚的常服。

5. 田猎服

皇帝幅巾(以布帛束头发),"擐甲戎装",以貂鼠或鹅项、鸭头为扦腰。[2] 番汉官员服戎装,衣皆左衽,黑绿色。

6. 吊服

吊丧时皇帝着素服,白色。臣僚穿皂(黑色)袍。

(二)汉服

汉服是来自中原王朝的服制。大同元年(947年)正月,辽太宗耶律德光入汴(开封),废晋帝,于崇元殿受百官朝贺,并于当年北归,"唐、晋文物,辽则用之"。[3] 此后,中原舆服制度传到辽朝,辽朝始有汉服制度。除汉族官员着汉服外,契丹皇帝、臣僚、皇子等,在某些场合也穿汉服。

汉服分祭服、朝服、公服、常服等。

1. 祭服

契丹皇帝在祭祀宗庙、遣将出征及"元日朝会仪"等,多穿汉服祭服。

皇帝祭服,亦即衮冕,由冕冠、玄衣、纁裳等组成。皇帝冕冠有十二旒,每旒由十二玉珠贯串。按规定,玄衣、纁裳十二章(十二种图案),其中上衣八章,为日、月、星、龙、华虫、火、山、宗彝;下裳四章,为藻、粉米、黼、黻。佩饰有革带、大带、剑佩绶等。舄(鞋)加金饰。

2. 朝服

除南面官穿汉服朝服外,契丹皇帝、皇子、亲王等,有时也穿汉服朝服。

皇帝朝服,由通天冠、绛纱袍、白裙襦、袜、舄等组成。皇太子着绛纱袍,白纱中单,白裙襦,有蔽膝,白袜,黑舄。此外,亲王及各级官员也有不同的朝服。

3. 公服

皇帝公服,包括翼善冠、柘黄袍、白练裙襦、六合靴等。皇太子公服为绛纱单衣,白裙襦,白袜,乌皮履。

4. 常服

辽国称之为"穿执"。皇帝常服为折上头巾、柘黄袍衫、六合靴等。折上头巾、折巾,即幞头。沈括《梦溪笔谈》卷一:幞头,"二带系脑后垂之,(折)[二]带反系头上,令曲折附顶,故亦谓之折上巾"。皇太子常服,为冠、绛纱单衣,白裙襦,白袜,

---

[1] "百部丛书集成"本,台北艺文印书馆原刻景印。
[2] 《辽史》卷五六《仪卫志二》。
[3] 同上。

仪卫图（摹本，巴林左旗前进村辽墓壁画，《内蒙古辽代壁画》）

辽金风俗

乌皮履。各级官员，分别戴幞头，穿不同颜色的袍衣。文官佩有手巾、刀子、砺石、金鱼袋等。武官佩有刀、磨石、针筒、火石袋等。下着乌皮六合靴。

三、从考古发现看辽代服饰

依据文献记载还不能对辽代服饰有比较清楚的了解，而大量的考古发现，不仅可以印证文献记载，而且可使我们对辽代服饰有比较形象的认识。

（一）面料

考古材料表明，契丹贵族男女服装面料已颇考究，其工艺达到了相当高的水平。

1974年在辽宁法库叶茂台辽墓出土有珍贵的蚕丝织品实物材料。包括绢、纱、罗、绮、锦、绒圈织物及刻丝等七类九十多个品种规格。有的平纹纺织品纺绩工艺很有特点，构成经纬线的茧丝与茧丝之间作整齐的平行排列，使得织品格外轻薄柔软。[①] 在内蒙古翁牛特旗解放营子辽墓发现的一批织锦、绫、罗、刺绣中，有"夹缬"和"腊缬"法印染的各种花纹。[②] 夹缬始于秦汉，唐以后得到流行。最早是用两块木板雕刻成同样花纹，着色夹染，故称夹缬。"腊缬"是用腊涂成花纹，染后去掉，在织物上留下花纹。以上发现，反映出当时丝织工艺已达到很高的水平。

（二）冠、靴

1. 冠、幞头

在辽墓中出土有多件男女鎏金银冠以及纱冠、毡冠、幞头等。

鎏金银冠。辽宁建平张家营子出土有二龙戏珠鎏银冠。周边印有如意云纹，冠面花纹凸起，中心为一大火焰珠，两侧为二龙相对，翘尾昂首，张口扬鬣，形象生动。[③] 辽宁朝阳前窗户辽墓也出土有与前者形制相近的鎏金银冠。冠面正中悬一火焰珠，两侧双凤相对，昂首展翅，长尾，中有云气浮动，周围压印卷云纹。[④] 内蒙古奈曼旗陈国公主墓出土鎏金银冠2件，更为精制。其中一件，鎏金银冠，是男性冠，冠主人为泰宁军节度使检校太师驸马萧绍矩。此冠由16片鎏金银片重叠组合，薄银片先分片锤击成型，再用细银丝缀合冠整体。冠正面饰有对凤，用银丝钉缀。围绕冠正面对凤的上下左右，缀以鎏金银圆形冠饰22件，各饰件上錾刻有凤、鸟、鹦

---

① 《法库叶茂台辽墓记略》，《文物》1975年第12期。
② 辽宁省博物馆文物工作队《概述辽宁省考古新收获》，《文物考古工作三十年（1949—1979）》，文物出版社1979年版。
③ 冯永谦《辽宁建平、新民的三座辽墓》，《考古》1960年第2期。
④ 靳枫毅《辽宁朝阳前窗户辽墓》，《文物》1980年第12期。

联珠人物纹红罗地绣经袱（巴林右旗博物馆藏）

联珠云龙纹橙色罗地绣巾（巴林右旗博物馆藏）

梅花蜂蝶蓝色罗地绣巾(巴林右旗博物馆藏)

寄锦图(局部,宝山2号墓石房内南壁,《文物》1998年第1期)

寄锦图（宝山2号墓石房内南壁，《文物》1998年第1期）

高翅鎏金银冠（内蒙古自治区文物考古研究所、哲里木盟博物馆《辽陈国公主墓》，文物出版社1993年版）

高翅鎏金银冠（内蒙古自治区文物考古研究所、哲里木盟博物馆《辽陈国公主墓》，文物出版社1993年版）

鎏金银冠（驸马，《辽陈国公主墓》）　　　　鎏金银冠（《辽陈国公主墓》）

鹈、鸿雁、火焰、花卉等不同纹样。冠表面鎏金，冠内残留红褐色纱衬。另一件高翘鎏金银冠，是女性冠，为陈国公主耶律氏之冠。此冠先用薄银片锤击成各部位的形状，或镶嵌组合，或用细银丝缝缀加固。全冠高筒式，圆顶，两侧有对称的立翘高于冠顶。冠的正面镂空并錾刻花纹。正中錾刻一个火焰宝珠，左右两面錾刻金凤，昂首，长尾上翘。两凤周围錾刻变形云纹。冠顶上还缀鎏金元始天尊银造像。①

纱冠、毡冠、幞头。内蒙古翁牛特旗解放营子辽墓宴饮图中主人所戴之冠，平顶，无檐，额前缀花形饰物，两旁垂带，带上有花饰。与文献所载上结紫带、末缀珠相近，当为纱冠（亦有人谓是毡冠）。②在库伦辽墓壁画中多有头戴幞头者。③妇女之帽，库伦辽墓一号墓墓道北壁画女主人头戴黑色瓜皮帽，帽缘扎绿色巾带。另一女子，头戴绿顶黑皮小帽，后系花结。④天井北壁侍女分别戴黑色竖格小帽、圆顶黑色帽。⑤

---

① 内蒙古文物考古研究所等《辽陈国公主墓》第65—67页，文物出版社1993年版。
② 佟柱臣《辽墓壁画反映的契丹人生活》，《辽金史论集》第五辑，文津出版社1991年版；鄂嫩哈拉·苏日台《中国北方民族美术史料》第364页，上海人民美术出版社1990年版。
③ 王健群、陈相伟《库伦辽代壁画墓》，文物出版社1989年版。
④ 王健群、陈相伟《库伦辽代壁画墓》第23页。
⑤ 同上书，第19页。

门吏图（河北省文物研究所编《宣化辽墓壁画》，文物出版社2001年版）

第二章 穿着

门吏图(《宣化辽墓壁画》)

2. 鞋靴

契丹人鞋靴，以靴居多，由皮革或毡制成，以利防寒。如解放营子辽墓壁画中契丹人多着长靴。在陈国公主墓中出土有两双錾花银靴，银靴由薄银片制成。此为冥器，系仿实物做成，其形制应基本相同。两双银靴分别由靴勒、靴面、靴底组成。一双靴勒略呈梯形，靴勒前高后低，勒口卷边，椭圆形。另一双靴口略呈椭圆形，卷边，靴勒上宽下窄，外侧略呈扇形，上部前高后低，略呈弧形。两双长靴均为短勒。① 而陈国公主墓壁画上侍卫所着之靴，都是长靴。除毡、革制成的长短靴外，敖汉旗北三家辽墓壁画中有人所穿靴裤相连，还有人着草鞋。②

錾花银靴（《辽陈国公主墓》）

（三）衣袍、裤裙

1. 男服

以圆领、窄袖、左衽长袍居多，亦有直领、对衽或短衣。如翁牛特旗解放营子辽

---

① 《陈国公主墓》第 37 页。
② 邵国田《敖汉旗北三家辽代壁画墓》，《松州学刊》1897 年第 4—5 页。

墓壁画宴饮图，桌旁立一人，身穿窄袖黄长袍，腰系红带。毡车出行图中备马者身着圆领窄袖袍。① 敖汉旗北三家辽墓甬道西壁耳室壁画中一男侍穿红色内衣，淡绿色长袍，腰系白色带。东耳室壁画中之人穿短上衣和裤，其中有的上着绿衣，下着白裤；有的上着红衣，下着淡绿色裤。② 克什克腾旗二八地辽墓石棺画中有一契丹放牧人身穿开襟（对襟）短皮衣。③ 库伦辽墓壁画中反映出的辽人服饰尤为丰富。如库伦一号墓天井南壁第一层所绘一人颈间露白色内衣与绿色中单领角，皆为左衽，外着圆领窄袖赭黄色长袍；另一人穿绿袍。一号墓墓道北壁出行图绘主人车骑与随从，有人着黄色中单，外着绿袍；有人着蓝色中单，红色圆领窄袖长袍；还有人着土红色袍，或黄袍、红袍。④

契丹门吏（《宣化辽墓壁画》）

2. 女服

契丹女服多为直领（立领），左衽，长袍，称"团衫"。如库伦辽代壁画墓一号墓

---

① 项春松《解放营子辽墓壁画发掘报告》，《松州学刊》1987 年第 4—5 期。
② 邵国田《敖汉旗北三家辽代壁画墓》。
③ 项春松《解放营子辽墓壁画发掘报告》，《松州学刊》1987 年第 4—5 期。
④ 王健群、陈相伟《库伦辽代壁画墓》。

道北壁壁画（王健群、陈相伟《库伦辽代壁画墓》，文物出版社1989年版）

墓道北壁画女主人着浅绿色长衫，另一女子，着绿色长衫，浅红色腰带。天井北壁一侍女身着直领窄袖赭黄色长衫，亦有穿绿色长衫、红衫者。① 契丹妇女下衣为裙与裤。如解放营子辽墓壁画侍女图中一侍女着直领窄袖蓝长衫，腰系红带，腰以下为绛地裙。另一侍女身着黄衫，中单米黄，灰蓝地裙。② 法库叶茂台辽墓石棺内老年妇女下衣除裙裳外，还有套裤（即只有两个裤腿，上系带子悬绑在腰带上）。③

（四）佩饰

辽人衣着上的佩饰也有发现。如鞢韘带、扦腰等。

1. 鞢韘带

鞢韘带，又称蹀躞（鞢韘）带，是契丹人腰带上的佩饰。韘韘带是北方少数民族服饰的重要特征之一。沈括《梦溪笔谈》卷一说："窄袖、绯绿短衣、长靿靴、有鞢韘带，皆胡服也。"又说："带衣所垂蹀躞，盖欲以佩带弓剑、帨帨、算囊、刀砺之类。"可见蹀躞具有装饰意义，而且有实用价值，这是同北方民族的游牧、骑射生活相适应的。

在陈国公主墓的随葬物中，发现有形制各异的六条带，即铐银鞓蹀躞带、银铜铐银鞓蹀躞带、玉铐鞓蹀躞带、玉铐银带、金铐丝带和银带六种。金铐银鞓蹀躞带系于驸马腰部。铐，为腰带上的饰物；鞓，本意为皮革。所谓金铐银鞓蹀躞带，就是有金质饰物的银腰带。带鞓和系垂的小带用银片制作，银带鞓上有金质饰物66件。玉铐丝鞓蹀躞带，即有玉做饰物的丝腰带。其形制与金铐银鞓蹀躞带大致相同，有饰物60件。银、铜铐银鞓蹀躞带，从出土位置和形制看，可能是用于佩挂弓箭的，是有银和铜为饰物的银

螺形玉佩件（《契丹王朝》）

---

① 王健群、陈相伟《库伦辽代壁画墓》第23、19页。
② 项春松《解放营子辽墓壁画发掘报告》。
③ 《法库叶茂台辽墓记略》，《文物》1975年第12期。

凤形鎏金银钗(《契丹王朝》)

金銙银鞓蹀躞带

胡人驯狮纹琥珀佩饰(《辽陈国公主墓》)

带，饰物10件。银带可能是用来悬挂佩刀之类用物的。玉銙银带，是用玉作饰物的银带，有饰物18件。短银带，可能是接于上述玉带银銙上使用的。金銙丝带，束于公主腰部，是有金饰物的丝腰带，有饰物8件。[①]由于这些都是冥器，所以有的腰带是用银制作的，而日常生活中的腰带一般当为皮带。不过由此可以了解日常生活中蹀躞带及饰物的形制。

2. 扦腰

前文提到"以貂鼠或鹅项、鸭头为扦腰"。顾名思义，此为护腰之物。是一种皮质的套筒，骑射时着装，以防腰部扭伤。我们在传世的耶律倍《射骑图》中可以看到扦腰的形制。一髡发猎人站在马旁，左臂挂弓，右手执箭，在长袍外腰部套有扦腰，系腰带，挂箭囊。

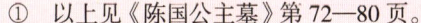

① 以上见《陈国公主墓》第72—80页。

第二节　首饰、发式与面妆

首饰本指男女头上的饰物，后来泛指耳环、项链、手镯、戒指等。契丹人的典型发式为髡发。佛妆则是在妇女中一种流行的面妆。

一、首饰

在辽墓随葬品、壁画里多有契丹妇女、特别是贵族妇女首饰实物及形象。如发饰、耳饰、项饰、璎珞、胸饰等。

（一）发饰

契丹妇女喜欢头束高髻，缀有饰物。如《焚椒录》载，萧观音"上带百宝花髻"。路振《乘轺录》说，他在辽国会见承天太后时，看到侍女均"五色缠发，盘以为髻"。解放营子辽墓壁画仕女图中侍女束高发髻，髻上扎缠、缀饰。[1]在克什克腾旗二八地辽石棺画墓之一号墓中发现有银簪、步摇等实物。银簪，用银条弯制而成，形制较为简单，是妇女发髻上的饰物。步摇，古代妇女的首饰。《释名·释首饰》："步摇，上有垂珠，步则摇动也。"汉唐以来流行此饰物。辽墓中发现的这一饰件，圆形镂空，四周有孔，垂挂鎏金小银铃七枚。小银铃呈三角形，中空，用银链垂挂，互相撞击时叮叮作响，清脆悦耳，其状类似唐宋步摇。[2]

（二）耳饰

有耳环、耳坠、耳珰等，以金、银、玉、骨等制作。

契丹妇女佩戴耳饰十分普遍。路振《乘轺录》载，当他见到承天太后时，太后"冠

---

[1] 项春松《解放营子辽墓壁画发掘报告》。
[2] 项春松《克什克腾旗二八地辽石棺画墓》，《内蒙古文物考古》第3期。

摩羯形金耳坠（《契丹王朝》）

翠花，玉充耳"。"侍者十余人，皆胡婢，黄金为耳珰"。这在辽墓壁画中也多有反映。如库伦辽代壁画墓一、二号墓壁画所绘契丹主妇多带耳坠、耳环。二号墓壁画中侍女带黄色花式耳环。① 在建平张家营辽墓、建平砾碌科辽墓、法库叶茂台辽墓、锦州张扛村一号辽墓、朝阳前窗户村辽墓、察右前旗二号辽墓、库伦旗奈林稿二号辽墓等都出土有耳坠，质地不同，有金、银、铜质及琥珀等，形制各异。② 陈国公主墓出土的耳坠尤为精致，为以前出土耳坠所不及。③

契丹男人也有佩带耳饰之俗，只是不像妇女那么普遍。库伦辽代壁画墓二号墓壁画驭者带黄色耳环。④

（三）项饰

契丹男女都有佩戴项饰之俗，如项链、璎珞等，在辽墓中均有出土。

1. 项链

克什克腾旗二八地辽石棺画墓出土有玛瑙串珠，圆球形，正中有一穿孔；绿松石

---

① 《库伦辽代壁画墓》第43页。
② 冯永谦《辽宁建平、新民的三座辽墓》，《考古》1960年第2期；《法库叶茂台辽墓记略》；刘谦《辽宁锦州张扛村辽墓发掘报告》，《考古》1984年第11期；《辽宁朝阳前窗户村辽墓》；《契丹女尸》，内蒙古人民出版社1985年版；《内蒙古哲里木盟奈林稿辽代壁画墓》，《考古学集刊》第1辑，1980年。
③ 《辽陈国公主墓》第43页。
④ 《库伦壁画墓》第43页。

串珠，正中穿孔。①陈国公主墓出土有琥珀珍珠项链，置于公主颈部，用八串金丝穿连的珍珠贺一件琥珀坠、三颗琥珀珠组成。

2. 璎珞

璎珞，又称缨络，贯串珠玉而成，原为佛像颈间的饰品。《南史·林邑国传》载："王者着法服，加璎珞如佛像之饰。"随着佛教的传入与盛行，璎珞逐渐成了妇女的时兴装饰品。南北朝至隋唐五代间，北方不同民族和阶层的妇女都有以璎珞为项饰者。契丹男女均有此俗。辽陈国公主墓出土有四组琥珀璎珞，分别佩戴于公主和驸马的颈部，每人两组。公主两组：一组带在项下，有琥珀和琥珀浮雕饰件、素面琥珀料以细银丝穿缀而成；另一组置于胸部，由琥珀珠和圆雕、浮雕饰件以细银丝相间穿缀组成。驸马两组：一组佩戴颈上，垂于胸腹部，由琥珀珠和琥珀浮雕饰件组成，用细银丝将琥珀珠和琥珀浮雕饰件相间穿缀而成；另一组戴于颈上，由圆球形琥珀珠和琥珀饰件以细银丝相间穿缀而成。②

（四）首饰

首饰指戒指、手镯、臂钏等饰物。这些饰物，追溯其根源，早在四五千年前即已出现，先是用动物骨、牙及石、陶等制成，后来改由宝石、贵重金属等制作。契丹人沿袭此俗。辽陈国公主墓出土有錾花金戒指17枚，其形制、大小基本相同，分别套在公主与驸马手指上的银丝网络之外。公主十指各指一枚，其中一指多戴一枚，共11枚。驸马左右手各戴3枚，共6枚。戒指都很轻薄，似专为随葬而制，非实用品。还发现錾花金镯2副4件，分别套于公主左右手腕银丝网络之外，每手戴2件。左手戴缠枝花纹金镯，右手戴双纹金镯。③

二、发式

契丹人的典型发式为髡发。沈括《熙宁使契丹图抄》云：契丹"其人剪发，妥其两髦"。妥，通堕，落下之意。是说契丹人剪发，保留两绺头发，下垂。庄绰《鸡肋编》卷上云：契丹"良家士族女子皆髡首，许嫁，方留发"。《契丹国志》卷二三《衣服制度》云："额后垂金花织成夹带，中贮发一总。"（即留有一绺头发）又，《兵马制度》云："有渤海首领大舍利高模翰兵，步骑万余人，并髡发左衽，窃为契丹之饰。"苏颂《和晨发柳河馆憩长源邮舍》诗自注云："敌（指辽国）中多掠燕、蓟之人，杂居番界，皆削

---

① 《克什克腾旗二八地辽石棺画墓》。
② 《陈国公主墓》第87—94页。
③ 《陈国公主墓》第29—30页。

顶垂发以从其俗,惟巾衫稍异,以别番汉耳。"① 都说明髡发为契丹发式的主要特征。

至于契丹人髡发,究竟是何形式,根据文献记载尚难说清,然而从传世绘画及辽墓壁画中,则可一目了然。从耶律倍《射骑图》、胡瓌《卓歇图》及辽庆陵壁画、库伦辽墓壁画、解放营子、克什克腾旗二八地辽墓壁画、敖汉旗三家子辽墓壁画等,反映出契丹各阶层男子髡发形式有多种:

1. 剪去颅顶头发,保留其余部分。

2. 额两侧留有各不相连的一绺长发,将其他头发剪去,两绺头发自然下垂。这大约就是沈括所说"妥其两髦"。

3. 额两侧留有两绺长发,将其他处头发剪去,留发根部剪成三角形或弯月状,在额中间相连。两绺长发自然下垂或结辫。

4. 额前正中留一条状短发,与额两侧所留的两绺长发相连或不相连,剪去其他部分头发。

5. 额两侧各留一绺长发,脑后留有一绺头发,剪去其余部分。②

契丹男子髡发,不仅见于卷轴或壁画,近年在赤峰阿鲁科尔沁旗温多尔敖瑞山辽墓发现契丹男尸头颅上保存有较完好的髡发,其发式:耳上额两侧留有长发,拢至脑后,分三股结一长辫,发辫残存10节,长13厘米。自额两侧留长发处至枕骨留有短发,髡发处有短发茬。③ 这也验证了壁画中契丹男子髡发发式的可信。

契丹女子的髡发形式,不见于传世绘画和壁画。1981年在内蒙古察右前旗豪欠营六号契丹女尸墓发掘的契丹女尸则为我们提供了女子髡发形式。其发式为剃去前额边沿部分,保留其余头发,经剃过后的前额又长出了一点短发,据判断当是原来剃光而不是剪短的。未剪的头发,在颅顶部用绢带结扎,带结位于颅顶偏后。另在左侧分出一小绺,编成小辫,绕经前额上方,再盘回颅顶,压在束发上面,和束发结扎在一起。耳后及脑后的长发向身后下披,垂到颈部以下。④

髡发为许多北方民族的传统习俗。《北史·匈奴宇文莫槐传》云,莫槐"其先南单于之远属也,世为东部大人。其语与鲜卑颇异。人皆剪发而留其顶上,以为首饰,长过数寸则截短之"。乌桓、鲜卑也是髡发。《后汉书·乌桓鲜卑列传》载,乌桓"以髡发为轻便,妇人至嫁时,乃养发,分为髻,着句决,饰以金碧,犹中国有簂(或作帼,妇人首饰也)步摇"。而鲜卑的"语言习俗与乌桓同",其发式当大抵如此。从考古发现可知乌桓鲜卑髡发形式是剃去四周而保留颅顶部分头发,并编成小辫。据此可知与

---

① 《苏魏公文集》卷一三,中华书局1988年版。
② 刘冰《辽代契丹髡发管窥》,《昭乌达盟蒙族师专学报》"北方民族文化增刊",1992年。
③ 《赤峰阿鲁科尔沁旗温多尔敖瑞山辽墓清理简报》,《考古与文物》1993年第2期。
④ 李逸友《略论和林格尔汉墓壁画中的乌桓鲜卑》,《考古与文物》1980年第2期。

六号墓后室东南壁壁画(《宣化辽墓壁画》)

匈奴髡发相似。契丹髡发,其剃留部位,与匈奴、乌桓、鲜卑不同。后来的女真、蒙古、满族男子也都剃去部分头发。《大金国志》卷三九《男女冠服》载:女真男子耳垂金环,"留颅后发,系以色丝"。《蒙鞑备录》称,蒙古"上自成吉思汗,下及国人,皆剃婆焦,如中国小儿留三搭头在囟门者,稍长则剪之,在下者,总角垂于肩上"。[①]满族男子半剃半留,编发作辫。即剃去周围头发,留颅后发,编成辫子,垂于脑后。

北方民族,匈奴、乌桓、鲜卑、契丹、女真、蒙古、满族等都有剃去部分头发的习俗,与古代汉人迥然不同。汉人男子皆留长发,髡发竟成为一种刑罚。苏鹗《苏氏演义》卷上云,"髡刑则剃毛发"。不同民族在发式上居然有如此大的区别。

三、面妆

(一)佛妆

契丹妇女的面妆颇为独特,为宋人所乐道。张舜民《使辽录》云:"北妇以黄物涂

---

① 明陆楫等辑《古今说海》,巴蜀书社1988年版。

梳妆侍奉图(《内蒙古辽代壁画》)

面如金,谓之佛妆。"庄绰《鸡肋编》卷上云:契丹女子"冬月以括蒌涂面,谓之佛妆。但加傅而不洗,至春暖方涤去,久不为风日所侵,故洁白如玉也。其异于南方如此"。朱彧《萍洲可谈》卷二云:"先公言使北时,见北使耶律家车马来迓,毡车中有妇人面涂深黄,红眉黑吻,谓之佛妆。"彭汝励《妇人面涂黄,而吏告以为瘴疾,问云谓佛妆也》诗云:"有女夭夭称细娘(原注:"俗谓妇人有颜色者为细娘。"),真珠络髻面涂黄。华人怪见疑为瘴,墨吏矜夸是佛妆。"①从契丹妇女面涂括蒌屡见于宋人诗文,可见其俗流行之广,当是一时的风尚。

括蒌,又作栝蒌、栝楼、瓜蒌等,为葫芦科多年生草本植物。据李时珍《本草纲目》卷一八载,栝蒌果实赤黄色,根部皮黄肉白,又名白药、天花粉,均可入药。有"悦泽人面"、"面黑令白"的功效。附方引《圣济录》云:"栝楼瓤三两,杏仁一两,猪肚一具,同研如膏,每夜涂之,令人光润,冬月不皱。"②看来括蒌确有滋润皮肤、令皮肤增白的作用。这应是契丹妇女涂括蒌的主要目的。而前引彭汝励诗及后来清人咏佛妆诗,如清陆长春《辽宫词》云:"也爱涂黄学佛妆,芳仪花貌比王嫱。如何北地

---

① 《鄱阳集》卷一二,文渊阁"四库全书"本。
② 中国书店1988年版。

胭脂色，不及南部粉黛香。"① 史梦兰《辽宫词》云："夏至年年进粉囊，时新花样尽涂黄。中官领得牛鱼鳔，散入宫中作佛妆。"② 查嗣瑮《燕京杂咏》云："西院琵琶拨未休，雪箫东墙起梳头。春风暖入肌肤滑，初点胭脂洗括蒌。""结束谁家好细娘，额痕犹带昔日黄。画眉不用斋堂墨，学得辽西拜佛妆。"③ 大都谓契丹妇女面涂括蒌意在把脸变黄，以此为美，恐不合敷括蒌本意。契丹妇女涂括蒌还是以庄绰所记可使皮肤"洁白如玉"及《本草纲目》谓涂括蒌可"令人光润，冬月不皱"为是。

（二）花钿

花钿又称面花或花子，是贴在脸上的薄型饰物。契丹妇女有以鱼鳔作花钿的习俗。《孔氏谈丛》云："契丹鸭渌水牛鱼鳔，制为鱼形，妇人以缀面花。"又，前引诗中"中官领得牛鱼鳔，散入宫中作佛妆"也是咏此俗的。

---

① 《辽金元宫词》第42页。
② 《辽金元宫词》第106页。
③ 《北京风俗杂咏》第16页、21页，北京古籍出版社1982年版。

【 第三节　辽代穿着风俗特点及演变 】

　　从以上对辽人特别是契丹人服饰及首饰、发式、面妆等的简要叙述，可知契丹服饰的主要特点是髡发，窄袖，短衣或长袍，左衽，长勒靴，有蹀躞带。这些特点是同契丹人的生活环境相联系的。正如沈括所说："窄袖利于驰射，短衣、长勒靴皆便于涉草。"①而蹀躞带以"佩带弓剑、帉帨（佩巾）、算囊、刀砺之类"。至于髡发，据《后汉书·乌桓鲜卑列传》说，乌桓鲜卑"以髡发为轻便"，北方民族多髡发，大约都出于其轻便，利于骑射、游猎。

　　辽人穿着，随着社会的发展，财富的增多，有渐趋奢华之势。开泰七年（1018年），圣宗诏"禁服用明金、缕金、贴金"。②太平五年（1025年），"禁天下服用明金及金线绮；国亲当服者，奏而后用"。③都反映出辽朝皇亲、贵族在穿着上的奢华趋势，以至朝廷要用行政手段予以限制。

　　在辽朝境内，各民族间的服饰也互相学习、借鉴。路振奉使辽朝时，看到"俗皆汉服"，惟有契丹、渤海妇女仍着"胡服"。④就是说，已有相当多的契丹男子改穿汉服了。契丹和渤海妇女仍较保守，多穿本民族服装。而汉人的穿着风俗也在改变，苏辙于元祐四年（1089年）奉使契丹，他在《燕山》诗中写道："哀哉汉唐余，左衽今已半。"《出山》诗云："汉人何年被流徙，衣服渐变存语言。"⑤说明今北京一带汉人衣着习俗已经部分地"契丹化"了。契丹服饰影响所及，还不止本国境内，而且传到北宋。一些归服北宋的辽人以及流落辽国而又重新回归宋朝者，有的因穿惯了北国服装，往往不改"胡服"。从而体现了当时各族人民在服饰文化上的交流。今天看来这本是一种很正常的现象，无须像苏辙那样为此而叹惜。

---

① 《新校正梦溪笔谈》卷一，中华书局1958年版。
② 《辽史》卷一六《圣宗纪七》。
③ 《辽史》卷一七《圣宗纪八》。
④ 《乘轺录疏证稿》，贾敬颜《五代宋金元人边疆行记十三种疏证稿》第49页。
⑤ 《栾城集》卷一六。

第三章
居住与建筑

第一节　穹庐与板筑土屋

契丹早期民居，以穹庐、车帐为主，辽朝建立后，汉式板筑土屋在契丹人中也逐渐流行起来。

一、穹庐

契丹初期，"草居野次，靡有定所"，① 以车帐为家。毡车和幕帐（穹庐）是其主要的居所。后来出现板筑居室，但是那些过着游牧生活的契丹人仍以车帐为居所。

《旧唐书·契丹传》载：契丹之初，"居潢水之南，黄龙之北，鲜卑之故地"。其生活习俗同鲜卑近似，"逐猎往来，居无常处"。《辽史·营卫志中》也说："大漠之间，多寒风，畜牧畋渔以食，皮毛以衣，转徙随时，车马为家。"可见契丹人的居所以车帐为主是由其所处地理环境及生产方式所决定的。

契丹人平时以车帐为家，战时更是离不开毡帐毳幕。《辽史·太祖纪上》载，太祖阿保机五年，其弟剌葛、寅底石、安端等谋反。七年，剌葛遣寅底石引兵趋行宫，"焚其辎重、庐帐"。《契丹国志》卷一《太祖大圣皇帝》载：神册二年（917年），太祖围幽州，"毡车毳幕弥漫山泽"，结果大败，则"席卷其众自北山归，委弃车帐、铠仗、羊马满野"。毳幕即毡帐。契丹人无论平时还是战时，都以毡帐为居室。

宋人出使辽国的行程录中记录了契丹人以车帐为居室的情景。路振《乘轺录》载，当他至辽中京城外时，那里的汉人说："虏（指契丹人）所止之处，官属皆从。城中无馆舍，但于城外就车帐而居焉。"② 路振此次使辽时间是大中祥符元年（辽统和二十六年）

---

① 《辽史》卷三二《营卫志中》。
② 《乘轺录疏证稿》，贾敬颜《五代宋金元人边疆行记十三种疏证稿》第59—60页。

鹿纹穹庐式灰陶骨灰罐

十二月,当时中京的宫室"但穹庐毳幕"而已。宫室尚且如此,民居就更可想而知了。王曾《上契丹事》也记载,"自过古北口,即番境(辽国)","有挈车帐,逐水草射猎"。宋绶使辽稍晚于路振、王曾(王沂公),其《契丹风俗》(亦称《上契丹事》)说:"离中京,皆无馆舍,但宿穹帐。"《薛映记》载,辽上京"其毡帐皆东向"。辽宋诗人在咏契丹风土或使辽诗中对其车帐多有形象的描述。辽汉官赵延寿诗云:"黄沙风卷半空抛,云动阴山雪满郊。探水人回移帐就,射雕箭落著弓抄。"① 苏颂《契丹帐》云:"行营到处即为家,一卓穹庐数乘车。千里山川无土著,四时畋猎是生涯。"② 苏辙《虏帐》云:"虏帐冬住沙陀中,索羊织苇称行宫。从官星散依冢阜,毡庐窟室欺霜风。"③ 毕仲游《送范德儒使辽》云:"桑干地寒毡作屋,水霜漫野飞鸿鹄。""边风吹雪罨毡帐,毡城在处为屯营。"④ 姜夔《契丹歌》云:"大胡牵车小胡舞,弹胡琵琶调胡女。一春浪荡不归家,自有穹庐障风雨。"⑤ 以上史传及宋人行程录、使辽诗等都说明从桑干河(永定河之上游,在今山西北部、河北西北部)到辽中京、上京的广阔地域里,到处散落着契丹人的居所——毡帐。毡帐搭撤简便,转徙灵活,是同契丹人的游牧生活相适应的。

辽墓壁画、石棺画等则为我们提供了关于契丹人毡帐形制的更为形象的资料。1973年内蒙古克什克腾旗二八地二号墓出土石棺画,有《契丹住地生活小景》。画中有

---

① 《太平广记》卷二〇〇引《赵延寿传》,文渊阁"四库全书"本。
② 《苏魏公文集》卷一三。
③ 《栾城集》卷一六。
④ 《西台集》卷一八,"丛书集成初编"本。
⑤ 《白石道人诗集》卷上。

石房子

横排三座毡包，中间一座为白色，两侧为黑色，形制大小相同：半圆形顶，用皮绳拴缚，南向开设半圆券顶状小门，外观似近代草原牧民居住的穹庐或蒙古包。画面左侧停歇三轮毡车，长辕，高轮，车上有毡篷，花饰门帘，车后厢铺以荆条，车辕用三角形木架支撑，车旁有一小狗。车侧有两个契丹人，髡发，身着短衣，脚穿黑毡靴，各背一水皮囊，作行车状。契丹人前方有一猎犬，随主人作奔跑状。此画当为辽地草原上夏季营盘的景象。[1] 由此我们可以对契丹人毡帐及其居住环境有一个大致的印象。

二、板筑土屋

辽代民居，除契丹人的传统穹庐外，还有汉式板筑土屋。我国北方劳动人民很早就因地制宜，发明了一种叫作板筑的建筑技术。板筑又作版筑。《史记·黥布列传》"集解"引李奇曰："板，墙板也。筑，杵也。"板筑，是指以木板夹土，分层夯土，筑成土墙。据考古发现，我国中原板筑夯土技术最早出现于商代中期。郑州商城城墙即采用此种技术建成。[2] 板筑技术发明以后，广泛应用于北方城墙、堤坝乃至民居等建筑中。

板筑技术在辽朝建国前后，已经出现并逐渐在北方推广开来。据《辽史·太祖纪》载，当阿保机叔父述澜时，即"北征于厥、室韦，南略易、定、奚、霫，始兴板筑，

---

[1] 项春松《克什克腾旗二八地辽石棺画墓》，《内蒙古文物考古》第3期。
[2] 李民《郑州商城在古代文明史上的地位》，《江汉论坛》2004年第8期。

置城邑"。其中易州（今河北易县）、定州（今属河北）等地，是汉族与其他族杂居地区，述澜南略易、定、奚、霤，"始兴板筑"，显然，契丹内地板筑技术是从那里传入的。

今山西、内蒙古、河北、辽宁、吉林、黑龙江一带，当年辽朝境内到处都有这种用板筑技术建起的土屋。王曾在今河北、内蒙古境内看到"居人草庵板屋"，①屋顶多苫以茅草。关内一些地区是从商周以来延续下来的，而契丹内地则是辽朝建国前后随着中原汉人大量徙居东北而发展起来的。同时，这也是随着契丹人的生产方式从游牧向农耕过渡的结果。

这种以土夯筑城墙，屋顶苫以茅草的居室，在北方许多地区的农村，一直被沿用下来，直至上世纪60年代大庆油田在创业时期所谓的"干打垒"，即属这种板筑方法。

此外，辽朝边远地区的室韦族，"夏则城居，冬逐水草"，"以蓬蒢为屋，如毡车状"。②蓬蒢，又作籧篨，是用苇或竹编的粗席。北地不产竹，当是苇草之类。渤海人所居屋室，"就山墙天门"。③契丹东部之铁甸（又作铁离、铁骊、铁利）部，"其族野居皮帐"。④

---

① 王曾《上契丹事》。
② 《契丹国志》卷二六《诸蕃记》。
③ 王曾《上契丹事》。
④ 《新五代史》卷七三《四夷附录第二》。

第二节　五京及其建筑

辽朝五京为上京临潢府、中京大定府、东京辽阳府、南京析津府和西京大同府。其中，上京、中京为辽代所建，分别是辽代前期和中期的建筑代表。而东京、南京和西京则是在原来故城基础修葺改造而成。

一、上京临潢府

契丹人早期过着游牧生活，逐水草而居，居无定所，当然无所谓城郭宫室之制。阿保机称帝建国之后，效法历代制度，于神册三年（918年）开始兴建都城。以汉官康默记董其役，"人咸劝趋，百日而讫事"。① 初名皇都，后更名上京，府曰临潢。地点在今内蒙古巴林左旗林东镇东南。据说，修建上京之前，阿保机"取天梯、蒙国、别鲁等三山之势于苇甸，射金龊箭以识之"。②

上京附近有河流多条，依山傍水，"天险足以为固"。③ 天显元年（926年），辽平渤海后，又扩展皇都城郭，建造宫室，修建开皇、安德、五鸾三大殿。殿中供奉历代帝王画像，每月朔望、节辰、忌日，在京文武官员都要致祭。④

太宗时，效法汉制，在开皇殿上朝，辟承天门受礼，于天显十三年（938年）改皇都为上京。

据《辽史　地理志一》载，辽上京城高二丈，幅员二十七里。城门：东曰迎春、雁

---

① 《辽史》卷七四《康默记传》。
② 《辽史》卷三七《地理志一》。
③ 同上。
④ 同上。

儿；南曰顺阳、南幅；西曰乾德；北曰拱辰。中有大内。大内南门曰承天，有楼阁；东门曰东华；西门曰西华。这几座门是出入大内必经之所。大内之外，有官署、寺庙等建筑。南城称"汉城"。顾名思义，这是汉人居住的地方。"南当横街，各有楼对峙，下列井肆"。南门之东，有回鹘营，为回鹘商贩留居上京，置营居之。西南有同文驿，是专为接待各国使节的馆舍。胡峤于周广顺（951—953年）年间亲自到过上京，他在《陷辽记》中描述道：城内"有邑屋市肆，交易无钱而用布，有绫锦诸工作，宦者、翰林、伎术、教坊、角抵、秀才、僧尼、道士等，皆中国人，而并、汾、幽、蓟之人尤多"。① 这是上京兴建初期的景况。

1962年，考古工作者对巴林左旗林东辽上京遗址进行了勘测，勘测报告发表于1994年。② 这是目前有关辽上京城址考古最为详尽、最为重要的考古资料。从中可以准确地了解到辽上京城形制结构、城垣保存状况等基本情况：

1. 辽上京城平面略呈"日"字形，由南北二城组成，北为皇城，南为汉城。皇城城垣平面呈不规则六边形，宫城位于皇城的中北部。

2. 上京城的城墙为夯土版筑。皇城城垣一般高出地面6—9米，与《辽史》载"皇城高三丈"基本吻合。皇城东、西、北三面城墙外侧均有马面，共45个，每两座马面之间约相距110米。现存马面最高约13米。

3. 城垣：皇城的四面墙中，东墙长1467米；北墙长1485.8米；西墙不是直线，两端向内斜折，北段斜折墙长422米，南段斜折墙长359米，中段直墙长1063.1米；南墙应长1601.7米。总计皇城周长6398.6米。

汉城城墙高约2—4米，不见马面和瓮城等设施。东墙长1290米，西墙长1220米，南墙长1610米，三面共长4120米。

辽上京城的外轮廓，汉城和皇城（不含皇城南墙）总周长为8838.63米，约合唐制十七里左右。这与《辽史》所载辽上京城幅员二十七里不合。

4. 城门：南面大顺门被河水冲毁。其余三门遗址仍存，都有圆形瓮城。报告者推测均一个门道，门道宽5.5米左右。

5. 道路：皇城内发现了九条道路，三横六纵。其中有出入皇城的主要大街，纵横交织在皇城内。街道多在地表以下20—30厘米，个别深达4米多。道路叠压达三四层之多。

6. "大内"及其建筑基址："大内"位于皇城的中部偏北，地势较高。四至没有完全

---

① 贾敬颜《五代宋金元人边疆行记十三种疏证稿》。
② 内蒙古文物考古研究所：《辽上京城址的勘查报告》，《内蒙古文物考古文集》第1辑，中国大百科全书出版社1994年。

探明，仅北墙保存较好。南部适中探出了一处方形基址，即第 147 号台基；第 147 号台基西北有 145 号和 146 号台基，均为东向建筑。在"大内"中部，有一条东西向隔墙，墙北为宽约 10 米的东西横街，将大内分为南北两部分。在"大内"横街的北部，以第 15 号台基为中心，两翼和后部对称分布有 9 座大型长方形台基，为皇城内最大的一组建筑基址。①

经考古工作者实地勘查，上京皇城周长 6344 米，占地面积 5243 平方米。汉城周长 5829 米。两城总周长 12173 米，合 24.34 里，与文献所载"幅员二十七里"相差 2 里。皇城有 4 门，今遗址与文献记载相符。②

2013 年，考古工作者对上京皇城一号街道及临街建筑遗址进行考古发掘，出土遗物有砖、瓦、瓦当、滴水等建筑构件及陶瓷器等遗物，为进一步认识辽上京城平面布局和历史沿革积累了重要的基础材料。③

二、中京大定府

如果说辽上京为辽朝前期城市建筑代表的话，中京（今内蒙古赤峰宁城县）则是辽朝中期的建筑典范。据《辽史·地理志三》载，辽圣宗曾过七金山（今宁城县大明镇九头山）土河（今老哈河）之滨，"南望云气，有郛郭楼阙之状，因议建都"。于是择燕、蓟良工，"郛郭、宫掖、楼阁、府库、市肆、廊庑，拟神都④之制"。于统和二十五年（1007 年）动工，历时二载而成。号中京，府曰大定。

关于中京城，根据大中祥符元年（辽统和二十六年，1008 年）亲自到过中京城的路振所记：外城高丈余，东西有廊，幅员三十里。南门曰朱夏门，凡三门，门有楼阁。自朱夏门入，街道阔百余步，东西有廊舍，约三百间，居民列廛肆庑下。东西各三坊，坊门相对。外城里面为第二重城，即内城。城南门曰德阳门，凡三间，有楼阁，城高三丈。有睥睨（城上短墙），幅员约七里。自德阳门入，至内门，曰阊阖门，凡三门。

---

① 董新林《辽上京城址的发现和研究述论》，《北方文物》2006 年第 3 期。
② 王晴《辽上京遗址及其出土文物记述》，《松州学刊》1987 年第 4—5 期。
③ 董新林、汪盈《2013 年辽上京皇城街道及临街建筑遗址考古发掘》，《中国辽夏金研究年鉴 2013》第 301—304 页，中国社会科学出版社 2015 年版。
④ 神都，有三解：一犹神州，二犹言神京，即京城，三指洛阳。唐光宅元年（684 年）武则天定都洛阳，洛阳旧号东都，至是改称神都，即今河南省洛阳市，神龙元年（705 年）复称东都。辽承唐制，这里神都指洛阳。

街道东西，并无居民，是由短墙围起来的空地。阊阖门楼有五凤，状如北宋汴京，①只是其"制度卑陋"。东西有掖门。德阳门外有大同馆，东西各三厅，是接待外国使节的馆驿。

大中祥符六年（辽开泰二年，1013年），出使辽国的宋朝贺契丹国主生辰使王曾记载说：中京大定府"城垣庳小，方圆才四里许（与路振《乘轺录》所载有较大出入，恐为四十里之误），民但重屋，无筑堵之制"。南门曰朱夏，门内夹道步廊，多坊门。又有市楼四，曰天方、大衢、通阛、望阙。城内西南隅冈山有寺。城南有园圃，是宴射之所。②皇城内有武功殿、文化殿。圣宗居武功殿，太后居文化殿。③此外还有万寿殿、昭庆殿、金銮殿、百福殿、永安殿、清风殿等。

1959年至1960年，考古工作者对宁城大明城辽中京城遗址进行勘测发掘，基本上弄清了城的平面布局和文化内涵。在布局与若干数据方面印证了宋人行程录的记载大体可信。此城有外城、内城、皇城三重城。外城南北约3500米，东西宽约4200米，周围大约15400米，与路振《乘轺录》所记载的"幅员三十里"大体相吻合。城自南墙正中的朱夏门址至内城南门正中的德阳门址之间，有一条宽达64米的笔直大道。道路两旁用石砌成及木板铺盖的排水沟。内城在外城正中偏北，平面如回字形。自南墙正中的德阳门址至皇城南墙正中门的阊阖门址之间，长约500米，也与路振所记"自德阳门入，一里而至内门，曰阊阖门"相符。皇城位于内城中偏北，仅有东、南、西三墙。其北墙即内城北墙，每面长约1000米，四角有楼基址，也与路振所记"东西角楼相去约二里"相合。从中京城布局来看，是仿照中原京城制度修建的。④

三、东京辽阳府

东京城原为辽阳故城。唐朝时属渤海国，入辽后，太祖神册四年（919年），重新修

---

① 前引《辽史·地理志》载，"郛郭、宫掖、楼阁、府库、市肆、廊庑，拟神都之制"，即唐东都洛阳之制，而此称"状如北宋汴京"，其实是一致的。宋叶梦得《石林燕语》卷一说，汴京宫城原为唐一节度使治所，后梁改为建昌宫，后晋、后汉、后周沿袭下来，规模较小。宋太祖扩建宫城，"以大内制度草创，乃诏图洛阳宫殿……按图营建。"因此说辽中京仿唐东都洛阳或北宋汴京并无二致。
② 王曾《上契丹事》。
③ 《契丹国志》卷一三《后妃传》。
④ 辽中京发掘委员会《辽中京城址发掘的重要收获》，《文物》1961年第9期；《内蒙古文物考古工作三十年》；中国社会科学院编《新中国的考古发现和研究》第601—602页，文物出版社1984年版。

葺辽阳故城，并以渤海、汉户建东平郡，为防御州。太宗天显三年（928年），迁东丹国民居之，升为南京。十三年（938年），改南京为东京，府曰辽阳，是辽的五京之一。

经过重新修葺的东京城，高三丈，有楼橹，幅员三十里。城有八门：东曰迎阳，东南曰韶阳，南曰龙原，西南曰显德，西曰大顺，西北曰大辽，北曰怀远，东北曰安远。宫城在东北隅，高三丈，有敌楼，南为三门，四隅有角楼，相去各二里。宫墙北有让国皇帝（耶律倍）御容殿。大内廷二殿。外城称为汉城，分南北市，中为看楼。晨集南市，夕集北市。街西有金德寺、大悲寺、驸马寺、赵头陀寺等。①

四、南京析津府

南京，本古幽州之地。辽太宗会同元年（938年），后晋高祖石敬瑭割幽州等十六州以献，辽置幽都府，立为南京。开泰元年（1012年）改幽都府为析津府。南京又称燕京。

据《辽史·地理志四》、路振《乘轺录》、王曾《上契丹事》等，都有关于辽南京的记载，略有出入，大致情况如下：南京城方36里，高3丈，宽1丈5尺。有敌楼、战橹。城有八门：东曰安东、迎春，南曰开阳、丹凤，西曰显西、清晋，北曰通天、拱辰。西城颠有凉殿，东北隅有燕角楼。城内有26坊，《乘轺录》中有罽宾肃慎、卢龙等坊，还有许多廨舍、寺观等。大内在西南隅，内有景宗、圣宗二御容殿。正门为启夏门，东为宣和门。中有元和、洪政诸殿。内城附近有于越廨，为宴集之所；永平馆，是招待外国使臣处。

五、西京大同府

西京为古并州。辽太宗时，后晋石敬瑭将其与幽州同时献给辽国。初为大同军节度，重熙十三年（1044年）升为西京，府曰大同。

西京城广袤二十里。城门有四，东曰迎春，南曰朝阳，西曰定西，北曰拱极。"辽既建都，用为重地，非亲王不得主之。"清宁八年（1062年）建华严寺，供奉诸帝石像、铜像。又有天王寺、留守司衙。北门之东为大同府，北门之西为大同驿。②

---

① 《辽史》卷三八《地理志二》。
② 《辽史》卷四一《地理志五》。

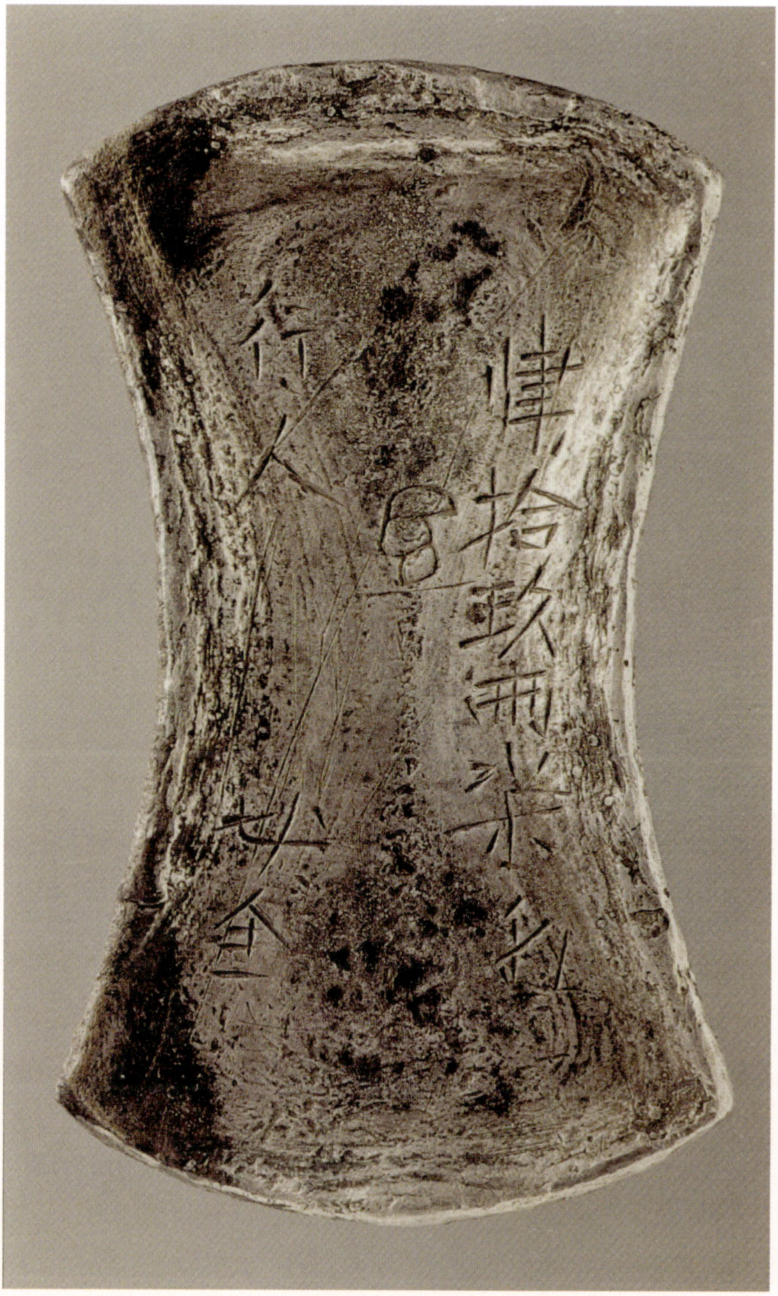

银锭（《契丹王朝》）

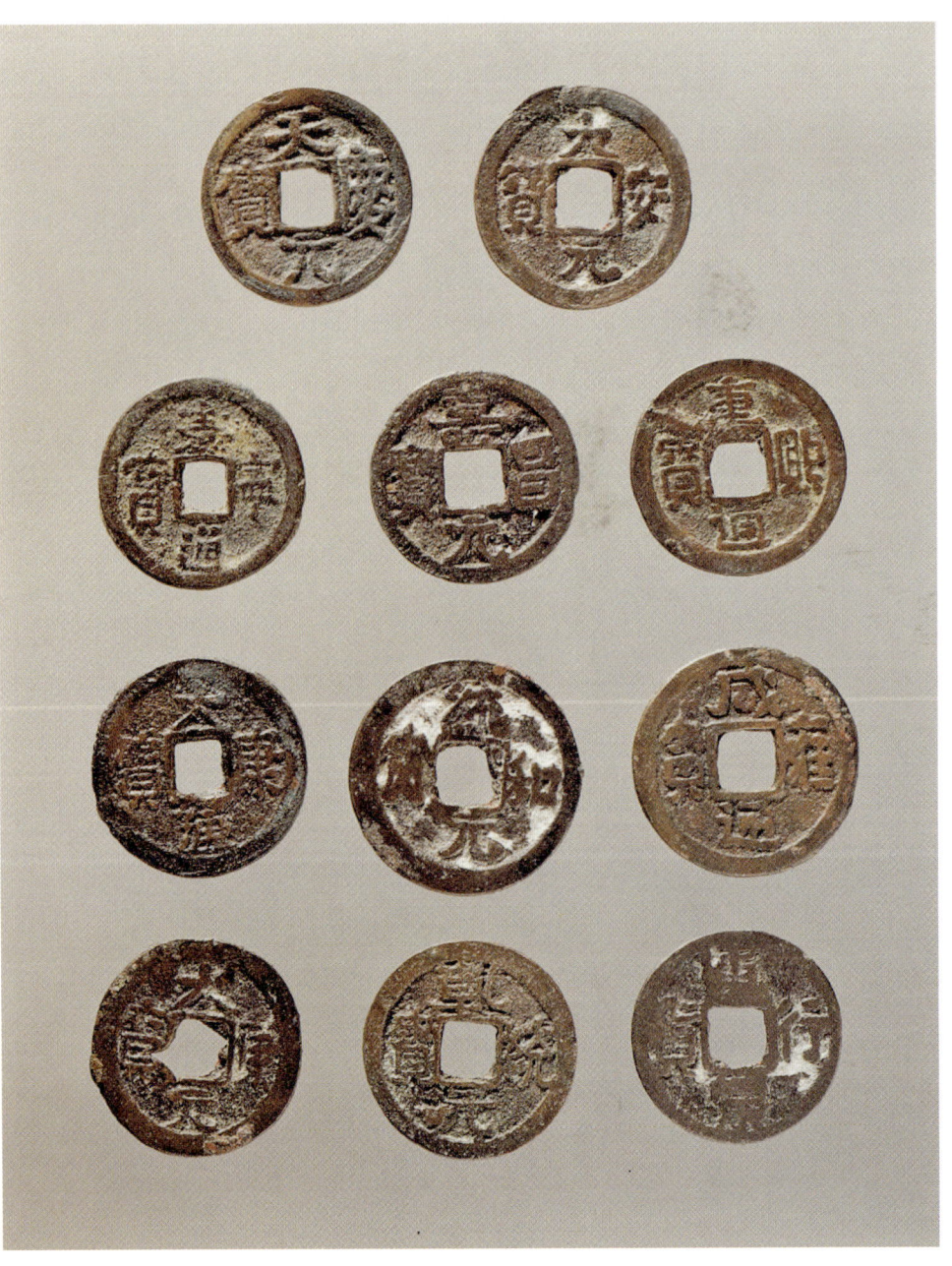

铜钱(《契丹王朝》)

第三节　捺钵行宫

辽朝虽有五京之制，但契丹皇帝并非固定地住在京城宫殿里，而是"四时各有行在之所"，称之为"捺钵"。① 这一制度是契丹人长期的游牧习性决定的。"秋冬违寒，春夏避暑，随水草就畋猎，岁以为常"。② 终辽之世都是如此。

据《辽史·营卫志中》载：春捺钵在鸭子河泺（今吉林大安月亮泡一带），凿冰钩鱼；夏捺钵，多在吐儿山（又作兔儿山、犊儿山，在今内蒙古扎鲁特旗西北霍林河源处），避暑纳凉，商议国事；秋捺钵，入山射鹿及虎；冬捺钵，在广平淀（今内蒙古奈曼旗西北、翁牛特旗东北老哈河上），校猎讲武，商议国事，并接受北宋及诸国礼贡。契丹皇帝"每岁四时，周而复始"。③ 契丹皇帝四时捺钵所居住议政的"行宫"都在"牙帐"。牙帐就是帐篷、穹庐。夏季用布帐，其余季节用毡帐。

《辽史·营卫志中》载：皇帝牙帐，以枪为硬寨，用毛绳连系。每枪下有一黑毡伞，"以庇卫士风雪"。枪外有一层小毡帐，每帐五人，各执兵仗，为"禁围"。南有省方殿，殿北约二里，为寿宁殿，皆木柱竹榱，以毡为盖，"彩绘韬柱，锦为壁衣，加绯绣额"。又以黄布绣龙为地障，窗、楣都以毡为之，并傅以黄油绢。牙帐基高一尺多，两厢廊庑也都是以毡为盖，无门户。省方殿北有鹿皮帐，再往北有八方公用殿。寿宁殿北有长春帐，以保卫硬寨。派四千契丹兵轮番值班。禁围之外，立枪为寨，夜间则拔枪移至契丹御帐附近。周围不得有马匹干扰，外设铺递，是为了警卫及随时传递皇帝旨意。

其实，契丹皇帝的四时行宫，就是穹庐、帐篷，不过加以装饰而已。如将支撑帐篷的立柱施以彩绘（"彩绘韬柱"），穹庐内壁挂上锦绣（"锦为壁衣"），室内地上铺一层黄布（"地障"）等。

---

① 《辽史》卷三二《营卫志中》。
② 同上。
③ 同上。

宋人使辽行程录对辽主捺钵行宫也多有记述，如宋绶《契丹风俗》记载了他在木叶山见到的情景："东向设毡屋，署曰省方殿，无阶，以毡藉地，后有二大帐。次北，又设毡屋，曰庆寿殿……国主帐在毡屋西北。"与《辽史》所载一致。

【 第四节　居室设备与家具 】

契丹人生活游动性强，家用设备简单轻便。

一、床榻

床榻是辽人的主要坐卧之具。

《契丹国志》卷一三《后妃传》载，太祖述律皇后"有母有姑，皆踞榻受其拜"。同书卷六《景宗孝成皇帝》载，景宗耶律贤患风疾，多不视朝。即位后，"刑赏政事，用兵追讨，皆皇后决之，帝卧床榻间，拱手而已"。从以上记述，可知床榻可坐可卧。前者之"踞"，是一种坐势，坐时两脚底和臀部着地，两膝上耸。

床榻本为中原的古老卧具。《说文》卷六上："榻，床也。"《释名》卷六："长狭而卑曰榻，言其体榻然近地也。"辽国的床榻，当来自中原。

二、胡床

胡床，又称交床、交椅、绳床，是北方民族的传统坐卧具。

胡床最晚出现于东汉、三国时期，至唐宋已经很流行。

高承《事物纪原》卷八载："《搜神记》曰，胡床，戎翟之器也。《风俗通》曰，汉灵帝好胡服，景师作胡床。此盖其始也。今交椅是也。"宋人张端义《贵耳集》云："今之校椅，古之胡床也……即后世所谓太师椅也。"至于胡床的形制，宋程大昌《演繁录》卷一四："今之交床，制本自虏来，始名胡床。桓伊下马据胡床取笛三弄是也。隋以谶有胡，改名交床。"陶毂《清异录》卷下"逍遥座"条说："胡床施转关以交足，穿便条以容坐，转缩须臾，重不数斤。相传明皇幸频，多从臣或待诏野顿，扈驾登山，不能跂立，欲息则无以寄身，遂创意如此，当时称逍遥座。"①

这种原本出于北方民族、适应游牧生活的胡床自然也是契丹毡帐中的主要陈设。《续资治通鉴长编》卷二七太宗雍熙三年（辽圣宗统和四年）十二月条载，契丹于越耶律逊宁以数万人攻瀛州，宋遣贺令图迎战，将至"其帐数步外"，耶律逊宁"据胡床骂曰……"云云。

三、床上用品及其他家具

契丹皇室、贵族的床榻及床上用品已相当讲究。王鼎《焚椒录》载，道宗宣懿皇后《回心院》词中提到有象床、香枕、翠被、绣帐、锦茵（茵，指褥、毯之类）、瑶席等。此外，室中还有银灯、薰炉、鸣筝等用品和乐器。虽然仅从词中还难知其详，但从这些词汇上可想见其贵重。其中《装绣帐》一首云："装绣帐，金钩未敢上，解却四角夜光珠。"绣帐竟须"金钩"、"夜光珠"与之相配伍，其档次就可想而知了。

辽代家具还有案、桌、椅、箱等。当然其繁简、精粗、质地都与主人的身份、地位、经济条件等相联系，这是不言而喻的。

四、出土文物中的居室设备与家具

在辽墓壁画及出土文物中，发现有床、桌、几、椅等家具形象或实物。如陈国公主墓曾出土有木床。经鉴定，木床及其他木器的树种都较珍贵。木材色泽美丽，结构均匀而耐腐朽，加工容易，有香味。说明辽人对木材的性质已相当了解，制作工艺已经达到了一定的水平。② 翁牛特旗解放营子辽墓也发现有木床实物。其形制为长方形底座，上铺木板。左、右、后三面右栏杆，角柱用卯固定在床板上，左、右两面右方形间柱二，后面有间柱四。角柱和间柱之间用薄木板镶嵌格楞，板上有墨书汉字"三""五""六"等字样。正面床沿镶有八个桃形装饰图案，内涂朱红，底座与床面不

---

① "说郛"本。
② 《陈国公主墓》第 178 页。

木桌、木椅(《契丹王朝》)

金花银唾盂(《契丹王朝》)

浮雕牡丹纹圆形三彩砚(《契丹王朝》)

宋萧何追韩信三彩枕(《金中都遗珍》)

固定，可以随意挪动。通高72厘米，宽112厘米，长237厘米。[①]在敖汉旗康营子辽墓壁画备食图、解放营子辽墓壁画草原宴饮图等图中，绘有案、桌之类的家具。在解放营子辽墓中发现了桌、椅实物。桌的四足作"云板"形，镶板四框卯合，框内有两根横梁，桌面用薄木板镶于框内，并用竹钉固定在横梁上。其形制和制作与近代北方习用小炕桌相似。桌高22.8厘米，面宽32厘米，长68厘米。[②]此系明器，但与人们日常生活中实用座椅、靠椅、睡椅的形制，应是大体相同的。在敖汉旗白塔子辽墓发现有供桌两张，可惜已朽，仅存痕迹。[③]

从辽墓中还发现有木枕、木衣架、木雕等家具和陈设。从这些实物形制及文献记载，如《北征实录》云，童贯运二浙髹漆之具、火阁、书柜、床椅之属，悉往以遗之（指送给了天祚帝），可证辽代木器家具多受五代、北宋的影响。[④]

此外，有报道称考古工作者在契丹古城遗址发现过火炕遗迹，认为契丹人采用火炕取暖。[⑤]但契丹人用火炕，于文献无徵，此结论尚须有更多的材料方能证实。

---

① 项春松《解放营子辽墓壁画发掘报告》，《松州学刊》1987年第4—5期。
② 项春松《解放营子辽墓壁画发掘报告》，《松州学刊》1987年第4—5期。
③ 邵国田《敖汉旗白塔子辽墓壁画》，《松州学刊》1987年第4—5期。
④ 项春松《辽墓形制的演变及其器物的分期辨认》，《内蒙古文物考古》创刊号，1981年。
⑤ 林树山《契丹人及其历史作用》，《辽金契丹女真史研究》1988年第2期。

第五节　辽代居住与建筑风俗特点及历史地位

辽代居住和建筑风俗，同其传统游牧生活方式、宗教信仰及民族性格等相联系，具有明显的游动性、多东向、开放性等特点，在我国建筑史上具有重要的地位。

一、游动性

契丹人的居室，同其传统游牧生活方式相联系，具有明显的游动性。他们一年四季逐水草而居，到处为家，赖以起居的毡帐，随时搭撤。宋苏颂《契丹帐》诗云："行营到处即为家，一卓穹庐数乘车。千里山川无土著，四时畋猎是生涯。"①就是契丹人游牧生活的生动写照。不仅普通契丹人的"居室"具有游动性，如前所述，契丹皇帝也不是长期住在京城宫中，而是四时捺钵，变动不居。其实所谓"行宫"，也不过是可以随时游动的毡帐。正如苏辙《虏帐》诗中所说："虏帐冬住沙陀中，牵羊织苇称行宫……礼成即日卷庐帐，钓鱼射鹅沧海东。秋山既罢复来此，往返岁岁如旋蓬。"②契丹皇帝的"行宫"犹如蓬草一样随风转动，十分生动而夸张地道出了辽朝皇帝居室的游动性。

二、多东向

居室和建筑多东向，是契丹风俗的另一特点。

《旧五代史》卷一三七云：契丹"邑屋门皆东向"。《文献通考》卷三四五载契丹风

---

① 《苏魏公文集》卷一三。
② 《栾城集》卷一六。

俗，"四楼屋门，皆东向"。《薛映记》亦载，他出使辽国，到中京，"至承天门，内有昭德、宣政二殿，皆东向。其毡庐亦皆东向"。宋绶《契丹风俗》云：木叶山，"木阿保机葬处，又云祭天之地，东向设毡屋"。

诸书记载契丹毡庐及门"皆东向"，可能有些绝对。经考古工作者实地踏查遗址后发现，上京东向建筑以皇城西壁山丘上屋址最为明显，而其他皇城各处遗址看不出东向痕迹，而为南向。① 但说契丹穹庐和建筑多为东向，还是可信的。这不仅因上引诸书都曾述及，而且还有一些保留至今的建筑为证。如辽代佛寺即不乏东向者。大同华严寺及北京大觉寺、龙泉寺等辽代佛寺均坐西朝东，这是其他朝代所不见的。大同华严寺大雄宝殿创建于清宁八年（1062年），北京大觉寺始建于咸雍四年（1068年）。现存两寺都经过后来重修，但是沿用了原来基址。北京龙泉寺也是辽代建筑，坐西朝东。契丹穹庐与建筑东向，是同其崇拜太阳风俗相联系的。

三、开放性

辽朝建筑，特别是京城建筑体现出很强的开放性。这可从两个方面加以说明。

一方面，辽朝五京，尤其是始建于辽的上京城和中京城，其建筑与布局借鉴中原。阿保机建国前为了吸引汉人，就"为治城邑屋廛市，如幽州制度"。② 辽初营建上京城及宫殿的设计者和施工指挥者康默记是蓟州人，为"营都邑，建宫殿"多所谋画的韩延徽也是汉人。③ 上京城的布局及采用的建筑技术，显然和康默记、韩延徽等汉人的参与是密切相关的。中京城的兴建，也是"择良工于燕、蓟"。④ 上京城、中京城的布局及郛郭、宫掖、楼阁、府库、市肆、廊庑等也都仿效汉制。说明辽朝十分注重吸收中原先进的建筑技术。

另一方面，上京城、中京城、乃至其他一些城市规划，分别设置"汉城"，安置汉人及其他族人。这种格局，也反映了辽朝建筑规划的开放性。

---

① 王晴《辽上京遗址及其出土文物记述》，《松州学刊》1897年第4—5期。
② 《新五代史》卷七二《四夷附录第一》。
③ 《辽史》卷七四本传。
④ 《辽史》卷三九《地理志三》。

浮雕驯狮纹八角形三彩洗(《契丹王朝》)

四、辽朝建筑的历史地位

辽朝在草原上兴建起上京城、中京城，出现新的聚落，把燕蓟乃至中原的城建制度与技术传到北方，这在我国城市史上无疑是一件大事。契丹人把中原的建筑制度和本民族本地区的具体情况结合起来，建起了具有特色的城市，对改善当地各族人民的居住条件，发展生产，繁荣经济，发挥了重要作用。至于在原有基础上修葺、改建的东京、南京、西京等，均有改观。如东京也设有"汉城"，"分南北市，中为看楼，晨集南市，夕集北市"，①南京城更是"坊市、廨舍、寺观，盖不胜书"，②为这些城市的进一步发展创造了条件。

辽朝的建筑水平，从保留下来的一些佛寺，如大同华严寺、善化寺，天津蓟县独乐寺，辽宁义县奉国寺、山西应县木塔等，都被视为我国古代建筑的瑰宝。

一般来说，宫殿和佛寺建筑大约最能反映出一个时代的建筑所能达到的水平了。契丹人在内地始建的上京城，中京城宫殿虽已无存，但从文献记载及遗址中，已可说明其开创之功及所出现的繁荣。而从保存下来的若干佛寺建筑中，可以充分反映出当时在建筑技术和风格上继承唐宋特点，并有所发展，在我国建筑史上具有十分重要的地位。

---

① 《辽史》卷三八《地理志二》。
② 《辽史》卷四〇《地理志四》。

第四章

行旅交通

【第一节 陆 路】

辽代陆路交通工具以畜力和车辆为主。辽国盛产马、牛、羊、骆驼等牲畜，这些牲畜不仅是辽人衣食的重要来源，肉可食，乳可饮，皮毛能做衣帽，而且还是主要交通工具，可供人骑乘、驮运货物和牵引车辆。长毂广轮的奚车是日常和战时的重要运输工具。

一、畜力

辽国畜力，有马、牛、驼等。

（一）马

马是人们用以乘骑、驮运、牵引车辆的主要畜力。

契丹从传说时代起，就以马、牛为交通工具。《契丹国志》卷首《契丹国初兴始末》载，相传有男子"乘白马浮土河而下"，又"有一妇人乘小车驾黑色之牛，浮潢河而下"，相遇于木叶山，二人望着合流之水，结为夫妇，这就是契丹的始祖。这一故事虽然可能晚出，但却从中反映出马、牛、车舆都是契丹传统的交通工具。马在契丹诸交通工具中，占有尤为重要的地位。契丹向以产马著称。早期，即向魏"岁贡名马"。[①]辽朝建立后，契丹在同邻境交往中，仍以马匹作为馈赠礼物。后梁开平元年（907年），梁太祖建号，自立为帝，契丹阿保机遣使送名马、女口、貂皮等求册封。会同三年（后晋天福五年，940年），契丹遣使至后晋，致马百匹及玉鞍等。六年（南唐昇元七年，943年），契丹遣使聘南唐，献马三百、羊三万五千。后来在同北宋的频繁交往中，马匹与鞍具更是常见的馈赠礼物。

---

① 《魏书》卷一○○《契丹传》。

侍从牵马图（局部，宝山一号辽墓，内蒙古自治区文物考古研究所藏）

侍从牵马图（局部）

侍从牵马图（宝山一号辽墓）

库伦二号墓墓道北壁壁画（局部，《库伦辽代壁画墓》）

契丹境内盛产良马，马便成了契丹人日常生活中的主要代步工具。同时，马匹还是战争中的乘骑与运载工具。强大的骑兵是辽朝军队克敌制胜的重要保证，在辽国与邻境交战中，契丹出动骑兵动辄以万数。如天显十一年（936年）九月，辽太宗"将五万骑，号三十万"，自扬武谷而南，进攻后唐。[1]会同七年（944年），辽将赵延寿、延昭率前锋数万骑攻后晋。[2]

以上所举事例说明马是契丹及北方各民族的主要脚力。

正是因为无论平时，抑或战时，马都是辽人的主要脚力，所以他们不分阶层，不分男女老幼，从小练就了娴熟的骑射本领。契丹皇帝多擅骑射，自不待言，后妃也不示弱。《辽史·后妃传》说："辽以鞍马为家，后妃往往长于骑射，军旅田猎，未尝不从。如应天（应天皇后，太祖阿保机皇后）之奋击室韦，承天（承天皇后，景宗皇后）之御戎澶渊，仁懿（仁懿皇后，兴宗皇后）之亲破重元，古所未有，亦其俗也。"至于平民，也是如此。妇女、儿童多擅骑马。欧阳修咏契丹诗中有"儿童能走马，妇女亦腰弓"[3]句就是其写照。马除被用来骑乘及驮运之外，还是牵引车舆的主要畜力。

（二）牛

牛也是供人骑乘、驮运货物、牵引车辆的工具。不过因其行动缓慢，其应用范围不及马那么广泛。《辽史·后妃传》载，太祖淳钦皇后述律氏尝至辽、土二河之会合处，"有女子乘青牛车仓猝避路，忽不见"。这段文字恐出于附会，是以述律后比喻契丹传说中的驾青牛女子，但可反映出契丹有骑牛和驾牛车的风习。宋人吴奎（字长元）使辽诗有"奚车一牛驾，朝马两人骑"[4]句。张舜民《使辽录》也载，"契丹上京，曾有人忽见二青衣驾赤犊"云云。《辽史·耶律海思传》载，会同五年（942年）太宗皇帝诏求直言，耶律海思（隋国王释鲁之庶子）"衣羊裘，乘牛诣阙"。

（三）骆驼

骆驼是辽国境内常见的牲畜。宋人王曾出使契丹，自过古北口，"时见畜牧牛、马、橐驼"。骆驼是辽人常常用来骑乘、驮运和牵引车辆的牲畜。如苏辙《龙川别志》卷上记载，宋遣供奉官曹利用使辽，"见虏母（圣宗之母，承天皇太后）于军中与蕃将韩德让偶在驼车上，坐利用车下，馈之食，共议和事"。[5]《宋史·蔡卞传》载，蔡卞使辽，"辽人颇闻其名，卞适有寒疾，命载以白驼车"，"此君所乘，盖异礼也"。

---

[1] 《资治通鉴》卷二八〇，高祖天福元年条。
[2] 《辽史》卷四《太宗纪下》。
[3] 欧阳修《奉使道中五言长韵》，《居士集》卷一二，《欧阳修全集》第二册，中华书局2001年版。
[4] 厉鹗《宋诗纪事》卷一一，文渊阁"四库全书"本。
[5] 中华书局1982年版。

（四）驴

驴也用于牵引车辆。乾亨元年（979年）辽将耶律休哥、耶律斜轸与宋军战于高梁河，宋太宗仅以身免，至涿州，"窃乘驴车遁去"。

二、车辆

以畜力牵引的各种车辆是辽人的主要交通工具。如前所述，契丹起源传说中即有青牛车。契丹之车，主要源自奚车。奚与契丹"异种同类"，是近族。奚族以擅长造车而闻名。辽初，奚部被契丹征服，辽置奚王府，奚族部众多散居在辽中京一带。

奚人入辽后，其造车的传统仍被保留下来。沈括《熙宁使契丹图钞》说："契丹之车，皆资于奚。"

史料中多有关于契丹皇帝乘坐奚车的记载。如《新五代史·四夷附录》载，会同八年（945年），契丹与后晋杜重威战于阳城、卫村。太宗耶律德光"坐奚车中"，晋军奋死击之，契丹大败，"德光丧车，骑一白橐驼而走"。后来，德光入晋都，"毡车左衽，胡马奚车，罗列阶陛"。

关于奚车的形制，《熙宁使契丹图钞》说：

> 其辎车之制如中国，后广前杀而无輓（一作"股"），材俭易败，不能任重而利于行山。长毂广轮，轮之牙其厚不能四寸，而轸之材不能五寸。其乘车驾之以驼，上施幌，惟富者加毡幰文绣之饰。①

大意是说辎车制度来自中原。其功能不堪重任，而宜行山路。其特征是"长毂广轮"。毂，车轮中心的圆木，周围与车辐的一端相接，中有圆孔，用一安置车轴。车上则有幔帐（"幌"），富贵者则饰以"毡幰文绣"。

奚车既是运输工具，又可作止宿之处。宋人使辽诗中对奚车的描述说明了这点。如刘敞《铁浆馆》诗有"奚车夕戴星"句，自注云："奚人以车帐为生，昼夜移徙。"② 苏颂《奚山路》云："朱板刻旗村肆食，青毡通幰贵人车。"自注云："贵族之家，车屋通以

---

① 贾敬颜《沈括熙宁使契丹图钞疏证稿》，《五代宋金元人边疆纪行十三种疏证稿》第131—132页。
② 刘敞《公是集》卷二二，文渊阁"四库全书"本。

库伦二号墓墓道南壁壁画（《库伦辽代壁画墓》）

青毡覆之。"①

大量考古发现，充分印证了文献及诗文对契丹车辆的记述，并使我们对这一交通工具及行旅风俗有更进一步的了解。翁牛特旗解放营子辽墓壁画之《毡车出行图》中，长辕，高轮。车上前后有彩色车棚，棚缘有黄色垂幔，并垂有流苏。车棚用四根细木立于车辕之上。后棚较小，棚顶有朱红彩绘。车盖作轿顶状，绘有彩云。车之前后各设十门，四框均有朱红彩绘。毡车以白骆驼驾辕。②库伦辽代壁画墓一号墓之《出行归来图》中，绘有一辆高轮大车，车上六根黄色柱子支架着庑殿式车棚。车棚之前另以斜杆支凉棚，前高后低。车棚后以小杆架副棚，形如殿廊。车辕用三只脚的支架架起，上搭红色镶边彩绣一幅。辕端雕螭头，车棚挂流苏。③敖汉旗北三家辽代壁画墓三号墓壁画，绘有一高轮长辕驼车，红轮黑辖，红辐十三条，辕两头均饰螭首，盖为庑殿式，幔帐为黑底白花，前后有棚，左右和前部均挂绛色横格帘，两侧有流苏。④

此外，还发现多处辽墓壁画中绘有驼车。其特征多为长辕，高轮，粗辐，车上设棚，并有垂幔、彩绘、流苏。这些都同沈括所记"长毂广轮"、"富者加毡幰文绣之饰"相符。

辽人使用的车辆，除奚车外，还有一种水陆两用车。方勺《泊宅编》卷一〇载，富韩公（弼）曰："契丹正强盛……唯与中原为敌国，兵马略集，便有百万，多作大舟，安四轮陆行，以载辎重，遇塘水、黄河，则脱轮以度人马，亦欲自沧州东泛海而来，为牵制犄角之势。"一辆安有四轮的车，可以陆行，遇水则卸去四轮，当作船用，水陆两便。

---

① 《苏魏公文集》卷一三《前使辽诗》。
② 项春松《解放营子辽墓壁画发掘报告》，《松州学刊》1987 年第 4—5 期。
③ 王健群、陈相伟《库伦辽代壁画墓》第 28 页。
④ 邵国田《敖汉旗北三家辽代壁画墓》，《考古》1983 年第 11 期。

出行图(《宣化辽墓壁画》)

三、皇帝的车舆

辽代皇帝车舆制度,有国舆与汉舆之分。

（一）国舆

国舆即具契丹民族特色的车舆。国舆有大舆、舆、总纛车、青幰车、送终车等。

1. 大舆。用于柴册再生仪,以载"神主"。

2. 舆。用于"腊仪",腊仪是在十二月辰日举行的一种射猎礼仪。皇帝在腊仪上先是乘舆,祭祀毕,改乘马入围中射猎。

3. 总纛车。驾以骆驼,用于祭山仪,皇太后乘坐。

4. 车。用于纳后仪,皇后乘坐。

5. 青幰车。在公主下嫁仪上,皇帝赐公主青幅宪车二辆。车的螭头（螭,一种传说中似龙的动物。古代彝器、碑额、殿柱、殿阶及印章上多刻有螭形花饰,称螭头,或螭首）、盖部都饰以银,用骆驼驾驶。

6. 送终车。在公主下嫁仪上,皇帝赐公主送终车一辆。车楼由纯棉制成,银螭,悬铎,后垂大毡,驾牛,载有送终之具,包括死后覆尸仪物。公主下嫁时,居然赠送送终之物,这是契丹的独特风俗。

（二）汉舆

汉舆是辽朝从中原王朝引进的车舆制度。会同元年（938年）,后晋使臣冯道、刘煦等备车辂法物,上辽太宗及皇太后尊号册礼,辽朝始有等级分明的舆服制度。圣宗太平元年（1021年）,行汉册礼,又采用盛唐辇辂。从此,辽朝车舆制度更趋完备。汉舆有五辂（玉、金、象、革、木）、车、辇、舆等。

1. 五辂

五辂,又作五路,古代王与后所乘之车,分别饰以玉、金、象、革、木,称玉辂、金辂、象辂、革辂、木辂。《周礼·春官》"巾车"条载,"王之五路"为玉路、金路、象路、革路、木路。王后之五路,为重翟、厌翟、安车、翟车、辇车。

（1）玉辂皇帝祀天、祭地、享宗庙、朝贺,纳后用之。青质,玉饰,黄屋,左纛。左纛,皇帝车上用牦牛尾或雉尾做的装饰物,置于车衡左边,故名。黄屋,左纛,是中原车舆古制,《汉书·高帝纪上》即载:"纪信乃乘王车,黄屋左纛。"辽朝玉辂,有"十二銮在衡,二铃在轼。龙辀左建旂,十二斿,皆画升龙,长曳地。驾苍龙"。大意是说,在车衡（辕头横木）上有十二个铃（銮）,车轼（车箱前供人凭依的横木）上有

---

① 《辽史》卷五五《仪卫志一》"舆服"条。

出行图（喇嘛沟辽墓壁画，敖汉旗博物馆藏）

两个铃。在辀（小车居中的弯曲车杠）左挂旗，有十二个斿（旗旌下的垂饰物），旗之长，拖地。苍龙，是青色大马。

（2）金辂　飨射、祀还、饮至用之。赤质，金饰，其余如玉辂。驾赤骝（赤身黑鬃马）。

（3）象辂　行道用之。黄质，象饰，余如金辂。驾黄骝（黄身黑鬃马）。

（4）革辂　巡狩、武事用之。白质，革鞔（以皮革饰车）。驾白翰（白马）。

（5）木辂　田猎用之。黑质，漆饰。驾黑骆。

2. 车

其制小于辂，小事乘之。

如：耕根车，耕耤（皇帝亲耕田亩，以示劝农）时用之。安车，临幸用之。四望车，拜陵、临吊用之。凉车，省方、罢猎用之。

3. 辇

用人挽，本皇帝、皇后在宫中所乘。《周礼·春官》"巾车"条有辇。唐高宗时始制七辇。辽圣宗元年（1021年）册礼，皇帝御辇。辇有大凤辇、大芳辇、仙游辇、小辇、芳亭辇、大玉辇、小玉辇、逍遥辇、平头辇、步辇等。

4. 舆

舆，又称肩舆，以人肩之。宋以后称轿子。辽朝有腰舆，中设小床，由十六人抬；小舆，较凤辇小，上有御座，由二十四人抬。

此外，皇太子车辂，有金辂、轺车、四望车等。

【第二节 水 路】

辽国境内的江河湖泊为水路交通提供了便利，交通工具依赖舟船和桥梁。近海水上交通也较畅通。

一、舟船

契丹、女真人擅造独木舟。"其俗，刳木为舟，长可八尺，形如梭，曰梭船，上施一桨，止以捕鱼。"[1]

渤海国故地的渤海人，早在唐朝时就掌握了很高的造船技术。据有研究者统计，在渤海国存在的229年，先后到唐朝、后梁、后唐入贡143次，每次使者多为数十人，有时达120人。从朝贡通道，出鸭绿江，出海渡过渤海海峡，取道登州，前往洛阳、长安。渤海国聘问日本34次，主要从盐州（今俄罗斯克拉斯吉诺）出发，乘船渡过日本海，在日本的越前、能登、加贺等地登陆，每次使团多在百人以上，有时达359人，最多到千人。这样大规模的远航，反映了渤海有比较发达的造船业。[2]

辽灭渤海后，渤海人的造船技术自然传承下来。辽改渤海国为东丹国，以太祖长子耶律倍为人皇王。太宗继位后，耶律倍因受猜忌，于是"率番官四十余人，马百匹，自登州泛海"，投奔后唐。[3] 显然这要依靠具有一定规模的海船才能实现。虽然耶律倍离开东丹国前，后唐明宗曾遣人跨海与之联系，耶律倍所乘之船，不排除后唐制造的可能，但因渤海国有发达的造船业，所以耶律倍所乘之船可能是东丹国自造的。

---

[1] 洪皓《松漠记闻》卷下，"辽海丛书"本。
[2] 王承礼《渤海简史》第98—99页，黑龙江人民出版社1984年版。
[3] 《五代会要》卷二九，文渊阁"四库全书"本。

辽朝中期后，造船业有了进一步的发展。舟船除用于日常捕鱼、摆渡之外，还应用于漕运和战争。圣宗太平间（1021—1031年），"燕地仍岁大饥"，"户部副使王嘉复献计造船，使其民谙海事者，漕粟以振燕民"，但因水路艰险，多至覆没。① 兴宗重熙十五年（1046年），以萧蒲奴为西南面招讨使，西征夏国。"蒲奴以兵二千据河桥，聚巨舰数十艘，仍作大钩，人莫测。战之日，布舟于河，绵亘三十余里。"并"遣人伺上流，有浮物辄取之。大军既失利，蒲奴未知，适有大木顺流而下，势将破浮梁，断归路，探舟者争钩致之，桥不得坏"。显然这是一支很大的舰队。而且派有专人清理河面，有效地防止了顺流而下的大木冲毁桥梁，得以安全返回。重熙十七年（1048年），兴宗命耶律铎轸造战舰，"因成楼船百三十艘"。这种楼船分上下两层，"上层置兵，下立马，规制坚壮"。西征时，诏耶律铎轸率兵由别道进发，会于河滨。西夏兵阻河而阵，"帝御战舰绝河击之，大捷而归"。② 次年（1049年），辽再次征西夏，萧惠"自河南进，战舰粮船绵亘数百里"。③ 辽攻西夏，连续动用战舰，竟绵亘数百里，其造船能力，已相当可观了。

辽对高丽的和战中，也要靠舟船往返。高丽与辽相为始终二百余年，在其长期和战交往中，均需横渡鸭绿江。统和二十八年（1010年）十一月，辽军渡鸭绿江，大败高丽军。开泰间（1012—1021年），又连续进攻高丽，无疑都需通过船只或以船只连结成浮桥运送兵马辎重。

二、桥梁

（一）独木桥

独木桥是最原始的桥梁，即将树木架在河汊上，以利人畜过渡。

（二）浮桥

浮桥，又称浮梁，是用船筏等临时搭设而成。日常生活中过渡小河的浮桥，十分简单，用两三只船筏连结起来即可。浮桥还应用于较大的江河。统和三年（985年）秋，圣宗驻跸土河，"以暴涨，命造船桥，明日乘步辇出听政"。④ 船桥亦即以船搭设的浮桥。

浮桥在战争中的作用更显重要，开泰三年（1014年）五月，圣宗"诏国舅详稳萧

---

① 《辽史》卷一七《圣宗纪八》。
② 《辽史》卷九三《耶律铎轸传》。
③ 《辽史》卷九三《萧惠传》。
④ 《辽史》卷一〇《圣宗纪一》。

敌烈、东京留守耶律固石等造浮梁于鸭绿江，城保、宣义、定远等州"。① 这是为对高丽的战争而设的。圣宗后期，辽与高丽和好。重熙十年（1041年），兴宗"诏罢修鸭绿江浮桥及汉兵屯戍之役"。②

（三）石桥

石桥是较坚固而长久的交通设施。胡峤《陷辽记》载："[萧]翰与兀欲（辽世宗）相及，遂及述律（指应天皇后），战于沙河（即潢河，西拉木伦河）石桥，述律兵败而北，兀欲追至独树渡，遂囚述律于扑马山。"③《薛映记》中也有"渡潢水（潢河）石桥，旁有饶州"的记载。胡峤，薛映所记石桥当指同一石桥，此桥遗址迄今依稀可辨。

---

① 《辽史》卷一一五《高丽外纪》。
② 《辽史》卷一九《兴宗纪二》。
③ 贾敬颜《五代宋金元人边疆行记十三种疏证稿》第20页。

第三节 驿道与驿馆

驿道是连结辽国与北宋的通道，驿馆则为来往使节和旅行者食宿休整的场所，而专为四时捺钵开辟的路线及向皇帝贡纳海东青的"鹰路"更成为境内无阻的通道。

一、驿道

从北宋雄州至辽南京（今北京）以及辽五京之间，都有驿道。辽宋和好时期，双方时有使节往还。宋人的许多行程录，如路振《乘轺录》、王曾《上契丹事》（又称《王沂公行程录》）、《薛映记》、宋绶《上契丹事》（又称《契丹风俗》）、陈襄《使辽语录》以及《武经总要》卷一六下《北蕃地理志》等，分别载有使辽行程及北国地理。

据这些记载，可知辽国境内有几条主要驿道，即 1. 白沟——南京（今北京）——中京——上京；2. 中京——神恩泊；3. 中京——木叶山；4. 中京——东京；5. 西京——幽州。

（一）白沟——南京——中京——上京

这是贯穿辽国境内最主要的一条驿道。

1. 白沟至中京段

据路振《乘轺录》载，所经驿站为：(1)白沟 (2)新城县 (3)涿州（永宁馆）(4)良乡 (5)幽州 (6)孙侯馆 (7)顺州 (8)檀州 (9)金沟驿 (10)虎北口（古北口）(11)新馆 (12)卧如来馆 (13)柳河馆 (14)部落馆 (15)牛山馆 (16)鹿儿馆 (17)铁浆馆 (18)富谷馆 (19)通天馆 (20)中京大定府。

据王曾《上契丹事》载，所经驿站为：(1)白沟 (2)新城县 (3)涿州 (4)良乡 (5)幽州（燕京永平馆）(6)孙侯馆（后改望京馆）(7)顺州 (8)檀州 (9)金沟馆 (10)古北口 (11)新馆 (12)卧如来馆 (13)柳河馆 (14)打造部落馆 (15)牛山馆

（16）鹿儿峡馆（17）铁匠馆（18）富谷馆（19）通天馆（20）中京大定府（大同馆）。两人所记，基本相同。

2. 中京至上京段

据《薛映记》载：(1) 中京大定府（2）临都馆（3）官窑馆（4）松山馆（5）崇信馆（6）广宁馆（7）姚家寨馆（8）咸宁馆（9）保和馆（10）宣化馆（11）长泰馆（12）上京（景福馆）。《北蕃地理志》与《薛映记》略同。(1) 中京大定府（2）临都馆（3）宫室馆（4）松亭馆（5）崇信馆（6）广宁馆（7）桃砦馆（姚砦馆）（8）咸宁馆（9）保保馆（10）宣化馆（11）长泰馆（12）上京。

此外，陈襄《使辽语录》所载，从雄州、白沟驿至广宁馆，与路振、王曾、薛映所记大体相同。自白沟至中京共20驿，与路振《乘轺录》"自白沟至契丹国凡二十驿"相符。

（二）中京——神恩泊

陈襄《使辽语录》载：(1) 中京（2）临都馆（3）锅窑馆（4）松山馆（5）崇信馆（6）广宁馆（7）咸熙馆（8）黑崖馆（9）三山馆（10）赤崖馆（11）柏石馆（12）中馆（13）顿城馆（14）神恩泊。

（三）中京——木叶山

宋绶《上契丹事》载：(1) 中京大定府（2）殁羿历河馆（3）榆林馆（4）讷都乌馆（5）香山子馆（6）水泊馆（7）张司空馆（8）木叶馆。

（四）中京——东京

《北蕃地理志》载：(1) 中京（2）建安馆（3）霸州（4）牛心山馆（5）宜州（6）辽州（7）杨家砦（8）乾州（9）唐叶馆（10）独山馆（11）闾山馆（12）辽水馆（13）鹤柱馆（14）东京。

（五）西京——幽州（南京）

据《北蕃地理志》载，西京至幽州七百里。

二、驿馆

在驿道上，每驿之间约为一日的路程，距离40—80里不等。驿馆为旅行者食宿、休整之所。接待外使的诸京驿馆设备讲究，并有辽接伴使陪同使者。如路振《乘轺录》载："近岁以来，中路又添顿馆，供帐鲜洁，器用完备，烛台、炭炉，悉铸以铜铁。"并由奚人"守馆者"专门经营管理驿馆。朝廷拨田地给守馆者，以维持驿馆所需。陈襄《使辽语录》也备述在各驿馆受到辽接伴使或地方官的款待。

宋人的使辽诗中，往往以咏驿馆为题，描绘异地风情，抒发羁旅之思。如王珪《会仙石》云："奉使群材笑拍肩，玉浆春酒已酕然。"①陈襄《使还咸熙馆道中作》云："土旷人稀驿路赊，山中殊不类中华。白沙有路鸳鸯泊，茅草无情妯娌花。毡馆夜灯眠汉节，石梁秋吹动胡笳。归来览照看颜色，斗觉霜毛两鬓加。"②苏颂《过新馆罕见居人》云："引弓风俗可伤嗟，满目清溪与白沙。封域虽长编户少，隔山才见两三家。"③苏辙《会仙馆二绝句》其一云："北嶂南屏恰四周，西山微缺放溪流。胡人置酒留过客，颇识峰峦是胜游。"④诗中虽不乏民族歧视和偏见，但可从中反映出辽人的热情豪爽性格。

驿馆经常有使节过往，因此它也是辽宋文化交流的场所。张舜民（字芸叟）使辽，宿幽州馆中，见"有题子瞻（苏轼）《老人行》于壁者"，并听说范阳书肆刻有苏轼诗数十篇，称《大苏小集》。张舜民遂在驿馆壁上苏轼诗后题曰："谁题佳句到幽都，逢着胡儿问大苏。"⑤反映了中原文化在辽国的广泛传播及受到当地人们的喜爱。

三、捺钵路线及鹰路

辽国交通要道，除上述驿道外，还有皇帝四时捺钵路线及鹰路。

皇帝捺钵，要有契丹大小内外臣僚和其他有关人员扈从，以及汉人宣徽院所管百官、汉人枢密院、中书省、御史台、大理寺等官员随行。大体有固定的地点和线路，其道路是畅通无阻的。

鹰路，是从上京通往五国部的道路，为保证向契丹皇帝贡纳名鹰"海东青"的通路。辽中期以后，五国部多次反抗契丹的统治和压迫，致使鹰路受阻。如咸雍八年（1072年），五国部"畔辽"，"鹰路不通"，并时有"执杀辽捕鹰使者"之事。⑥每有此类事件发生，辽朝皇帝就要派人处理，并斥责当事人："汝何敢阻绝鹰路？"⑦可见这是一条无阻的通路。

---

① 王珪《华阳集》卷四，文渊阁"四库全书"本。
② 陈襄《古灵集》，文渊阁"四库全书"本。
③ 《苏魏公文集》卷一三。
④ 《栾城集》卷一六。
⑤ 王辟之《渑水燕谈录》卷七。
⑥ 《金史》卷一《世纪》。
⑦ 《金史》卷六七《石显传》。

第五章

婚　姻

【第一节　婚姻制度与形式】

由于辽朝境内各民族发展的不平衡及文化传统的差异，反映在婚姻制度、形式与习俗方面也有所不同。这里重点叙述契丹婚姻制度、形式与习俗，兼及其他民族。

一、婚姻制度

在契丹族的历史上，长期流传着一个有关契丹婚姻起源及契丹早期历史的传说——青牛白马的故事。这个传说见于宋人范镇（1007—1088）撰《东斋记事》卷五的记载：

> 契丹之先，有一男子乘白马，一女子驾灰牛，相遇于辽水之上，遂为夫妇。生八男子，则前史所谓迭为君长者也。此事得于赵志忠。志忠尝为契丹史官，必其真也。前史虽载八男子，而不及白马、灰牛事。契丹祀天，至今用灰牛、白马。[①]

这可能是传世文献中有关契丹青牛白马传说的最早记载。此后，有许多史书、笔记等记述这个故事。《契丹国志》卷首"契丹初兴本末"载：

> 契丹之始也，……其年代不可得而详也……地有二水，曰乇里没里，复名陶猥思没里者，是其一也，其源出自中京西马盂山，东北流，华言所谓土河是也。曰袅罗个没里，复名女古没里，又其一也，源出自饶州西南平地松林，直东流，华言所谓潢河是也。至木叶山，合流为一。古昔相传：有男子乘白马浮土河而下，

---

① 范镇《东斋记事》，中华书局1980年版。

复有一妇人乘小车驾灰色之牛，浮潢河而下，遇于木叶之山，顾合流之水，与为夫妇，此其始祖也。是生八子，各居分地，号八部落：一曰祖皆利部，二曰乙室活部，三曰实活部，四曰纳尾部，五曰频没部，六曰内会鸡部，七曰集解部，八曰奚嗢部。立遗像（始祖八子）于木叶山，后人祭之，必刑白马杀灰牛，用其始来之物也。

文字较范镇记载稍详，并明确说明这对夫妇为契丹"始祖"。元人修《辽史·地理志一》"永州，永昌军"条也有大体相同的记载：

东潢河，南土河，二水合流，故号永州……有木叶山，上建契丹始祖庙，奇首可汗在南庙，可敦（突厥语，皇后）在北庙，绘塑二圣并八子神像。相传有神人乘白马，自马盂山浮土河而东，有天女驾青牛车由平地松林泛潢河而下。至木叶山，二水合流，相遇为配偶，生八子。其后族属渐盛，分为八部。每行军及春秋时祭，必用白马青牛，示不忘本云。

这里进而说明其始祖为奇首可汗。《辽史·营卫志中》亦载：

契丹之先，曰奇首可汗，生八子。其后族属渐盛，分为八部，居松漠之间。今永州木叶山有契丹始祖庙，奇首可汗、可敦并八子像在焉。潢河之西、土河之北，奇首可汗故壤也。

此外，宋人王称《东都事略》等也载有灰牛白马传说。

从以上记载可见有关青牛白马传说是逐渐形成和充实起来的，在契丹乃至境外流传甚广。这个世代相传的故事，对于了解契丹早期婚姻及历史可有一定的启示作用。特别是在契丹史料匮乏的情况下，更引起研究者的重视。然而它毕竟不是信史，因此也不必过于穿凿。况且在长期流传过程中，不断加入后人的理解和观念。这个传说，大体上反映了契丹人对其祖先从母系氏族制过渡到父系氏族制阶段的记忆。当时由以"青牛"和"白马"为图腾的两个氏族之间互相通婚，奇首可汗是其男性祖先，标志契丹在婚姻制度上进入了依男系计算世系的一夫一妻制阶段。后来奇首可汗所生八子，经过不断繁衍，形成"古八部"，活动在松漠之间。其时间大约相当于元魏时期。唐时，大贺氏仍为八部。大贺氏衰微后，代之而起者，为遥辇氏八部。遥辇氏首君——阻午可汗系由捏里（又作泥礼、涅里、雅里，即后来建立辽朝的阿保机的祖先）所立。五代时，作为遥辇可汗诸部之一的迭剌部夷离堇阿保机建立辽朝。从传说中的奇首可汗时期起，契丹的婚姻制度就配偶人数来说，已进入文明阶段，即一夫一妻制。就通婚范围来说，契丹存在两个通婚集团：一个是所谓三耶律，即大贺、遥辇、世里，也就是后来的皇族（耶律）。他们由以白马为图腾的氏族发展而来。另一个是二审密，即乙室已、拔里。他们是以"青牛"为图腾的氏族发展而来，也就是后来的后族（萧）。

据《契丹国志》卷二三《族姓原始》载：契丹人"婚嫁不拘地里"。《辽史》卷七一《后妃传》载："同姓可结交，异姓可结婚。"由此判断，契丹婚姻实行的是禁止在氏族内血缘亲属成员之间通婚的氏族外婚制。这就是契丹婚姻制度的最基本的情况。

二、婚姻形式

契丹婚姻制度虽然早在建国前几百年就已步入文明阶段，但是终辽之世，其婚姻形式仍存在许多原始婚姻的遗风。

（一）交换婚

据《契丹国志》卷二三《族姓原始》载，"番法：王族惟与后族通婚"，即在耶律和萧两姓之间进行通婚。辽朝九帝，除世宗两后中甄氏为汉人，天祚帝文妃有萧氏和渤海大氏两说①之外，皇后均为萧姓。皇族（耶律）的公主，也绝大多数嫁给萧姓男子。②在契丹交换婚中，不限辈分和表亲联姻的现象相当普遍，特别是在上层统治者之间更是如此。前引《契丹国志》卷二三《族姓原始》说，契丹婚姻"不限以尊卑"。对此，可从许多具体事例中得到印证。如太祖与淳钦皇后述律氏所生女质古，下嫁淳钦后弟萧室鲁，③是甥舅相配。太宗靖安皇后萧氏（小字温）是淳钦皇后弟室鲁之女，④则太宗与萧氏（温），从母系论，为同辈表亲相配；从父系论是姊妹的女儿，为其外甥女，也是舅甥相配。秦晋国大长公主（景宗与睿智皇后之女），即圣宗之姊观音女（一作"奴"）嫁给北宰相萧继远（一作"先"）为妻，而萧继远是萧思温过继的儿子，睿智皇后为萧思温之女，与萧继远为姊弟行，则观音女与萧继远是甥舅相配等等。

辽朝时已经有人注意到这种两姓交换婚的弊病。咸雍十年（1074年），耶律庶箴林

---

① 《辽史》卷七一《后妃传》、《契丹国志》卷一三《后妃传》。
② 《辽史》卷六五《公主表》。
③ 同上。
④ 《辽史》卷七一《后妃传》。

牙上表乞广本国姓氏说："我朝创业以来，法制修明；惟姓氏上分为二，耶律与萧而已。始太祖制契丹大字，取诸部乡里之名续作一篇，著于卷末。臣请推广之，使诸部各立姓氏，庶男女婚媾有合典礼。"道宗皇帝却"以旧例不可遽厘，不听"，① 以至终辽之世，契丹族基本上只此两姓。

（二）接续婚

接续婚指妻死后，娶妻妹为继室，即所谓"姊亡妹续"。这种形式，早在春秋时期即很常见。《左传》昭公二年（前540年），晋侯取齐之少姜，当年少姜卒。次年，晋侯遂与少姜妹成婚。有人称，"春秋晋侯之续娶于齐，实开此例（指接续婚）之先。中世以降，遂颇成俗"。② 其实，它的起源，应比春秋时期还要早得多。这是原始婚姻形式中一个男子同时或先后娶几个姊妹为妻的"妻姊妹婚"的遗迹，只是后来演变为姊亡后其妹续嫁给亡姊之夫。这种婚姻形式，在契丹族中也长期存在。辽会同三年（940年）十一月，辽太宗明令，"除姊亡妹续之法"。③ 表明此种婚姻形式在当时尚很流行，至此才正式从法律上予以限制。但是，作为一种经过长期形成和存在的婚姻形式绝非靠一道命令即可废止的。史料表明，此后姊亡妹续之例仍屡见不鲜。如《萧袍鲁墓志铭》（大安六年）载，萧袍鲁元配夫人早亡，"次取耶律氏，北大王帐故静江军节度使陈家奴女，以为继室，亦早亡。续娶次夫人妹"。④《马直温妻张馆墓志》（天庆三年）载，耶律筠曾娶马直温与张馆之长女枢哥，早卒，继娶五女省哥。⑤ 可见姊亡妹续之俗，直至辽代后期也没有从根本上废掉。

（三）收继婚

指父死，子妻庶母；兄死，弟妻诸嫂；伯叔死，侄妻伯母婶母。据《左传》记载，春秋时期所谓"烝""报"之例甚多。在两汉以后，我国北方少数民族中仍广泛流行收继婚，相沿成风，不受指摘。如匈奴，"父死，妻其后母；兄弟死，皆取其妻妻之"。⑥ 乌桓，"其俗妻后母，报寡嫂，死则归其故夫"。⑦ 契丹也有这种婚姻形式。

1. 子妻庶母

如《耶律庶几墓志》（清宁五年）载："（耶律）惯宁相公故，大儿求哥，其继母骨欲

---

① 《辽史》卷八九本传。
② 陈鹏《中国婚姻史稿》第173页，中华书局1994年版。
③ 《辽史》卷四《太宗纪下》。
④ 向南《辽代石刻文编》第425页，河北教育出版社1995年版。
⑤ 同上书，第635页。
⑥ 《史记》卷一一〇《匈奴列传》。
⑦ 《后汉书》卷九〇《乌桓鲜卑列传》。

夫人宿卧，生得女一个，名阿僧娘子，长得儿一个，名迭剌将军。"① 又如，开泰五年（1016年），圣宗皇太弟耶律隆庆纳秦晋王妃萧氏，年终，隆庆卒，圣宗逼萧氏嫁给隆庆之子宗政。宗政性情耿介，拒不奉诏。自是不婚，以至无子。后来，萧氏改嫁中书令刘二玄。秦晋国妃萧氏死后，皇帝仍诏萧氏与先卒的耶律宗政合葬。②

2. 弟报寡嫂

《旧唐书·契丹传》载：唐开元十年（722年），契丹首领郁于入朝请婚，唐玄宗封从妹夫率更令慕容嘉宾女为燕郡公主以妻之。封郁于为松漠郡王。明年，郁于病死，弟吐于代统其众，并袭郁于官爵，"复以燕郡公主为妻"。辽朝建立后，这种婚姻形式继续存在。如《辽史·公主表》载，道宗次女、齐国公主纠里下嫁萧挞不也。后萧挞不也被害，"其弟讹都斡欲逼尚公主，公主以讹都斡党乙辛，恶之。未几，讹都斡以事伏诛"。纠里是因讹都斡与耶律乙辛同党，恶其为人，此议才未成事实。

---

① 《辽代石刻文编》第295—296页。
② 《耶律宗政墓铭》，《全辽文》卷七，中华书局1982年版；《秦晋国妃墓志铭》，《全辽文》卷八。

第二节　契丹婚姻习俗

我国古代婚仪，历来有所谓"六礼"，即纳采、问名、纳吉、纳征（又称纳币）、请期、亲迎。此外，尚有"同牢"、"妇见舅姑"、"庙见"等仪。其名目、内容，见《礼记·昏义》和《仪礼·士昏礼》。因其出于儒家经典，故为历代所重。当然在不同时代会有损益，但大体上不外这些。

辽代契丹上层婚礼既保留有本民族的传统礼俗，又有来自六礼的某些仪式。对此我们可从"皇帝纳后仪"和"公主下嫁仪"略见一斑。

一、皇帝纳后仪

据《辽史·礼志五》载：先是选定吉日（请期），到了婚礼那天清晨，女方坐堂等候。皇帝遣使及媒人携酒食至后家，分别向皇后及其父母、宗族、兄弟进酒。然后送上聘礼（纳征、纳币），致词，再拜。惕隐（契丹官名，掌皇族事务）夫人四拜，皇后辞别父母及家人，升车，父母饮女儿所敬酒，并致"戒词"。车启动后，教坊艺人遮道祝贺，后族追拜，进酒，亲迎车启动。行至宫门附近，宰相传旨，赐皇后及送亲者酒。即至宫门，惕隐率皇族奉迎。迎亲的惕隐夫人说皇后下车，这时有一"妇人捧镜却行"，并"置鞍于道，后过其上"。皇后分别拜神主室、舅姑御容（妇见舅姑之意），再拜皇族诸妇宜子孙者，意在早生多生贵子。再拜诸帝御容。然后女方更衣，改着皇后服。皇帝赐皇族迎亲者和后族送亲者酒。皇后坐于别殿。亲迎仪式至此结束。

亲迎之后，则行契丹族的传统礼仪——拜奥姑。奥，为室内西南隅，是神主或尊者居坐之处。《说文解字》宀部："奥，宛也。室之西南隅。"段玉裁注云："宛，室之西南，宛然深藏，室之尊处也。"《辽史·国语解》："拜奥礼，凡纳后，即族中选尊者一人当奥而坐，以主其礼，谓之奥姑。送后者拜而致敬，故云拜奥礼。"《辽史·公主表》亦载：

"契丹旧俗，凡婚燕之礼，推女子之可尊敬者坐于奥，谓之'奥姑'。"太祖之女质古幼年即曾当过"奥姑"。

皇帝就御坐后，由"奥姑"主持婚礼。先是送后者致词，拜当奥者。当奥者与媒人行酒，宴饮。第二天，皇帝拜先帝御容，敬酒，宴饮后族及群臣，并有百戏、角抵、戏马等表演助兴。第三天，皇帝赐后族及送后者礼物，后族以礼物谢当奥者。

契丹虽早已进入父系社会，但是婚礼仍以女性（奥姑）主持，这是母系社会的痕迹。

二、公主下嫁仪

与皇帝纳后仪大体相同。先是选择吉日。婚礼当天清晨，尚主之家须亲赴宫中迎娶。驸马率族人拜见皇帝、皇后。次日，宴饮后，皇帝赐陪嫁青幰车、驼等。最为奇特的是在陪嫁中还有送终车、驾牛和其他相关配套物品，以及祭羊，乃至覆尸仪物等。这种把女子出嫁后的生老病死仍视为自家事情的习俗，应是母系社会的遗风。

亲王女封为公主者的婚仪，仿公主下嫁仪，只是依据亲疏，在规格上有所差别。

至于民间的婚仪，限于资料，我们所知甚少，其程序和规格当简略得多。

三、"捧镜"、"跨鞍"之俗

在上述亲迎仪式中，有"妇人捧镜却行"和"置鞍于道，后过其上"两目，也就是在亲迎礼中，有一妇女手捧铜镜倒退而行及皇后跨马鞍之俗，这是两项流行广泛的传统婚俗。唐宋婚仪即有"跨马鞍"和"捧镜倒行"之俗。唐段成式《酉阳杂俎》续集卷四载，当时士大夫家婚礼有"新妇乘鞍"之俗。北宋孟元老《东京梦华录》卷五"娶妇"条载，"新人下车檐，踏青布条或毡席，不得踏地，一人捧镜倒行，引新人跨马鞍蓦草及秤上过"。①南宋吴自牧《梦粱录》卷二〇"嫁娶"条亦载："方请新人下车，一妓女倒朝车行捧镜，又以数妓女执莲炬花烛，导前送引，遂以二亲信女使，左右扶持而行，踏青锦褥或青毡花席上行，先跨马鞍，蓦背平秤过，入中门……"②可见契丹与唐宋人婚礼中都有妇女"捧镜"与"跨马鞍"之俗。前引段成式谓新妇乘鞍等俗，"悉北朝余

---

① 《东京梦华录》（外四种），文化艺术出版社1998年版。
② 《东京梦华录》（外四种），文化艺术出版社1998年版。

风也"。苏鹗《苏氏演义》也说是"胡人尚乘鞍马之意也"。①此俗当源自与契丹同属东胡系的鲜卑。这一风习，长期被传承下来，直至清代和民国时期，我国北方许多地区仍有类似的习俗。

---

① 辽宁教育出版社1998年版。

第三节　辽朝婚姻政策与辽人婚姻观念

辽朝统治下各民族、多地区及不同阶级、阶层的婚姻状况与观念存在很大差别，朝廷制定许多相关政策，在保留契丹旧俗及推动社会进步两个方面都有反映。

一、辽朝婚姻政策

（一）严格限定皇族与后族的婚姻范围，禁止贵族与庶民通婚

除前已述及的辽朝"王族惟与后族通婚"外，还规定"王族、后族二部落之家，若不奉北主之命，皆不得与诸部之人通婚"。① 开泰十年（1021年）十月，"诏横帐三房② 不得与卑小帐族为婚，凡嫁娶，必奏而后行"。③ 大安十年（1094年）六月，"禁边民与蕃部为婚"。④ 这些措施都是为了巩固契丹族的统治，并把大权牢牢掌握在少数统治者手中。然而随着社会的发展，各民族交往的增多，这些限制只是作为国家的政策，与现实有一定的距离，而且辽朝统治者在实践过程中，也有所调整。如《辽史·太宗纪下》载：会同三年十二月，"诏契丹授汉官者从汉仪，听与汉人婚姻"。《契丹官仪》云："四姓杂居，旧不通婚。谋臣韩绍方献议，乃许婚焉。"⑤

（二）限制原始婚俗

辽朝建立后，随着社会的发展，逐渐对契丹原始婚俗予以一定的限制。如会同三

---

① 《契丹国志》卷二三《族姓原始》。
② 辽太祖祖父匀德实生四子，长子早卒。次子后裔为孟父房，三子后裔为仲父房，四子（太祖之父）后裔为季父房，合称三父房，简称三房，为皇族耶律氏显贵。
③ 《辽史》卷一六《圣宗纪六》。
④ 《辽史》卷二五《道宗纪五》。
⑤ 余靖《武溪集》卷一八，文渊阁"四库全书"本。

年（940年），"除姊亡妹续之法"。四年，"以乙室、品卑、突轨三部鳏寡不能自存者，官为之配"。① 这是契丹统治者为保证本民族的繁衍所采取的措施。

（三）与邻国联姻

与不同民族和国家的上层联姻，历来是统治阶级为巩固政权、维持双边关系所常用的政策。辽朝统治者与高丽、西夏，乃至大食等都有联姻关系。统和四年十二月（987年），夏国李继迁率五百骑骚扰辽朝边境，表示"愿婚大国，永作藩辅"，圣宗"诏以王子帐节度使耶律襄之女汀封义成公主下嫁"，并赐马三千匹。② 十四年（996年）三月，"高丽王治表乞为婚，许以东京留守、驸马萧恒德女嫁之"。③ 太平元年（1021年）三月，大食国王遣使请婚，"封王子班郎君胡思里女可老为公主，嫁之"。④ 景福元年（1031年），兴宗以兴平公主嫁夏国王李德昭子元昊，以元昊为夏国公、驸马都尉。⑤ 乾统五年（1105年）三月，天祚帝以族女南仙封成安公主，下嫁夏国王李乾顺。⑥ 这些联姻活动，都是一种政治行为，为加强双方联系，缓和矛盾起了积极作用。

二、辽人婚姻观念

前述青牛白马传说，在一定程度上反映了契丹早期的婚姻观念。传说有很大的神话色彩，把契丹人的祖先说成是"神人"与"天女"或"天神"与"地祇"的结合。《辽史·后妃传》载，太祖皇后述律氏在被封皇后前，曾至潢河、土河会合处，有女子乘青牛车，仓猝避路，忽不见。于是有童谣说，"青牛妪，曾避路"。"盖谚谓地祇为青牛妪云"。太祖阿保机即位后，称"天皇帝"，而述律氏称"地皇后"。既反映了阿保机称帝是"君权神授"，也体现了与《周易》"天人契合"相一致的我国传统婚姻观念。《周易》以自然解释人事，又以人事契合自然。认为自然有天地，生人有男女，天与男，阳也。地与女，阴也。天地交感而生万物，有男女而有婚姻。在契丹人看来，不仅他们的祖先即骑白马的男子与驾青牛的女子相配如此，而且太祖阿保机与皇后述律氏的结合也是天地交感。

此外，从辽代墓志中也反映出辽人的婚姻观念。如《耿延毅妻耶律氏墓志》（统和

---

① 《辽史》卷四《太宗纪下》。
② 《辽史》卷一一《圣宗纪二》。此条记事于统和七年十二月重出，或系许婚在四年，下嫁在七年。
③ 《辽史》卷一三《圣宗纪四》。
④ 《辽史》卷一六《圣宗纪七》。
⑤ 《辽史》卷一八《兴宗纪一》。
⑥ 《辽史》卷二七《天祚帝纪一》。

三十年）说："《易》曰：有天地然后有夫妇。盖乾坤定而阴阳分，男女生而婚姻作。肇起人伦之本，区别恩义之端。生则保宜家之吉，固敦欢好；没则怀同心之恋，是兴论撰。则夫妇之意大矣哉。"铭文说，"天地始兮，夫妇有伦"。[①]明确地反映了辽朝汉人的婚姻观念（墓主人耶律氏，本姓韩，汉人，其先人被赐国姓），这同我国传统婚姻观是一致的。

在圣宗朝以后的辽人婚姻观念中，男主外，女主内、妇为内助等儒家说教也相当流行。如王泽在为其妻李氏所撰墓志铭中说，他之所以有幸登科，步入仕途，"盖夫人内助之所致也"。[②]不仅汉人如此，契丹皇帝也接受了这种观念。如署名道宗所制《圣宗仁德皇后哀册》（大康七年）说："坤顺而正，承乾以行。月随而运，续日之明。阴体至静，阳用而生。后德中助，帝功大成。"接着，又列举历代著名后妃，称她们"义昭配地，号峻齐天"，[③]都是把她们作为内助来赞扬的。

[①] 陈述辑校《全辽文》卷五，中华书局1982年版。
[②] 《王泽妻李氏墓志铭并序》（重熙十四年），《全辽文》卷七。
[③] 《全辽文》卷二。

第六章

生育与姓名

【 第一节 生 育 】

生儿育女是关涉到家族兴旺、民族繁衍的大事,历来为各族人所重视,并在不同历史时期的不同民族和地区形成了各具特色的生育习俗。有关契丹人的生育习俗,文献记载甚少,赖有宋人王易《重编燕北录》中的一段文字,可使我们对契丹皇后及平民生育习俗有所了解。

一、皇后生育习俗

据《重编燕北录》载:契丹皇后怀孕过八个月,起建无量寿道场,逐日行香,礼拜一个月。预先建造白毡帐四十九座,其中一座最大,径围七十二尺,其他四十八座小帐,围绕大帐。皇后将产时,于道场内先烧香,"望日番拜,八拜"。然后入最大者帐内。每小帐各有角羊一口,待皇后生产时,令诸小帐内人用力扭羊角,"其声俱发,内外人语不辨","番云,此羊代皇后忍痛之声也"。[①] 并以一人抱皇后胸,又有一人助皇后生产。"皇后用甘草苗代秆草卧之"。若生男孩时,皇帝"着红衣服于前帐内动番乐,与近上契丹臣僚饮酒",皇后服调酥杏仁油半盏。如生女孩,皇帝则"着皂衣,动汉乐,与近上汉儿臣僚饮酒",皇后服黑豆汤,调盐三分。其所用之羊,差人放牧,不得宰杀,直至自毙。皇后至第九日,归皇帝帐。清人陆长春有诗咏契丹皇后分娩习俗云:"道场顶礼集名缁,毡帐群羊角共劖。喜色满廷番乐合,后宫新报产麟儿。"[②] 即说此俗。

---

① "说郛"本。
② 柯九思等《辽金元宫词》第47页,北京古籍出版社1988年版。

二、平民生育习俗

契丹富家妇女育儿习俗，与皇后生产略同。当生产时，也是"望日番拜，八拜"，"候入帐内，以手帕抹却"，由医人"抱妇人胸卧甘草苗"。若生男儿时，其夫面涂蓬子、胭脂。产妇服酥调杏。生女儿时，其夫面涂炭墨，产妇服黑豆汤，调盐。"番言，用此二物涂面时宜男女。贫者不具此仪。"①

三、契丹生育习俗中的信仰

（一）契丹人极重生育之事，皇后产前须设无量寿道场和"望日番拜"，举行佛教和原始宗教的仪式。

（二）皇后产前设四十九座毡帐。四十九这个数字在契丹人那里，大约有避邪厌胜的作用。这个从其他的一些习俗中得到说明。如契丹杂俗中，正旦之日有于帐内向外抛掷四十九个糯米团子的习俗。契丹皇帝、臣庶等如见旋风时，便合眼用鞭子在"空中打四十九下，口道神不克七声，汉语鬼风也，以禳厌之"。②

（三）契丹人生产时，令人用力扭羊角，使其发声，大约认为可以起到替产妇解痛、催生的作用。

（四）重男轻女。无论是皇后，还是富贵人家妇女，生男生女后的礼仪有所区别，生男高于生女。

（五）产妇生产时要卧在草上，应是因其长期逐水草而居的游牧生活所留存下来的风习。这一风习，流传久远。直至清代、民国时期的北方，仍有此遗俗，并将生儿称为"落草"。如《红楼梦》第八回说，宝玉项上挂着长命锁、记名符，另外有一块"落草"时衔下来的宝玉。又，民国《辽中县志》云："小孩出生，谓之'落草'，盖以草铺炕，置儿于上，以防燥湿。习俗然也。"

此外，契丹还有一些奇特的育儿习俗。如阿保机出生后，祖母将其"鞠为己子，常匿于别幕，涂其面，不令他人见"。③大约是为了制造神秘性，望其将来能成大器。

---

① 王易《重编燕北录》，"说郛"本。
② 《重编燕北录》。
③ 《辽史》卷一《太祖纪》。

【第二节 姓 名】

人的姓名，从一个侧面折射出当时社会、政治、经济、文化发展水平，以及人们心态、社会风尚及其变迁等多方面的情况。

一、姓名次序

辽朝契丹族有耶律和萧两大姓。姓名次序，姓在前，名在后。皇帝、贵族等上层人物，有本民族的名、字、小名以及汉名、字等。

皇帝除姓名、字外，还依仿中原制度，有庙号和谥号。现据《辽史》本纪将辽朝皇帝的庙号、谥号、姓名、字、小字列表如下：

庙号	谥号	姓名	字	小字
太祖	大圣大明神烈天帝	耶律亿	阿保机	啜里只
太宗	孝武惠文帝	耶律德光	德谨	尧骨
世宗	孝和庄宪帝	耶律阮		兀欲
穆宗	孝安敬正帝	耶律璟		述律
景宗	孝成康靖帝	耶律贤	贤宁	明扆
圣宗	文武大孝宣帝	耶律隆绪		文殊奴
兴宗	神圣孝章帝	耶律宗真	夷不堇	只骨
道宗	仁圣大孝文帝	耶律洪基	涅邻	查剌
	天祚帝	耶律延禧	延宁	阿果

在辽朝九帝中，除个别以本民族的字行（如太祖，汉名亿，字阿保机）外，多以汉名行，而契丹后妃则多以小字行。如太宗靖安皇后萧氏，小字温；世宗怀节皇后萧

氏，小字撒葛只；圣宗钦哀皇后萧氏，小字耨斤；天祚帝文妃萧氏，小字瑟瑟等等。后妃亦有兼有名、字者。如太祖淳钦皇后述律氏，名平，小字月里朵；景宗睿智皇后萧氏，名绰，小字燕燕；等等。

二、赐姓名

辽朝承袭汉以来帝王以国姓赐功臣的制度。

（一）赐姓名给汉人

如耶律隆运，本姓韩，名德让。统和十九年（1001年），圣宗赐名德昌；二十二年（1004年）赐姓耶律；二十八年（1010年），复赐名隆运。① 耶律俨，本姓李，清宁六年（1060年）道宗赐国姓。② 咸雍七年（1071年），道宗赐汉人行宫都部署李仲禧、北院宣徽使刘霂、枢密副使王观、都承旨杨兴工以国姓。③

（二）赐契丹名或汉名给契丹人

如耶律斜涅赤，字撒剌，始字铎盌，早年隶太祖幕下，曾有疾，赐樽酒而愈。契丹语称酒樽为"撒剌"，遂以撒剌为字。④ 萧孝友，字挞不衍，小字陈留，太平元年赐名孝友，遂以赐名行。⑤

三、避讳

辽朝承袭历代避讳之制，以改字、缺笔等方式避讳帝王汉名。

（一）改字

如太宗汉名德光，太宗朝以后，改"光禄大夫"为"崇禄大夫"。《辽史·太宗纪下》：大同元年（947年）正月，"降重贵为崇禄大夫"，而《旧五代史》卷八五作"光禄大夫"，"此疑避太宗德光名改"。

（二）缺笔

如《耶律宗允墓志铭》："皆所以奖旧勋而丷前政也。"⑥ "丷"为"光"字缺笔，避太

---

① 《辽史》卷八二本传。
② 《辽史》卷九八本传。
③ 《辽史》卷二二《道宗纪二》。
④ 《辽史》卷七三本传。
⑤ 《辽史》卷八七本传。
⑥ 《全辽文》卷八。

宗耶律德光之"光"讳；辽世宗名阮，碑刻"阮"字缺笔；穆宗名璟，后更名明，石刻"明"字缺笔作"眀"；景宗名贤，石刻"贤"字作"臤"，等等。

四、其他命名习俗

（一）以"奴"、"女"、"哥"等命名

1."奴"

以"奴"命名，见于《辽史》者甚多，如有耶律高家奴、文殊奴（圣宗）、耶律章奴、耶律王家奴、耶律谢家奴、耶律郝家奴、萧韩家奴、萧蒲奴，等等，不胜枚举。

2."女" 如耶律长寿女、耶律延寿女，等等。

3."哥" 如耶律迭烈哥、耶律乙不哥、耶律巢哥、耶律化哥、耶律休哥、耶律吴哥、耶律涅哥、耶律遂哥、耶律查哥、耶律十哥、萧留只哥，等等。以哥命名，不限男性，亦有女性。如淑哥（景宗四女）、菩萨哥（圣宗仁德皇后），以及圣宗之女燕哥、陶哥、八哥、九哥、十哥、泰哥、赛哥、兴哥等。契丹人名中"哥"字，又有作"葛""割"等，如耶律查哥又作耶律查葛、耶律查割，耶律刺哥又作耶律刺葛等。[1]

（二）以佛道词汇命名

佛教如文殊奴、菩萨哥、菩萨奴、耶律佛顶、耶律和尚、耶律罗汉奴、耶律观音女、萧和尚、僧家奴、萧佛奴等。道教如耶律道士奴、耶律仙童等。

（三）以儒学词汇命名

如耶律继忠、耶律信、耶律义先、萧孝友、萧孝先等。

（四）以数字命名

如耶律王九、耶律吴十、耶律韩八、耶律崔八等。

（五）以自然物、器物命名

如耶律狗儿、撒剌（酒樽）等。

（六）以部族、地望命名

如名中有"敌烈"、"唐古"、"突吕不"、"迭剌"、"铁骊"、"女古"等。

---

[1] 据契丹字学者称，某些表现性别差异的名字，男子名用"奴"，女子名用"女"；某些不表现性别差异的名字多用"哥"的形式，与满洲族"格"的命名习俗一致。参见爱新觉罗乌拉熙春《契丹人的命名特征》，收入《契丹语言文字研究》第210页，（日本）东亚历史文化研究会，2004年。

第七章

丧 葬

第一节 葬法与墓室

契丹丧葬方法，有树葬、火葬、土葬等。从考古发现看，辽墓分布地区广，墓室形制复杂，前后有所变化。辽代墓葬具有丰富的文化内涵，为研究辽代社会与文化提供了宝贵资料。

一、葬法

（一）树葬

树葬曾是古代北方许多民族流行的原始葬法。如北朝时期的室韦，"父母死，男女众哭三年，尸则置于林树之上"。①隋代室韦"部落共为大栅，人死则置尸其上，居丧三年，年惟四哭"。②唐代室韦仍然保留此俗，"每部共构大棚，死者置尸其上，丧期三年"。③

契丹与室韦毗邻，葬俗大体相同，早期流行树葬。《北史·契丹传》载：契丹人，"父母死而悲哭者以为不壮。但以其尸置于山树之上，经三年后，乃收其骨而焚之"。到唐代，契丹仍然流行此俗。《旧唐书·契丹传》载："其俗，死者不得作冢墓，以马驾车，送入大山，置之树上，亦无服纪。"《契丹国志》卷二三《国土风俗》有关契丹葬俗一仍《北史》。可见树葬这种原始葬法，从契丹初始至辽代前期都很流行，辽中期以后，树葬已很少见了。

（二）火葬

火葬是一种古老原始的葬法。关于其起源，目前有不同说法。一般认为始于印度，

---

① 《北史》卷九四《室韦传》。
② 《隋书》卷八四《室韦传》。
③ 《新唐书》卷二一九《室韦传》。

因释迦牟尼火化而有死后焚尸之俗。然而考古发掘证明，其起源要比这早得多。我国考古工作者曾在甘肃临洮寺洼山发现装有人类骨灰的陶罐，其年代约在公元前21至公元前11世纪间，所以有人认为从那时起就出现了原始火葬方式。①

我国古代文献旧本题周列御寇撰《列子》卷五中有关于仪渠国流行火葬的记载："秦之西有仪渠国者，其亲戚死，聚柴积而焚之，熏则烟上，谓之登遐，然后成为孝子。此上以为政，下以为俗，而未足为异也。"长期以来，我国北方从西北到东北的许多民族中都流行火葬。如《周书·异域列传下》载，突厥人死，"取亡者所乘马及经用之物，并尸俱焚之"。焉耆国"死亡者皆焚而后葬"。

与契丹同时期的五代十国的北方许多地区也行火葬。会同十年（947年），辽太宗耶律德光入汴（今河南开封），掳晋出帝和李太后等北归。天禄三年（949年），又迁晋出帝、李太后等于建州，安太妃卒于途中。她临死时说："必焚我骨，南向扬之，庶几魂魄归达于汉。"次年，李太后对晋侯（晋出帝被辽废为负义侯）说："我死，焚其骨送范阳（今北京）佛寺，无使我为虏地鬼也。"②反映了火葬在河南、河北的流行。契丹早期，树葬后，经过三年再"收其尸而焚之"，是含有火葬的二次葬。后来，伴随佛教的兴盛，火葬遂成契丹的主要丧葬方法。终辽之世，契丹都保留此俗。

如果说契丹人中长期流行火葬系源于固有的原始葬俗及后来受佛教影响的话，而汉人火葬则是受了北方民族和佛教的双重影响。火葬与儒家观念本不相容，儒家认为火葬乃身亡之戮，是十分残忍的事情，但是如前所述，在五代时中原汉人已经逐渐接受了长期流行于周边民族的火葬。

随着辽朝崇佛之风盛行，汉人死后火葬渐成风俗。如辽中期的一通墓志云，某某"以当年（统和二十五年）十月七日庚时焚殡之，礼也"。③辽后期，王鼎所撰一篇坟塔记说："古之葬者弗封树，虑其伤心，若掩骼埋之类，欲人之弗得见也。而后世朴散，转加乎文，遂有贵贱、丘圹高厚之制。及佛教来，又变其饰终归全之道，皆从火化，使中国送往，一类烧羌，至收余烬为浮图，令人瞻仰，不复顾归土及泉之义，世以为然。"④就是说随着佛教的广泛传播，人们对死后火化已经认同。

据统计，从目前发现的契丹人火葬墓看，主要是辽代早期的遗存，具有一定的原始性，同《北史》所载早期葬俗有某些相似之处。而辽朝建国以后的契丹贵族墓，均为规模较大的仿木结构砖石室墓，盛行厚敛的尸骨葬，似乎表明早期契丹族简陋的火葬

---

① 夏鼐《临洮寺洼山发掘记》，《中国考古学报》第4期，1949年；胡谦盈《试论寺洼文化》，《文物集刊》第2期，1980年。
② 《资治通鉴》卷二八八，隐帝乾祐二年。
③ 李度《王悦墓志铭》（统和二十六年），《全辽文》卷五。
④ 《六聘山天开寺忏悔上人坟塔记》（大安五年），《全辽文》卷八。

汉武帝图（降真图局部，宝山1号辽墓，《内蒙古辽代壁画》）

习俗，已不为辽代契丹贵族所袭用。辽代汉人的火葬墓多见于中、晚期。[①] 由于考古发掘具有一定的偶然性，仅就少量数据未必能真实反映出其发展轨迹来，然而这个数据是可以得到合理解释的。这就是随着中原传统文化与契丹文化的交流，它们互相影响，互相渗透，一部分契丹人接受汉文化，摈弃火葬，而一部汉人则接受契丹文化，改用火葬，于是出现了契丹人火葬减少而汉人火葬增多的趋势。

（三）土葬

土葬是将尸体殓入棺椁后，埋葬在土坑中或置于墓室里，是人类的主要丧葬方法之一。考古工作者在清理和发掘过的大量辽代墓葬中，包括契丹人和汉人，多采用这种方法。就墓主的社会等级身份，契丹人从皇帝到贵族和平民，汉人从官员到平民都有。这是辽代主要的葬法。

（四）合葬

辽代汉族和契丹有死后归葬祖茔、夫妇合葬即所谓"祔"的习俗。

祔是汉族传统祭礼和葬俗。"祔"的涵义有二：一为祭名，新死者附祭于先祖。《尔雅·释诂下》："祔，祖也。"郭璞注："祔，付也。付新死者于祖庙。"《说文·示部》："祔，后死者合食于先祖。"一为合葬。《礼记·檀弓上》："周公盖祔。"孔颖达疏："周公以来，

[①] 杨晶《辽代火葬墓》，《辽金史论集》第三辑，书目文献出版社1987年版。

盖始祔葬。即合也，言将后葬合前葬。"

辽代汉人承袭此俗，在墓志中多有反映。如《王泽妻李氏墓志铭》（并序，重熙十四年）载，王泽妻李氏死后，"葬于燕京宛平县太平乡万合里，先茔之壬穴。礼也"。① 《丁文逌墓志铭》（并序，天庆三年）云："……葬公于宛平县仁寿乡陈王里，先茔之左。礼也。"② 《董匡信及妻王氏墓志铭》（咸雍五年）："择先人旧游嘱爱之地，作新茔而合祔焉。礼也。"③ 以上是辽代汉人死后附葬祖茔之例。又，《王泽墓志铭》（并序，重熙二十二年）："启故夫人之茔域，从合祔焉。礼也。"④ 这是汉人夫妻合葬之例。

契丹也有死后附葬先人和夫妇合葬之俗。如《耶律宗政墓志铭》（并引，清宁八年）云，皇族耶律宗政死后，"归葬于乾陵，祖宗之寝庙。顺也"。⑤ 《耶律元妻晋国夫人萧氏墓志铭》（并序，重熙七年）云，萧氏死后，"祔葬于太师先茔。礼也"。⑥ 这是契丹人附葬祖茔之例。前引陈国公主与驸马合葬墓，则是契丹人夫妇合葬之例。大量墓葬及墓志铭表明契丹祔葬之俗出现于圣宗朝以后。

二、墓室形制

（一）火葬墓

火葬墓是将死者焚烧后盛入器物里，然后一并埋藏在墓中。火葬墓大致分土坑墓和砖（石）室墓两种。

1. 土坑墓

早期的火葬墓多属此类，墓主多为契丹人。

2. 砖（石）室墓

辽初期即已出现，但规模较小，也很简陋，形状多为长方形。一般是将骨灰置于陶罐之中，随葬品有陶瓷器及羊、马的骨、牙等。葬式有单人葬、双人葬及从葬。中期，砖（石）室墓增多，规模较初期略大，形状多为圆形。墓中有仿结构和壁画装饰。随葬品以瓷器为主，一般还有墓志。葬具多用石棺，其形状与同时期陈尸石棺相似，唯

---

① 《全辽文》卷七。
② 《全辽文》卷一一。
③ 《全辽文》卷八。
④ 《全辽文》卷七。
⑤ 同上。
⑥ 同上。

规模略小。晚期，以砖（石）墓为主。形状有圆形、方形（或长方形）、梯形、多角形。墓室内盛行仿木结构和壁画装饰，随葬品有瓷器、陶器、铜钱等，有墓志，有的还有经幢和净法界真言碑等佛教器物。葬具除有陶罐、石棺、木棺（匣）等之外，有的墓室还出现了砖砌骨灰槽（盒）及"真容偶像"（木雕拟人盛骨灰物）等。① 辽代火葬墓亦有无葬具者，即尸体火化后，将其骨灰直接置放在棺床上，如无棺床，则撒在墓室中。

（二）土葬墓

土葬墓是指尸体不经火化而直接埋葬在墓中。

1. 早期

辽代早期契丹土葬墓，同火葬墓相似，规模不大，结构简单，以单室居多，为竖穴土坑，有的用石块砌成长方形墓室。葬具有石棺、木质尸床等。如内蒙古喀喇沁旗上烧锅墓群二号墓，为土坑竖穴单室，圆形，男女合葬，葬具为木质棺床。三号墓为小型石棺墓，墓呈长方形，用自然石垒砌，为男性单人葬，有随葬品。被判定为辽代早期墓葬。② 又，内蒙古赤峰市克什克腾旗二八高地一号辽墓，墓室为单室，砖砌，券顶。外形似穹庐式蒙古包。葬具系灰色砂岩大石棺，其外形似近代木棺。石棺内外壁上有石棺画和刻画，描绘草原牧放生活图景，有随葬品，为辽朝早期契丹贵族墓。③

2. 中期

辽代中期，契丹墓葬结构较前期复杂，出现了石木、砖木的混合结构，墓室内多有棺床或尸台，合葬居多，并且出现多墓室及装饰性结构。其代表性墓葬有内蒙古翁牛特旗解放营子壁画墓、法库叶茂台辽墓及陈国公主墓等。解放营子壁画墓，为石室木椁券顶单室墓，石室呈圆形，四周用自然石垒砌石壁，正顶有一圆洞，上用整块石板覆盖。木椁为八角形，柏木结构。葬式为合葬。④ 法库叶茂台辽墓，墓室由一个主室、一个前室和两个耳室组成。各室均为方形，上有高券顶。各室之间有船篷式券门相通，全墓连墓道在内，平面如"古"字形。墓门内有两层封砖，外有仿木的楹柱、门簪、前檐及斗拱、脊墙等结构。主室后部安置一架木结构"小帐"式的棺室，内置石棺一具。石棺为长方形，砂岩制成，除棺底外，通体平雕花纹，并填色彩绘。棺中为一老妇骨架。身着十余件衣裳，有佩饰。骨架最上面覆盖着一件刻丝覆尸衾。⑤

---

① 杨晶《辽代火葬墓》。
② 项春松《上烧锅辽墓群》，《松州学刊》1987年第4—5期。
③ 项春松《克什克腾旗二八地辽石棺画墓》，《松州学刊》1987年第4—5期。
④ 项春松《解放营子辽墓壁画发掘报告》。
⑤ 项春松《辽墓形制德演变及其器物德分期辨认》、《解放营子辽壁画墓发掘报告》，均载《松州学刊》1987年第4—5期;《法库叶茂台辽墓记略》、曹汛《叶茂台辽墓中德棺床小帐》，《文物》1975年第12期。

内蒙古哲里木奈曼旗辽陈国公主驸马合葬墓是迄今为止发现的保存最完整、出土文物最丰富的契丹大贵族墓葬。此墓为砖砌多室墓，由前室、东耳室、西耳室和后室组成。门外有天井和墓道。墓门外面为雕砖施彩仿木结构门楼，门洞内安双扇木门。墓门外封门墙用条砖垒砌。前室呈长方形，券顶，地面铺方砖。东、西耳室平面圆形，穹隆顶，用长砖铺地。主室平面圆形，墓壁用条砖垒砌，穹隆顶，顶部用大块石板覆盖，地面铺方砖。后室正面紧靠护壁，有用条砖砌成的尸床。尸床上并陈两具尸体，头戴金面具，全身罩银丝网络。尸体上原曾覆盖丝织被衾一类物品，已腐朽。①

3. 晚期

晚期契丹墓葬多室墓更为普遍，结构亦更趋复杂。这可以库伦一号辽墓为代表。库伦一号墓是一座大型砖室墓，整个墓由墓道、天井、墓门、甬道、南北耳室和墓室七个部分组成。墓门砖砌，成圆拱形，门楼正面筑仿木结构的雕彩斗拱。南北耳室平面为六角形，穹隆顶。顶正中以盖顶石覆压，盖顶石作截尖圆锥体，嵌入穹隆顶部，形成张力，使券顶坚固耐久。耳室底铺砖。墓室平面近正八角形，立壁砖砌，壁顶以单砖平铺顺砌，逐层迭涩内收，作穹隆顶。正中的盖顶石为花岗岩质。墓室底层墁方砖。四周有护墙板，为香柏木制成。墓室中央偏西有一砖筑方坛，正中填以黄沙土，全部夯实，十分坚硬，应是放置墓主人尸体的尸床。②

---

① 内蒙古文物研究所《辽陈国公主驸马合葬墓发掘简报》，《文物》1987年第11期。
② 王健群、陈相伟《库伦辽代壁画墓》之"一号墓"。

第二节 尸体防腐与网络面具

尸体防腐和网络面具是契丹独特的处理尸体的方式方法及丧葬习俗。

一、尸体防腐

契丹流行一种颇为有效的尸体防腐方法。对此,宋人笔记及正史中多有记载。文惟简《虏廷事实》载:

〔契丹〕富贵之家,人有亡者,以刃破腹,取其肠胃涤之,实以香药、盐矾,五采缝之。又以尖苇筒刺于皮肤,沥其膏血且尽,用金银为面具,铜丝络其手足。耶律德光之死,盖用此法,时人目为帝䄠。信有之也。①

张舜民《画墁录》云:

祖宗(指宋太祖、太宗)征河东,皆自土门还师,驻驿真定,潭园有两朝行宫……潭园方广六里有畸,亭榭皆王氏父子所辑。宫后八角大亭,乃耶律德光造䄠之所也。

《资治通鉴》卷二八六云:

〔辽大同元年(947年)四月〕契丹主至临城,得疾,及栾城,病甚,苦热,

---

① 《说郛》卷八。

聚冰于胸腹手足，且唊之。丙子，至杀胡林而卒。国人剖其腹，实盐数斗，载之而北去，晋人谓之"帝羓"。

综观以上记载，契丹人关于尸体防腐的方法，主要有如下几点：一是干燥处理。除去内脏及尸体中的血液和水分，使之干燥。白矾，又称明矾，据《辞海》"明矾"条载，它是一种硫酸钾和硫酸铝的含水复盐，无色透明晶体，溶于水，有吸湿作用。中医学上用以为燥湿、解毒药。所以无论是实矾于腹内，还是涂矾于体表，都是为了使尸体干燥。二是腌渍。北方各族自古以来就有用盐腌制鱼肉和蔬菜的习俗。尸体中实盐，或许来源于这个启示。《本草纲目》卷一一金石部"食盐"条引宗奭曰："北狄用以淹尸，取其不坏也。"① 三是香药除味防腐。香药多有除腥味防腐烂的功用。

除文献记载之外，还有契丹干尸的发现。1981年，考古工作者在内蒙古乌兰察布盟察哈尔右翼前旗豪欠营辽墓发现有保存完整的契丹女尸。女尸呈深棕色，尚有一定的弹性，历近千年而不朽，当与契丹人掌握尸体防腐技术有关。经解剖，女尸虽未见有破腹处理的迹象，但在某些部位下有大片膏血斑痕，也许是曾进行过"沥其膏血"的皮肤穿刺处理。此外，经化验，在女尸胃里，发现大量的砷化物（砒霜），砷是否与防腐有关，尚不得而知。② 当然这具女尸得以保存近千年之久，也是同当地气候干燥、多风、高寒等自然因素有关。

二、网络与面具

贵族死后，头罩面具、尸体着网络是契丹又一独特的葬俗。前引《虏廷事实》即载有此俗，"用金银为面具，铜丝络其手足"。有关这方面的大量考古发现，为我们了解这一习俗提供了宝贵的资料。据统计，截至80年代已有十几处三十几座辽墓发现铜丝网络面具。这些辽墓分布于内蒙古、辽宁及河北等地区。网络有全身和手足两种。全身网络包括头、身、臂、手、腿、足的网络。其编缀方法，是按人体的大小及各部位不同形状分别编缀的。从豪欠营契丹女尸的情况看，其穿着顺序是先用丝棉和丝织品包裹尸体，再着铜丝网络，然后在外面再穿丝织品葬服，最后戴鎏金铜面具。从出土的三十多件面具看，分男女两种，其形貌各异，当是根据死者的面型特点制作的。面具用薄银板或薄铜板打制而成。其制作，是按照戴面具者的脸型特征雕刻一木面具模

---

① 中国书店1988年版。
② 盖之庸《叩开辽墓地宫》第128—129页，山东画报社1998年版。

第七章 丧葬

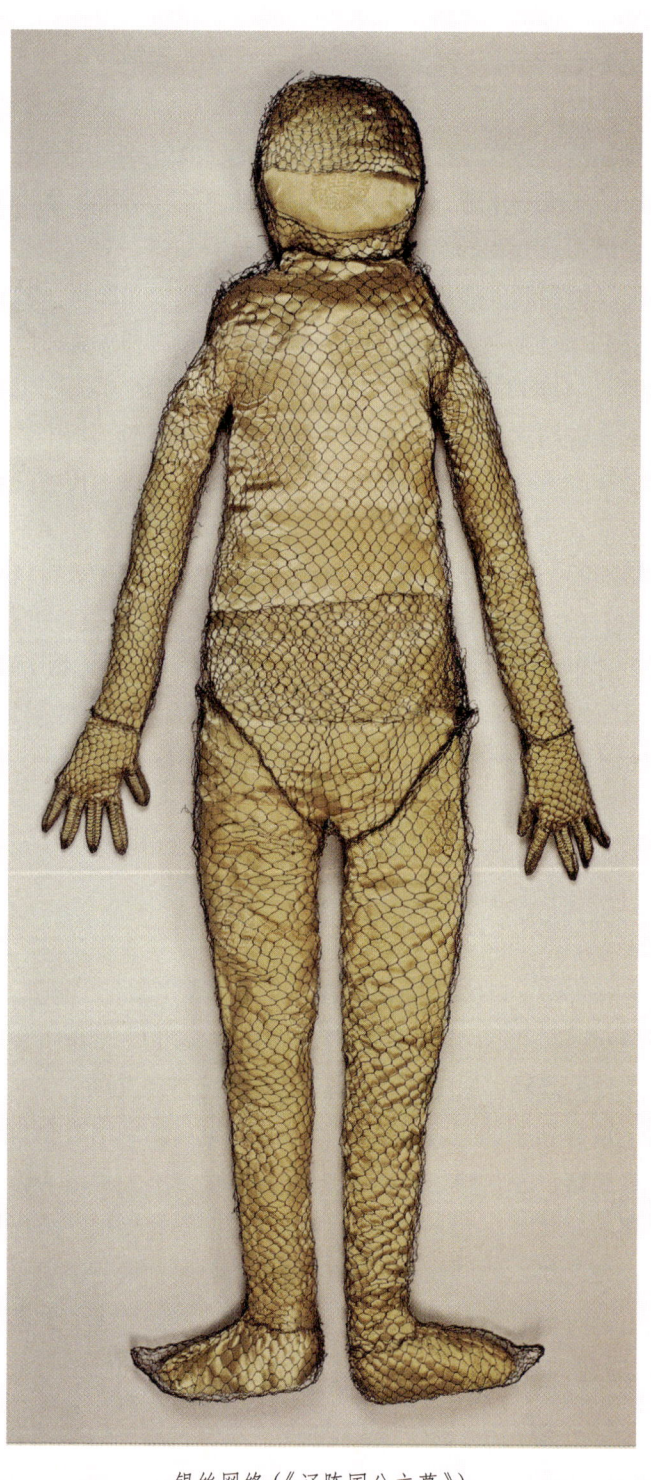

银丝网络(《辽陈国公主墓》)

金面具(《辽陈国公主墓》)

型,然后把薄银、薄铜板覆盖于面具模型上,用槌打造。面具分别呈扁平浮雕式、半浮雕式或高浮雕式。①

近几十年来,随着辽代墓葬中铜丝网络与金属面具不断发现,特别是 80 年代初豪欠营辽墓契丹女尸的发现,推动了关于这一葬俗的研究。诸如有关这一葬俗的起源、网络面具的功用以及穿戴者身份等问题的研究都有进展,但仍存在一些争议和待解决的问题。关于起源。一说同契丹人的萨满教和佛教信仰有关。萨满教是契丹人的原始信仰,朝廷的许多祭祀都由女巫主持,女巫像古代的傩舞者一样,头戴面具。另据河北宣化辽墓出土的散乐图上画十二个人,其中十一人吹打弹奏,一人起舞。奏乐者中,有两人挽袖击鼓,他们的双臂上有网络状的装束,与豪欠营契丹女尸上臂所穿的网络相似。当巫师死后,或许以穿戴铜丝网络和金属面具表示其生前身份。又从出土的面具造型特点看,很像菩萨。辽墓出土的鎏金冠,与华严寺里的菩萨所戴金冠多有相似之处。因此穿戴网络与面具,又可能与契丹人的佛教信仰有一定的关系。②一说这一葬俗,与中原汉墓中的"金缕玉衣"相似,或许是受汉人葬俗影响而形成的。③

---

① 杜承武《辽代墓葬出土德铜丝网络与面具》,《辽金史论集》第 1 辑,上海古籍出版社 1987 年版。
② 杜承武《辽代墓葬出土德铜丝网络与面具》。
③ 木易《辽墓出土德金属面具、网络及相关问题》,《北方文物》1993 年第 1 期。

关于网络与面具的功用。无论其起源如何，但在客观上都有防止尸体散乱的功用。从一些发掘的辽墓来看，网络与面具对保护尸体的完整起了作用。经化验表明，豪欠营女尸头发里的铜元素含量远远超过正常人含量。这是由于女尸与铜丝网络和面具的长期接触，体内吸收了大量铜元素所致。尸体周围还有大量的磷酸铜与硫酸铜的化合物，而磷酸盐类具有轻微的杀菌防腐作用，硫酸铜与皮肤长期接触，产生化学反应，可使皮肤逐渐革化。因此，女尸在干化过程中，网络与面具在物理机械和化学反应两方面都起了一定的保护作用。①

---

① 杜承武《辽代墓葬出土德铜丝网络与面具》。

【第三节　皇帝丧仪与陵寝】

契丹皇帝丧仪与陵寝既保留有浓厚的民族传统习俗，又吸收了中原汉族丧葬文化因素。

一、丧仪

辽初，契丹皇帝丧仪颇为神秘。胡峤入辽，正值太宗驾崩，安葬陵所。胡峤"问其礼，皆秘不可言"。至辽中期，皇帝丧仪已有所变化。据《辽史·礼志二》"凶仪"之"丧葬仪"载：圣宗崩，兴宗哭临于菆涂殿。"大行之夕四鼓终"（即皇帝初死当晚四更后，确切地说已是次日凌晨），兴宗率群臣于灵柩前致奠，奉灵柩出殿门，至祭所。次日，至山陵，行祭奠礼。又次日，再奠。在此期间，有"巫者祓除之"、"大巫祈禳"，焚烧衣、弓矢、鞍勒、图画、马驼、仪卫等物的仪式。后来丧仪大体分三个步骤：

哭临。临，音 Lìn，哭吊死者的意思。皇帝死后，其继承者及皇族、外戚等服"斩衰"。[①] 其余官及应承人穿白枲衣巾，上香，奠酒，哭临，并焚烧鞍马、衣袭等物。

入殓。入殓分小殓、大殓。小殓是用衣衾裹尸。大殓是将尸体放入棺材。

出殡。小殓次日，启动灵车，由亲王推至置食羖（黑色公羊）之处。"盖辽国旧俗，于此刑羖以祭"，就是杀羊祭奠。行至葬所，放下灵车。当晚新皇帝入陵寝，将先帝遗物授予皇族、外戚及诸大臣等，然后步出陵寝。皇帝、皇后率皇族、外戚、百官及命妇等绕陵三圈后，辞陵而还。辽代丧仪长期保留有许多契丹旧俗，直至晚期天祚帝时，才依中原制度，"始服斩衰"。

---

① 衰，音 cuī，丧服名。据《仪礼·丧服》，斩衰为五服中最重的一种。其服用最粗的麻布做成，不缉边，使断处外露，以示无饰，故称斩衰，表示悲痛之极。

二、陵寝

皇帝陵寝制度是祖宗崇拜的遗存和阶级社会的产物，辽代皇帝陵墓既保留有本民族的传统习俗，又吸收了汉族丧葬文化的因素。

辽朝诸帝陵寝分布情况，据《辽史》本纪等列表如下：

庙号或谥号	陵寝	文献来源
太祖	祖陵	《辽史·太祖纪二》："天显二年八月丁酉，葬太祖于祖陵，置祖州天城军节度使以奉陵寝。"
太宗	怀陵	《辽史·太宗下》：大同元年"崩于栾城。年四十六。是岁九月壬子朔，葬于凤山。"
世宗	显陵	《辽史·世宗纪》：天禄五年九月"帝遇弑，年三十四。应历元年葬于显州西山，陵曰显陵。二年，谥孝和皇帝，庙号世宗。"
穆宗	附葬怀陵	《辽史·穆宗下》：应历十九年二月"帝遇弑，年三十九。庙号世宗。后附葬怀陵。"《辽史·地理志一》："穆宗被害，葬怀陵侧，建凤凰殿以奉焉。"
景宗	乾陵	《辽史·景宗纪下》：乾亨四年（982年）九月"次焦山，崩于行在。年三十五……庙号景宗。"《辽史·圣宗纪以》：统和元年"葬景宗皇帝于乾陵"。
圣宗	庆陵（永庆陵）	《辽史·圣宗纪八》：太平十一年六月"帝崩于行宫，年六十一。《辽史·兴宗纪一》：太平十一年六月"奉大行皇帝梓宫，殡于永安山太平殿"。同年十一月，葬于庆陵。其山曰庆云，殿曰望仙。
兴宗	庆陵	《辽史·兴宗纪三》：重熙二十四年（1055年）八月"帝崩于行宫，年四十"。《辽史·道宗纪一》：清宁元年十一月"葬兴宗皇帝于庆陵"，名其山曰永兴。
道宗	庆陵（永福陵）	《辽史·道宗纪六》：寿昌七年正月"上崩于行宫，年七十"。《辽史·天祚皇帝纪一》：乾统元年，"葬仁圣大孝文皇帝（道宗）、宣懿皇后于庆陵"。《道宗皇帝哀册》、《宣懿皇后哀册》并作"将迁座于永福陵"。
天祚帝		《辽史·天祚帝纪四》：保大五年二月，"为金人完颜娄室等所获"。"至金，降封海滨王，以疾终。年五十有四。"金皇统五年葬于广宁府闾阳县乾陵旁。

综观以上记载，辽朝皇帝除天祚帝外，其余都有正式陵寝。有关诸陵的具体情况，根据文献及考古资料，略作介绍。

（一）祖陵

太祖陵寝，在祖州境之祖山，今内蒙古巴林左旗哈达英格乡。

《辽史·地理志一》"祖州、天成军"条载：

> 有祖山，山有太祖天皇帝庙，御靴尚存。又有龙门、黎谷、液山、液泉、白马、独石、天梯之山。水则南沙河、西液泉。太祖陵凿山为殿，曰明殿。殿南岭有膳堂，以备时祭。门曰黑龙。东偏有圣踪殿，立碑述太祖游猎之事。殿东有楼，立碑以纪太祖之功，皆在州西五里。

考古工作者曾对祖陵进行数次调查，但未正式发掘，其内部形制，不得而知。至今在其周围还残留有许多辽代遗迹，如建筑基址、夯土城垣、碑趺残碑、石人雕像、玉雕饰品等。

（二）怀陵

太宗和穆宗陵寝，在今内蒙古巴林右旗境内之床金沟。近几十年来考古工作者已基本搞清了怀陵布局情况。陵园三面群山环绕，林木繁茂，溪水不绝。陵区筑有一道石墙，将其分成内外两个陵区，内陵区有陵墓和祭殿，外陵区有两处大型建筑台基址。在附近发现有莲花柱础、瓦当等。①

（三）庆陵

庆陵是圣宗、兴宗、道宗三陵的总称。在今内蒙古巴林右旗白塔子。永庆陵址系圣宗生前所定。他曾驻跸庆云山，十分喜爱此地，圣宗说："吾万岁后，当葬此。"死后，兴宗遵其遗命，建永庆陵。《金史·地理志上》亦载："北山有辽圣宗、兴宗、道宗庆陵。城中有辽行宫，比他州为富庶，辽时刺此郡者非耶律、萧氏不与，辽国宝货多聚藏于此。"庆陵三陵建于辽朝最为兴盛的时期，气势恢宏，内涵丰富。按其方位，圣宗陵居东，兴宗陵居中，道宗陵居西。

自本世纪初以来，时有中外学人来庆陵考察，庆陵曾遭多次盗掘。1930年，日人鸟居龙藏到东蒙考察契丹文化遗址时，他看到那里不仅有三陵，并有辽行宫遗迹、础石、砖瓦、陶瓷断片及古泉等物，随处可见。据他记述，三陵均呈穹庐形，内部也保持契丹原有风格，各室互与中央相连，室内愈近天棚则愈收缩，全室呈圆锥形。顶棚、墙壁、墓门系砖砌，正面覆瓦，仿汉式建筑。

三陵中保存较完整的是东陵，存于地平线下。一入正门，自通路至各室均涂有石灰，与面同壁间绘有人物。墙壁上部天棚及各室门上均有装饰花纹。中央大室绘有四

---

① 张柏松《辽怀州怀陵调查记》，《松州学刊》1987年第4—5期。

第七章 丧 葬

辽祖陵龙门（由里向外照）

辽祖陵龙门

辽祖陵遗址

季山水。室中有木棺，前列木偶，分契丹固有及汉俗风习两种。陵墓内有放水设置，可能是为防盗而设。①

在庆陵三陵中，分别有圣宗、兴宗、道宗及其皇后的哀册，即石刻墓志。

（四）显陵、乾陵

对此二陵，目前所知不多。据《辽史·世宗纪》载，辽世宗之显陵，在"显州西山"。显州在今辽宁北镇。又据《辽史·耶律倍传》载：辽初，阿保机长子耶律倍死后，太宗时改葬医巫闾山，世宗即位，谥让国皇帝，陵曰显陵。是世宗死前，已有显陵。世宗与耶律倍之陵当在一地。

据《耶律宗政墓志铭》等推测，辽景宗之乾陵，在显陵附近，亦应在北镇境内。

---

① 鸟居龙藏撰、宗孟译《关于辽陵》，《黑白半月刊》第2卷第4期。

第四节 殉葬与"烧饭"

殉葬是以器物、牲畜或人、俑陪同死者葬入墓穴。人殉产生于氏族社会末期,盛行于奴隶社会,契丹也有人殉习俗。烧饭是流行于契丹、女真、蒙古等北方民族的为死者举行的祭祀仪式。

一、殉葬

用人殉葬是一种很古老的野蛮风习,它产生于氏族社会末期,盛行于奴隶社会。契丹也有人殉习俗。

《契丹国志》卷一《太祖大圣皇帝》载:太祖死后,述律皇后召诸酋长妻说:"我今寡居,汝不可不效我。"又召集其夫,问道:"汝思先帝乎?"诸酋长都说:"受先帝恩,岂得不思?"皇后说:"果思之,宜往见之。"遂杀之。述律后左右"有桀黠者",于是对他们说:"为我先达语于先帝。"至墓所,则杀之。"前后所杀者数百"。最后轮到平州人赵思温,不肯就殉。皇后说:"汝事先帝常亲近,何故不行?"赵思温说:"亲近莫如后,后行,臣则继之。"皇后说:"吾非不欲从先帝于地下,顾嗣子幼弱,国家无主,不得往耳。"于是砍断一腕,置于墓中。而《辽史·后妃传》、《契丹国志》卷一三《后妃传》则说,"皇后欲以身殉",经诸子、百官等力谏,才截其右腕,置太祖灵柩中,因号"断腕太后"。后来于上京置义节寺,立断腕楼,且为树碑。述律后杀左右"桀黠者"百数,为太祖殉葬,恐怕旨在清除异己,稳定政局,但也反映了当时确有人殉之俗。直至辽朝中期,仍有为皇帝殉葬习俗。如景宗死后,渤海挞马解里因受其恩,"乞殉葬",圣宗不许,"赐物以旌之"。又,统和元年(983年)葬景宗于乾陵,"以近幸

---

① 《辽史》卷一〇《圣宗纪一》。

朗、掌饮伶人挞鲁为殉"。①可见当时以活人为皇帝、皇室殉葬之事，仍不乏见，只是殉葬者的身份不高，如近侍、优伶等，而不再用有地位的官员。

除人殉外，辽朝还有用俑、画像及财物等随葬的习俗。如前面已经提到的在庆陵之东陵内发现在木棺前陈列着刻有契丹及汉式装束大小不一的木偶。在辽朝中期的一些贵族墓中也发现有木俑或石俑。如耶律延宁墓（统和四年，986年）出土石俑上半身；陈国公主墓发现有木俑，置于后室尸床东部，木俑身着汉式装束；朝阳姑营子耿延毅墓（开泰八年，1019年）出土木俑6件；秦晋国大长公主墓（重熙十五年，1046年）出土残木俑；萧袍鲁墓（大安六年，1090年）发现石俑头等。②《辽史·圣宗纪一》载，景宗死后，除以近幸、伶人殉葬外，还命绘近臣于"御容殿"。就是以近臣画像随葬墓中，陪伴皇帝画像（御容）。

以木俑、石俑及画像代替人殉，这是辽朝丧葬习俗上的一大进步。

陈国公主墓志盖拓片（《辽陈国公主墓》）

至于随葬财物，从皇帝、贵族到平民百姓都很普遍。考古资料表明，随葬品的范围甚广，包括日常生产资料、生活用品、钱币、兵器等，几乎无所不包。由于死者生前身份不同，其随葬品也有所不同。显然是由其政治地位、经济条件所决定的。以陈国公主墓为例，除用木俑代替人殉外，还有大量随葬品。就其质料，有金银、玉石、玛瑙、琥珀、玻璃、珍珠以及瓷器、木材等。就其用途，有冠带、鞋靴、网络、面具、佩饰、容器、餐饮具、马具、兵器，乃至游艺品（围棋子）等。此外，还有墓志、壁画等。从这些种类繁多的随葬品中，不仅可以反映出死者生前的日常生活和爱好，还为后人了解当时契丹社会发展与习俗提供了宝贵的资料。

---

① 辽史卷一〇《圣宗纪一》。
② 以上分别见《辽代耶律延宁墓发掘简报》，《文物》1980年第7期；《辽陈国公主墓》第64—65页；《辽宁朝阳姑营子辽耿氏墓发掘报告》，《考古集刊》第3集，1983年；郑绍宗《契丹秦晋大长公主墓志铭》，《考古》1962年第8期；冯永谦《辽宁法库前山萧袍鲁墓》，《考古》1983年第7期。

绿釉罐(《辽陈国公主墓》)

陈国公主墓侍卫图(《辽陈国公主墓》)

第七章 丧 葬

辽陈国公主墓东壁壁画(《辽陈国公主墓》)

二、"烧饭"

在契丹及女真、蒙古族中流行一种与殉葬有关又不尽相同的特殊习俗，称为烧饭。李焘《续资治通鉴长编》卷一一〇天圣九年（辽兴宗景福元年）六月条载：

> ［圣宗］既死，则设大穹庐，铸金为像。朔望日节辰忌日，辄致祭。筑台高逾丈，以盆焚食，谓之烧饭。

《三朝北盟会编》政宣上帙三记载女真风俗曰：

> 死者埋之，而无棺椁。贵者生焚所宠奴婢、所乘鞍马以殉之。所有祭祀饮食之物尽焚之，谓之烧饭。

《虏廷事实》云：

> 尝见女真贵人初亡之时，其亲戚、部曲、奴婢设牲牢、酒馔以为祭奠，名曰烧饭。

《元史·祭祀志六》"国俗旧礼"条云：

> 葬后，每日用羊二次烧饭以为祭，至四十九日而已。

根据以上记载，烧饭乃是指在死者葬后，以及每当朔、望、节辰、忌日等焚烧酒食的祭祀礼仪。近人王国维最早留意此俗，并予论述。他说，"烧饭本契丹、女真旧俗"，然而并非始自辽金，系源于乌桓人死后葬则烧死者的乘马、衣服等物之俗。不仅"契丹，女真并有此俗，蒙古亦当有之"。"满洲初入关时，犹有此俗。吴梅村《读史偶述》诗云：'大将祁连起北邙，黄肠不虑发邱郎。平生赐物都燔尽，千里名驹衣火光。'后乃以纸制车马代之，今日送三之俗，即辽金烧饭之遗也。"[1] 后有学者据此发挥说，烧饭之俗是许多北方古代民族所共有的。所烧之物甚广，举凡死者生前所用之物几乎无不在被烧之列。杀马（甚至杀奴婢）殉葬与烧饭祭祀是一事，"殉"与"祭"并无绝对的差别。

---

[1] 《观堂集林》卷一六《蒙古札记》"烧饭"，河北教育出版社2003年版。

大兴辽墓壁画（局部，《北京辽金史迹图志》上）

其实,"烧饭"与殉葬不尽相同,二者是有区别的。诚然,在北方许多民族中都有为死者焚烧鞍马、衣物的习俗。如《三国志·乌丸鲜卑东夷列传》注引王沈《魏书》云,乌桓"葬则歌舞相送,肥养犬,以彩绳缨牵,并取死者所乘鞍马、衣物、生时服饰,皆烧以送之"。《周书·异域列传·突厥传》载："择日,取亡者所乘马及经服用之物,并尸俱焚之,收其余灰,待时而葬。"此外,还有只杀人马而不烧者,如《三国志·魏志·乌丸鲜卑东夷列传》载,夫余"杀人殉葬,多者百数"。《旧唐书·北狄传》载,人死后,"杀所乘马于尸前设祭"等等。

烧饭与这些风俗,虽有近似之处,但也有区别。一是次数不同。如上所述,烧饭是在初死及朔、望、节辰、忌日等多次进行,而乌桓、突厥殉葬之物则是一次烧之。二是所烧对象不同。乌桓、突厥殉葬之物包括所乘鞍马及其他衣物,而烧饭仅指焚烧祭祀之酒食。也许烧饭名称即源于此。

第五节　辽代丧葬习俗的特点、演变轨迹及文化内涵

一、辽代丧葬习俗具有鲜明的民族和地方特色

契丹丧葬有许多不同于中原汉族的特殊风俗，如树葬，穿戴网络与面具，尸体防腐，"烧饭"等。这些风俗，有的为契丹所独有，有的同北方相近的民族有一定传承关系。如树葬，即与邻近的室韦相同。"烧饭"之俗，始于契丹，后来流行于女真和蒙古。贵族中部分人死后穿戴网络、面具，是契丹所独有，尽管目前对其来源及寓意尚不很清楚，但大抵是与其原始信仰相联系的。至于有效的尸体防腐则包含两个因素，一是人工干燥处理；二是同当地气候干燥少雨有关。

二、由简而繁、由朴入奢是辽代丧葬习俗的趋势

随着生产力的提高，财富的增加，社会风气的变化，到辽中后期，盛行厚葬之风。这一变化不仅可从以上所引述考古发掘中充分地反映出来，而且文献中也有记载。正是由于中后期盛行厚葬，辽朝统治者才三令五申限制厚葬。如统和十年（992年）正月，圣宗诏令："禁丧葬礼杀马，及葬甲胄、金银、器玩。"[①] 重熙十一年（1042年）十二月，兴宗诏令，"禁丧葬杀牛马及藏珍宝"。[②] 由于厚葬已成风气，诏令的作用恐怕也很有限，就连兴宗也不得不在发布诏令之后，再作变通。重熙十二年六月，令弛禁："诏世选宰

---

① 《辽史》卷一三《圣宗纪四》。
② 《辽史》卷一九《兴宗纪二》。

第七章 丧 葬

鎏金木雕坐狮（《契丹王朝》）

双面人头形鎏金银饰件(《契丹王朝》)

相、节度使族属及身为节度使之家，许葬用银器，仍禁杀牲以祭。"①

三、辽代丧葬习俗体现了两种文化的交流与融合

契丹早期流行本民族固有的丧葬习俗，后来随着社会的发展，同汉族的联系愈来愈频繁，丧葬习俗也有了一定的变化。契丹在保留民族固有丧葬习俗的同时，也吸收了若干汉族习俗。如火葬的减少，土葬的增多。火葬本是契丹及北方许多民族流行的主要葬法，而汉族则反对火葬。但如前所述，从考古发掘看，随着时间的推移，汉人火葬则呈增加趋势。契丹皇帝陵寝及贵族墓葬，更集中地体现了汉契文化的融合。如庆陵三陵均为穹庐形，内部也保持契丹风格，然而墓门、墙壁却仿汉式建筑。汉契合璧的陵寝建筑充分体现了两种文化的交流与融合。

四、辽代墓葬不仅反映了丧葬习俗，而且具有更为丰富的文化内涵

大量辽墓的发现，为我们研究辽代墓葬形制、葬具、葬式提供了形象的依据，印证和补充了文献记载，是研究丧葬习俗的宝贵资料。不仅如此，它还有更为丰富的文化内涵。从陵墓建筑、壁画及随葬品中，可以为我们研究辽代社会提供大量的资料和信息。从随葬品中，可以看出当时社会农业、手工业、科学技术发展所达到的水平；从墓葬形制等，可以研究当时的建筑水平；大量壁画则不仅反映了当时绘画艺术所达到的高度，而且从中再现了人们的生活场景，为研究辽代社会生活提供了宝贵资料；许多墓志碑刻，可以补充和订正文献记载的不足和谬误。

---

① 《辽史》卷一九《兴宗纪二》。

第八章
生 产

【第一节 渔 猎】

捕鱼和狩猎是契丹人获取食物的传统方式，尤其是在契丹早期生活中更占有重要的地位，并且形成了独特的生产风俗。

一、捕鱼

（一）钩鱼

契丹人擅长采用一种独特的捕鱼方法，称作钩鱼。

钩鱼一般在冬春之际进行。这时江河尚未解冻，是契丹人凿冰钩鱼的最好季节。北宋宋绶《契丹风俗》说：

> 蕃俗喜罩鱼，设毡庐于河冰之上，密掩其门，凿冰为窍，举火照之，鱼尽来凑，即垂钓竿，罕有失者。①

宋人程大昌《演繁录》卷三引《燕北杂录》所载契丹人钩鱼情景，较为详尽：

> ……设次冰上，先使人于河上下十里间，以毛网截鱼，令不得散逸，又从而驱之，使集冰帐。其床前预开冰窍四，名为冰眼，中眼透水，旁三眼环之不透，第斫减令薄而已。薄者所以候鱼，而透者将以施钩也。鱼虽水中物，若久闭于冰，遇可出水之处，亦必伸首吐气，故透水一眼，必可以致鱼，而薄不透水者将以同视也。鱼之将至……即遂于斫透眼中，同绳钩掷之，无不中者。即中遂纵绳令去，

---

① 《续资治通鉴长编》卷九七，天禧五年。

久，鱼倦，即曳绳出之。①

从以上记载中，我们可以对契丹人钩鱼有一个粗略的了解：人们在冬春之际，江河解冻之前来到冰上，凿冰为孔，鱼为了透气，便集中于此，捕鱼者遂将鱼钩出。不过宋绶所述"即垂钓竿"则不确切。大约是由于他并未亲临其境，便将契丹人钩鱼比附为汉人的"钓鱼赏花"之类的雅事了。

（二）叉鱼

契丹人捕鱼，除了钩鱼之外，还有与之相近的叉鱼。《辽史·兴宗纪一》载，重熙八年（1039年）正月，兴宗"叉鱼于率没里河"。同书卷六八《游幸表》作"叉鱼于治河"。所谓叉鱼是用长绳的一端系鱼叉，捕鱼者将其用力抛掷出去，将鱼叉中。这种方法，直至清代仍被黑龙江各族人所采用。清人西清《黑龙江外纪》卷八载，捕鱼之法："长绳系叉，叉鱼背，纵去，徐挽绳以从数里外，鱼倦少休，敲其鼻，鼻骨至脆，破则一身力竭，然后戮其鳃使痛，自然一跃登岸，索伦尤擅能。"②

（三）网鱼

网鱼，即在冰下设网捕鱼。《契丹国志》卷二四《诸蕃记》"室韦"条载："凿冰没水中，而网取鱼鳖。"关于契丹人钩鱼、叉鱼等，除了见于一些文献记载之外，在出土文物中也可以得到印证。考古工作者在辽宁法库叶茂台辽墓中，发现三股有倒刺的铁鱼叉和凿冰取鱼的方锥形冰穿，还有似方形铁钩。这些实物的出土为契丹人设帐钩鱼提供了证据。此外，法库叶茂台辽墓中还有一幅壁画，画面上有人右肩荷长钩，也可推测是为钩鱼而备的。③

二、狩猎

狩猎是契丹人获取食物的另一重要方式。
《契丹国志》卷二三《国土风俗》载：

父母死而悲哭者，以为不壮，但以其尸置于山树上，经三年后，乃收其骨而

---

① "丛书集成初编"本。
② 黑龙江人民出版社1984年版。
③ 徐秉琨《契丹的猎具》，《社会科学辑刊》1979年第2期；佟柱臣《辽墓壁画反映的社会生活》，《辽金史论集》第5辑，文津出版社1991年版。

臂鹰出猎图（敖汉博物馆藏，《契丹王朝》）

焚之。因酹酒而祝曰："冬月时，向阳食。夏月时，向阴食。我若射猎时，使我多得猪鹿。"

契丹人父母死而不悲哭，这一"贱老贵幼"风俗的形成，是同狩猎需要健壮的体力以及它在人们获取食物的生产活动中占有重要地位相联系的。另从父母死后子女祈求他们保佑自己在射猎时获得丰收，也可想见狩猎在生活中的地位。

直到辽朝建立后，契丹皇帝一年四季仍然离不开渔猎活动，所谓"秋冬违寒，春夏避暑，随水草就畋鱼，岁以为常"[①]是也。

契丹皇帝四时各有行在之所，谓之"捺钵"。

春捺钵：在鸭子河泺。皇帝于正月上旬起牙帐，约六十日方到。当天鹅未到时，先是凿冰钩鱼，已如上述。等到冰冻化解，"纵鹰鹘，捕鹅雁。晨出暮归，从事弋猎"，直到"春尽乃还"。

夏捺钵：无固定场所，多在吐儿山。一般在四月中旬起牙帐，找一吉地为纳凉场

[①] 《辽史》卷三二《营卫志中》。

所。五月末旬、六月上旬到。"居五旬","与北、南臣僚议国事,暇日游猎"。

秋捺钵:在伏虎林,"七月中旬自纳凉处起牙帐,入山射鹿及虎"。

冬捺钵:在广平淀。这里"冬月稍暖,牙帐多于此坐冬,与北、南大臣会议国事,时出校猎、讲武"。①

宋人在使辽行程中也有许多关于辽人射猎的记载。张舜民《使辽录》载:

> 北人打围,一岁各有所处。正月钓鱼海上,于冰底钓大鱼。二月、三月放鹘,号海东青,打雁。四月、五月打麋鹿。六月、七月,于凉淀处坐。八月、九月打虎豹之类。自此直至岁终,如南人趁时耕种也。

王曾《上契丹事》亦载,"过古北口,即蕃境",见有"挈车帐,逐水草射猎"者。②从以上正史、别史、宋人使辽行程录等记载中,可见契丹人狩猎生活之一斑。契丹人的射猎物有:野兽,如虎、鹿、熊、豹、猪;水禽,如鹅、鸭、雁;小动物,如野兔等。这些动物大都可作为食用,是契丹人肉食的主要来源。

这里拟对当时宋人及后人所乐道的狩猎方法——"呼鹿"以及用来捕鹅雁的"海东青"作些介绍。

呼鹿,又称哨鹿,是辽代女真人的一种独特而有效的捕鹿方法。《辽史·营卫志中》载:在契丹皇帝秋捺钵时,入山射鹿及虎,每当夜半,"鹿饮盐水,令猎人吹角效鹿鸣,既集而射之,谓之'舐鹻鹿',又名'呼鹿'"。③《大金国志·初兴风土》亦载:女真人"以桦皮为角,作呦呦之声,呼麋鹿而射之"。这种捕鹿方法是独特而有效的,一直被沿袭下来,直至清代,黑龙江各族人仍有用这种方法捕鹿者。《黑龙江外纪》卷八载:

> 今布特哈有哨鹿者,即呼鹿也。其哨以木为之,长二尺余,状如牛角而中空,国语(满语)谓之穆喇库。哨时,吹穆喇库,能肖游牝已急之声,则牡者牷牷来。然不能人人擅长,盖要有独得之妙焉。

猎人用木哨吹出雌鹿鸣叫之声,引诱雄鹿来奔。既然其法"不能人人擅长",看来

---

① 《辽史》卷三二《营卫志中》。
② 《资治通鉴长编》卷七九,大中祥符五年。
③ 据考证,"舐碱鹿"与"呼鹿"实为两事。《辽史国语解》:"鹿性嗜碱,洒碱于地以诱鹿,集而射之。""呼鹿则多以女真人为之。"说见姚从吾《辽朝契丹族的捺钵文化与军事组织,世选习惯,两元政治及游牧社会的礼俗生活》,载《中山学术文化集刊》第一集。

是颇有技巧的。

海东青，在辽人狩猎生活中具有不可忽略的作用。

《契丹国志》卷二六载：女真国"禽有鹰、鹘、海东青之类"。

关于契丹人用海东青捕捉鹅雁的情景，宋真宗大中祥符六年贺契丹主生辰使晁迥曾有描述。他说："始至长泊，泊多野鹅鸭，辽主射猎，领帐下骑击扁鼓绕泊，惊鹅鸭飞起，乃纵海青击之，或亲射焉。"①

宋人姜夔《契丹歌》诗中形象生动地描绘了海东青捕天鹅的情景。诗曰：

平沙软草天鹅肥，胡儿千骑晓打围。皂旗低昂围渐急，惊作羊角凌空飞。海东健鹘健如许，韝上风生看一举。万里追奔未可知，划见纷纷落毛羽。②

由于海东青在契丹人狩猎中具有特殊的意义，所以它深受契丹人钟爱。海东青产在女真部五国城之东，是从女真人进贡而来的。及至辽天祚帝时，契丹统治者对女真的"责贡尤苛"，以稍不奉命，便对女真人大加诛伐。由于契丹"岁岁求之女真"，"女真不胜其扰"，引起女真诸部的不满，终于在其首领阿骨打的率领下举兵抗辽，并导致了辽朝的灭亡。一种小鸟竟导致这么大的事端，所以海东青引起后人的极大兴趣便在情理之中了。

那么，海东青究竟是何鸟？《契丹国志》卷一〇《天祚皇帝上》载：

女真东北与五国为邻，五国之东邻大海，出名鹰，自海东来者，谓之海东青，小而健，能擒鹅鹜，爪白者尤以为异。

此外，《文献通考》卷三二七"女真"条所载略同。其他如《五杂俎》、《明一统志》、《朔方备乘》、《本草纲目》、《黑龙江外纪》等均有记载，中外学者也有考辨，这里就不一一赘述了。

总之，根据诸文献记载，海东青是鹰的一种，小而健，能擒天鹅，是契丹人酷爱的助猎飞禽。

契丹人的助猎动物还有猎豹、细犬、雕窠生猎犬等。

猎豹，是经人驯服后用来捕兽的。宋绶《上契丹事》载，当他至木叶山，看见"尝

---

① 《续资治通鉴长编》卷八一，大中祥符六年。
② 《白石道人诗集》卷上，"娱园丛刻"本。

出三豹，甚驯，马上附胡人而坐，猎则以捕兽"。

细犬，是经过驯养的助猎犬。其体态为长腿，长喙，细身，长尾，勇猛而机警。在库伦六号辽墓壁画中的猎犬即细犬的形象。

雕窠生猎犬，据张舜民《使北记》载，这种猎犬"其性颇异，每猎而获，十倍于常犬"。

契丹人狩猎的工具，有捕鹅用的扁鼓、杀鹅杀鸭锥及击兔用的铜锤、石锤等。

北宋贺契丹国主生辰使晁迥说："辽主射猎，领帐下骑击扁鼓绕泊，惊鹅鸭飞起，乃纵海东青击之，或亲射焉。"又说："辽人皆佩金玉锥，号杀鹅杀鸭锥。""又好以铜及石为锤以击兔"。①

考古工作者在东北地区的辽墓中曾发现有扁鼓、锤等猎具，印证了文献记载。辽宁法库辽墓出土有一件残破的漆木扁鼓。这原是一面有柄的双面执鼓，皮面已朽蚀净尽，只留存几段鼓圈和一枚残断的木柄。扁鼓属一种骑鼓，与座鼓不同，它宜于携带，可在马上使用。在义县等地辽墓中也有出土，一为铜或滑石制，高约4至6厘米。②

关于契丹人的狩猎生活，还可以从辽墓出土的壁画中得到一些形象的认识。如法库叶茂台辽墓出土的骑猎图，绘有两人三马在追逐一头野兽，上部骑者右臂驾鹰，左手执旗，策马急驰，下一并行骑者，箭箙在右腋下，正张弓飞射，前面一兽在奔驰，但已中二箭。又如敖汉旗解放营子辽墓，出土有彩绘契丹人驾鹰图，有着长靴的髡首契丹人，腰间系带，右臂有捕天鹅的鹰，即海东青之属。

渔猎是契丹人早期的生产方式，为人们提供肉食。后来，随着畜牧业和农业的发展，渔猎在整个社会经济生活中的地位与比重有所下降，但是仍然在适于渔猎的地区延续下来，并得到发展。至于在皇室、贵族那里，他们从事渔猎活动，其目的除了借以获取食物外，还是游乐和习武的重要方式。如辽太宗曾对晋臣说："我在上国，以打围食肉为乐，自入中国（中原），心常不快，若得复吾本土，死亦无恨。"③可见狩猎（"打围"）对契丹人来说是何等重要。

---

① 《续资治通鉴长编》卷八一，大中祥符六年。
② 徐秉琨《契丹族的猎具》，《社会科学辑刊》1979年第2期。
③ 《新五代史》卷七二《四夷附录》。

【第二节　畜　牧】

畜牧业是契丹人传统的生产方式之一，在辽代经济生活中占有重要的地位。

契丹人早期，从见诸文献记载时即向北魏"岁贡名马"[1]；隋时，契丹部落渐众，遂北徙，"逐水草"，"随水草畜牧"[2]；唐咸通间，契丹曾向唐"献良马，求牧地"。[3]契丹有"其富以马，其强以兵"[4]之称，可见其畜牧业是有传统的。

辽朝建国后，畜牧业得到进一步的发展。朝廷专门设置"群牧使司"、"马群司"、"牛群司"等机构，管理畜牧业。

辽代各族饲养的牲畜，主要有马、羊、牛、驼等。其中尤以马、羊为多，"马群动以千数"，"羊以千百为群"。[5]王曾《上契丹事》载，自过古北口，时见畜牧牛、马、橐驼，还有青羊、黄豕等。[6]

由于辽国地广人稀，契丹人养马，采用集群牧放方法，二三人牧养上千头牛羊。契丹人有谚云："一分喂，十分骑。""纵其逐水草，不复羁绊。""有役则旋驱策而用，终日驰骤而不困乏。""蹄毛俱不剪剔，云马遂性则滋生益繁，此养马法也。"牧羊也是如此，"纵其自就水草，无复栏栅，而生息极繁"。[7]契丹人这种畜牧方法，看似不经意，却能取得很好的效果，这也是因地制宜的结果。

宋人在使辽行程录、使辽诗中对辽人的游牧生活，也有许多形象生动的描述。如苏颂《契丹帐》云：

---

① 《魏书》卷一〇〇《契丹传》。
② 《隋书》卷八四《契丹传》。
③ 《新唐书》卷二一九《契丹传》。
④ 《辽史》卷二八《食货志上》。
⑤ 《苏魏公文集》卷一三《契丹马》、《辽人牧》注。
⑥ 《续资治通鉴长编》卷七九，大中祥符五年。
⑦ 《苏魏公文集》卷一三《辽人牧》注。

行营到处即为家，四时畋猎是生涯。

酪浆膻肉夸希品，貂锦羊裘擅物华。

种类益繁人自足，天教安逸在幽遐。

又，《辽人牧》诗云：

牧羊山下动成群，啮草眠沙浅水滨。

自兔触藩羸角困，应无挟策读书人。

毡裘冬猎千皮富，湩酪朝中百品珍。

生计不赢衣食足，土风犹似茹毛纯。①

在辽墓壁画中，也可以看到放牧的场面。如克什克腾旗二八地一号辽墓的草原牧放图就十分生动。全画由马牛羊组成一牧群：走在最前方的是两匹全鞍马，鞍马之后尾随四匹散马，均作奔腾追逐状，形象威武生动；散马之后为牛群，均作低首、垂尾、行走状；走在后面的为羊群，有山羊、绵羊；最后为一放牧人，身穿开襟短皮衣，腰系带，脚穿靴，手持牧鞭作驱赶牲畜状。画面右下地脚处画两株柳树，远为起伏山岗，近景为小道。整个画面格调明朗而欢快，草原气息浓郁，应是草原出牧的情景，是一幅辽人逐水草畜牧的真实写生。②

辽朝畜牧业的发展和繁荣，生产大量的马、牛、羊、驼和其他牲畜，为辽朝各族人提供了肉、乳的来源。

---

① 《苏魏公文集》卷一三。
② 项春松《克什克腾旗二八地一、二号辽墓》，《内蒙古文物考古》，1984年。

彩绘木板画（林西县文管所藏，《契丹王朝》）

【第三节　农　业】

渔猎和畜牧两大部类为人们提供了生活中必需的肉、乳，而农业和园艺则为人们生产出粮食、菜蔬和水果。

一、契丹农业的出现和辽代农业的发展

契丹在辽朝建立前就有了原始农业。《辽史·太祖纪下》载，玄祖匀德实时，"始教民稼穑"。同书《食货志上》亦载，"匀德实为大迭烈府夷离堇，喜稼穑，善畜牧，相地利以教民耕"。

辽朝建立后，契丹统治者重视农业生产，他们懂得"军国之务，爱民为本。民富则兵足，兵足则国强"的道理，所以曾明令规定，军中"敢有伤禾稼者以军法论"。[1] 随着辽朝开疆拓土，又相继拥有了原来农业经济较发达的今东北地区的南部以及燕云地区等，进一步为发展农业生产创造了有利的条件。辽圣宗在位期间，是辽朝的鼎盛时期，农业生产也获得了空前的发展。

辽圣宗发布一系列保护农业生产的诏令。如"禁诸军官非时畋牧妨农"，"年谷不登，发仓以贷，田园芜废者，则给牛、种以助之"，[2] 等等，有力地保证了农业经济的发展。

兴宗至道宗前期，战争较少，农业经济继续向前发展。道宗时，"辽之农谷至是为盛"，"虽累兵兴，未尝用乏"，[3] 是辽朝粮食储备最多的时期。

---

[1]《辽史》卷五九《食货志上》。
[2] 同上。
[3] 同上。

二、农业生产门类

（一）谷物

辽代谷物种类，主要有穄、粱、粟、菽、麦、稻等。契丹内地，辽上京、中京地区产穄、粟、粱、麦等。穄，又称稷，俗称糜子，即黍之不粘者。李时珍《本草纲目》卷二三谷部"稷"条说：稷与黍一类两种也，粘者为黍，不粘者为稷，稷可做饭，黍可酿酒，犹稻之有粳与糯也。粟，俗称谷子，去皮为小米。①《新五代史·四夷附录》载，奚人（大致活动于中京地区）"颇知耕种，岁借边民荒地种穄，秋熟则来获，窖之山下，人莫知其处"。奚人还种粟。苏颂《中山道中》云："农夫耕凿遍奚疆，部落连山复枕冈。种粟一收饶地力，开门东向杂夷方。"②沈括《熙宁使虏图抄》载，永安（属辽中京道，在今赤峰、通辽间）"谷宜粱、麦"。

渤海故地，如前所述，隋唐及以前那里产粟、麦、穄等。至清代，仍多产粟、麦等。如《柳边纪略》载，"谷有粟，小米也"。同书又载，宁古塔有大麦。至今东北仍多产之。介于隋唐与清之间的辽代，这个地区亦应产粟、麦、穄等。

至于燕云地区，谷物种类就更多了。辽金之际，今北京地区已是"膏腴蔬菰、果实稻粱之类，靡不毕出"③了。《佑唐寺创建讲堂碑》（统和五年）称今京津一带"红稻青秔，实鱼盐之沃壤"。④秔即粳，为稻的一种。

（二）菜蔬

契丹肇兴之地，气候寒冷，干旱少雨，以渔猎、畜牧为业，初无人工栽培的蔬菜，只是偶尔采集野菜。后来虽有种植，但是限于地理、气候条件及生活习惯等，种类、数量较少。北宋胡峤在《陷辽记》中说："自上京东去四十里，至真珠寨，始食菜。"可见当地蔬菜之罕见。

辽国境内渤海人历来有种葵菜的传统。《魏书·勿吉传》载，其先民勿吉"菜则有葵"。葵，又称露葵、滑菜，古人种为常食，可以入药。元人王祯《农书》云："葵为百菜之主，备四时之馔，本丰而耐旱，味甘而无毒。供食之余，可为菹腊"，"子若根则能疗疾，咸无弃材，诚蔬茹之上品，民生之资助也"。⑤说它既可作腌菜、干菜，子与根可以治病，葵菜没有废弃的东西，实为蔬菜之上品。

---

① 中国书店影印商务印书馆本，1996年。
② 《苏魏公文集》卷一三。
③ 《许亢宗行程录疏证稿》，贾敬颜《五代宋金元边疆行记十三种疏证稿》第222页。
④ 向南《辽代石刻文编》第88页。
⑤ 《东鲁王氏农书译注》第531页，上海古籍出版社1994年版。

回鹘豆，是契丹常见的蔬菜。洪皓《松漠记闻》卷下载，回鹘豆高二尺许，直干有叶，无旁枝，角长二寸，每角上止两豆，一根才六七角，"色黄，味如栗"。①《本草纲目》卷二四谷部引《饮膳正要》作回回豆，回回即回鹘国也。李时珍"释名"曰：又作胡豆、戎菽、毕豆、青小豆、青斑豆等，并将它比定为豌豆。又说：

  豌豆种出西胡，今北土甚多。八九月下种，苗生柔弱如蔓，有须，叶似蒺藜叶，两两对生，嫩时可食。三四月开小花，如蛾形，淡紫色，结荚长寸许，子圆如药丸，亦似甘草子，出胡地者大如杏仁，煮炒皆佳，磨粉面甚白细腻，百谷之中，最为先登。

  按，李时珍所述，与《松漠记闻》所说回鹘豆不尽相符，而且后世的豌豆一般粒较小，每荚豆数也不止二三粒。《本草纲目》于豌豆条后又载，蚕豆亦名"胡豆"，与豌豆同名同时种，但"形性迥别"，且产于南方。看来也不是洪皓所见的回鹘豆。

  汉族聚居地区，很早就有种植蔬菜的传统，入辽后，传承下来。从前引"膏腴蔬蓏""靡不毕出"，可以推测今北京地区菜蔬种类已相当之多。

（三）果木

  辽国拥有山地、丘陵、平原等不同地貌，除山地、丘陵出产野果外，亦有人工培植果木。辽设有官署管理此事，如"南京栗园司"，②专掌南京栗园。萧韩家奴曾典南京栗园，③还有北衙栗园庄官之设，应是掌管北衙所属栗园官庄的官吏。④

  辽国出产的果品，在当时尚属稀品，契丹人常常把它作为同北宋互相馈赠的礼品。如《契丹国志》卷二一"南北相馈宋朝生日礼物"条载：蜜晒山果十束榼碗，蜜渍山果十束榼，疋列山梨柿四束榼，榛栗、松子、郁李子、黑郁李子、面枣、楞梨、堂梨二十箱，面秫麋梨秒十碗……

  上引礼品清单中的许多果品，如栗、梨、枣、柿等，历来是今京津地区的特产。据《日下旧闻考》卷一四九"物产"所引文献载：

  《战国策》：北有枣栗之利，民虽不田作而枣栗之实足实于民矣。
  《神异经》：北方大枣味有殊，既可益气又安躯。

---

① "丛书集成初编"本。
② 《辽史》卷四八《百官志四》。
③ 《辽史》卷一〇三《萧韩家奴传》。
④ 《北郑院邑人起建陀罗尼幢记》，《辽代石刻文编》第21页。

《括地志》：固安之栗，天下称之为御栗，因有栗园。

《十六国春秋》：慕容儁观兵近郊，见甘棠于道周，从者不识。儁曰：此《诗》所谓甘棠。据朱彝尊引郑康成注，甘棠，北人谓之杜梨，南人谓之棠梨。他疑今之苹婆果即《诗》所云甘棠，而俗呼沙果即沙棠，呼槟子者乃赤棠也。其曰棠梨者，以花似棠，实似梨，合而称之尔。

《析津志》：果之品，栗、大梨、榛、枣。

《诗草木鸟兽虫鱼疏》：五方皆有栗，惟渔阳、范阳栗甜美味长，他方者悉不及也。

《密云县志》：密云产枣，小者佳。

《昌平县志》：榛出北山黄花镇者良。

《燕山杂记》：过仰山村，山多梨树，秋深红叶如烧。①

另据《上方感化寺碑》载，该寺（在今天津蓟县）附近，"野有良田百余顷，园有甘栗万余株"。②

从以上《日下旧闻考》所引文献及寺碑记载，可见当年契丹馈赠北宋的若干果品，历来是今京津地区颇享盛誉的特产，甚至迄今依然如此。这个地区栽培果木的历史可谓源远流长了。

（四）西瓜

西瓜，是当时颇受各族人喜欢的瓜果。《新五代史·四夷附录》引胡峤《陷虏记》云：

自上京东去四十里，至真珠寨，始食菜。明日，东行，地势渐高，西望平地松林郁然数千里。遂入平川，多草木，始食西瓜。云契丹破回纥得此种，以牛粪覆棚而种，大如中国冬瓜而味甘。

这是文献中有关西瓜传入中国的最早记载。后来在金朝羁留十五年的洪皓又在《松漠记闻》中对西瓜作了记述：

西瓜形如扁蒲而圆，色极青翠，经岁则变黄。其瓤类甜瓜，味甘脆，中有汁，尤冷。《五代史·四夷附录》云，以牛粪覆棚种之。予携以归，今禁圃，乡圃皆有。

---

① 北京古籍出版社1983年。
② 《辽代石刻文编》第563—564页。

亦可留数月，但不能经岁仍不变黄色。鄜县有久苦目疾者，曝干服之而愈，盖其性冷故也。

据胡峤称西瓜本"契丹破回纥得此种"判断，在五代或更早，回鹘（回纥）即已种植西瓜。

至于西瓜到底何时传入中原？五代，抑或更早，则有不同说法。李时珍《本草纲目》卷三三"集解"云：

> 陶弘景注瓜蒂，言永嘉（307—313年）有寒瓜甚大，可藏至春者，即此也。盖五代之先瓜种已入浙东，但无西瓜之名，未遍中国尔。其瓜子曝裂取仁，生食炒熟俱佳，皮不堪啖，亦可蜜渍酱藏。

近年有报道说，在广西贵县的西汉墓葬、江苏扬州的西汉墓葬和高邮的东汉遗址中都发现有西瓜籽出土，断定早在西汉时期，西瓜已传入中原。[①] 更有人进一步说，从汉代起，"西瓜从埃及传入希腊、罗马和中亚细亚，又由中亚细亚经丝绸之路传入我国回鹘（今新疆等地）。"[②] 不过在有更为确凿的证据之前，似不宜轻易否定胡峤、洪皓的记载。胡、洪先后为五代、南宋使者，多年羁留辽金，他们怀着极大兴趣记述西瓜，洪皓还将其引种到南方家乡，据此推测，西瓜在当时中国大部分地区尚属新引进的瓜果。如果西汉时西瓜即已传至中原乃至南方，也无须洪皓引种了。

三、节令与农时

在辽代的节日中已引入了中原的节气，如立春、夏至、冬至等，而且立春亦行"击土牛礼"，反映了辽人对农时、牛耕的重视。另从前述辽代皇帝屡有"敢有伤禾稼者以军法论"，"禁诸军官非时畋牧妨农"，"田园芜废者，则给牛、种以助之"等诏令，也说明契丹统治者对农时的关注。

---

① 李祥林《西瓜始于五代吗？》，《中国烹饪》1990年第11期。
② 李春碧《西瓜史话》，1993年8月14日《光明日报》。

第九章

信 仰

第一节　原始信仰

契丹人的原始信仰包括自然崇拜、万物有灵、图腾崇拜、祖先崇拜等。在诸多信仰中，契丹人尤重拜日、祭祀天地、祭山等。

一、拜日

拜日，即崇拜太阳，是契丹人最重要的信仰。《新五代史·四夷附录》云："契丹好鬼而贵日，每月朔旦，东向而拜日。"元戚辅之《辽东志略》云："契丹，东胡种，居西楼，在潢水南，黄龙北。得鲜卑故地，或以为鲜卑遗种，至元魏时自号契丹。五代末称'太阳契丹'。"[1]

（一）朝廷礼仪及重大活动中的拜日之俗

1. 朝廷礼仪

如吉仪中之柴册仪，"皇帝入再生室，行再生仪毕，八部之叟前导后扈，左右扶翼皇帝册殿之东北隅，拜日毕，乘马，选外戚之老者御……"[2] 又如军仪中之腊仪，"其日，皇帝、皇后焚香拜日毕"，然后设围行猎。嘉仪中之皇后生辰仪，"皇帝、皇后大帐前拜日"。冬至朝贺仪，"皇帝、皇后拜日，臣僚陪位再拜"。[3]

2. 皇帝生辰

统和元年十二月戊申，"千龄节，祭日月，礼毕，百僚称贺"。[4] 千龄节为圣宗生辰。

---

[1] "说郛"本。
[2] 《辽史》卷四九《礼志一》。
[3] 《辽史》卷五一《礼志三》。
[4] 《辽史》卷一〇《圣宗纪一》。

3. 庆祝胜利

天赞三年（924年）九月，太祖次古回鹘城，"勒石纪功"，后"拜日于蹛林"。①

4. 每月朔旦

前引《新五代史·四夷附录》："每月朔旦，东向而拜日。"

5. 皇后生育

王易《重编燕北录》载，契丹皇后"欲觉产时，于道场内先烧香，望日番拜"。

（二）皇帝拜日仪

契丹本有拜日旧俗，自穆宗应历二年（951年）"始用旧制行拜日礼"。②据《辽史·礼志一》"拜日仪"载，其过程如下：

> 皇帝升露台，设褥，向日再拜，上香。门使通阁使或副，应拜臣僚殿左右阶陪位，再拜。皇帝升座。奏榜讫，北班起居毕，时相以下通名再拜，不出班，奏"圣躬万福"，又再拜，各祗氏候。宣徽已下横班同。诸司、阁门、北面先奏事；余同。教坊与臣僚同。

由此可见，拜日仪大致包括拜日、臣僚祝皇帝"万福"，及皇帝听臣下奏事等。

二、祭祀天地

人类初期，生产力低下，无法抗拒自然，崇拜天地是他们共同有过的信仰。只是各地区各民族具有不同的祭祀方式。

契丹皇帝祭祀天地的活动，十分频繁。归纳起来，有以下几种场合。

（一）皇帝登极

阿保机元年，"命有司设坛于如迂王集会埚，燔柴告天，即皇帝位"。③天显二年（927年）冬十一月，太宗即皇帝位，"祀天地"。④

---

① 《辽史》卷二《太祖纪下》。
② 《辽史》卷六《穆宗纪上》。
③ 《辽史》卷一《太祖纪上》。
④ 《辽史》卷三《太宗纪上》。

彩绘星图(《宣化辽墓壁画》)

(二)改元

天显元年(926年)二月,太祖"以青牛白马祭天地。大赦,改元天显"。①

(三)明誓

辽太祖五年,皇弟剌葛等谋反,事泄后,阿保机"不忍加诛,乃与诸弟登山刑牲,告天地为誓而赦其罪"。②

(四)出师

天显三年(928年)十一月,太宗"以出师告天地"。十一年(936年)九月,应石敬瑭之请,入雁门,次忻州,"祀天地"。③

(五)克敌

天显十一年闰十一月,后唐降,太宗"祀天地以告成功"。④统和四年(986年)四月,"休哥复以捷报,上以酒脯祭天地,率群臣贺于皇太后"。七月,"以捷告天地"。统和六年(988年),进攻宋地沙堆驿,破之,"以黑白羊祭天地"。⑤

---

① 《辽史》卷二《太祖纪下》。
② 《辽史》卷一《太祖纪上》。
③ 《辽史》卷三《太宗纪上》。
④ 同上。
⑤ 《辽史》卷一二《圣宗纪三》。

（六）平叛

穆宗应历二年（951年）九月，"诏以先平察割日，用白黑羊、玄酒祭天，岁以为常"。九年十二月（960年）庚辰，"王子敌烈、前宣徽使海思及萧达干等谋反，事觉，鞫之"。次日，"祀天地、祖考，告逆党事败"。十年（960年）七月，"政事令耶律寿远、太保楚阿不等谋反，伏诛。以酒脯祠天地于黑山"。①

（七）吉征

统和四年（986年）十一月，圣宗次佛塔川，"获自落驯狐，以为吉征，祭天地"。②

（八）节日

统和四年九月甲戌，圣宗"次黑河，以重九登高于高水南阜，祭天"。③

从以上可见，举凡军国大事，乃至遇到吉征、节日等，都要祭告天地。次数频繁，范围广泛。祭物主要为青牛白马、黑白羊、野兽野禽，也有不用祭物者。

三、祭山

契丹人对山的信仰，主要反映在祭木叶山和黑山的活动中。

（一）祭木叶山

木叶山在今西拉木伦河与老哈河会流处，是契丹族发祥之地。据《辽史·地理志一》载，山上建契丹始祖庙，奇首可汗在南庙，可敦在北庙，绘塑二圣并八子神像。有关契丹族起源的青牛白马传说就发生在此地。相传有神人乘白马，自马盂山浮土河而东，有天女驾青牛由平地松林泛潢河而下。"至木叶山，二水合流，相遇为配偶，生八子。其后族属渐盛，分为八部。每行军及春秋时祭，必用白马青牛，示不忘本云。"④

《辽史·吉仪》中之"祭山仪"，即祭木叶山仪。

祭山仪的程序：先于木叶山设天神、地祇位，东向。中间立"君树"，前植"群树"，以象征朝班。又并植二树，以为"神门"。祭物用赭白马、玄牛、赤白羊，皆为雄性。先由身着祭服的皇帝、皇后祭天神、地祇。继之，臣僚致奠君树、群树。然后，皇帝率孟父、仲父、季父三房族人，绕神门树三周，其余族七周。皇帝、皇后到祭东所（《辽史国语解》云："国俗，凡祭皆东向，故曰祭东"）。群臣、命妇列班如初。皇帝、

---

① 《辽史》卷六《穆宗纪上》。
② 《辽史》卷一一《圣宗纪二》。
③ 同上。
④ 《辽史》卷三七《地理志一》。

皇后各举盛酒、肉器具再祭。而大臣、命妇右手持酒具，左手持肉器，致奠。命惕隐（《辽史国语解》云："典族属官，即宗正职也"）向东掷去。此后，还有奉茶、饼饵，奠天神、地祇，及皇帝、皇后饮福酒等仪式。太宗时，又将幽州大悲阁之白衣观音像迁往木叶山，尊为"家神"。在拜山仪之后，增加过菩萨堂仪一节，然后拜神。至兴宗时，改为先拜菩萨堂及木叶山辽河神，然后行拜山仪。后因以为常。祭山仪遂成了包含有祖先崇拜、自然崇拜及佛教信仰等仪式。

（二）祭黑山

黑山，又称炭山，在契丹人的心目中是一座神秘的圣山。黑山"在庆州北三十里，上有池，池中有金莲"。① 黑山今名赛汗罕乌拉（蒙古语，意为美丽富饶的可汗山，位于内蒙古巴林右旗北部索博力嘎苏木境内。

宋张舜民《使辽录》云：

> 虏中黑山，如中国之岱宗，云虏人死魄归此山。每岁，五京进人马纸各万余事，祭山而焚之。其礼甚严，非祭不敢进山。

武珪《燕山杂记》云：

> 冬至日，杀白羊、白马、白雁，出生血和酒，黑山奠神，言契丹死魂为黑山神管系。

《契丹国志》卷二七《岁时杂记》云：

> 冬至日，国人杀白羊、白马、白雁，各取其生血和酒，国主北望，拜黑山，祭奠山神，言契丹人死魂为黑山所管。又彼人传云：凡死人悉属此山神所管，富民亦然。契丹黑山，如中国之岱宗，云凡人死，魂皆归此山。每岁，五京进人马纸物各万余事，祭山而焚之。其礼甚严，非祭不敢进山。

《辽史·礼志六》"岁时杂仪"云：

> 冬至日，国俗屠白羊、白马、白雁，各取血和酒。天子望拜黑山，黑山在境北。俗谓国人魂魄，非神司之，犹中国岱宗云。每岁是日，五京进人纸马万余事，

---

① 《辽史》卷三二《营卫志中》。

祭山而焚之，俗甚严，非祭不敢进山。

从上引文献记载中，可以得出如下几点认识：1. 契丹人认为黑山是人死后魂归之所，是一座神秘的圣山。其地位如同中原的泰山。2. 每年冬至日，皇帝望祭黑山，以白羊、白马、白雁、生血和酒以及人马纸物等为祭物。3. 祭祀隆重，其礼甚严。4. 从祭物可以说明契丹人既保持民族传统又接受了中原影响。

契丹人认为死后魂魄归黑山，是东胡民族固有的信仰，其来源不必一定同汉人祭泰山相联系，二者只是偶然符合而已。从文献记载、考古学、民族学的材料考察，都不能说明契丹人是受汉族祭泰山影响而祭黑山的。祭山是同山林有生产、生活联系的人群的带有普遍性的信仰。如匈奴、乌桓、鲜卑、室韦、女真、鄂伦春、鄂温克、蒙古、满族等都是如此。①

四、其他信仰

（一）天命

契丹皇帝标榜"上承天命"，他们的所作所为自然也都是秉承天意，社会普遍信奉天命。天赞三年（924年），太祖谕皇后太子大元帅及二宰相诸部头等诏曰："朕既上承天命，下统群生，每有征行，皆奉天意。"② 天显十一年（936年），太宗立石敬瑭为大晋皇帝册曰："元气肇开，树之以君。天命不恒，人辅以德。故商政衰而周道盛，秦德乱而汉图昌。人事天心，古今靡异。"③ 天祚帝时，耶律淳建立北辽，耶律淳死后无嗣，萧干立妃萧氏主军国事，号皇太后。天祚帝闻淳死，下诏曰："天命至大，不可以力回；神器至公，未闻于智取。古今定论，历数难移。"④

（二）朕兆

契丹人相信某些天象、梦境等都可成为人间吉凶祸福的预示。如阿保机母亲"梦日堕怀中"，遂有妊，而生阿保机。"及生，室有神光异香"。⑤ 及阿保机死前，子城上见黄龙缭绕，"光耀夺目，入于行宫。有紫气蔽天，逾日乃散。是日上崩"。⑥

---

① 参见王承礼《契丹祭黑山考察》，《社会科学战线》1990年第2期。
② 《辽史》卷二《太祖纪下》。
③ 《辽史》卷三《太宗纪上》。
④ 《三朝北盟会编》政宣上帙九，宣和十年六月。
⑤ 《辽史》卷一《太祖纪上》。
⑥ 《辽史》卷二《太祖纪下》。

五鬼图(《宣化辽墓壁画》)

太宗耶律德光降生时,也是"神光异常,猎者获白鹿、白雁,人以为瑞"。[①] 天显十一年九月,有飞鸳自坠而死,卜之,吉。太宗说:"此[李]从珂(后唐末帝)自灭之兆也。"[②]

上述记载不乏附会成分,但由此可见辽人相信天象、梦境等都可成为预示吉凶的征兆。

---

① 《辽史》卷三《太宗纪上》。
② 同上。

第二节　萨满教

萨满教是一种没有系统理论和教义的原始宗教。广泛流行于我国北方操阿尔泰语系的满—通古斯、突厥、蒙古语族的许多民族之中。因通古斯语称巫师为"萨满"而得名。其原意为激动不安和疯狂乱舞并含有占卜之意。① 匈奴、乌桓、鲜卑、契丹、女真、蒙古、满族等北方民族的许多信仰，都有萨满教的色彩。我国文献中有关萨满的记载，最早见于宋人徐梦莘《三朝北盟会编》政宣上帙三：

> 兀室（完颜希尹）奸猾而有才，自制女真法律文字，成其一国，国人号为珊蛮。珊蛮者，女真语巫妪也，以其通变如神。

这里的"珊蛮"，即萨满异译。契丹人的萨满教信仰不仅反映在平时许多仪式及日常生活当中，而且反映在朝廷的一些礼仪之中。辽朝许多重要典礼，都由巫觋主持。

巫觋分太巫、大巫和巫。如"祭山仪"中，"太巫以酒酹牲"。"孟冬朔拜陵仪"中，"由巫赞祝燔胙及时服，酹酒荐牲"。即由巫念祝词及按契丹风俗焚烧祭物及衣服，并以酒、牲祭拜。"岁除仪"中，"巫及太巫以次赞祝火神"。② "丧葬仪"中，先由巫及太巫祈禳。"再生仪"中，有太巫幪皇帝头的动作。③

萨满一般都有法衣和法具。法具有铜镜、铃铛、神鼓、神杖等。契丹巫觋的法衣为白衣。法具有铃、箭等。如"岁时杂仪"的正旦风俗中，即有巫师"鸣铃、执箭、绕帐歌呼"及"烧地拍鼠"的习俗。④

---

① 参见《中国大百科全书·宗教卷》第326页，中国大百科全书出版社1988年版；秋浦《萨满教研究》第1—2页，上海人民出版社1985年版。
② 《辽史》卷四九《礼志一》。
③ 《辽史》卷五三《礼志六》。
④ 《契丹国志》卷二七《岁时杂记》；《辽史》卷五三《礼志六》。

契丹人的萨满教信仰，同北方其他民族有一定的传承关系，同匈奴、鲜卑等均有近似之处。《史记·匈奴列传》载，匈奴有拜祭日月、牙帐东开等俗。匈奴于五月"大会茏城，祭其先、天地、鬼神"，于秋天"大会蹛林"。颜师古云："距带者，绕林木而祭也。鲜卑之俗，自古相传。"前述契丹信仰习俗与匈奴、鲜卑有一定的承袭关系。而契丹的若干信仰，又可从后世其他民族看到某些痕迹。如在女真、蒙古、满族，乃至近代东北鄂伦春、鄂温克、赫哲等族的萨满教中，一般都离不开铃、鼓、镜之类的法具及跳唱表演。

第三节 佛 教

早在公元四世纪高句丽时期，佛教就已传入东北地区。建元八年（372年），前秦苻坚遣使送佛经、佛像及僧人到高句丽。① 后来在高句丽故地上建立的渤海国又受到唐朝流行佛教的影响，佛教得到广泛的传播。

一、佛教在辽朝的传播和发展

契丹人的信仰原以萨满教为主，然而由于生活在东北地区的其他民族如汉、渤海等，原来即有佛教信仰，因此辽朝建立前后，那里已有佛教的传播。契丹于建立辽朝之前，即兴建佛寺。唐天复元年（901年），阿保机为本部夷离堇，次年九月，"城龙化州于潢河之南，始建开教寺"。② 此后，又陆续修建几座佛寺。如阿保机三年（909年）夏四月，诏左仆射韩知古建碑龙化州大广寺以纪功德。六年（912年），"以兵讨两冶，以所获僧崇文等五十人归西楼，建天雄寺以居之"。神册三年（918年）五月，诏建孔子庙、佛寺、道观。③ 说明当时佛教已相当流行。神册元年（916年），太祖问侍臣："受命之君，当事天敬神。有大功德者，朕欲祀之，何先？"群臣"皆以佛对"。④ 由此可知在当时契丹人中信仰佛教已非个别现象，而在汉人和渤海人中的信仰者就更多了。

至于阿保机本人的观念，仍以儒为本，因此当群臣"皆以佛对"时，他说"佛非中

---

① 金富轼《三国史记》卷一八《高句丽本纪五·小兽林王》，吉林文史出版社2003年版。
② 《辽史》卷三《太宗纪上》。
③ 以上见《辽史》卷三《太宗纪上》。
④ 《辽史》卷七二《耶律倍传》。

国教"，认为佛不能与儒抗衡。不过辽初佛教已颇流行，当是不争的事实。

随着辽朝统治势力扩展到燕云地区后，朝野上下的佛教信仰愈笃。辽太宗幸幽州大悲阁后，将白衣观音像迁往契丹内地，建庙木叶山，尊为家神，并于传统的拜山仪后增"诣菩萨堂仪"一节。太宗还多次亲幸佛寺，为皇后、皇太后饭僧。饭僧又称斋僧，为僧尼设斋饭，本为印度礼佛习俗，唐五代已盛行。契丹饭僧系袭唐五代之制，以后遂成定制。天显十年（937年）十一月，太宗"幸弘福寺为皇后饭僧，见观音画像，乃大圣皇帝（辽太祖）、应天皇后（述律后）及人皇王（耶律倍）所施"。① 会同五年（941年）六月，太宗"闻皇太后不豫"，亲驰入侍，汤药必亲尝，并"告太祖庙，幸菩萨堂，饭僧五万人。七月乃愈"。② 如果说从现有资料看，还不能确指辽太祖本人信佛的话，那么太宗信仰佛教已是很清楚的了。

世宗、穆宗对佛教的态度，《辽史》中无直接记载，但从一些相关文献中，可以推知他们对佛教的信仰。如世宗之女名"观音"；在今北京仙露寺曾发现有世宗天禄三年（949年）所瘗舍利佛牙石匣，旁刻有僧志愿记，载有布施金钱者姓名，具刻大辽皇帝（世宗）、皇后及其他人等，并有"钦送到舍利一百一十粒"。③ 穆宗应历十五年（965年），重修云居寺碑载，当时"八风草偃，四海镜清"，一些僧人发起组织"千人邑"，"无贵贱老少，施有定例，纳有常期，贮存于库司，补兹寺缺"。④ 从佛教组织的盛况看，那里信仰佛教是相当普遍的。

景宗是辽代皇帝中第一个佞佛者。保宁六年十二月（975年）竟"以沙门昭敏为三京诸道僧尼都总管，加兼侍中"。⑤ 正如《辽史·景宗纪下》赞曰："沙门昭敏以左道乱德，宠以侍中，不亦惑乎！"

景宗佞佛，远为邻国所知。保宁八年（976年），北汉遣使"言天清节（景宗生日）设无遮会，饭僧祝釐"。⑥ 无遮会，源出梵文意译，音译为"般于瑟"、"般遮于瑟"等。意谓圣贤道俗上下贵贱无庶，平等行财施和法施的法会。中国的无遮大会始于梁武帝。北汉此举，是投景宗所好。

圣宗、兴宗、道宗三朝是辽代佛教发展的鼎盛时期。

圣宗经常饭僧。统和二年（984年）九月，"以景宗忌日，诏诸道京镇遣官行香饭

---

① 《辽史》卷三《太宗纪上》。
② 《辽史》卷四《太宗纪下》。
③ 《仙露寺葬舍利佛牙石匣记》，《辽代石刻文编》第4—5页。
④ 王正《重修范阳白带山云居寺碑》，《全辽文》卷四。
⑤ 《辽史》卷八《景宗纪上》。
⑥ 同上。

白瓷迦叶像(《契丹王朝》)

辽金风俗

全彩插图本中国风俗通史丛书

彩绘汉白玉释迦佛涅槃雕像（局部，《契丹王朝》）

僧"。① 四年（986年）七月，诏上京开龙寺建佛一月，饭僧万人。② 十二年（994年）四月，以景宗石像成，幸延寿寺饭僧。③

圣宗还经常赏赐僧道。统和四年（986年）十月，以银鼠、青鼠及诸物赐京官、僧道、耆老。④ 圣宗的这些举措，无疑包含对佛教的鼓励和张扬。

当时朝野流行信奉佛教之风，民间私度、滥度僧尼盛行，圣宗不得不予以一定的限制。统和九年（991年）正月，"诏禁私度僧尼"。十五年（997年）十月，"禁诸山寺毋滥度僧尼"。⑤ 然而风气已开，禁不胜禁。

兴宗更是以佞佛闻名。《辽史》及碑刻中多有兴宗研究佛经、听佛法、饭僧及加官僧侣等记载，是其佞佛的明证。

道宗沉溺佛教，已达登峰造极。正如《辽史·道宗纪六》赞曰："一岁而饭僧三十六万，一日而祝发三千。徒勤小惠，蔑计大本。尚足与论治哉？"

---

① 《辽史》卷一〇《圣宗纪一》。
② 《辽史》卷一一《圣宗纪二》。
③ 《辽史》卷一三《圣宗纪四》。
④ 《辽史》卷一一《圣宗纪二》。
⑤ 《辽史》卷一三《圣宗纪四》。

佛牌（正、北两面）

从辽朝诸帝对佛教信仰的演变，大体上反映出了辽代佛教发展的轨迹。辽初，太祖太宗时期，契丹人开始出现佛教信仰，不过尚不甚普遍。世宗、穆宗时期，佛教继续传播。景宗朝以后，随着皇帝的信奉与提倡，佛教在更广泛的范围内得到传播。到圣、兴、道三朝，是辽代佛教最兴盛的时期。及至辽末金初，佛教仍盛行不衰，当时的燕京（今北京）"兰若（寺庙）相望，大者三十有六"。[1]可见寺庙之多。

二、辽人信仰佛教的特点

（一）皇帝与妇女是崇佛的主要阶层与群体

辽代皇帝多崇佛，已如上述。其中兴宗、道宗佞佛，在历代皇帝中也是不多见的，以致有"辽以释废，金以儒亡"[2]之说。辽朝皇帝崇佛，反映在他们通晓佛法，亲授佛经，幸佛寺焚香，饭僧，赏赐僧侣，施钱建寺，为佛寺题额等等。

妇女崇佛，在历代妇女中也较突出。其崇佛活动表现在行善事，兴建佛寺，吃斋

---

[1]《松漠记闻》卷上。
[2]《元史》卷一六三《张德辉传》。

第九章 信仰

诵经图（宝山2号辽墓石房内北壁，《文物》1998年第1期）

念佛，出家为尼，组织邑社，弘扬佛法（宣讲、书写、撰刻经文）等。其特点：一是崇信佛教的阶层广泛，从后妃、公主到平民妇女，从契丹妇女到汉族妇女，都有佛教信徒。二是无年龄局限，上至七八十岁，下到十几岁，都有信徒。三是形式多样，如出家为尼，在家烧香念佛，参加邑社，建造塔幢等。四是信奉教派不一，有华严宗、天台宗、禅宗、密宗等。①

（二）佛教的本土化

契丹族在吸收外来佛教的过程中，使之融入了某些契丹传统信仰的色彩。

1. 白衣观音

《洛中纪异》载：辽太宗耶律德光曾昼寝，"梦一神人花冠美姿容"，自天而降，"衣白衣，佩金带，执金骨朵，有异兽十二随其后"。后来太宗至幽州，见大悲菩萨佛像，惊告其母说："此即向来神人，冠冕如故，但服色不同耳。"②太宗遂在木叶山为白衣观音建庙，尊为"家神"。③这已与汉族佛教不尽相同。

贵妇诵经图（局部）

---

① 参见武玉环《试论辽代妇女崇佛》，《辽金史论集》第5辑，文津出版社1991年。
② 宋秦再思《洛中记异》，见《辽史拾遗》卷二。
③ 《辽史》卷三七《地理志一》。

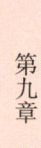

第九章 信 仰

贵妇诵经图（局部）

庆州释迦佛舍利塔

万部华严经塔

2. 佛寺朝向

汉族佛寺的大雄宝殿均坐北朝南，而契丹因有崇拜太阳之俗，毡帐、屋室多东向。辽时创建的西京（大同）华严寺、燕京（今北京）大觉寺等则坐西朝东，这是同契丹崇拜太阳、毡帐东向相一致的，也是佛教与契丹旧俗相融合的反映。

三、辽代佛教与社会文明

由于佛教在朝野的广泛传播，对辽代社会产生了重大影响。

（一）经济方面

有辽一代，随着佛教的盛行，寺院经济得到发展，出现了所谓"二税户"。《金史·食货志一》载："初，辽人佞佛尤甚，多以良民赐诸寺，分其税一半输官，一半输寺，故谓之二税户。"可见辽代佛教对社会经济影响之大。同时，由于辽朝到处"修盖寺院，度僧甚众"，这些"僧徒纵恣，放债营利，侵夺小民，民甚苦之"。① 寄食阶层的大量出现，必然给社会造成巨大危害。

---

① 苏辙《北使还论北边十札子》，《栾城集》卷四二。

（二）文化方面

佛教对辽代文化，如文学、语言文字、绘画、雕塑、建筑以及佛经刊刻等的发展，起了推动作用。

1. 文学

辽代僧人著有诗文集，如沙门郎思孝撰《海山文集》、僧非浊撰《往生集》及《僧了洙文集》等，惜已不传。[①] 在流传下来的为数很少的辽人文学作品中，有以佛教为题材的诗作，如僧人智化等《玉石观音唱和诗》等。[②]

2. 语言文字

释希麟撰《续一切经音义》和释行均撰《龙龛手镜》（后因避宋讳改《龙龛手鉴》）是辽代流传下来的两部解释佛经音义的重要字书。

3. 建筑、雕塑、绘画

保留至今的辽代佛寺建筑及佛教题材的雕塑、壁画等是我国历史上的宝贵文化遗产。如山西大同华严寺、应县木塔，辽宁义县奉国寺等都是现存古代木构建筑的精华。辽代绘画和壁画中亦有属于佛教题材的作品。佛教雕塑艺术也取得重大成就，辽代是汉唐以后我国雕塑艺术史上的重要发展阶段。

4. 雕印佛经、续刻石经

契丹藏，又称辽藏，大约于兴宗时开雕，是在北宋《开宝藏》基础增收部分当时

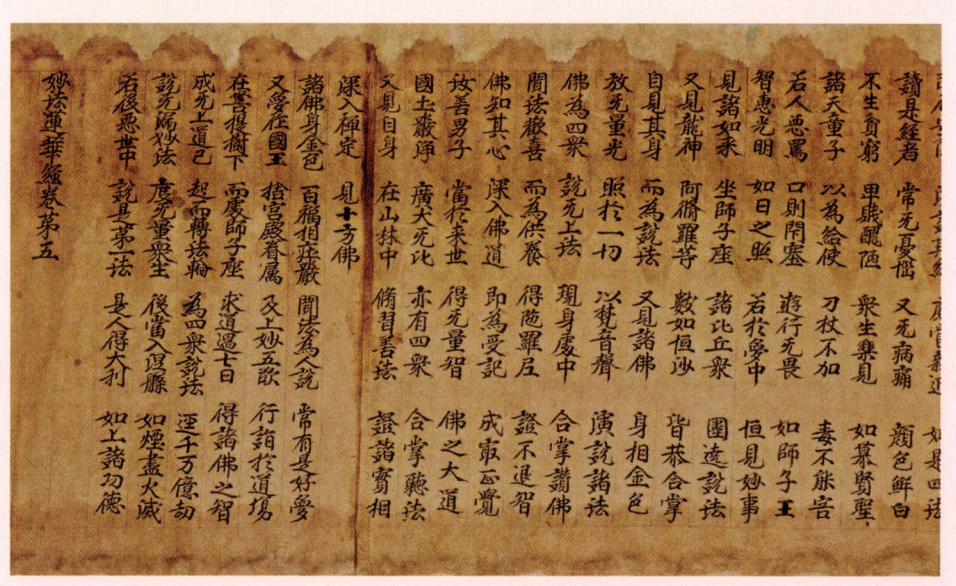

辽经卷（巴林右旗博物馆藏）

---

① 王仁俊《辽史艺文志补正》、黄任恒《补辽史艺文志》。
② 陈衍辑《辽诗纪事》卷六，杨家骆主编《辽史汇编》五，鼎文书局1973年版。

房山金代石经拓本(《北京辽金史迹图志》下)

流行于北方的经论译本,历时三十余年刻成。据咸熙四年(1068年)《阳台山清水院创造藏经记》载,这部藏经凡579帙,以千字文编次,从"天"字到"灭"字。在北京房山云居寺所藏隋代静琬以来所镌刻石经的基础上,又续刻石经。圣宗、兴宗、道宗三朝赐钱刻造,至大安十年(1094年)钱已费尽,只得停刻。此时已刻碑4800片,经44帙。至天庆十年(1120年)藏于地穴。① 辽以后,历朝又有续刻,直至清康熙三十年(1691年)始告结束。辽朝雕印佛经、续刻石经,为保存佛经和传播佛教文化作出了重要贡献。

(三)社会风俗

辽代佛教对社会风俗产生了重大影响。如装束,妇女有所谓"佛妆";流行用佛教词汇命名;皇帝、皇后等在某些特定的场合、时间里要穿素服,不食荤;二月八日、四月八日佛诞日,成为辽代重要节日,庆贺场面十分热烈(详第十一章节日风俗)。此外,与崇佛相联系,辽代盛行邑社组织。

(四)民族性格

佛教的广泛传播,对契丹人的民族性格也有影响。苏辙说:"契丹之人,缘此诵经念佛,杀心稍悛。此盖北界之巨蠹而中朝之利也。"② 认为佛教的流行,使契丹从尚武趋于文弱。

---

① 志才《涿州涿鹿山云居寺续藏石经塔记》(天庆八年),《全辽文》卷一一。
② 苏辙《北使还论北边事札子》,《栾城集》卷四二。

第四节 道 教

辽人除了萨满教和佛教信仰外,还有道教。道教地位虽不及前两者,但也往往是佛道相提,寺观并论。

辽初,太祖阿保机于神册三年(918年)诏建孔子庙、佛寺、道观。四年八月,"谒孔子庙,命皇后、皇太子分谒寺观"。①反映了对儒、释、道三教的兼容。圣宗对于"道释二教,皆洞其旨"。②他还为道士加官,太平五年(1025年)五月,"道士冯若谷加太子中允"。③圣宗之弟齐国王耶律隆裕也是道教的忠实信徒。"自少时慕道,见道士则喜"。后来,任东京留守,"崇建宫观,备极辉丽,东西两廊,中建正殿,接连数百间。又别置道院,延接道流,诵经宣醮,用素馔荐献,中京往往化之"。④兴宗在重视佛教的同时,也不薄道教。如王纲、姚景熙、冯立等"皆道流中人",曾遇兴宗微行,"后皆任显官"。⑤

大量考古材料也反映了道教在辽国的流传。如翁牛特旗广德公辽墓木棺山绘有青龙、白虎、朱雀、玄武四神;库伦一号辽墓墓门洞绘有门神;敖汉旗曾出土一件陶质八角形宝珠状卜具,上刻"王子去求仙,旦成入九天。洞中方七日,世上几千年。仙到上中下,才分天地人。五行生五子,八卦宝君臣"。⑥这些都属道教信仰。

契丹人的道教信仰是从中原传入的。辽初,胡峤在契丹内地看到"有绫锦诸工作,宦者、翰林、伎术、教坊、角抵、秀才、僧、尼、道士等,皆中国人,而并、汾、幽、

---

① 《辽史》卷二《太祖纪下》。
② 《契丹国志》卷七《圣宗天辅皇帝》。
③ 《辽史》卷一七《圣宗纪八》。
④ 《契丹国志》卷一七《齐国王隆裕》。
⑤ 《契丹国志》卷七《圣宗天辅皇帝》。
⑥ 邢康《从考古材料看道教在辽地的流传》,《松州学刊》1987年第4—5期。

蓟（今山西、河北、北京、天津一带）之人尤多"。① 另从上述道教信仰的内容，也与中原相同。至于中原地区人们的道教信仰，则在过去的基础上，加上辽朝统治者的倡导，而继续得到传播和发展。

第九章 信 仰

---

① 胡峤《陷辽记疏证稿》，贾敬颜《五代宋金元人边疆行记十三种疏证稿》第21页。

门神像(《宣化辽墓壁画》)

第十章

契丹仪礼

第一节　再生礼

再生礼是契丹的重要礼仪之一，相传为阻午可汗所制定。作为一种礼制，终辽之世行而不废，不过在实行过程中并非严格按照《辽史》所说每十二年一次的规定。

一、再生礼的名称及仪式

（一）名称

再生礼，又称再生仪、复诞礼。《辽史·国语解》说："再生礼，国俗，每十二年一次，行始生之礼，名曰再生。惟帝与太后、太子及夷离堇得行之。又名复诞。"《辽史·礼志六》说："凡十有二岁，皇帝本命年前一年季冬之月，择吉日。"据此可知：一，再生礼又称复诞礼，是契丹的传统风俗；二，每十二年举行一次，但是并不在生日那天，而是在本命年前一年最后一个月内，选择吉日；三，只有皇帝、太后、太子及夷离堇才行此礼。

然而根据《辽史》本纪记载，皇帝、太后、太子等举行再生礼，并非如《辽史》所说每隔十二年一次，具体月份也非"季冬之月"。如太宗耶律德光生于唐天复二年（壬戌，902年），天显四年（929年）九月"行再生礼"，是年28岁（虚），不是本命年。会同元年（戊戌，938年）十一月"行再生柴册礼"，时年36周岁，是本命年。圣宗耶律隆绪生于保宁三年（辛未，971年），统和十二年（甲午，994年）十一月行再生礼，次年（995年）为本命年，此年为本命年前一年冬，与《礼志》《国语解》记载相符。又如承天皇太后，于统和二年（984年）、四年（986年）九月、十月先后行三次再生礼。

辽代行再生礼多不符合十二年一次之制，大都是在特殊情况下举行的，如庆祝胜利，居丧延期，镇压起义，祈求战争胜利，因病因事祭神祈福，优礼功勋重臣等。①

---

① 朱子方《辽代复诞礼管窥》，《辽金史论集》第1辑，上海古籍出版社1987年版。

（二）仪式

据《辽史·礼志六》"再生仪"载：在皇帝本命年前一年最后一个月内择一吉日，行再生仪前，在禁门北置再生室、母后室、先帝神主舆。在再生室东南倒植三根歧木（有枝杈的树木）。行礼之日，以童子及产妇置室中。一妇人执酒，另一男性老者持矢箙（用皮革制作的箭袋），立于室外。司仪请神主降舆，致奠。祭奠毕，皇帝出寝殿，至再生室。童子随皇帝三过歧木之下。同时，"产医妪致词，拂拭帝躬"。童子过歧木七次，皇帝卧在木侧。老者拍打矢箙说："生男矣。"太巫蒙皇帝头。群臣称贺，再拜。产妇持酒进献皇帝，太巫"奉襁褓（裹婴儿的布被）、彩结等物赞祝之"。另有七位老者书写皇帝名字系于彩带之上，进奉皇帝。群臣也献襁褓、彩结等物。皇帝拜过先帝画像，然后大宴群臣。以上是皇帝行再生礼的情景。夷离堇行再生礼的情景，据《辽史·耶律辖底传》载：故事，为夷离堇者，得行再生礼。罨古只方就帐易服，辖底遂取红袍、貂蝉冠，乘白马而出。乃令党人大呼曰："夷离堇出矣！"众皆罗拜，因行柴册礼，自立为夷离堇。耶律辖底是辽朝建立前遥辇痕德堇可汗时人，其再生礼与上述辽朝建立后皇帝所行再生礼不同，它也许更接近其原始形式。从皇帝再生礼中有产妇致词，拂拭皇帝身体，以及太巫、群臣献襁褓等物，显然是模拟皇帝出生时的过程，所谓"再生"、"复诞"之称，当由此而来。

二、再生礼的寓意

这种独特的再生礼寓意如何？《辽史》编撰者认为它始自阻午可汗，意在倡导孝道："善哉，阻午可汗之垂训后嗣也。""再生之仪，岁一周星，使天子一行是礼，以起其孝心。""始之以三过歧木，母氏劬劳能无念乎。终之以拜先帝御容，敬承宗庙宜何故哉。"①《辽史》编撰者说契丹再生礼始于阻午可汗时，又将其礼同儒家观念联系起来，显然牵强。

后世学者对再生礼有几种不同看法。

（一）再生礼似乎是初民（原始民族）保护首领安全的一种仪式的遗痕，与非洲初民的"杀耄君"的用意近似。非洲原始民族有一种原始风俗，当首领衰老时，众人就把他杀死，另立年轻人为首领，称为"杀耄君"。契丹再生礼即由这种风俗演变而来，不过不是将首领杀死，而是企图通过这个名为"再生"、"复诞"的仪式，使之返老还童，

---

① 《辽史》卷五三《礼志六》。

以免因老耄而被杀。①

（二）再生礼"颇似欧洲的儿童十二岁受洗命名礼，中原汉俗的过生日，祝寿之外，也有纪念诞生的意思"。"重行模拟生育一次"，如同汉人"周年之诞节"。②

（三）再生礼是从十二属纪念年进一步发展而来的。最初只有单纯个人纪念意义，及至为统治阶级上层所垄断，尤其是不按十二年之制而特行的再生礼，更富有浓厚的政治意义，已由单纯的个人纪念"再生"而发展为纪念或预祝国家政权的"再生"。③

关于这个问题，因无更多文献可考，只能推测。我国许多北方民族，特别是游牧民族，生产力低下，生存环境恶劣，多有"贱老贵幼"的习俗。如匈奴"壮者食肥美，老者食其余。贵壮健，贱老弱"。④契丹"子孙死，父母晨夕哭之；父母死，子孙不哭"。⑤"父母死而悲哭者，以为不壮"。⑥因此再生礼的初起，可能有重新获得生命、希冀永远年轻等寓意。

三、再生礼与本命年风俗

契丹再生礼在我国传统本命年习俗的传承上起了很大的作用。所谓本命年，一般是指与本人所隶属生肖相值之年。如生于子年属鼠，再过十二年，又值鼠年，称本命年，或省称本命。如前引《辽史·礼志六》载，"凡十有二岁，皇帝本命前一年"云云，即以十二年一逢本命年。也有说指同人生年干支相值之年。如甲子年生，过六十年，又逢甲子，为本命年。如唐白居易《七年元日对酒》诗之四云："今朝吴与洛，相忆亦欣然。梦得君知否，俱过本命年。"自注曰："余与苏州刘郎中同壬子岁，今年六十二。"即是指六十岁为本命年的。契丹再生礼中的若干习俗，被后世蒙古、满、汉等族承袭下来。如今北方仍十分流行十二年一遇本命年。在本命年里有所谓"扎红"习俗，儿童穿红背心、红裤衩，成人系红腰带等，颇近契丹再生礼中的"襁褓"、"彩结"等物。⑦

---

① 林瑞翰《契丹民族的再生礼》，《大陆杂志》4卷2期，1952年。
② 姚从吾《辽史讲义》及刘铭恕《辽代帝后之再生仪》，引自王民信《契丹的柴册仪与再生仪》，载《故宫图书集刊》3卷3期，1973年。
③ 朱子方《辽代复诞礼管窥》。
④ 《史记》卷一一〇《匈奴列传》。
⑤ 《旧唐书》卷一九九下《契丹传》。
⑥ 《契丹国志》卷二三《国土风俗》。
⑦ 详见拙文《说本命年》，《学林漫录》第15辑，中华书局，2000年。

此外，北方汉族儿童于本命年生日有跳姑圈风俗。即将头顶剃光，四周留一圈头发，取祈福避灾之意。其实这一发型，与匈奴、契丹髡发相似。此俗或许与契丹有一定传承关系。

第二节　柴册礼

柴册礼是契丹另一重要礼仪，相传阻午可汗所制定，为吉仪中之一种，往往在再生义之后进行。

一、柴册礼及其由来

《辽史·国语解》说：

> 柴册，礼名。积薪为坛，受群臣玉册。礼毕，燔柴，祀天。阻午可汗制也。

早在辽朝建立前的遥辇痕德堇可汗时，继任夷离堇者，在再生礼后行柴册礼。如耶律辖底即是在行柴册礼后自立为夷离堇的。①

辽朝建立后，《辽史》本纪中除太祖、穆宗没有明确记载外，其余诸帝都有行柴册礼的记录。天显十二年（927年）冬十一月壬戌，太宗即皇帝位后，谒太祖庙，行柴册礼。② 并于会同元年（938年）十一月，上皇太后尊号后，"行再生柴册礼"。③

天禄元年（947年）九月，世宗葬太宗皇帝于怀陵，行柴册礼，称帝改元。④

应历十九年（969年）二月，景宗即位，改元保宁。十一月，行柴册礼。⑤

乾亨四年（928年）九月，圣宗即位。因年幼，由景宗皇后萧绰摄政。十月临朝，

---

① 《辽史》卷一一二《逆臣传》。
② 《辽史》卷三《太宗纪上》。
③ 《辽史》卷四《太宗纪下》。
④ 《辽史》卷五《世宗纪》。
⑤ 《辽史》卷八《景宗纪上》。

尊皇后为皇太后。明年改元统和。统和二十七年十一月，行柴册礼。①

太平十一年（1031年），兴宗即位，由皇太后听政。明年改元重熙。重熙四年（1035年）十一月，兴宗行柴册礼于白岭。②

重熙二十四年（1055年），道宗即位，当年改元清宁。四年（1058年）十一月，行再生及柴册礼。③

寿昌七年（1101年），天祚帝即位，当年改元乾统。六年（1106年）十一月行柴册礼。④

此前，乾统三年（1103年），以"柴册礼封挞鲁（天祚帝与德妃萧氏之子）为燕国王"。⑤ 又，天祚帝文妃萧瑟瑟生晋王敖鲁斡，尤被宠幸，"以柴册，加号承翼"。⑥

从以上记载看，柴册礼一般在皇帝即位时举行。倘遇特殊情况，如年幼即位由母后摄政，时局动荡等原因，也可延期举行。

二、柴册礼礼俗

柴册礼的仪式，《辽史·礼志》与王易《重编燕北录》有两段不同的记载。据《辽史·礼志一》"柴册仪"条载：先择吉日，置柴册殿坛及再生母后"搜索之室"。皇帝行再生礼后，由八部耆老扶皇帝拜日。然后乘马疾驰至一高地，大臣和诸部首领等列仪仗遥拜。皇帝遣使对群臣表示谦让："先帝升遐，有伯叔父兄在，当选贤者。冲人不德，何以为谋？"群臣则表示忠心拥戴新帝："咸愿尽心，敢有他图。"并且发誓要"唯命是从"。于是皇帝封土石以志之。然后拜先帝御容（画像），大宴群臣。第二天，皇帝出册殿，由司仪读册，上尊号，群臣三呼"万岁"。皇帝再拜先帝御容，大宴群臣，并各有赏赐。

王易《重编燕北杂录》所载柴册礼，捉认天子，如同游戏，更具民族特色和饶有兴味。是录所载，为清宁四年（1058年）道宗皇帝所行的柴册礼。

十月二十三日，道宗皇帝离靴甸，往西北约二百七十余里的永兴甸，行柴册之礼。先于契丹官内拣选九人与道宗身材一般大小者，各赐皇帝衣服一套，假扮皇帝，不许

---

① 《辽史》卷一四《圣宗纪五》。
② 《辽史》卷一八《兴宗纪》。
③ 《辽史》卷二一《道宗纪一》。
④ 《辽史》卷二七《天祚帝纪一》。
⑤ 《辽史》卷七一《后妃传》。
⑥ 同上。

别人知晓。当夜子时，与皇帝共十人入大禁围内，各入一毡帐，每帐内有蜡烛、椅子各一只，并无他人。于三日辰时，每帐前有契丹大人一员，各自入帐，"列何骨肿葛"（汉语"捉认天子时也"）。若捉认得皇帝者，赐牛羊骆马各一千。当日，宋国大王（道宗皇帝亲弟）于第八帐内捉认得皇帝。按契丹礼仪，皇帝说："我不是皇帝。"宋国大王说："你是皇帝。"如此往来三遍，皇帝才说："是。"然后走出毡帐，始穿契丹礼仪衣服。次第行礼，先望日四拜，次拜七祖殿、木叶山神，并拜金神、太后、赤娘子、七祖眷属。上柴笼受册。入黑龙殿受贺。当日礼毕，与太后太叔同出大禁围，入小禁围内，与近臣夜宴至三更。四日，歇泊。五日，到靴甸，受南朝（宋朝）礼物。

所谓"小禁围"，在"大禁围"外东北角，内有毡帐二三座。大禁围每面长110步，有毡帐10座，黑毡兵幕7座。大小禁围外有契丹兵甲一万人。各执枪刀旗鼓弓箭等。旗上有契丹字归日（汉语"正军"之意）。七祖，即太祖、太宗、世宗、穆宗、景宗、圣宗、兴宗七帝。赤娘子，俗传是阴山七骑所得潢河中流下一女子，因其生得像契丹人，用木雕其像，安置在木叶山庙内。每当新皇帝即位，行柴册礼时取来，第三日送归本庙。七祖眷属是木人，穿红锦衣，也是从木叶山庙内取来。柴笼之制，高三十二尺，用带皮榆柴垒成。上安黑漆木坛。三层垣上安御帐。当日，皇帝坐在其中，下有契丹臣僚三百余人。

以上两书关于契丹柴册礼的记载，颇不相同。如何解说，因限于资料，目前尚停留于推测。

（一）认为《礼志》所反映的是后部仪式，《燕北录》所反映的是前部仪式。[①]

（二）认为《燕北录》中"捉认天子"的场面，补足了《礼志》"搜索之室"的内容。[②]

（三）认为两种记载的不同，可能是因各部举行时都有变动和增饰所致，二者记载都不全面，需合起来才完整。[③]

以上推测，虽然各有一定道理，但又很难完全说清楚。如果将两者相比较，《燕北录》所载当更接近于契丹旧俗，而《礼志》已包含有某些受中原汉族王朝影响的痕迹。倘若考虑到这一仪式发展变化因素的话，应是《燕北录》的"捉认天子"在前。然而文中却又明确称这是道宗清宁四年的柴册礼。其时辽朝已近晚期，天祚帝时政局动乱，未必能再就此仪式进行什么改革。所以《燕北录》所载，当是契丹柴册仪的传统形式。

---

① 刘铭恕《辽代帝后之再生仪》，载《中国文化研究汇刊》第6卷，1947年。
② 冯继钦等《契丹民族文化史》第315页，黑龙江人民出版社1994年版。
③ 《辽帝的柴册仪》，《辽金史论集》第4辑第41页，书目文献出版社1989年版。

第三节 瑟瑟礼

瑟瑟礼，相传遥辇苏可汗制，是祈雨射柳之仪。

一、瑟瑟礼与祈雨射柳

契丹发祥地辽河上游气候干旱，所以雨水在人们日常生活中便成为受人关注的要素。从遥辇苏可汗（约当中唐时期）时，形成了旨在祈雨的瑟瑟礼。辽朝建立后，此俗沿袭不改。太祖阿保机即皇帝位，"其后行瑟瑟礼，大射柳"。[①]天显三年（928年）六月己卯，太宗"行瑟瑟礼"。[②]四年五月，"戊子，太宗射柳于太祖行宫。癸巳，行瑟瑟礼"。[③]清宁二年（1056年），道宗行瑟瑟礼。[④]

瑟瑟礼的仪式，据《辽史·礼志一》"瑟瑟仪"条载：如遇天旱，择吉日，行瑟瑟仪以祈雨。先置百柱天棚，及到所择日期，亲王、执宰依次各一射。"中柳者质志柳者冠服，不中者以冠服质之"。不胜者向胜者进酒，然后各归其冠服。第二天，在天棚东南植柳，巫以酒醴、黍稗祭植柳。子弟射柳。皇帝赐皇族、国舅、群臣礼物。瑟瑟礼后三日内下雨，则赐"敌烈麻都"（掌礼官）马四匹，衣四袭。如不雨，"则以水沃之"。

[①]《辽史》卷五六《仪卫志二》。
[②]《辽史》卷三《太宗纪上》。
[③] 同上。
[④]《辽史》卷九〇《萧阿剌传》。

二、契丹瑟瑟礼中对其他民族风习的承袭

契丹瑟瑟礼中的射柳,是北方游牧民族的传统风俗。《汉书·匈奴传上》:"秋,马肥,大会距带林。课校人畜计。"颜师古注曰:"距带者,绕林木而祭也。"鲜卑时"无林木者尚竖柳枝,众骑绕三周乃止"。《辽史·国语解》说:距带林,即辽平地松林。射柳之仪也承袭了中原射礼的若干制度。据《周礼·夏官·大司马》、《仪礼·大射》、《礼记·射义》等载,古时射礼,先行燕礼,然后按等级,依次行射,赏生罚负。"射中者得与祭,不中者不得与祭",并须身着射服。这一礼仪,经唐宋传承,在上述契丹射柳仪中亦有一些痕迹。射柳作为一种体育活动,被后世承袭。其具体射法,《金史·礼志八》中有记载,将于本书下编金代部分中详述。

第四节　射鬼箭

射鬼箭是契丹的一种独特礼仪，凡皇帝出征、班师等均行此仪。多用监狱死囚或俘获敌国间谍为目标，将其缚在柱上，用乱箭射死。《辽史·国语解》曰：

> 凡帝亲征，服介胄，祭诸先帝，出则取死囚一人，置所向之方，乱矢射之，名射鬼箭，以祓不祥。及班师，则射所俘。后因为刑法之用。

《辽史·礼志三》军仪之"皇帝亲征仪"也说：

> 出师以死囚，还师以一谍者，植柱缚其上，于所向之方乱箭射之，矢集如猬，谓之"射鬼箭"。

《辽史》太祖、太宗、景宗、圣宗、兴宗等本纪中，都有射鬼箭记录。

除了皇帝亲征和班师时用"射鬼箭"以"祓不祥外"之外，终辽之世，射鬼箭还是与枭磔、生瘗、炮掷、支解并列的一种酷刑。据《辽史·刑法志上》载，有"枭磔、生瘗、射鬼箭、炮掷、支解之刑"，属于酷刑。

第十一章
节　日

第一节　年　节

关于辽代节日、节气的记载,主要集中在《契丹国志》卷二七《岁时杂记》和《辽史·礼志六》"岁时杂仪"之中。[①]

一、元旦

（一）契丹旧俗

元旦又称正旦。正旦这天,以糯米饭和白羊髓,做成拳头般大小的团子,每个毡帐赐49枚。戊夜（五更天）,各从帐内窗中将饭团抛出。如是偶数,则奏乐,饮宴;若是奇数,则令十二名巫者鸣铃、执箭,绕帐歌呼。帐内,将盐放在火炉中,"烧地拍鼠",谓之"惊鬼"。在帐中住七天,方能出帐。契丹语称正旦为"迺捏咿呢"。"迺",正也;"捏咿呢",旦也。

契丹元旦旧俗的具体含义尚不清楚,但其中带有萨满教信仰色彩,当无疑义。巫者"鸣铃、执箭,绕帐歌呼",在后世萨满教仪式中,是很常见的。

（二）正旦朝贺仪

臣僚及各国使节于元旦凌晨入朝,皇帝升殿坐,番汉臣僚及使节对皇帝舞蹈,五拜,鞠躬。此后,还有一系列跪拜、鞠躬、饮寿酒等礼节,颇为繁缛。在正旦朝贺仪上,还有皇帝同臣僚使节观赏表演、皇帝赏赐宗室臣僚贡物等活动。如天显四年（929年）正旦,太宗"宴群臣及诸国使,观俳优角抵戏"。[②] 会同五年（942年）元旦,太宗在归

[①] 以下叙述,凡来源于此者,不另注。
[②] 《辽史》卷三《太宗纪上》。

化州，受群臣朝贺，"以诸道贡物进太后及赐宗室百僚"。①

如遇国丧则停止朝贺活动。如统和元年（983年）元旦，"以大行在殡，不受朝"。②

二、人日（正月初七）

人日，本中原节日。《事物纪原》卷一："东方朔占书曰，岁正月一日占鸡，二日占狗，三日占羊，四日占猪，五日占牛，六日占马，七日占人，八日占谷。皆晴明温和，为蕃息安泰之候；阴寒惨烈，为疾病衰耗。故杜子美（甫）诗曰：'元日至人日，未有不阴时。'盖伤时之言也。推此当由汉世始有其义。"

辽代正月初至初七日，"一鸡，二狗，三豕，四羊，五马，六牛，七日为人"。"其占晴为祥，阴为灾"。人日以晴为祥，阴为灾，与东方朔占书相同。人日食俗，"煎饼食于庭中"，谓之"薰天"。南北朝时宗懔《荆楚岁时记》载："北人此日食煎饼，于庭中作之，云'薰天'，未知所出也。"宋人陈元靓《岁时广记》卷九引《唐六典·膳部》谓正月七日煎饼，又《文昌杂录》卷三云，唐岁时节物，"人日则煎饼"。契丹人日食煎饼当是沿袭北朝和唐风俗。后来人日似无此食俗。惟在清代至民国间，北方在二月二日多有食煎饼之俗，谓之"熏虫儿"，与此相似。

煎饼是辽时一种常见的食品。虞仲文（字质夫）曾为辽相，四岁时曾赋《煎饼》诗。③

三、放偷日

契丹风俗：正月十三日，放国人做贼三日。限盗十五贯以下。如盗及十五贯以上，仍依法治罪。契丹语称之为"鹘里叾"。"鹘里"，汉译"偷"；"叾"是"时"。此俗后来为金元所承袭。明郎瑛《七修类稿》卷四五："金与元国俗，正月十六日谓之'放偷'。是日，各家皆严备，遇偷至则笑而遣之。虽妻女车马宝货为人所窃，皆不加罪。"④大抵袭用洪皓《松漠记闻》。清樊彬《燕都杂咏》："上元良夜永，灯火畅遨游。守户劳黄犬，

---

① 《辽史》卷四《太宗纪下》。
② 《辽史》卷一〇《圣宗纪一》。
③ 《中州集》卷九。
④ 上海书店2001年版。

金吾正放偷。"诗后注云:"元夕小窃,元时不禁,名放偷。"① 都是辽金元上元前后"放偷"的写照。

四、元宵节(正月十五日)

张灯是元宵节的主要风俗,始盛于隋唐。《资治通鉴》卷一八一隋纪五载:隋炀帝大业六年(610年)正月十五日,于洛阳端门街"盛陈百戏,戏场周围五千步,执丝竹者万八千人,声闻数十里,自昏至旦,灯火光烛天地;终月而罢,所费巨万。自是岁以为常"。宋元之际人胡三省注曰:"今人元宵行乐,盖始盛于此。"《唐会要》卷四九《燃灯》条载:玄宗先天二年(713年)二月,"胡僧婆陁请夜开城门,燃灯百千炬,三日三夜,皇帝御延喜门,观灯纵乐,凡三日夜"。开元二十八年(740年),"以正月望日,御勤政楼,宴群臣,送夜燃灯,会大雪而罢,因命自今常以二月为之"。"天宝三载(744年)十一月敕,每载依旧正月十四日、十五日、十六日开坊市燃灯,永为常式。"此后,元宵节张灯之俗,相沿不改。据《东京梦华录》卷六载,北宋元宵节有观灯及皇帝与民同乐等俗。

辽代元宵节风俗,与此大体相同。穆宗应历十八年(968年)正月己亥,"观灯于市",并"以银百两市酒,命群臣亦市酒,纵饮三夕"。② 保宁五年(973年)正月庚午,景宗御五凤楼观灯。③

五、中和节(二月一日)

辽以二月一日为中和节。是日,"国舅族萧氏设宴,以延国族耶律氏,岁以为常"。契丹语称这天为"狎里尀"。"狎里",请也;尀,时也。

辽朝中和节风俗,是承唐制。唐李肇《国史补》、《唐会要》卷二九及《新唐书》卷一三九《李泌传》等载,唐德宗贞元五年(789年),初置中和节。在这天,民间以青囊盛百谷瓜果种子互相馈赠,称"献生子"。里闾酿宜春酒,聚会宴乐,以祭勾芒神,祈丰收。契丹中和节风俗当由此衍化而来。

---

① 李家瑞编《北平风俗类征》上,第50—51页,北京出版社2010年版。
② 《辽史》卷七《穆宗纪下》。
③ 《辽史》卷八《景宗纪上》。

六、佛诞日（二月八日，四月八日）

佛诞日，即悉达太子生辰，具体月日，文献有两种记载。《契丹国志》卷二七《岁时杂记》作四月八日，而《辽史·礼志六》"岁时杂仪"作二月八日。

关于佛诞日，历来有二月八日、四月八日等不同说法。佛教经论《长阿含经》、《萨婆多论》等谓二月八日佛出生，《瑞应经》、《灌佛经》等谓十方诸佛皆用四月八日生。① 此外，还有三月八日之说。汉族佛教一般采用四月八日。佛诞日之互歧，并非出于转写之误，应是各民族所使用历法推算问题所致。契丹二月八日之说，可能是受了西域回鹘佛教的影响。②

契丹佛诞日风俗，京府及诸州各用木雕悉达太子像，有"仪仗百戏导从"，僧尼、道士、庶民绕城行走为乐。王正《重修范阳白带山云居寺碑》（应历十五年）载，风俗以四月八日共庆佛生。这天，"凡水滨，山之下，不远百里，仅有万家，预馈供粮，号为义食。是时也，香车宝马，藻野缛川，灵木神草，艳赫芊绵。从平地至于绝顶，杂沓驾肩；自天子达于庶民，归依福田。维摩互设于香积，焉将通戒于米山……"③ 从其熙熙穰穰、比肩接踵盛况，可见人们对佛教的信仰之深。

七、上巳（三月三日）

契丹风俗，于上巳日"刻木为兔，分朋走马射之"。以先中者为胜，负者下马列跪进酒，胜者在马上饮之。契丹语称是日为"陶里桦"。"陶里"，兔也；"桦"，射也。上巳日即射兔的日子。

上巳本中原汉族节日，起源甚早。初以阴历三月上旬巳日，故称上巳。《后汉书》志四《礼仪志上》："是月（三月）上巳，官民皆絜于东流水上，曰洗濯祓除，去宿垢疢为大絜。""絜"同洁，"疢"同病。《风俗通》、《荆楚岁时记》等将这种"祓除于水滨"的风俗之缘起，上溯到周。魏晋以后，将三月上旬巳日改为固定的三月三日。人们在这天集会于曲水旁，在上游放置酒杯，任其漂流而下，止则取而饮之。这就是曲水流

---

① 《契丹国志》卷二七《岁时杂记》之贾敬颜校勘记。
② 【韩】李龙范《辽金佛教之二重体制与汉族文化》，收入孙进己等编《契丹史论著汇编》下册之一，辽宁省社会科学院历史研究所1988年版。
③ 《全辽文》卷四。

觞的故事。唐玄宗于三月三日赐宴曲江池，禊饮、踏青、赋诗。上巳成了朝野、士庶的重要节日。

契丹上巳节之名，上承唐朝，但其节日风俗已大异其趣，增添了北方民族的豪爽之气。契丹皇帝也有曲水流觞赋诗之举，其时间是在四月。如重熙五年（1036年）四月甲子，兴宗幸后弟萧无曲第，曲水泛觞赋诗。①

辽国的汉族士人仍保留中原上巳节传统习俗。如燕蓟（今北京、天津一带）间颇有文名的马唐俊在上巳节"与同志袚禊水滨，酌酒赋诗"，涿州人王鼎与马唐俊不期而遇，援笔作赋，因其"敏妙"，他们遂成了朋友。②

八、端午（五月初五）

端午节本中原节日。关于其起源，说法不一。主要有四说：一是传统观点，据南梁人吴均《续齐谐记》和宗懔《荆楚岁时记》，认为起源于纪念楚国诗人屈原于五月五日投汨罗江。二是近人闻一多认为端午节乃吴越民族举行龙图腾崇拜活动的节日。三是认为端午节起源于恶日。四是说端午节源于夏至。③端午节主要风俗有插艾叶、系彩丝、悬菖蒲、饮黄酒、吃粽子、浴兰汤、赠扇子、划龙舟等。④

契丹端午节风俗，与上述风俗大同小异。于五月五日午时，以艾叶和绵做衣，用五彩丝为索缠背，称"合欢结"。还以彩丝做成人形插在头上，谓之"长命缕"。渤海厨师向皇帝进艾糕。皇帝与蕃汉群臣宴饮为乐。契丹语称五月五日为"讨赛咿呢"，或译作"讨赛篱"。"讨"，五；"赛咿呢"，月。即五月节。清人陆长春有诗咏契丹端午风俗曰："采叶刚逢讨赛篱，大黄汤熟泛琼卮。合欢定合君王宠，缠臂新添五彩丝。"史梦兰亦有诗云："艾衣轻袭御炉香，内院缠丝祝命长。筵上题糕同九日，天厨频换大黄汤。"⑤

契丹皇帝于这天行重午仪。凌晨，臣僚赴御帐，皇帝系长寿彩缕坐在车中，接受南北臣僚跪拜，并赐寿缕，然后赐宴。⑥

此外，契丹端午节还有拜天、射柳、击毬等风俗。《金史·礼志六》载，金人于重

---

① 《辽史》卷一八《兴宗纪一》。
② 《辽史》卷一〇四《王鼎传》。
③ 韩养民《中国古代节日风俗》第175页，陕西人民出版社1987年版。
④ 《岁时广记》卷二一《端五上》，"丛书集成初编"本。
⑤ 《辽金元宫词》第48、106页。
⑥ 《辽史》卷五三《礼志六》。

五、中元、重九行拜天礼，然后有射柳、击毬之戏。这些习俗，"皆辽俗也，金因尚之"。有关射柳、击毬之戏，将于下编金代有关章节叙述。

九、三伏（六月十八日）

契丹风俗，耶律氏设宴，以延请国舅族萧氏。亦称"怦里咵"。与二月一日中和节相对应。

十、中元节（七月十五日）

中元节，又称鬼节、盂兰盆节。

道家以七月十五日为中元节，乃"大庆之月"。七月十五日地官降下，分别人间善恶。道士于这天夜诵经，饿鬼、囚魂得以解脱。[①]佛家则以这天为盂兰盆节。据《盂兰盆经》说，释迦牟尼弟子目连看到母亲死后在地狱受苦，如处倒悬，求佛救度。释迦牟尼要他在七月十五日备百味五果于盆中，供养十方大德，可使母解脱。[②]

盂兰盆节始于梁武帝时。节日期间，除施斋供僧外，还举行诵经法会、开设道场、放灯等活动。到了宋朝，盂兰盆会已相当流行。据孟元老《东京梦华录》卷八"中元节"条、陆游《老学庵笔记》卷七等载，北宋人有在这天焚烧冥器靴鞋、幞头、帽子、五彩衣服等祭祖风俗，还"设大会，焚钱山，祭军阵亡殁，设孤魂道场"。

契丹中元节名称虽同，但风俗迥异。七月十三日夜，皇帝于宫西三十里毡帐住宿。先备好酒馔，第二天随从奏蕃乐、宴饮至傍晚，归行宫。谓之"迎节"。十五日，奏汉乐，大宴。十六日凌晨，随行者向西方大喊三声，谓之"送节"。契丹语称中元节为"赛咿呢奢"。"赛咿呢"，月也；"奢"，好也。亦即"好月"。

十一、中秋节（八月十五日）

中秋节是汉族传统节日。向有赏月、吃月饼等风俗。契丹中秋节风俗，则大异其

---

① 见《岁时广记》卷二九，"十万卷楼丛书"本。
② 见《荆楚岁时记》，"四库全书"本。

趣。中秋节前七天,即八月八日屠白犬,于寝帐前七步地方埋之,但是嘴须露在外边。到中秋之日,移寝帐于其上。契丹语称之为"捏褐耐"。"捏褐",犬也;"耐",首也。

十二、重阳节(九月九日)

重阳节,又称重九,是汉族传统节日,有登高、赏菊、插茱萸、饮菊花酒等俗。

辽朝皇帝在这天行"重九仪":皇帝率群臣部族射虎,少者为负,罚宴。射毕,择高地搭设毡帐,赐蕃汉臣僚饮菊花酒。如统和三年(985年)重九,圣宗于骆驼山登高,并赐群臣菊花酒。① 四年九月甲戌,"次黑河,以重九登高于南阜,祭天。赐从臣命妇菊花酒"。② 此外,还有以"兔肝为臡、鹿舌为酱,又研茱萸酒,洒门户以神祫禳"③ 的风俗。

辽朝重阳节风俗,既有契丹习俗,又吸收了汉族的传统习俗。

契丹重九节俗,不仅行于契丹内地,而且传到幽燕地区(今北京、天津、河北一带)。如《燕北杂记》云:辽俗,九月九日打围,赌射虎,少者为负,输重九一筵席。射罢,于高处卓帐,饮菊花酒,出兔肝生切,以鹿舌酱拌之。④ 与《辽史》、《契丹国志》所载相同,并更为详细。清人辽宫词中有咏契丹重九风俗者。如查嗣瑮(德尹)《燕京杂咏》云:"深秋白兔长霜毫,割肉分肝饭血豪。南客不知边味美,菊花惟换吉祥糕。"⑤ 陆长春《辽宫词》云:"重阳时节想题糕,射虎平原意兴豪。叨赐天厨菊花酒,骆驼山上共登高。"⑥ 史梦兰《辽宫词》云:"殿门新酒洒茱萸,射虎同随御马驱。鹿舌兔肝先预备,今朝一夕是谁输。"⑦ 这些宫词形象地反映了辽朝重九风俗。

十三、小春(十月十五日)

十月内,五京向皇帝进纸造小衣甲、枪刀、器械万副。十五日,皇帝与群臣望祭

---

① 《辽史》卷一〇《圣宗纪一》。
② 同上。
③ 《辽史》卷五三《礼志六》。
④ 《日下旧闻考》卷一四八引。
⑤ 《北京风俗杂咏》第21页,北京古籍出版社1982年版。
⑥ 《辽金元宫词》第45页。
⑦ 同上书,第107页。

木叶山，以酒祭奠，并用契丹字写书状，一并焚烧。契丹语谓之"戴辣"，即"烧甲"的意思。

直至明清北京地区仍流行一种与此近似的风俗。明沈榜《宛署杂记》卷一七《民风》"十月送寒衣"条载：坊民刻版为男女衣状，饰文五色，印以出售，农民兢以是月初一日，鬻去，焚之祖考，名曰送寒衣。① 刘侗、于奕正《帝京景物略》卷二亦载：于十月一日，纸坊剪纸五色作男女衣，曰寒衣。并写姓名、辈行，犹如寄书信。"家家修具夜奠，呼而焚之其门，曰送寒衣"。② 后世送寒衣之俗或许与契丹"烧甲"有一定传承关系。

十四、腊辰日

腊，本为祭名，始于周代。夏历以十二月为腊月。契丹腊辰日，皇帝率北南臣僚身着戎服，于午夜坐朝，作乐饮酒。皇帝依等第赐臣僚甲仗、羊马。契丹语称是日为"炒伍侕叿"或"粆离叿"。"炒伍侕""粆离"，战也；"叿"，时也。

---

① 北京古籍出版社 1982 年版。
② 北京古籍出版社 1980 年版。

第二节 节 气

中原汉族廿四节气中的立春、清明、夏至、冬至等，在文献中均有记载。

一、立春

立春表示春天来临，春耕即将开始。这在以农业生产为主的中原汉族来说，是个重要的日子。又因古代农耕离不开牛，所以立春的节俗，多与牛有关。如"击土牛"、"送寒牛"、"进春牛"、"鞭春牛"等。还有"作春饼"、"馈春盘"、"食春菜"等俗。[1]

汉族立春的某些风俗如击春牛等也传到了契丹。如穆宗应历十九年（969年）正月己丑，"立春。被酒，命殿前都点检夷腊葛代行击土牛礼"。[2]

契丹于立春日行"立春仪"：皇帝入殿，拜先帝画像、进酒，臣僚再拜。然后皇帝戴"幡胜"（又称彩胜，冠上的巾饰），并依等第赠臣僚幡胜。"于土牛前上香，三奠酒"。由司仪"报春至，鞭土牛三匝"，还有"撒谷豆"、"击土牛"、"食春盘"等仪。此外，契丹立春风俗，有"妇人进春书，刻青缯为帜，像龙御之；或为蟾蜍，书帜曰宜春"。即在以黑色丝织品做成的旗帜上画龙或蟾蜍，并书写"宜春"二字。契丹立春仪中戴幡胜、书宜春之俗来自中原。《荆楚岁时记》载，立春之日悉剪彩为燕以戴之，帖"宜春"二字。于立春日戴幡胜之俗，宋元明清都有流行。

---

[1]《岁时广记》卷八。
[2]《辽史》卷七《穆宗纪下》。

二、清明

　　汉族清明节有踏青、扫墓等风俗。契丹虽有清明节,但风俗不同。有较射、习武、宴饮等俗。如乾亨四年(982年)三月乙未,清明,景宗皇帝"与诸王大臣较射、宴饮"。①

三、夏至

　　契丹俗称夏至为"朝节"。这天,妇女进彩扇及以粉脂囊相赠送。

四、冬至

　　契丹人于这天杀白羊、白马、白雁,用其生血和酒,天子望拜黑山,祭奠山神。契丹人认为,人死后魂魄为黑山所管,黑山犹如中原之岱宗。(泰山)每年这天,五京还进纸制人、马等,用来祭山焚烧。其礼甚严,非祭不敢近山。

---

① 《辽史》卷九《景宗纪下》。

第三节 圣 节

辽朝以皇帝的生日为"圣节",太宗始立,并以皇太后生日为永宁节。世宗、穆宗不见立圣节记载。

据《辽史》本纪将辽朝诸帝圣节列表如下:

皇帝庙号或谥号	节名	日期	建节时间	资料来源
太宗	天授节	十月二十三日	天显三年九月	《辽史》卷三《太宗纪上》
景宗	天清节	七月二十五日	保宁元年五月	《辽史》卷八《景宗纪上》
圣宗	千龄节	十二月二十七日	统和元年九月	《辽史》卷一〇《圣宗纪一》
兴宗	永寿节	二月二十三日	景福元年闰十一月	《辽史》卷一八《兴宗纪一》
道宗	天安节		清宁元年十月	《辽史》卷二一《道宗纪一》
天祚帝	天兴节		乾统二年十一月	《辽史》卷二七《天祚帝纪一》

每逢圣节,有皇帝受群臣及外国来使祝寿、祭日月等活动,甚至有邻境为之做佛事。如天显三年(928年)十月甲子,天授节,"太宗御五銮殿,受群臣及诸国使贺"。[①] 保宁八年(976年)七月,"宋遣使来贺天清节。北汉遣使称天清节设无遮会饭僧"。[②] 统和元年十二月戊申,千龄节,"祭日月,礼毕,百僚称贺"。[③]

---

① 《辽史》卷三《太宗纪上》。
② 《辽史》卷八《景宗纪上》。
③ 《辽史》卷一〇《圣宗纪一》。

第十二章

游 艺

第一节　口头文学

口头文学是指流行在民间的口耳相传的文学作品，包括传说、神话、歌谣、谚语等。

一、传说

前已述及，在契丹的历史上，长期流传着一个关于青牛白马的美丽神话传说，它反映了契丹人对本民族起源的想象和认识。

另一个传说则反映了契丹人的早期经济生活。一部落首领号"迺呵"，本为一髑髅，平时在穹庐中，人不得见。有大事始变人形，出来视事。然后又重入穹庐，为髑髅。另一首领，号"喎呵"，戴野猪头，披野猪皮，也居穹庐中，有事则出，然后隐入穹庐。还有一首领，号昼里昏呵，养羊二十口，日食十九，留其一，次日复有二十口，每日如此。[①] 这一故事荒诞不经，又无美感可言，不过可以从中反映出契丹人早期从狩猎到畜牧的生产方式的演变。

二、咒语、歌谣、谚语

契丹人的一些咒语、歌谣、谚语等，有助于我们了解辽代社会与风俗。如《焚骨咒》云：

---

① 《契丹国志》卷首《契丹国初兴本末》。

夏时向阳食,冬时向阴食。使我射猎,猪鹿多得。①

或作:

冬月时,向阳食。夏月时,向阴食。我若射猎时,使我多得猪鹿。②

契丹人父母死后,载其尸至深山,置大木上,三年后,取骨焚之,酹而念此咒。反映了契丹人早期葬俗,并说明其以射猎为生的习俗。《国人谚》云:

五个翁翁四百岁,南面北面顿瞌睡。
自己精神管不得,有甚心情管女直。③

此谚形象生动,是辽末天祚帝时国人对君臣昏聩无能的辛辣嘲讽。
《臻蓬蓬歌》云:

臻蓬蓬,外头花花里头空。但看明年正二月,满城不见主人翁。

又,《投坑伎诗》云:

百尺竿头望九州,前人田土后人收。
后人将得休欢喜,还有收人在后头。④

这是辽金之际及北宋灭亡前流行于北方的歌谣,是政权更迭的预言。
此外,如"以狼牧羊,安得久长"⑤,"偏之子不保业,难得之妇不主家"⑥等谚语,富有哲理,是经验之谈。

---

① 《新五代史》卷七二《四夷附录一》。
② 《契丹国志》卷二三《国土风俗》。
③ 《契丹国志》卷一〇《天祚皇帝中》。
④ 【宋】江万里《宣政杂录》,《说郛》卷四七下,收入《说郛三种》,上海古籍出版社1998年版。
⑤ 《辽史》卷九九《萧岩寿传》。
⑥ 《辽史》卷七二《宗室传》。

第二节 音 乐

契丹人很早就在生产劳动中创造了本民族的音乐。古朴、粗犷、简易是契丹声乐和器乐的特点。张舜民《使北记》说："胡人吹叶成曲，以番歌相和，音韵甚和。"辽朝建立后，契丹吸收后晋、隋唐、北宋音乐文化，乐种有雅乐、大乐、散乐、铙歌、横吹乐等。

本节史料主要来源于《辽史·乐志》，以下一般不另注，而引自他书者，照例注明。

一、国乐

所谓"国乐"，指契丹民族音乐。《辽史·乐志》称"犹先王之风"，用于宫廷及捺钵行营。如正月元日、朝贺，除用雅乐、大乐、散乐之外，是夜皇帝燕饮，用国乐。春捺钵，皇帝射获头鹅，燕饮，由乐工数十人演奏小乐器以助兴，用国乐。中元节，在行宫外设宴，扈从诸军"随各部落动乐"，也是民族音乐。

二、雅乐

辽朝雅乐是从唐、后晋、北宋等吸收而来的宫廷音乐。

大同元年（947年），辽太宗入汴（今河南开封），得晋太常乐谱、宫悬、乐架等，将其送往中京。大约到圣宗以后，正式将雅乐用于一些重大典礼。如统和九年（991年）册承太后礼；太平元年（1021年），尊号册礼；兴宗重熙九年（按本纪应作十一年，1042年）上契丹册及册皇太后仪等，都用雅乐。

辽朝太常寺设协律郎，并置太乐署、鼓吹署和官员以及乐工。专门负责雅乐演奏

散乐图（张文藻墓壁画，《宣化辽墓壁画》）

散乐图（张文藻墓壁画，《宣化辽墓壁画》）

事宜。

辽朝雅乐歌辞都已失传。八音器数，大抵承袭唐制。八音为：金，镈、钟；石，球、磬；丝，琴、瑟；竹，篪、箫、笳；匏，笙、竽；土，埙；革，鼓、鼗；木，柷、敔。十二律用周黍一尺九寸管，空径三分。辽朝定十二律的音高，"其法大抵用古律焉"。

三、大乐

大乐是燕乐，多用于宴饮喜庆场合。后晋高祖使冯道、刘昫册应天太后、太宗皇帝时，连同乐器、乐工与法驾，同归于辽。辽朝始有大乐。统和元年（983年），圣宗册承天皇后、天庆元年（1111年）天祚皇帝上寿仪等都用大乐。辽朝大乐直接承袭后晋，而后晋大乐则从唐代而来。

辽代乐器已相当齐备，有玉磬、方响、筑、箜篌、大小琵琶、五弦、吹叶、笙、觱篥、箫、铜钹、长笛、短笛等。

四、散乐

辽代散乐，包括歌舞、俳优、角抵、戏马等。天显四年（929年）正月朔，太宗宴群臣及外国使，即"观俳优、角抵戏"。会同元年（晋天福三年，938年），晋遣使刘昫率伶官来辽，辽朝正式确定在一些重大仪式如册皇后仪、皇帝生辰、宴请宋使等场合用散乐。席间，除行酒外，还穿插歌舞、奏乐、杂剧、角抵、百戏、戏马等。

散乐器，有觱篥、箫、琵琶、五弦、箜篌、方响、杖鼓、第二鼓、第三鼓、腰鼓、大鼓、鞚、拍板等。

五、军乐

（一）鼓吹乐

鼓吹乐，又名短箫铙歌乐，始创于汉朝。

辽朝朝会，皇帝法驾前后部都由百官卤簿（仪仗）组成，以鼓吹令统领的鼓吹乐队。乐器有打击乐器掆鼓、金钲、大鼓、铙，吹管乐器管、箫、笳等。

猫形三彩埙

第十二章 游 艺

散乐图（局部，《宣化辽墓壁画》）

浮雕散乐图（巴林左旗博物馆藏）

（二）横吹

横吹，与鼓吹"分部而同用"。乐器以吹管乐器为主，前部亦有打击乐器。

《辽史·乐志》最后总结说：汉唐以来，"文事多西音，是为大乐、散乐；武事皆北音，是为鼓吹、横吹乐"。而雅乐，"其器雅，其音亦西云"。概括而言，雅乐、大乐、散乐，用于庆典、祭祀、宴饮等，或肃穆，或热烈。而鼓吹乐、横吹乐，用于部伍行进，气氛刚健、壮烈。

六、诸国乐

所谓诸国乐，是指邻国或其他民族的音乐。如，会同三年（940年）端午日，百官及诸国使节称贺，在宴会上"命回鹘、敦煌二使作本国舞"。天庆二年（1112年），天祚帝在混同江头鱼宴上，命诸酋长"次第歌舞为乐"，都是各民族的歌舞。

第三节　舞　蹈

辽朝舞蹈包括宫廷乐舞和民间舞蹈。前者继承了许多中原传统乐舞，而契丹礼仪中的舞蹈保留有本民族风俗，如巫舞。民间舞蹈更具浓烈的游牧民族的特点。

一、宫廷乐舞

宫廷乐舞，即大乐、散乐中的舞蹈部分，主要用于重大礼仪、宴享等场合。

辽朝大乐直接承袭后晋制度，"辽国大乐，晋代所传"。当然也包含有唐制。《辽史·乐志》"大乐"载，舞二十人，分四部：景云舞八人，庆云乐舞四人，破阵乐舞四人，承天乐舞四人。对照唐杜佑《通典》卷一四六《乐六》所载，唐贞观间，宴享奏"十部乐"。后来又分坐、立二部。其中"坐部伎有六部：一宴乐……又分为四部，有景云、庆善、破阵、承天等"。可知辽朝的景云四部舞系直接沿袭唐制。

辽朝许多礼仪和宴享中，都有舞蹈表演。如皇帝受册仪，有"侍中宣答讫，赞皆再拜，舞蹈，五拜"。册皇太后仪，有"至殿前位，拜，舞蹈"。臣僚接见仪，臣僚拜见皇帝后，"引班首出班，谢面天颜，复位。舞蹈，五拜，鞠躬"。宋使见皇帝仪，使节拜皇帝后，"揖班首出班，面谢天颜，舞蹈"。曲宴宋使仪，"谢宣诏赴宴，致词讫，舞蹈"等等。[①]

[①] 《辽史》卷五一《礼志四》。

二、民间舞蹈

辽朝最富民族特点的舞蹈，是日常生活中的各种民间舞蹈。

契丹族作为一个游牧民族，生活空间辽阔，性格豪放，能歌善舞。出使过辽国及听到别人转述契丹风俗的宋人对此多有记述和歌咏。如王安石《出塞》诗云："涿州沙上饮盘桓，看舞春风小契丹。"① 姜夔（白石）听契丹萧总管讲述后所写《契丹歌》云："大胡牵车小车舞，弹胡琵琶调胡女。一春浪荡不归家，自有穹庐障风雨。"② 南宋范成大使金后填《鹧鸪天》词，也提到契丹人善舞，有"休舞银貂小契丹"句。③ 清人朱彝尊（号竹垞）有诗云："雪后风灯焰焰寒，云韶旧部走伶官。一双手伎从容入，胜舞银貂小契丹。"④ 契丹人善舞如此为历代文人所乐道，可以想见舞蹈在契丹风俗中地位之重要。

契丹舞姿如何？宋人张舜民《画墁录》云："舞者更无回旋，止于顿挫伸手缩足而已。"由此看来，契丹舞蹈风格刚健有力。同时，也反映了作者的民族偏见。

辽朝境内的其他民族，也有自己的舞蹈。如渤海踏锤舞。王曾《上契丹事》说，渤海俗每岁时聚会作乐，先命善歌舞者数辈前行，士女相随，更相唱和，回旋宛转，号曰"踏锤"。

从考古材料反映出来的辽代舞蹈形象，要比文字记载生动得多。根据遗存形象，有论者分别将这些舞蹈称之为反弹胡琴舞、假面舞、剑舞、弓箭舞等。

反弹胡琴舞。北京房山云居寺辽塔北面浮雕、西面浮雕，天津蓟县白塔北面浮雕等，均刻有此种舞蹈形象。舞者明显为契丹人，头戴圆形头盔，身着左衽长衣，腰束带，穿靴，两脚交叉，作踢踏状。

假面舞。指舞者头戴人或动物面具。北京房山云居寺辽塔西面浮雕中有一男舞人，头戴假面，似牛形。一手举头顶，一手反于背。辽宁朝阳前窗户村辽墓，出土一鎏金银质戏童纹大带，其中一面纹饰为：一个头戴假面的儿童，正在舞动手中令箭。右边一人手执鼓锤，击肩上之鼓。第三人手扶脸上面具，两脚作交叉跑动状。

剑舞。北京房山云居寺塔止南浮雕，雕一男性正在舞剑。

弓箭舞。北京房山云居寺塔正南浮雕，一男子两手分别执箭、持弓。⑤

---

① 《临川文集》卷三一，文渊阁"四库全书"本。
② 《白石道人诗集》卷上。
③ 《范石湖集》之《石湖词》第 476 页，上海古籍出版社 1981 年版。
④ 《曝书亭集》卷一四，文渊阁"四库全书"本。
⑤ 隗芾《契丹乐舞考》，《社会科学战线》1989 年第 1 期。

【 第四节　杂技、体育和游戏 】

辽代杂技、体育和游戏等，既有契丹民族的传统项目，也有许多直接或间接地来自中原，不过后者在传播过程中，有的又有所变化。

一、杂戏

《辽史·乐志》载："杂戏，自齐景公用倡优侏儒，至汉武帝设鱼龙曼延之戏，后汉有绳舞、自刳之伎，杜佑以为多幻术，皆出西域。"可见这里所说的杂戏，就是指后来的杂技。可惜《辽史》编撰者因其"哇俚不经，故不具述"，后世已难知其详。不过，由此可以推测，自春秋以来的"倡优之戏"、"鱼龙曼延"（又作漫衍）、绳舞等传统杂技节目，在辽国都有流传。圣宗就非常喜欢观看鱼龙曼衍。《辽史·圣宗纪七》载，太平元年（1021年）十月，圣宗"幸通天观，观鱼龙曼衍之戏。翌日，再幸"。

鱼龙曼衍是汉代开始流行的传统幻术节目。由"鱼龙"和"曼衍"两部分组成。《汉书·西域传下》载："设酒池肉林以飨四夷之客，作巴俞都卢、海中砀极、漫衍鱼龙、角抵之戏以观视之。"师古曰："漫衍者，即张衡《西京赋》所云'巨兽百寻，是为漫延'者也。鱼龙者，为舍利之兽，先戏于庭极，毕，乃入殿前激水，化成比目鱼，跳跃漱水，作雾障日，毕，化成黄龙八丈，出水傲戏于庭，炫耀日光。《西京赋》云'海鳞变而成龙'，即为此色也。"鱼龙曼衍之戏历久不衰，至清不绝。

二、戏马

戏马，或称马戏，大约始于汉代。一般包括驯马，使马作出种种表演；人在马上表演等等。

《辽史·乐志》载："辽册皇后仪：呈百戏、角抵、戏马以为乐。""戏马"的具体情形，已不得而知。

三、角抵

角抵即摔跤，是契丹人喜爱的既能自娱、又可供人观赏的运动项目。

《辽史》中多处出现关于角抵的记载。如《辽史·太祖纪上》：太祖八年，赐宴逆党，席间"酒酣，或歌或舞，或射戏、角抵，各极其意"。《辽史·太宗纪上》：天显四年（929年）春正月朔，太宗宴群臣及诸国使，"观俳优，角抵戏"。《辽史·礼志五》：皇帝纳后之仪，"百戏、角抵、戏马较胜以为乐"。《辽史·乐志》：皇帝生辰乐次，"酒七行，歌曲破，角抵"。

归纳起来，见皇帝元旦宴群臣外使、皇帝生辰仪、册皇后仪、曲宴外使等场合，以及其他喜庆之事如皇子降生等，往往少不了以观角抵为乐。

角抵，又称觳抵。相传起源于战国以至更早。《汉书·刑法志》：战国时，"稍增讲武之礼，以为戏乐，用相夸视。而秦更名角抵。先王之礼没于淫乐中矣"。秦汉时起，开始流行。汉武帝爱好此戏。《汉书·武帝纪》："（元封）三年春，作角抵戏，三百里内来观。"应劭注："角者，角技也。抵者，相抵触也。"文颖注："名此乐为角抵者，两两相当角力，故名角抵，盖杂技乐也。巴俞戏、鱼龙蔓延之属也。"

角抵系从古代的一种舞蹈演变而来。继之，舞蹈与竞技同时并存，大约汉以后舞蹈的角抵逐渐消失，只剩下竞技的角抵了。魏晋时期，一般又将角抵称为"相扑"，被视为"下技"，不受重视。从南北朝到隋初，相扑深得民间喜爱，以致达到朝廷对它不得不禁的境地。魏晋南北朝隋唐五代时期，相扑有了重大发展，甚至传到国外。但是留下的文献记载不多。到了宋代，《东京梦华录》、《梦粱录》、《武林旧事》、《都市纪胜》、《西湖老人繁盛录》等对相扑都有较详细的记载。从这些记载中，可以看出自秦至宋的中国摔跤主流派角抵、相扑的主要特点：比赛者光着身子，只在腰间系一腰带，并遮蔽下体；比赛时击鼓竖旗；相扑常用自己的乡里或出生地为艺名；相扑摔法，以快速取胜；力士在摔跤前要受神水；裁判员称作"部署"，手执"竹批"。上述特点，和当

第十二章 游艺

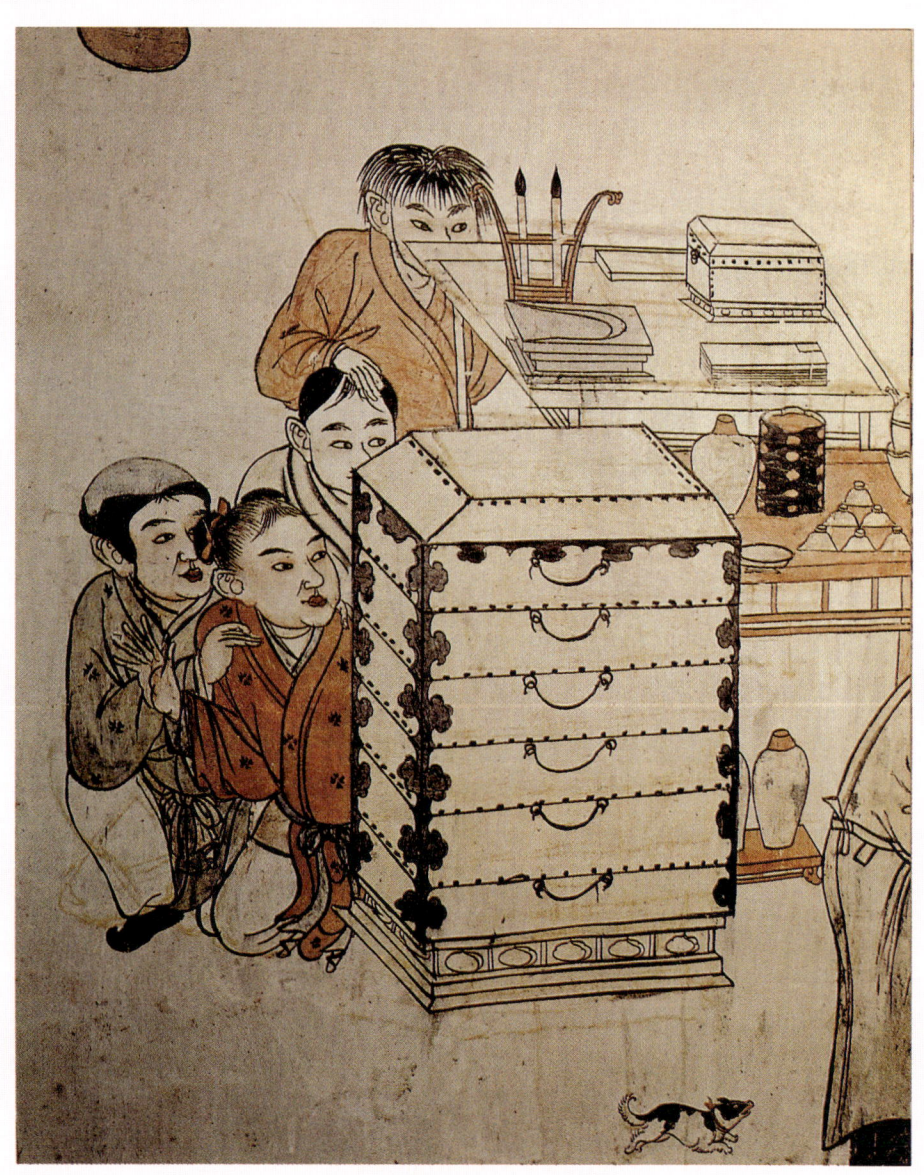

童嬉图（局部，《宣化辽墓壁画》）

皮匠沟墓打马球图（局部，摹本，《内蒙古辽代壁画》）

骑射图（敖汉七家村辽墓壁画，《内蒙古辽代壁画》）

儿童跳绳图（《宣化辽墓壁画》）

今日本，相扑，十分近似，反而和现在的中国式摔跤没有共同之处。

契丹的角抵，不过是汉文的通称。其比赛情形，与宋以前通行的角抵并不相同。张舜民《画墁录》说："角抵以倒地为负，两人相持终日，欲倒不可得。又物如小额，通蔽其乳，脱若褪露之，则两手覆面而走，深以为耻也。"① 从"以倒地为负"和"两人相持终日"云云，可知契丹角抵不是摔倒之后还争胜，也非以快速定胜负，都不同于宋相扑，而和今天中国式摔跤、蒙古民族形式摔跤相似。此外，"物如小额，通蔽其乳"是说要以物遮挡前胸。从考古材料说明，契丹小孩摔跤要穿无袖短衣。这也有异于相扑，而与今天中国式摔跤、蒙古民族形式摔跤相类似。总之，今天中国式摔跤源出于契丹、蒙古两族。②

四、击球

击球，又称击鞠。

击球运动，通常认为起源于波斯，唐朝时经西域传入我国。③ 唐代击球运动确已风靡全国各地，并且传到了地处东北的渤海国。据日本史书记载，嵯峨天皇弘仁十三年（唐穆宗长庆二年，822年）正月，"渤海国使臣王文矩等打球，天皇有观打球诗"，其诗云："芳草烟景早朝晴，使客乘时出前庭。回杖飞空疑初月，奔球转地似流星。左承右碍当门竞，群踏分行乱雷声。大呼伐鼓催筹急，观者犹嫌都易成。"④ 由此可见渤海使击球的热烈场面和熟练的球艺。渤海亡后一百多年，其后裔仍好此戏。

击球之戏不仅在渤海人中广为流行，而且也深得契丹朝野的喜爱。

穆宗、圣宗、兴宗都是击球的爱好者。应历三年（952年）三月，穆宗"如应州击鞠"。⑤ 统和元年（983年）七月，圣宗"与诸王分朋击鞠"。⑥ 四年十月，圣宗与大臣分朋击鞠。⑦ 圣宗已到了"击鞠无度"的程度。翰林学士承旨马得臣曾因此上书谏圣宗，

---

① "说郛"本。
② 参见金启孮、凯和《中国摔跤史》，内蒙古人民出版社2007年版。
③ 向达《长安打球小考》，载《唐代长安与西域文明》，第80—86页，三联书店1957年版；黄现璠《唐代社会概略》，商务印书馆1936年版，第195—201页。亦有人认为起源于我国西藏，经长安传入波斯。此说以美籍德人为代表。参见徐寿彭、王尧《唐代马球考略——藏族人民在体育献》，载《中央民族学院学报》1982年第2期。
④ 见《渤海国志长编》卷二、卷一八引《本朝通鉴》、《经国集》。
⑤ 《辽史》卷《穆宗纪上》。
⑥ 《辽史》卷一〇《圣宗纪一》。
⑦ 《辽史》卷一一《圣宗纪二》。

认为皇上以"球马为乐"不宜有三：一是"君臣同戏，不免分争，君得臣愧，彼负此喜"；二是"跃马挥杖，纵横驰骛，不顾上下之分，争先取胜，失人臣礼"；三是"轻万乘之尊，图一时之乐，万一有衔勒之失，其如社稷、太后何？"圣宗听了，虽"嘉叹良久"，①但以后却是照击不误。景福元年（1031年）七月，兴宗"击鞠"。②重熙七年十二月（1039年），兴宗召善击鞠者数十人于东京，令与近臣角胜，兴宗亲临观看。③

辽朝有些皇后、皇太后也爱观击球。如景宗皇后燕燕（圣宗尊为皇太后），曾观击鞠，并因胡里室在击鞠场将耶律隆运撞下马，而将胡里室斩了。④一些皇室、贵族对击球更是着迷。皇族耶律塔不也"以善击鞠"而得幸于皇帝，"凡驰骋、鞠不离杖"，⑤可见其球艺之高超。

辽朝皇帝深爱此戏，然而由于其过于风靡，所以朝廷一再明令禁止民间击球。重熙七年（1038年），东京留守萧孝忠因当时禁渤海人击球，奏曰："东京最为重镇，无从禽之地，若非球马，何以习武？且天子以四海为家，何分彼此？宜弛其禁。"兴宗"从之"。⑥并于同年十二月，召善击鞠者数十人于东京，令与近臣角胜，兴宗亲临观看。然而过了几年，重熙十五年（1046年）又"禁五京吏民击鞠"。⑦

从辽朝皇帝本人和皇后、太后击球或观看击球及朝廷对此戏屡禁屡弛，都说明它是一项深受朝野喜爱的运动。

五、棋类

（一）围棋

围棋，即弈，其出现时间当不迟于春秋战国之际。《论语·阳货》："子曰：'饱食终日，无所用心，难矣哉！不有博弈者乎？为之，犹贤乎已。'"《孟子·告子上》："今夫弈之为数小数也。……弈秋通国之善弈者也。"可知春秋战国时，围棋戏已很流行，并出现了围棋名手。此戏一直盛行不衰。

---

① 《辽史》卷八〇《马得臣传》。
② 《辽史》卷一八《兴宗纪一》。
③ 同上。
④ 《辽史》卷八二《耶律隆运传》。
⑤ 《辽史》卷一一〇《耶律塔不也传》。
⑥ 《辽史》卷八一《萧孝忠传》。
⑦ 《辽史》卷一九《兴宗纪二》。

围棋是辽人喜爱的娱乐活动。契丹皇帝在夏月捺钵时，常常"藉草围棋、双陆"。①

辽国流行围棋，并出现了一些高手，有的还同邻境北宋高手对弈。宋人祝穆《方舆胜览》卷六四载，昌元县有李戡、李戣兄弟，善棋，时有辽人"索棋战于国朝（指宋）"，宋仁宗"诏求天下善弈者，蜀帅以戡应诏，虏（指辽）望风知畏，不敢措手"。此系宋皇祐间（辽兴宗重熙间）事。②

考古发掘中多有围棋实物出土。如辽宁锦西西孤山辽萧孝忠墓、内蒙古敖汉旗白塔子辽墓、奈曼旗辽陈国公主墓等，都发现有围棋子或全套棋具。③

（二）双陆

双陆是我国古代传统博戏，也是深得辽国朝野喜爱的棋类。

《辽史》、《续资治通鉴长编》、《松漠记闻》、《契丹国志》等史料中，都有关于契丹皇帝、后妃同臣僚、外使打双陆的记载。辽圣宗统和六年（988）九月，皇太后幸韩德让帐，厚加赏赉，"命从臣分朋双陆以尽欢"。④ 开泰二年（1013），北宋晁迥出使契丹还宋后上奏真宗皇帝说："（辽主）夏月以布易毡帐，藉草围棋、双陆。"⑤ 辽兴宗曾与皇太弟耶律重元打双陆，并赌以居民、城邑，结果兴宗屡败，前后连输数城。一天，兴宗又赌双陆，伶官罗衣轻指其局说："双陆休痴，和你都输去也！""帝始悟，不复戏"。⑥ 辽道宗末年，女真首领阿骨打晋见道宗，"与辽贵人双陆"而争执起来，险些动起刀子，阿骨打从行者悟室（完颜希尹）连忙劝止，才未酿成大祸。⑦ 耶律大实（大石）曾与粘罕（宗翰）"为双陆戏，争道相愆，粘罕心欲杀之而不言"，大实（大石）害怕，连夜弃其妻，携五子宵遁。⑧ 由此可见双陆之戏在辽国上层的盛行。

双陆在民间也很流行。《松漠记闻》卷下载，辽金之际的燕京（今北京）"茶肆设双陆局，或五或六，多至十，博者蹴局，如南人茶肆中置棋具也"。

考古工作者于1974年5月在辽宁法库叶茂台七号辽墓发现一副漆木双陆。有棋盘一块，长方形，木子三十枚，骰子二枚。在棋盘的两长边分别雕有一半月形窠，其左右各有六个圆坑，计十二个。木子旋制，长身平底，上有执柄，黑白各十五枚。骰子

---

① 《契丹国志》卷二三《渔猎时候》。
② 文渊阁"四库全书"本。
③ 雁羽《锦西西孤山辽萧孝忠墓清理简报》，《考古》1960年第2期；敖汉旗文化馆《敖汉旗白塔子辽墓》，《考古》1978年第2期；内蒙古文物考古研究所等《辽陈国公主墓》。
④ 《辽史》卷一二《圣宗纪三》。
⑤ 李焘：《续资治通鉴长编》卷八一，大中祥符六年，中华书局1985年版。
⑥ 《辽史》卷一〇九《罗衣轻传》。
⑦ 洪皓：《松漠记闻》卷下，"丛书集成初编"本。
⑧ 《契丹国志》卷一九《大实传》，上海古籍出版社，1985年。

为方形。该墓时代为辽代前期，墓主是一名契丹贵族妇女。[1]这一发现，印证了双陆在北方民族中的流行以及文献中有关双陆形制记载的可靠。

双陆之戏，据宋人洪遵《谱双》考证，源出古印度，原名波罗塞戏。魏曹植时传入中国。双陆在辽宋时有许多流派，如北双陆、广州双陆、大食双陆、日本双陆等。其中北双陆中的一种为平双陆，又称契丹双陆。当时燕京及东北地区流行的当属契丹双陆。

契丹双陆玩法，据《谱双》载：二人对局，棋子分黑白，"各以十五马（粒）为数"，据两个骰子点数行棋。"白马自右归左，黑马自左归右"，"拈马先尽赢一筹，或拈尽而敌马未拈，赢双筹"。[2]法库叶茂台出土的双陆具，也说明《谱双》记载的可信。

（三）叶格戏

叶格戏，又称叶子格、叶子戏，为古代的一种博戏。

有关叶子、叶子格、叶子戏出现的时间，说法不尽相同，认为出现于唐初、中、晚者均有。叶子戏流行于唐代中晚期，当时士人燕聚，盛行此戏。至五代和北宋初年仍有流行，以后则渐废不传。宋人欧阳修说，"今其格（叶子格）世或有之，而无人知者"，唯有杨大年好此戏，其门客也有通叶子格者。欧阳修说他少年时也曾玩过这种博戏，"后失其本，今绝无知者"。[3]由此可知，唐五代宋初流行的叶子戏至宋初以后已经失传。明清亦有叶子，名称虽同，但已非唐五代北宋初的叶子了。[4]

《辽史·穆宗纪下》载，应历十九年（969年）正月，"与群臣为叶格戏"。辽代叶格戏，当承袭唐五代。后世北方的纸牌当是由明清叶子演变而来的。

---

[1] 见辽宁省博物馆、辽宁铁岭地区文物组发掘小组《法库叶茂台辽墓记略》(《文物》1975年第12期)；冯永谦、温丽和《法库县文物志》第237页，辽宁民族出版社1996年版。
[2] "说郛"本。
[3] 《归田录》卷二，中华书局1981年版。
[4] 详见宋德金《一本影印线装书的故事——读〈陈老莲水浒叶子〉》，《南方都市报》2012年9月16日。

第十三章

社会组织

第一节 家庭结构与观念

辽朝不同地区、民族和阶级、阶层的家庭结构与观念存在很大差别，其相互间的影响，特别是中原汉族对其他地区和民族的影响是很明显的。

一、家庭结构

根据社会学的理论，家庭结构是指家庭中成员的构成及其相互作用、相互影响的状态，以及由这种状态形成的相对稳定的联系模式。家庭结构包括两个基本方面：一是家庭人口要素，家庭由多少人组成，家庭规模大小；二是家庭模式要素，家庭成员间怎样相互联系，以及因联系方式不同而形成的不同的家庭模式。[①]

(一) 家庭的构成

契丹人普通家庭以小家庭为主，也就是由夫妻和他们所生未婚子女组成的核心家庭。每户两代，平均五六口人。在我们见到的文献中没有直接和明确记载这方面的资料，这是人口史研究者根据现有史料推测和判断而得出的。如魏特夫、冯家昇《辽代中国社会史（公元907—1125年）是以辽国每户五口进行推算的，而王育民《中国人口史》则认为这个数字偏低，他说，辽国兵制，"凡民年十五以上，五十岁以下，隶兵籍"。15岁以下的幼年，及50岁以上的老人加上同龄女性，每户平均估计不会少于六口。

上述核心家庭应是辽朝契丹及汉人和其他民族家庭的主要模式。至于主干家庭（即由父母和一对已婚子女，比如父、母、子、媳组成的家庭）和联合家庭（即由父母和两对以上已婚子女所组成的家庭，或者是兄弟姐妹婚后不分家的家庭）所占比例不会很大。由于辽代家庭以核心家庭为主，一般为父母与子女两代人，而三代、四代同居的家庭数

[①] 《中国大百科全书·社会学》第104—105页，中国大百科全书出版社1991年版。

量不多。《辽史》中多次载有朝廷旌表三世、四世同居者。如统和元年（983年）十一月规定，"民间有父母在，别籍异居者，听邻里觉察，坐之。有孝于父母，三世同居者，旌其门闾"。①开泰元年（1012年），"前辽州录事张庭美六世同居，仪坤州刘兴胤四世同居，各给复三年"。②这也说明此类家庭为数不会很多，否则也无需大加提倡了。

汉族与契丹相比，大家庭要多一些。据《辽史》记载统计，因三代以上同居而被旌表的家庭有六个，其中汉族五个，奚族一个。尽管史料记载会有一定的偶然性，而且不能仅据这么几则记载确定其概率，但是关于汉人大家庭多于契丹的推测，当不致大误。对此，我们还可以借助其他材料来说明。辽、宋、金、元的"正史"、碑志、文集等，多处记载辽金燕地望族——韩、刘、马、赵四大姓。元初王恽说："迄今燕之故老，谈勋阀富盛照映前后者，必曰韩、刘、马、赵四大族焉。"③郝经说，刘氏入契丹为王公数十人，"如刘六符等，尤其贵显者也。终始契丹二百余年。入金源氏，为燕四大族，号刘、韩、马、赵氏"。④

契丹家庭的主要成员由具有血缘关系的两代乃至三代、四代组成。除了主要成员之外，契丹及五代北方流行收继养子的习俗，正如恩格斯所说的，"氏族可以接纳外人入族"，"男子可以提议接纳外人为兄弟或姊妹；女子可以提议接纳外人为自己的孩子"。⑤如兴宗耶律宗真本为宫人耨斤所生，仁德皇后无子，"养为子"；⑥萧继先，字杨隐，小字留哥，为叔萧思温养子；⑦萧柳，字徒门，"幼养于伯父排押之家"⑧等等。他们也都是收养者家庭的成员。

此外，权贵、富庶家庭还有相当数量的家庭奴隶。这些奴隶主要来源于俘虏、罪犯、赏赐及买卖等途。俘虏，如天显三年（928年）、四年，突吕不连续两次遣人献俘，太宗诏分赐群臣、将士。籍没罪犯家属，⑨如太祖七年秋，"幸龙眉宫，辗逆党二十九人，以其妻女赐有功将校"；⑩天显七年十二月（933年），太宗"以叛人泥离衮家口分赐群臣"；⑪

---

① 《辽史》卷一〇《圣宗纪一》。
② 《辽史》卷一五《圣宗纪六》。
③ 《题辽太师赵思温族系后》，《秋涧先生大全文集》卷七三，"四部丛刊"本。
④ 《房山先生墓铭》，《陵川集》卷三五，文渊阁"四库全书"本。
⑤ 恩格斯《家庭、私有制和国家的起源》，《马克思恩格斯选集》第四卷，第86页，人民出版社1995年版。
⑥ 《辽史》卷七一《后妃传》。
⑦ 《辽史》卷七八本传。
⑧ 《辽史》卷八五本传。
⑨ 《辽史》卷三《太宗纪上》。
⑩ 《辽史》卷一《太祖纪上》。
⑪ 同上。

乾统元年（1101年）三月，天祚帝"诏有司以张孝杰家属分赐群臣"；次年四月，"诏诛乙辛党"，"以其家属分赐被杀之家"。① 赏赐，如天禄元年（947年）八月，"以崇德宫户分赐翼戴功臣，及北院大王洼、南院大王吼各五十，安搏、楚补各百"；② 统和二十二年，"以（王）继忠家无奴隶，赐宫户三十"。③ 买卖，如重熙间萧韩家奴在谈到当时徭役之重时说："……戍卒之食多不能自给，求假于人，则十倍其息，至有鬻子割田，不能偿者。"④ 大安四年（1088年）正月，"以上京、南京饿，许良人自鬻"。⑤ 以上反映了辽朝家庭奴隶的存在及其来源。

契丹的婚姻与家庭，虽然早已过渡到一夫一妻制，然而同其他许多民族一样，"专偶制（旧译一夫一妻制）从一开始就具有了它的特殊性质，使它成了只是对妇女而不是对男子的专偶制"。⑥

皇室就是一个大家庭，皇帝有后妃多人，这是无须细说的。公卿、贵戚也是一夫多妻。如《乘轺录》载，景宗与承天皇后之子耶律隆庆"尝岁籍民子女，躬自拣择，其尤者为王妃，次者为妾媵"。"耶律、萧、韩三姓恣横，岁求良家女子以为妻妾"，以致"幽蓟之女，有姿质者，父母不令施粉白，弊衣而藏之"。甚至一些富贵人家男子也有妾媵、侍婢等。洪皓《松漠记闻》说："故契丹、女真诸国皆有女倡，而其良人皆有小妇、侍婢。"这里所说"良人皆有小妇、侍婢"，怕未必尽然，但至少反映了洪皓所闻所见的情况，说明民间一夫多妻不是个别现象。

（二）家庭成员的相互关系与地位

契丹家庭成员间的关系，包括父母与子女，夫妻之间，兄弟姊妹之间，主人与奴隶等关系。

1. 父母与子女关系

在皇室中，父权母权与皇权后权相结合，对子女有生杀予夺大权。圣宗、兴宗即位之初，都曾受制于其母后。圣宗耶律隆绪继位之初，由承天皇太后摄政；兴宗耶律宗真继位，则由法天皇太后摄政。道宗利用父权加皇权，杀害了亲生儿子。道宗长子濬聪慧好学，母后宣懿皇后蒙冤被害后，道宗听信奸臣谗言，废太子（濬）为庶人，并任奸臣杀害太子。

---

① 《辽史》卷二七《天祚帝纪一》。
② 《辽史》卷五《世宗纪》。
③ 《辽史》卷八一本传。
④ 《辽史》卷一〇三本传。
⑤ 《辽史》卷二五《道宗纪四》。
⑥ 恩格斯《家庭、私有制和国家的起源》，《马克思恩格斯选集》第四卷，第60页，人民出版社1995年版。

2. 夫妻关系

丈夫具有绝对权威，妻子处于从属地位，甚至有妻妾为死去的丈夫殉葬的陋习。如太祖死后，述律后"欲以身殉"，经亲戚百官力谏，遂"断右腕纳于柩"。[①] 辽代先后被皇帝赐死后妃多人。如景宗保宁三年（971年）妃啜里及蒲哥因"厌魅"而被赐死。[②] 圣宗开泰六年（1017年）德妃萧氏赐死。[③] 道宗大康元年（1075年），宣懿皇后萧观音被诬，赐死。[④] 天祚帝保大元年（1121年），文妃萧瑟瑟赐死。[⑤] 东丹王耶律倍逃奔后唐，娶庄宗后宫夏氏为妻。耶律倍性情残忍，好饮人血，"姬妾多刺臂以吮之。婢仆小过，或抉目，或刀刲、火灼。夏氏不忍其残，奏离婚为尼"。[⑥]

3. 主奴关系

主人可随意处置奴隶，有的奴隶要为死去的主人殉葬。辽朝中期，对于主人擅杀家奴，曾予以一定的限制。统和二十四年（1006年），"诏主非犯谋反大逆及流死罪者，其奴婢无得告首；若奴婢犯罪至死，听送有司，其主无得擅杀"。[⑦] 圣宗之女赛哥曾因杀奴婢而得罪。[⑧] 尽管如此，家庭奴隶的被奴役地位并未能从根本上得到改变。

4. 嫡庶关系

家庭中妻妾及兄弟姊妹间，有嫡庶之别。嫡，指正妻或嫡子（正妻所生之子），而嫡子有时亦专指嫡长子。庶，则与嫡相对，指妾，而妾所生之子称庶子。就其地位来说，正妻高于妾媵，嫡子高于庶子。无论在宫廷还是民间，都是如此。后的地位高于妃，不消细说。如景宗即位，以萧绰（燕燕）为贵妃，后来册为皇后。兴宗即位，立萧氏（三黛）为皇后，重熙初，"以罪降为贵妃"。[⑨]

契丹大汗由推选产生，而汉族皇位则以嫡长子继承。辽朝建立后，嫡长子继承的观念也逐渐发生影响。圣宗之后，由兴宗而道宗而天祚，对于皇位继承已经汉化，进入立长立嫡的轨道，当然也非平静，而充满斗争。[⑩] 辽初，太祖长子耶律倍（图欲）于神册元年立为皇太子。太祖死后，述律氏欲立次子耶律德光，"迭里建言，帝位宜先

---

① 《辽史》卷九一《后妃传》。
② 《辽史》卷八《景宗纪上》。
③ 《辽史》卷一五《圣宗纪六》。
④ 《辽史》卷二三《道宗纪三》。
⑤ 《辽史》卷二九《天祚帝纪三》。
⑥ 《契丹国志》卷一四《东丹王传》。
⑦ 《辽史》卷六一《刑法志上》。
⑧ 《辽史》卷六五《公主表》。
⑨ 《辽史》卷七一《后妃传》。
⑩ 见陈述《契丹政治史稿》第四篇《选汗大会与帝位继承》，人民出版社1986年版。

男侍图（局部）

女仆图（局部）

女仆图（宝山1号墓，《文物》1998年第1期）

辽金风俗

第十三章 社会组织

女仆图（宝山1号墓前室南壁，《文物》1998年第1期）

男侍图（宝山1号墓石房内南壁，《文物》1998年第1期）

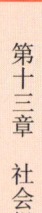

女仆图（宝山1号墓石房内南壁，《文物》1998年第1期）

嫡长",当立东丹王耶律倍。述律氏以其忤旨而将其处死,终于立耶律德光为帝。[①] 尽管如此,表明立嫡立长的观念已有一定影响。太宗死后,因无遗诏,深受太后偏爱的李胡企图继承帝位,而耶律屋质说:"礼有世嫡,不传诸弟。"主张立耶律倍长子兀欲为帝。耶律洼、耶律吼也力主此议,"定策立世宗(兀欲)",并令诸将曰:"大行上宾,神器无主,永康王(兀欲)人皇王(耶律倍)之嫡长,天人所属,当立;有不从者,以军法从事"。诸将皆曰:"诺。"于是世宗即位。[②]《辽史》卷七七在评论此事说:"立嗣以嫡,礼也。"从以上可见,嫡子的地位是受到道德和法律确认的。

我们还可以在一些政令中看出辽中期以后对别嫡庶的重视。太平四年(1024年),圣宗"始画谱牒以别嫡庶"。[③]七年,又"诏诸帐院庶孽,并从其母论贵贱"。八年,"诏庶孽虽已为良,不得预世选"。"诏两国舅及南、北王府乃国之贵族,贱庶不得任本部官。"[④]这些诏令都明确反映出辽朝对庶孽在仕途上的限制。

二、家庭观念

辽朝统治者重视儒家文化,提倡忠孝节义等传统道德观念,把它作为维系国与家的精神支柱。

(一)孝道

契丹皇帝崇孝,辽朝九帝,除太祖阿保机和天祚帝耶律延禧首末两帝外,其他诸帝谥号均有"孝"字。太宗谥孝武皇文帝,世宗谥孝和庄宪帝,穆宗谥孝安敬正帝,景宗谥孝成康靖帝,圣宗谥文武大孝宣帝,兴宗谥神圣孝章帝,道宗谥仁圣大孝文帝。

辽朝皇帝还以旌表孝义之家,惩治不孝之人等倡导孝道。如前引统和十一月诏"民间有父母在,别籍异居者,听邻里觉察,坐之。有孝于父母,三世同居者,旌其门闾"。既反映了当时家庭结构状况,又说明朝廷对孝道的重视。《契丹国志》卷一四《诸王传》载,契丹皇帝每以忠孝为修身齐家的准则。圣宗雅爱诸侄,每诫之曰:"汝勿以才能陵物,勿以富贵骄人。惟忠惟孝,保家保身。"契丹贵族及官宦也很重视这一道德规范。如耶律安抟幼年"居父丧,哀毁过礼,见者伤之"。长大后,"事母至孝"。[⑤]耶律

---

① 见《辽史》卷七七《耶律安搏传》。
② 《辽史》卷七七本传。
③ 《辽史》卷八〇《萧朴传》。
④ 《辽史》卷一七《圣宗纪八》。
⑤ 《辽史》卷七七本传。

义先惕隐"常戒其族人曰：'国中三父房，皆帝之昆弟，不孝不义，尤不可为'"。①

至于汉人就更以忠孝为修身齐家的准则。辽初，唐节度使、汉人韩延徽奉使契丹，被留，因怀念乡里，逃归唐省亲，后又回辽。他对太祖说："忘亲非孝，弃君非忠。"②在辽墓中发现有闵损草衣孝母、王密舍子救弟、孝妇姜思妻、董永卖身葬父、王祥卧冰求鱼、蔡顺孝母等反映孝子、义妇、孝悌的人物故事画，可见孝观念已成为辽代朝野所共同遵循的道德规范。

（二）妇道

在我国传统的家庭伦理道德中，妇道是一个很重要的方面。《礼记·内则》以及汉班昭《女诫》、唐郑氏《女孝经》、宋若莘《女论语》等是宣扬妇道的教材。如《礼记·内则》说："妇事舅姑，如事父母。""男不言内，女不言外。"《女诫》说："男以强为贵，女以弱为美。""幽闲贞静，守节整齐，行已有耻，动静有法，是谓妇德。"《女孝经》主张妇女要有"和柔、贞顺、仁明、孝慈"等品德。《女论语》说："处家之法，妇女须能，以和为贵，孝顺为尊。"等等。这些观念对后世影响相当深广。我们从辽代出土的墓志及有关史料中，可以看出这也是品评辽代妇女的标准。如署名道宗所制《圣宗钦哀皇后哀册》（清宁四年）称赞萧氏（耨斤）"婉淑慈仁，聪明正直。嫔嫱卑下，示之以谦仰；子孙众多，昴之以温克。""于孝宣（其夫圣宗）有妇顺之容，所以承爱敬；于孝章（其长子兴宗）有王业之训，所以享推称。"③道宗《圣宗仁德皇后哀册》（大康七年）称萧氏（菩萨哥）"柔嘉婉丽，慈爱谦冲"。④

至于评价汉族妇女更是如此。如《赵德钧赠秦国夫人种氏墓志铭》（应历八年）说："为女以贤著，为妇以孝闻。"⑤《耿延毅妻耶律氏墓志铭》（统和三十年）说，耶律氏（本姓韩，汉人）"外言不入，中馈克勤"，"闺箴成其雍穆，舅姑存其孝敬。妇道既彰，皇恩乃降"。"四德兼备，二物安和。""长姒雌娣，每推谦抑之风；女获男臧，不识愠励之色。"⑥《王泽妻李氏墓志铭》（重熙十四年）称李氏"厚夫妇之和"，"奉舅姑之孝"。⑦以上内容概括起来，大体上不外柔顺、孝敬、恭谨、勤劳等品德。

（三）贞节

贞节指女子不改嫁或不失身。虽然这一个概念早已有之，而且汉以来有刘向、班

---

① 《辽史》卷九〇本传。
② 《辽史》卷七四本传。
③ 《全辽文》卷二。
④ 同上。
⑤ 《全辽文》卷四。
⑥ 《全辽文》卷五。
⑦ 《辽代石刻文编》第 240 页。

昭等倡导妇女的贞节行为，但于当时的社会风尚并无太大影响。贞节是南宋以后逐渐强化起来的约束妇女、维系家庭的重要道德规范。

从春秋至北宋，妇女并不讳言离婚与再嫁，世人对离婚与再嫁也无过多非难。契丹妇女上自皇族下到平民再嫁乃至三嫁四嫁是司空见惯之事。据《辽史·公主表》载，景宗四女淑哥初嫁卢俊，后因不谐，表请离婚，改嫁萧神奴。圣宗二女岩母初嫁萧海里，不谐，离异，又嫁萧胡睹，不谐，又离之，嫁韩国王萧惠。圣宗八女长寿，初嫁大力秋，后来大力秋因罪伏诛，遂改嫁萧慥古。兴宗长女跋芹，初嫁萧撒八，不谐，离之。清宁初，改嫁萧阿速。因"妇道不修"，被徙中京，又改嫁萧窝匿。道宗三女特里，初嫁萧酬斡，因萧得罪，离之，改嫁萧特末。据统计，《辽史·公主表》共载公主36人，其中再嫁、三嫁、四嫁者共五人，约占14%。对以上有关公主离异的记载，大致可分三种情况：一是"不谐"，所占比例最大。二是夫死或得罪。三是公主本人不修妇道而被改嫁。至于民间各族女子离婚改嫁也很习见。张峤撰《马直温妻张馆墓志铭》（天庆二年）载，张馆有妹先嫁韩秉信，早逝，"再适守卫少卿"。① 墓志撰者张峤系张馆之弟，将其姊妹再嫁之事镌刻于墓志之中，并无掩饰回护，说明妇女在夫君死后再嫁乃平常之事。

随着社会的发展，受中原传统文化影响的加深，辽人的贞节观念如对离婚、再嫁等的态度也在变化。特别是辽中期以后，统治者曾多次发布诏令，提倡妇女守节，限制再嫁。如统和元年（983年）四月，"诏赐物命妇寡居者"，② 鼓励妇女守节。开泰六年（1017年），进而明令"禁令妇再醮"。③ 崇尚守节，反对再嫁的观念已逐渐在一部分人中确立起来。如《韩瑜墓志铭》（统和九年）有"诚叹未忘，礼无再嫁"④ 之句。反映了贞节观念在汉人中的流行。在契丹妇女中，也为人奉行。《辽史·列女传》记载列女五人，涉及贞节者三人。或因丈夫罹难、亡故，誓不再嫁；或是宁死不为贼辱。耶律奴之妻萧氏（意辛）本为公主之女，其夫被诬夺爵，流放远方，皇帝劝她离婚，意辛却说："夫妇之意，生死以之。妾自笄年从奴（耶律奴），一旦临难，顿尔乖离，背纲常之道，于禽兽何异？"并且表示愿意从行，"即死无恨"。耶律术者妻萧氏（讹里本）于丈夫死后，对亲属说："夫妇之道，如阴阳表里。无阳则阴不能立，无表则里无所附。"于是"自刃而卒"。耶律中妻萧氏（挼兰）先是宁死不为贼辱，丈夫战死后，也随之自杀身亡。上述三列女都出自契丹贵戚，其事迹发生在圣宗以后的道宗和天祚帝朝。这从一个侧面反映了辽中期以后人们的贞节观念较前已有明显增强。

---

① 《全辽文》卷九。
② 《辽史》卷一〇《圣宗纪一》。
③ 《辽史》卷一五《圣宗纪六》。
④ 《辽代石刻文编》第95页。

第二节 邑 社

邑社是佛教徒自发建立的社团组织，一般要凑足千人，称"千人邑"。

一、宗旨与组织

据《重修范阳白带山云居寺碑》（应历十五年）载：

> 结一千人之社，会一千人之心。春不妨耕，秋不废获。立其信，导其教，无贫富先后，无贵贱老少。施有定例，纳有常期。贮于库司，补兹寺缺。①

这段文字概括地说明了千人邑的宗旨、原则、活动方式等。从中可以看出，千人邑系由佛教信徒自发组织而成。各成员在邑社内原则上是平等的。资金的交纳、管理、支出等，都有一定的规矩，所谓"施有定例，纳有常期"。邑社的发起人和组织者，既有僧尼，也有俗人。邑社设邑长、邑录等职。由于妇女参加邑社者较多，有的还专设女邑长。成员称邑人。

二、邑社的种类

根据建邑社的目的，邑社可分为多种，有念佛邑、弥陀邑、螺钹邑、建塔邑、供灯邑、诞圣邑、钟楼邑等名目。

---

① 《全辽文》卷四。

（一）念佛邑

为报答佛恩而结社念佛。《金山演教院千人邑记》（乾统三年）说：俗姓许氏，于十八岁出家，二十受具，二十四讲华严经，游方演化，四十二到金山演教院，"为报四种之恩，遂结千人之友，为念佛邑。每会称念阿弥陀佛名号，庶尽此报。同生极乐世界，是其愿也"。①

（二）弥陁邑

清魏坤《倚晴阁杂抄》："归义寺……辽刹也。天王殿前一碑，无撰书人姓氏，额题弥陀邑特建起院。"清钱大昕《潜研堂诗集》卷五《过归义废寺》自注称，"寺有弥陀邑特建起院碑，载咸雍元年卖地券"云云。碑文中有邑首、邑长、邑正等。②

（三）螺钹邑

《靳信等邑众造塔记》（大安六年）载，"燕京析津府涿州范阳县任和乡永乐里螺钹邑众"，各抽有限之财，建造宝塔一所。③

（四）建塔邑

为营建佛塔而结成邑社。《建塔邑题铭》（大安七年）残碑载有由糺首、同建办塔事、提点塔事及邑长、女邑长、邑人等姓名的建塔邑名单。④《懽州西会龙山碑铭》（大安八年）载，为建佛身感应舍利塔而结邑社。⑤《释迦佛舍利生天塔石匣记》（乾统七年）载有起建释迦佛生天舍利塔的塔主、家人及邑人姓名。⑥

（五）供塔灯邑

供塔灯邑是邑人为在上元（灯节）于塔寺设灯烛而组成的邑社。《涿州云居寺供塔灯邑记》（乾统十年）载："有寺僧文密，与众谋议，化钱三万余缗，建塔一坐，砻砖以成，中设睟容，下葬舍利，上下六檐，高低二百余尺，以为礼供之所。是以灯邑高文用等，与众誓志，每岁上元，各攒己财，广设灯烛，环于塔上，三夜不息，从昔至今，殆无阙焉。"⑦

（六）诞圣邑

为于佛诞日举行佛事而建的邑社。《易州兴国寺太子诞圣邑碑》（寿昌四年）载：邑长刘楷"常思诞圣之辰，拟兴供养一身，虽谨欲利多人，继年于四月八日，诵经

---

① 《全辽文》卷一〇。
② 《辽代石刻文编》第325—326页。
③ 《辽代石刻文编》第427页。
④ 《全辽文》卷九。
⑤ 同上。
⑥ 《全辽文》卷一〇。
⑦ 《全辽文》卷九。

于七处九会，或赍持于缯盖幢幡，或备其香花灯烛，或歌声赞吹，或尽理归依……"这里所说太子圣诞，系因佛教创始人释迦牟尼本为古印度迦毗罗卫国净饭王太子。

（七）钟楼邑

前引释迦佛舍利生天塔石匣之左侧刻有"钟楼邑众等"。①

---

① 《全辽文》卷一〇。

下编 金代

第一章

饮 食

第一节 主食与副食

金代居民主食有谷物食品、肉食、蔬菜及调味品等，不同民族有所差异。

一、谷物食品

谷物食品有䬳、粥、米饭，饼、馒头及糕点等。

（一）䬳

䬳即炒米、炒面之属，制作简单，携带方便，是北方民族常见的主食。在辽代饮食中已谈到，契丹人除食牛羊肉之外，间食䬳、粥。女真人也食䬳、粥。《金史·世纪》载，女真早期，在一次战斗中，世祖劾里钵令士卒解甲少憩，"以水沃面，调䬳水饮之"。于此可见，在行军时，要携带䬳与水。

（二）米饭、粥

女真人的吃食，"以半生米为饭，渍以生狗血及葱韭之属和而食之，芼之以芜荑"。① 许亢宗出使金国的第十程中，受到金国接伴使的款待，"日（上疑脱"是"字）晚酒五行，进饭用粟，钞以匕，别置粥一盂，钞一小杓，与饭同，不好。研芥子，和醋伴肉，食心血脏瀹羹，芼以韭菜，秽污不可向口，虏人嗜之"。② 如此看来，女真人的饭，是用小米（粟）做成饭，然后再加动物肉、内脏、血以及蔬菜等混合而成。

粥也是人们日常生活中及行军时的主要食品。金兵攻宋，"自粘罕至步军，率皆粟米粥，或烧猪肉，别无异品"。③ 金朝宫廷中的饭、粥，则已经比较讲究。宋乾道五年

---

① 《三朝北盟会编》政宣上帙三。
② 《许亢宗行程录疏证稿》，贾敬颜《五代宋金元人边疆行记十三种疏证稿》第 229—230 页。
③ 《三朝北盟会编》靖康中帙七四。

（1169年），南宋楼钥在《北行日录》中记述金人款待他们的饭食有"糖糯粥、粟饭、麦仁饭，皆以枣栗布其上"。①

（三）面食

馒头、炊饼、胡饼、汤饼、扁食等。

1. 馒头

古时的馒头，是有馅的，如后来的包子。金朝有一残暴的武将纥石烈牙忽带，召集几位部将携妻到家宴饮，"共食猪肉馒头"，其中有一将妻说，平时不吃猪肉，牙忽带遂令左右换了馒头。待吃过后，问她吃的是什么肉？她说："羊肉，甚美。"牙忽带笑着说："不食猪肉而食人肉，何也？尔所食非羊，人也。"那人听了，呕吐一番，病了数日。②诸宫调《董解元西厢记》卷二有道白："开门但助我一声喊，戒刀举把群贼来斩，送斋时做一顿馒头馅。"③是说要把群贼杀死，用来做成馒头馅。其故事背景为唐代，但作品中的一些习俗则是反映作者生活时代的。

2. 饼

有炊饼、烧饼、胡饼等。据《许亢宗行程录》载：女真风俗，饮酒毕，上粥、饭、肉食及面食。面食有"馒头、炊饼、白熟、胡饼之类"。面食还要用油煎炸或以蜜涂拌。傅雱《建炎通问录》中也谈及有所谓"油面煎果"，大约如后来的炸油饼、炸馒头之类。烧饼是日常生活中常见的主食。靖康间，宋使范熊使金，不听金人劝降，金人绝其粮食，有燕人见他很可怜，于是偷偷送牛肉、烧饼等给他。④

3. 煎饼

煎饼也是常见的食品。元好问《送穷》诗有"煎饼虚抛墙撒堆"句。⑤

4. 汤饼

为汤煮面食，是一种很简易的食品。元好问《续夷坚志》载，王中立"家豪于财，客日满门，延待备极丰腆，其自奉，则日食啖汤饼一杯而已"。⑥

5. 馄饨

天会四年（靖康元年1126），金人攻汴（今河南开封），宋徽宗赴青城，向金兵奉表请降，金人按着本国皇帝膳食规格，做"馄饨、饼餤、裹夹之类"给他吃，"此乃金人御膳也"。大约是因为宋徽宗的内侍已多日不曾吃到这等食品，于是争相抢着吃，金

---

① "知不足斋丛书"本。
② 刘祁《归潜志》卷六。
③ 凌景埏校注，人民文学出版社1986年版。
④ 范熊《北记》，《三朝北盟会编》靖康中帙三五。
⑤ 《遗山先生集》卷一二，"石莲盦九金人集"本。
⑥ 卷一"王云鹤"条，中华书局1986年版。

人看了之后，以手加额说:"罪过！此食未曾供奉皇帝，岂可食也！"① 由此看来，金人虽已能做馄饨等，但还不普遍。

及至中原人金之后，北宋汴京一带的各种食品，无疑大都保留下来，成为金代饮食的一个组成部分。《北行日录》载，席间，"松子糖粥、糕糜、裹蒸蜡黄、批羊饼子之类，不能胜记"。还有"肉油饼""饼子""灌浆馒头"（即后来有名的开封灌汤包）"粟米水饭"等。周辉出使金国，路经泗州，面食有"荡羊饼子""灌肺油饼""枣糕面粥"等，那里还设有"供糕糜处"。②

6. 糕点

随着女真社会生产力的提高以及同汉人接触的增多，他们的食品制作也逐渐精细起来。辽金之际，在辽东的女真和汉人食品中已有蜜糕、松糕等。《松漠记闻》载松糕的制法，是用松实、胡桃肉渍蜜，再和以糯米粉，制成方形、圆形或其他形状，大略如浙中宝塔糕。赵秉文有《松糕》诗："肤裁三韩扇，液制中山醪。皮毛剥落尽，流传到松糕。髯须脱赤鳞，三日浴波涛。玉兔持玉杵，捣此玄霜膏。文章百杂碎，肪泽滋煎熬。殷勤小方饼，裁以鞍山刀。味甘剖萍实，色殷煎樱桃。……巧谋一饱地，薑粉不我逃。腹中十八公，笑汝真老饕。……聊将酥蜜供，调戏引儿曹。多生根尘习，隽永胜珍庖。"③ 此诗大意说，用松木可做扇子，以其汁液能酿酒，而松子可做松糕。先将松子捣碎，和水煎熬，加蜜，制成饼状，呈紫红色，其味甘美无比。据诗中描述，大体与《松漠记闻》所载蜜糕相似，也许说的是同一种糕点。从诗人描写自己的吃相来看，蜜糕、松糕应是当时人们十分喜爱的食品。

周辉渡淮入金朝境，在泗州馆舍，晚餐供应的点心，系用蜜和面油煎而成，依其形状，称为"金刚镯"、"银铤"、"鸡肠"、"西施舌"等，这些点心深得金人喜爱，"虏甚珍之"。④

二、肉、乳

女真人的肉食，来自畜牧、饲养和渔猎，种类繁多。凡猪、羊、鸡、鹿、兔、狼、麂、獐、狐狸、牛、驴、犬、马、鹅、雁、鱼、鸭、蛤蟆等肉，都在女真人食

---

① 《三朝北盟会编》靖康中帙四六。
② 《北辕录》，《古今说海》第179页，巴蜀书社1988年版。
③ 《闲老人滏水文集》卷三，"石莲盦九金人集"本。
④ 《北辕录》。

用之列。①

食用方法，"或燔，或烹，或生脔"，②亦即烧烤、烹煮、或生食。另据《金史·礼志》所载祭祀用之肉食，有鱼鱐、鱼醢、鹿脯、兔醢、鹿臡、醓醢等。包括了肉食的多种制作方法。鱼鱐、鹿脯等，即制成鱼干、肉干。鱼醢、兔醢、醓醢、鹿臡等，即做成有汁的肉酱。在肉食的诸多加工方法中，以烹煮为多。在野味中，同辽时一样，黄鼠仍被视为珍品。文惟简《虏廷事实》载："沙漠之野，地多黄鼠，畜豆谷于其地，以为食用。村民欲得之，则以水灌穴，遂出，而有获。见其城邑有卖者，去皮，刻腹，极甚肥大。虏人相说以为珍味。则知苏属国（苏武）奉使时，胡妇掘野鼠而食之者，正谓此也。"③可见，北方人食黄鼠的历史是相当久远的了。

乳及其制品，是不宜农耕的草原地区各族人的重要食品和饮料，正如有诗中所说，"五谷不成资乳酪，皮裘毡帐亦开颜"。④牛羊乳酪是女真人日常生活和待客的主要食品。女真人举行婚礼时，要备"茶食"，宴罢，以粗茶"煎乳酪"招待客人。⑤而长期以粮食为主食的大多数汉人对牛羊乳品则仍不习惯，有人在诗中写道："老子频年厌羊酪，故溪新绿正肥鱼。"⑥他们不愿食牛羊乳酪，而向往家乡的鲜鱼。

三、菜肴

（一）菜馔烹饪

女真人初期饮食简易鄙陋，"嗜半生米饭，渍以生狗血及蒜之属，和而食之"。⑦即把半生米饭、动物血、野菜之类掺和在一起，主副食不分。金初，许亢宗奉使金国途中，即曾吃过这种杂烩。他们到清州当晚，酒五行，进饭，便是将芥子、醋、肉食、心、血、内脏之类，再加韭菜等搅和在一起。宋使吃了，感到"秽污不可向口"，而"虏人嗜之"，女真人吃得十分可口。⑧

金国菜馔，也并非都不合汉人口味，许亢宗一行在第十九程滨海的红花务，金人

---

① 《茅斋自叙》，《三朝北盟会编》政宣上帙三。
② 同上。
③ "说郛"本。
④ 丘处机《出明昌界，以诗纪实》，《全金诗》卷五四，南开大学出版社1995年版。
⑤ 《大金国志校证》卷三九，中华书局1986年版。
⑥ 张公药《往郾州》，《中州集》卷二，"四部丛刊"本。
⑦ 《大金国志校证》卷三九。
⑧ 《许亢宗行程录疏证稿》。

赠鱼数十条,"烹作羹,味甚珍"。①

金初,即使是宫廷中所设接待外使的宴饮菜馔也较简易。"以极肥猪肉或脂润切大片一小盘子,虚装架起,间插青葱三数茎,名曰'肉盘子'",而且"非大宴不设"。②

金灭辽、北宋后,同中原交往增多,饮食品种增加,菜肴也较前精细多了。至于中原汉族地区的菜肴,在北宋时已相当丰富,其饮食文化也延续了下来。大定间,周辉使金,在泗州驿馆所食菜肴有"血羹"、"毕罗肚羹"、"肉糕羹"、"骨头盘子"等。③南京开封一带,其繁胜程度虽同北宋时相距甚远,但其饮食仍是很可观的。大定间,楼钥路经开封时,那里的菜肴相当丰盛,一餐中,"数十品,源源而来",有"鱼咸豉"、"羊头"、"爆肉"、"羊头假鳖"等。④

(二)蔬菜贮存与加工。

由于北方气候寒冷,无霜期短,不利于蔬菜的生长。为了便于保存蔬菜,人们在秋冬之际多腌渍咸菜、酸菜。马扩《茅斋自叙》载,他出使金朝时,遇阿骨打聚诸酋长共食,餐桌上除各种野兽、家畜、鹅雁、鱼虾之外,还"列以糟韭、野蒜、长瓜,皆盐渍者"。⑤其中,盐渍糟韭,就是韭菜花。盐渍野蒜、长瓜,自然是咸蒜、咸瓜了。赵秉文在一首诗中有"辽阳富冬菹"句,⑥菹,即酢菜、腌菜。诸宫调《董解元西厢记》卷三云,"煮下半瓮黄齑",黄齑也是腌菜、咸菜之属。

(三)人们喜爱的菜蔬

新鲜蔬菜、野菜等,深受人们的喜爱。

1. 白芍药花

女真有一种野生白芍药花,人们"采其芽为菜,以面煎之,凡待宾客素斋则用,其味脆美,可以久留"。⑦

2. 蔓菁

蔓菁又称芜菁,诸葛菜,历来是深得人们喜爱的蔬菜。李时珍《本草纲目》卷二六菜部"芜菁"条,引刘禹锡《嘉话录》,"诸葛亮所止,令士兵种蔓菁者",因它有许多优点:刚出甲即可生食,"叶舒可煮食","久居则随以滋长","弃不令惜","回则易寻而采","冬有根可食"。故同其他菜相比,"其利甚博",这就是蔓菁受人喜爱的原因。

---

① 《许亢宗行程录疏证稿》。
② 同上。
③ 《北辕录》。
④ 《北行日录》。
⑤ 《三朝北盟会编》政宣上帙三。
⑥ 《松糕》,《闲闲老人滏水文集》卷三。
⑦ 《松漠记闻》卷下。

每当春天来临，人们常常把新鲜蔬菜、野菜做成羹齑，即较浓的菜汤、菜泥。从一些诗词中可以看出当时人们对蔬菜羹齑的喜爱。朱弁在一首诗中写到了菜齑，题为《初春以蔓菁作齑，因忆往年逃难大隗山，采苹涧中为齑。齑成汁为粉红色，而香美特异，乃信郑人所言为不诬矣。今食新齑，因成长韵》，诗中云："……春畦芜菁苗，入眼渐可喜。青黄含风露，采摘从此始。持归作新齑，一饱竞鲜美。芳香溢肺肝，甘脆响牙齿。扪腹幽窗下，刍养讵能比。"① 朱弁还有一首诗咏蔓菁菜羹，题为《龙福寺煮东坡羹戏作》，诗云："手摘诸葛菜，自煮东坡羹。虽无锦绣肠，亦饱风露清。钩帘坐扪腹，落日千峰明。"② 从诗人吃蔓菁羹齑，以致饱得两手扪腹，可以想见是何等鲜美。

3. 苦苣

苦苣，又称苦菜、苦蕒。据《辞海》载，其鲜，根、叶作蔬菜，干根可代咖啡。道士尹志平有诗咏苦苣云："苦苣菜软，豆粥薄。……食罢后，四大冲和，饱足时，六神踊跃。老来得这些受用，把世间事都尽忘却。"食过苦苣，竟能使人"六神踊跃"，"把世间事都尽忘却"，③ 说明它有很强的兴奋作用。苦苣至今仍是东北农村常见的野菜，民间称之为"曲麻菜"，当是苣蕒菜的讹音。

4. 荠与蒲

也是农家常食的野菜。荠，一年生或多年生草本植物，茎叶嫩时可食，全草可入药。蒲，多年生草本植物，嫩芽和根茎可食用。王寂有诗云："荠牙蒲笋绕溪生，采缀盈筐趁早烹。想得见郎相妩媚，饭笋携去饷春归。"④

5. 榆荚

我国自古有用榆荚作羹、酱之俗。《本草纲目》卷三五木部"榆"条《集解》云：三月生荚，古人采仁以为糜羹，今无复食者，惟用陈老实作酱耳。又云：榆未生叶时，枝条间先生榆荚，形状似钱，而小，色白或串，俗呼榆钱。后生叶，似山茱萸，而长，尖艄润泽，嫩叶煠瀹，淘过可食。三月采榆钱可作羹，亦可收至冬酿酒。瀹过晒干可为酱，即榆仁酱也。元好问《食榆荚》诗写出了金人对此菜的喜爱。诗云：

　　露葵滑寒羊蕨膻，春榆作荚绝可怜。
　　榆令人瞑何暇计，田舍年例须浓煎。
　　箫声吹暖卖饧天，家人钻火分青烟。

---

① 《中州集》卷一〇，中华书局1959年版。
② 同上。
③ 《全金诗》卷八二，南开大学出版社1995年版。
④ 张博泉《辽东行部志注释》第75页，黑龙江人民出版社1984年版。

长钩矮篮走童稚，顷刻绿萍堆满前。

炊饭云子白，蒿韭青玉圆。

一杯香美荐新味，何必烹龙炮凤夸肥鲜。

……

先生扪腹一莞然，此日何功食万钱。①

在诗人看来，榆荚不仅较许多蔬菜味美，而且不亚于"烹龙炮凤"。正是因为如此鲜美，人们也顾不得多吃榆荚会令人犯困（"令人瞑"）了。②

6. 松皮

松树皮也能入菜。王寂说："北人以松皮为菜，予初不知味，虞侍郎分饷一小把，因饭素，授厨人与园蔬杂进，珍美可喜，因作一诗。"从诗中所言，它有"却膻荤"的功效，因其味美，"食之不敢余，感激在方寸"。③

四、调味品

金代调味品，主要有盐、醋、油、酱、蜜等。

（一）盐

金国盐产充足。辽金滨海地区多产盐，上京、东北二路居民食肇州盐，速频路食海盐，临潢之北有大盐泺，乌古里石垒部有盐池。这些地区所产的盐，足够境内居民食用。金朝疆域扩展到中原以后，盐场就更多了。其中解池（在今山西解县）盐，产量高，质量好，价格低，尤负盛名。"池周百里，开畦灌水，遇风即成，不假人力，故味厚而直廉。"④

金代食盐的生产，分官营和民营两大类。一般来说，官营盐场集中在东部、东北部的海盐产区，以及解池和西北盐湖诸场；民营则仅见于个别沿海地带和土盐产区。⑤

食盐是人们生活的必需品，诗人有诗云："老矣何堪米盐事"。⑥ 盐与米并列，都是生活中不可缺少的。不仅如此，食盐还是国家税收和对外贸易的物资。金朝制度，朝

---

① 《遗山先生集》卷五。
② 《本草纲目》卷三五引宏景语，亦云以榆荚"作糜羹，令人多睡"。
③ 《中州集》卷一〇。
④ 《建炎以来朝野杂记》甲集卷一四"解盐"，"丛书集成初编"本。
⑤ 郭正忠《金代食盐业的经营体制》，《河北学刊》1997年第2期。
⑥ 《冠氏雨中》，《中州集》卷四。

廷专卖货物共有十种，包括盐、酒、麹、茶、醋、香、矾、锡、铁，而盐居首位，设有专门机构和官员进行管理。分别设山东、宝坻、沧州、解州、辽东、西京、北京七盐司。大定间，还"定军私煮盐及盗官盐之法，命猛谋克巡捕"。①食盐税收在整个国家税收中占有很大比重，有大臣说，"国家经费惟赖盐课"。②承安三年（1198年），达17704512贯之多。

（二）醋

醋是人们日常生活中常用的调味品，为金朝十种榷货之一种。世宗大定、章宗明昌间，都曾因国用不足而设官榷醋，以增加收入，后罢。至承安三年（1198年），因国用浩大，再次榷醋。五百贯以上设都监，千贯以上设同监一员。③

女真人很早就会酿醋。《松漠记闻》卷下载，金朝接待宋使食品清单中有"醋二斤"。在许多菜肴中，都需加醋调味，烹鱼更是如此。诗人郭用中曾有《赋醋鱼》："身卧不知云子白，气酣聊作木奴酸。"④可见烹鱼用醋在当时已很常见。

（三）油

油是女真人很早就会制作的调味品。前引《松漠记闻》卷下所载食品清单中有"油半斤"。另外，从女真人的面食多用油煎炸，也说明油在主副食中是常用的调味品。兴定三年（1219年），同提举榷货司王三锡曾建议榷油，尚书左丞高汝励力辩其不可，认为自汉以来，只有榷盐、铁、酒，"以佐经费"，然"未闻榷油也"。"油者世所共用，利归于公则害及于民，故古今皆置不论，亦厌苛细而重烦扰也。"榷油弊处甚多，而且盐铁酒醋，公私所造不同，易于分别，"惟油不然，莫可辨记"。其他官员也一致反对，榷油之议遂未实施。⑤尽管论者对榷油主张不同，但都说明油是当时人们生活中的必需品。

（四）酱

女真人很早就会做酱，大约是以盐和面制成。前引金国接待宋使食品清单中有"面酱半斤"。《三朝北盟会编》政宣上帙三亦有女真人"以豆为酱"的记载。直至今日东北农家仍用盐与大豆做酱。

（五）蜜

蜜是制作面点、果脯，调配中药以及烹炒某些菜肴常用的佐料。女真之地，以产

---

① 《金史》卷四九《食货志四》。
② 同上。
③ 同上。
④ 《中州集》卷八。
⑤ 《金史》卷一〇七《高汝励传》。

蜜闻名。① 开封府亦产"蜜蜡"。② 在许多主副食品中都用蜜，如上述"蜜糕"即是。

（六）葱、姜、芥、蒜等

女真内地本不产姜，"至燕方有之，每价至千二百金，人珍甚，不肯妄设，遇大宾至，缕切数丝置碟中，以为异品，不以杂之饮食中也"。③ 女真人吃野兽、家畜肉及鱼、雁时，或燔，或烹，或生脔，"多芥蒜渍沃"，④ 是用这些有辛辣味调料减轻其腥膻。

---

① 《大金国志校证》卷三九《初兴风土》。
② 《金史》卷二五《地理志中》。
③ 《松漠记闻》卷下。
④ 《茅斋自叙》，《三朝北盟会编》政宣上帙三。

第二节　酒、茶及其他饮料

饮酒、饮茶在金代女真、汉人的各阶层中都很流行，是他们日常生活的重要内容之一。

一、酒

（一）酿酒业的管理

饮酒在金代女真、汉人及其他族各阶层中都很流行，是他们日常生活的重要内容。

女真人大约至迟于景祖乌古迺时就掌握了酿酒技术。《金史·世纪》载，乌古迺"嗜酒好色，饮啖过人"；世祖劾里钵曾乘醉骑驴入室。说明那时女真人酗酒已成司空见惯之事。

金朝建立后，因辽宋旧制，对酒实行榷酤，由国家管理酒的酿造与销售。大定三年（1163年），诏宗室私酿者，治罪。[①]朝廷设置专门机构和官员，管理酿酒。如户部内置员，掌酒麹。[②]设中都都麹使司，专掌人户酝造麹蘖，督办税收；其他地方设酒使司。[③]于京东、西、南三路检察司置使，掌督察"私盐酒麹"之事。[④]在太府监内专门设酒坊，置使、副，掌"酝造御酒及支用诸色酒醴"。[⑤]

金朝皇帝有时亲自过问酒事。大定二十六年（1186年），世宗说："朕在上京，酒味

---

① 《金史》卷四九《食货志四》。
② 《金史》卷五五《百官志一》。
③ 《金史》卷五七《百官志三》。
④ 《金史》卷五六《百官志二》。
⑤ 同上。

不嘉。朕欲如中都麹院取课，庶使民得美酒。"① 反映了朝廷对酒事的关注。

（二）酒的种类

金代的酒，有粮食酒、果酒、配制酒等。

1. 粮食酒

女真先世——有"嚼米为酒"之俗，并且"饮之亦醉"。② 直至明代女真仍有此俗。无独有偶，古代外国也有此法。据说日本古代的酒即经历过这个阶段：由少女们将米粒咀嚼，用唾液使其糖化。③ 女真人早期，"以穈酿酒"。④ 穈，谷物，又称穄，黍之不粘者。

辽金时期，燕京一带所产的粮食酒很负盛名，人称"燕酒名高四海传"。⑤ 燕酒中尤以金澜（又作"瀾"）酒最为有名。周煇《北辕录》云："燕山酒固佳，是日所饷，极醇厚，名金澜，盖用金雨水以酿之也。"⑥ 宋人周麟之也有《金澜酒》诗云："生平饮血狐兔场，酿穈为酒毡为裳。犹存故事设茶食，金刚大镯胡麻香。五辛盈拌雁粉黑，岂解玉食罗云浆？……或言此酒名金澜，金数欲尽天意阑。"⑦ 又说，他在燕京会同馆，馆伴使馈送金澜酒二瓶。周麟之推测，金澜酒名或许源于古乐府"月穆穆以金波"及"洞庭秋月生湖心，层波万顷如镕金"等诗句。⑧ 太宗攻北宋汴京，掳获大批匠人和物品北还，其中包括酒匠及酒。如靖康元年十二月十三日，"金前军索……索酒匠五十人，酒三千壶"。⑨ 这些酒匠自然也将中原的酿酒技术带到了金国，丰富和进一步提高了那里的酿酒工艺。

至于原北宋四京及北方诸路所产名酒，见于文献记载者，不下一二百种。诸如醽醁、琼酥、瑶池、兰芷、重酝、清醇、玉液、酴醾香、羊羔、金浆醪、香桂、琼浆、流霞、仙醪、金波、莲花、杏仁，等等。⑩ 入金后，这些名酒中除后妃家酒外，应有相当数量会被保留下来。周煇《北辕录》载，他在相州看到翠楼、秦楼均"卖酒其上"，招牌书"十洲春色"，亦酒名也。

从如此众多并富文化内涵的酒名即可以想见宋金时期我国北方酒文化的发达。

---

① 《金史》卷四九《食货志四》。
② 《隋书》卷八一《靺鞨传》。
③ 李华瑞《中华酒文化》第8—9页引日本篠田统《中国食物史》，山西人民出版社，1995年。
④ 《三朝北盟会编》政宣上帙三。
⑤ 王启《王右辖许送名酒久而不到以诗戏之》，《中州集》卷八。
⑥ "古今说海"本。
⑦ 《日下旧闻考》卷一四九引。
⑧ 同上。
⑨ 《三朝北盟会编》靖康中帙四七。
⑩ 张能臣《酒名记》，《说郛》卷九四。

2. 配制酒

配制酒是以发酵原酒、蒸馏酒或酒精加入动植物的芳香物料、药材等配制而成。前面提到的诸多酒中，有相当数量是配制酒。朱翼中《北山酒经》载有香泉、香桂、杏仁、瑶泉、金波、莲子等，多由糯米或粳米加中药或水果酿制而成。

金人常以酒加中药或水果等饮用。蔡松年《念奴娇》词序说：有一天外出，道逢卖灯者，晚至一人家，"饮橙酒，以滴蜡黄梅侑樽"。词中有"玉色橙香，宫黄花露，一醉无南北"句。①

3. 果酒

金代果酒，主要为葡萄酒。一般认为，我国葡萄酒是汉代人从西域传入葡萄后才出现的。可能由于当时葡萄尚无大量栽培，因此还只供作为水果食用。大约至东汉后期我国内地能试酿发酵葡萄酒了。当时可能是采用西域的元曲发酵法酿造，与中原传统的曲蘖法有所不同。唐宋以后，葡萄酒在我国已经比较通行了。②

不过，在金国境内的许多地方，人们尚不会用葡萄酿酒。元好问《蒲桃酒赋》序载：刘光甫对好问说，"吾安邑（今山西运城东北）多蒲桃，而人不知有酿酒法"。"贞祐中，邻里一民家，避寇自山中归，见竹器所贮蒲桃在空盎上者，枝蒂已干，而汁流盎中，熏然有酒气。饮之，良酒也。盖久而腐败，自然成酒耳。"这是在无意中发现的葡萄经自然发酵而成酒的方法。元好问说："世无此酒久矣。"他还说：曾见还自西域者向他讲述当地酿造葡萄酒的方法，"大石（大食）人绞蒲桃浆封而埋之，未几成酒，愈久者愈佳。有藏至千斛者"。③与上述方法也相吻合。从以上记载可以反映出当时金人一般不知用葡萄酿酒，后来有人在偶然的机会中发现了酿造葡萄酒的方法，但当时似乎没有得到推广。

（三）饮酒的场合

金代各族人在许多场合，上自祭祀天神祖宗、朝廷大典，下至民间男女婚嫁、朋友聚会等，都离不开酒。

1. 祭祀天神、祖宗、亡者

女真贵人初亡时，其亲戚、部曲、奴婢"设牲宰酒馔以为祭奠"，随后又用小刀将额割破，血泪淋漓不止。"须臾，则男女杂坐，饮酒弄舞。"④至宁元年（1213年），卫绍王遣人"于大军所经残蹂地，分设鱼肉酒炙招魂，奠酹"。⑤

---

① 《全金元词》，第20页，中华书局1979年版。
② 李华瑞《中华酒文化》，第10—11页，山西人民出版社1995年版。
③ 《遗山先生集》卷一。
④ 《虏廷事实》，《说郛》卷八。
⑤ 《大金国志校证》卷二三《东海郡侯下》。

2. 朝廷大典

凡皇帝受尊号仪、上寿仪、册封皇后仪、外使入见仪等重大典礼，都要备酒置馔，这里不一一备述，详见《金史·礼志》。

3. 宫廷欢宴、皇帝恩赐

天德三年（1151年）正月十六日，海陵王完颜亮生日，宴宗室百官于武德殿。其母"大氏欢甚，饮尽醉"。第二天，海陵使人奏大氏："太后春秋高，常日饮酒不过数杯，昨见饮酒沉醉。儿为天子固可乐，若圣体不和，则子心不安，其乐安在。至乐在心，不在酒也。"①

承安元年（1196年）七月庚辰，章宗御紫宸殿，受诸王、百官朝贺，"赐诸王、宰执酒。敕有司，以酒万尊置通衢，赐民纵饮"。九月辛巳，章宗又以右丞相襄为左丞相，监修国史，封常山郡王，赐襄酒百尊。②哀宗正大九年（1132年）四月，改元天兴，出金帛酒馔犒赏军士。③

大定二十五年（1185年），世宗回上京，大宴宗室故老。他说："朕寻常不饮酒，今日甚欲成醉，此乐亦不易得也。"于是，宗室妇女及群臣故老以次"起舞、进酒"。④

4. 将士出征

凡用师出征，上自大元帅，中自万户，下至百户，均"饮酒会食"，以壮行色。"军将大行，会而饮，使人献策，主帅听而择焉。"⑤正隆元年（1156年）九月，金兵攻宋，十一月渡江，海陵王筑坛祭天乞风，并告诫诸军，"有敢死之人，赏以金碗一只，酌以好酒，然后进船"。⑥

5. 男女婚嫁

女真风俗，男女婚姻有较大自由，无须父母之命，媒妁之言。到了婚配年龄，富家子弟常常在"月夕备酒"，骑马到嗢热（兀惹）住地，嗢热女子听说他们来到，便聚拢围观，"与之酒则饮"，并且起舞歌讴"以侑觞"。倘若双方有意，就跟随女真而去，留数载生了子女后，"始具茶食酒数车归宁"，谓之"拜门"。女真人男女双方正式订婚，男方需携"酒馔"到女家，共同畅饮。⑦

至于岁时节日，饮酒更是一项重要内容，将在第十章节日风俗中介绍。

---

① 《金史》卷六三《后妃传》。
② 《金史》卷一〇《章宗纪二》。
③ 《金史》卷一七《哀宗纪上》。
④ 《金史》卷八《世宗纪下》。
⑤ 《大金国志校证》卷三六《兵制》。
⑥ 《金人败盟记》，《三朝北盟会编》炎兴下帙一三九。
⑦ 《松漠记闻》卷上。

(四)文人与酒

文人与酒,历来多有不解之缘,饮酒与赋诗常常密不可分。如果无酒,在我国的文学宝库中便会失去许多佳作。

文人以诗酒排遣愁绪,抒发感情。

金初,南宋一些使臣被金羁留,他们常以饮酒赋诗表达怀念故国的心迹。如宇文虚中《又和九日》:"强忍玄猿泪,聊浮绿蚁杯。"绿蚁,酒面上的泡沫,为酒的代称。又,《中秋觅酒》:"应分千斛酒,来说百年忧。"① 由宋仕金的高士谈《庚戌元日》:"旧日屠苏饮最先,而今追想尚依然。故人对酒且千里,春色惊心又一年。"② 他们都是以诗酒来表达思念故国情愫的。

文人嗜酒被时人视为倜傥落拓、放浪不羁的表现。

《归潜志》卷二载,张毂(伯玉)为人豪迈不羁,年轻时常与李纯甫(屏山)饮于燕市。麻九畴有诗咏张毂云:"日日饮燕市,人人识张胡(毂绰号)。西山晚来好,饮酒不下驴。"同卷又载,王权(士衡)"为人跌宕不羁","酣饮放歌,人以为狂"。同书卷三载,女真人乌林荅爽喜欢同名士交往,"遇交游,杯酒豪纵可喜"。甚至有的和尚也不受清规戒律约束。卷六载,僧德普"倜傥有机术,与士大夫游,饮酒食肉豁如也"。

饮酒常常是文人赋诗、论文、会友的媒介。蔡松年曾在一首词序中说,他与友人"暇日每相寻为文字饮,其词章敏妙,临觞得纸,下笔不能自休","酣觞赋诗,最为快适"。③ 饮酒启发了不少诗人的灵感,创作出许多千古流传的名篇佳作。

金初,吴激《人月圆》、宇文虚中《念奴娇》等令人回肠荡气的名篇,都是同酒宴相联系的。洪皓在金被羁留期间,曾赴张总侍御家宴,席间,有侍儿陪酒,其中一人,"意态摧抑可怜",问其故,"乃宣和殿小宫姬也"。翰林直学士吴激遂填词一阕《人月圆·宴张侍御家有感》,词曰:"南朝千古伤心事,独唱后庭花。旧时王谢,堂前燕子,飞向谁家?恍然梦,仙肌胜雪,宾鬓堆鸦,江州司马,青衫泪湿,同是天涯。"④ 翰林学士承旨宇文虚中在席间也作《念奴娇》一首,词云:"疏眉秀目,看来依旧是,宣和妆束。飞步盈盈姿媚巧,举世知非凡俗。宋室宗姬,秦王幼女,曾嫁钦慈族,干戈浩荡,事随天地翻覆。一笑邂逅相逢,劝人满饮,旋旋吹横竹。流落天涯具是客,何必平生相熟。旧日黄华,如今憔悴,付与杯中醁。兴亡休问,为伊且尽船玉。"⑤ 此事被传为文

---

① 《中州集》卷一。
② 同上。
③ 《水龙吟》序,《全金元词》上册第22页,中华书局1992年版。
④ 洪迈《容斋随笔》卷一三,"国学基本丛书"本。
⑤ 《归潜志》卷八,中华书局1983年版;唐圭璋编《全金元词》上册,第3页,中华书局1979年版。

坛佳话。

金章宗是一位汉文化修养极高的女真君主,留下了多首与酒有关的诗词。如《翰林待制朱澜侍夜饮》:"夜饮何所乐,所乐无喧哗。三杯淡醽醁,一曲冷琵琶。"[1]醽醁为酒名。章宗曾命后妃用纤纤玉手切开金黄色的橙子,并以橙皮为酒杯,斟上"洞庭春"酒,与其共饮。章宗遂填词一首,调寄《生查子》:"风流紫府郎,痛饮乌纱岸。柔软九回肠,冷却玻璃碗。纤纤白玉葱,分破黄金弹。借得洞庭春,飞上桃花面。"[2]完颜璹《思归》诗中有"新诗淡似鹅黄酒,归思浓如鸭绿江"[3],其比喻十分新颖别致,令人陶醉。

文人不仅喜欢饮酒,而且有的还亲自酿酒。冯璧(叔献)致仕后,结庐嵩山,自号松庵,徜徉于山水之间,并酿酒名"松醪",居然"味胜京师"。[4]

(五)酒楼、酒肆

在金国,无论是在喧闹的城市,还是在僻静的村庄,往往都有酒楼、酒肆。

酒楼,是指城市中兼营餐饮、娱乐的楼馆。其顾客上自达官,下至平民。宰相胥持国曾去酒楼买酒,胥死后,章宗问平章政事张万公说:"持国今已死,其为人竟如何?"万公说:"持国素行不纯谨,如货酒平乐楼一事,可知矣。"章宗说:"此亦非好利。如马琪位参政,私鬻省酝,乃为好利也。"[5]范成大在使金路经相州时,有诗咏名酒楼翠楼云:"连衽成帷迓汉官,翠楼沽酒满城欢。白头翁媪相扶拜,垂老从今几度看。"作者原注:翠楼"在秦楼之北,楼上下皆饮酒者"。[6]周煇《北辕录》也记载,相州"阛阓繁盛,观者如堵",有康乐、月白风清二楼,又见翠楼、秦楼,"时方卖酒",并悬挂书有"十洲春色"的招牌。

在今山西繁峙岩上寺曾发现绘于正隆、大定间的壁画,其中绘有一座酒楼,楼内座客满堂,有饮酒品茶的,有说唱卖艺的。楼外则有叫卖饮食的小贩,或手把,或肩挑,或摆摊,或推车等等。这种形形色色的人群和热闹场面,很容易使人联想到《清明上河图》和《东京梦华录》中所反映出的北宋汴京的繁胜景况。酒楼外酒旗高挑,上写"野火攒地出,村酒透瓶香",十分诱人。[7]

酒肆是指在城镇、乡间、道旁开设的小食店、小酒馆。楼钥在出使金国途中,在

---

[1] 《归潜志》卷一。
[2] 同上。
[3] 《中州集》卷五。
[4] 《归潜志》卷五。
[5] 《金史》卷一二九《佞幸传》。
[6] 《范石湖集》卷一二。
[7] 张亚平、赵晋樟《山西繁峙岩上寺的金代壁画》及潘絜兹《灵岩彩壁动心魄——岩上寺金代壁画小记》,载《文物》1979年第4期。

河北境内看到，"道旁数处卖酒，皆掘地，深阔可三四尺，累块上风以御寒。一瓶贮酒，苕帚为望，石炭数十块，以备暖汤"。①

金代诗人留下不少描写酒肆的诗句。如，"棘林苦苣野花黄，一马骎骎渡漯阳。别墅酒旗依古柳，点溪花片落新香"。②"山花山雨相兼落，溪水溪云一样闲。野店无人问春事，酒旗风外鸟关关。"③"青芜平野四围山，山郭依依紫翠间。村远路长人去少，一竿斜日酒旗闲。"④"暖日园林可散愁，每逢花处尽迟留。青旗知是谁家酒，一片春风出树头。"⑤等等。

从上述酒楼、酒肆遍及城乡，随处可见，反映了当时饮酒的流行。

（六）酗酒与禁酒

金代朝野各阶层人中，多有嗜酒者，更不乏因酗酒而致祸者。熙宗常因酗酒而不视朝，甚至妄杀无辜。《金史》中多有关于这方面的记载：熙宗因受悼后钳制，"内不能平，因无聊，纵酒酗怒，手刃杀人"。⑥"上自去年（皇统元年）荒于酒，与近臣饮，或继以夜。"宰相进谏，熙宗"辄饮以酒"，并说："知卿等意，今既饮矣，明日当戒。"然而过后照饮不误，还时常大宴群臣，尽醉而罢。皇统七年（1147年），熙宗宴便殿，因醉酒，杀户部尚书宗礼。熙宗晚年"酗酒妄杀"，使得人怀危惧，所谓"前有谗而不见，后有贼而不知"，最后导致自身被杀的悲剧。⑦章宗也颇嗜酒，"日久酣饮，外间章奏不许通"。有的后妃不仅不规劝章宗，反而推波助澜。郑宸妃"执杯劝主"，并为之歌《解愁曲》，于是章宗大喜，"纵饮达旦，以是为常"。⑧由于章宗"极意声色之娱，内外嗷嗷，机事俱废"，⑨加速了金朝由盛转衰的进程。后人有诗咏章宗嗜酒："笑对名花倒绿醅，解愁一曲惯相催。君王乍入阳台梦，不许门娘报事来。"⑩

武将嗜酒误事者，也不乏其例。宣宗贞三年（1215年），御前经历官李英受命援救被蒙古军围困的中都，李莫"被酒"，与蒙古兵遭遇，大败，尽失所运粮食，本人战死，士卒被歼。⑪

---

① 《北行日录》。
② 马定国《清平道中》，《中州集》卷一。
③ 刘昂《即事二首》之二，《中州集》卷四。
④ 吕中学《小景》，《中州集》卷七。
⑤ 元好问《杏花村杂诗十六首》之四，《遗山先生集》卷一一。
⑥ 《金史》卷六三《后妃传上》。
⑦ 以上见《金史》卷四《熙宗纪》。
⑧ 《大金国志校证》卷一九《章宗皇帝上》。
⑨ 《大金国志校证》卷二一《章宗皇帝下》。
⑩ 陆长春《金宫词》，《辽金元宫词》第72页。
⑪ 《金史》卷一〇一《李英传》。

由于朝野饮酒风行，荒政误事，而且糜费粮食，所以朝廷曾三令五申限制朝官、猛安谋克饮酒。熙宗即位之初，便曾"诏公私禁酒"。①正隆五年（1160年），海陵王诏令"禁朝官饮酒，犯者死"②。六年正月，判大宗正徒单贞、益都尹京、安武军节度使爽、金吾上将军阿速饮酒，因其为近属，从轻发落，"杖贞七十，余皆杖百"，再次"禁扈从毋辄离次及游赏饮酒，犯者皆死"③。世宗还身体力行，倡导节俭。他说："如宴饮之事，近惟太子生日及岁元尝饮酒，往者亦止上元、中秋饮之，亦未尝致醉。"④大定十四年（1174年）三月，世宗还诏令猛安谋克，若遇节辰及祭天日方可饮燕聚会，但在农忙时节二月一日至八月终，"禁绝饮燕，亦不许赴会他所，恐妨农功。虽闲月亦不许痛饮，犯者抵罪"。⑤兴定三年（1219年）六月，宣宗也曾"定防秋将校击球饮燕之罚"。⑥金源一代，屡屡下诏限酒、禁酒，未能完全奏效，但反映了朝野饮酒成风及朝廷力图将官民饮酒限制在一定的范围之内，意在减少糜费，勤于职守，恐妨农事。

二、茶

（一）茶的来源及饮茶方法

饮茶自唐宋以来，已成为人们日常生活中的一项重要内容。

金国同辽一样，本不产茶。金人所饮之茶，主要来源于与南宋的榷场贸易及南宋岁贡等。金宋自绍兴和议后，双方设置榷场，进行贸易。南宋方面，升盱眙县为军，置使掌管榷场贸易。继之，在泗州、光州、枣阳、安丰军、花靥镇置榷场。金国方面，于蔡、泗、唐、邓、秦、巩、洮州、凤翔府置榷场。至海陵王攻宋，罢淮北、陕西诸榷场，惟泗州如故。⑦茶叶是金宋榷场贸易中的重要商品之一。南宋奉使金国的使臣，也往往以茶为礼物。如许亢宗使金所携礼物即有"芽茶三斤"，⑧傅雾于建炎三年（1129年）使金，所携礼物亦有"腊茶"。⑨倪思于绍熙二年（1191年）使金，几次向金人赠

---

① 《金史》卷四《熙宗纪》。
② 《金史》卷五《海陵纪》。
③ 同上。
④ 《金史》卷六《世宗纪上》。
⑤ 《金史》卷七《世宗纪中》。
⑥ 《金史》卷一五《宣宗纪中》。
⑦ 《建炎以来朝野杂记》甲集卷二〇，"丛书集成初编"本。
⑧ 《许亢宗行程录疏证稿》。
⑨ 《建炎通问录》，《三朝北盟会编》炎兴下帙一〇。

备茶图（赵励墓壁画，北京市文物局编《金中都遗珍》，北京燕山出版社2003年版。）

送上等建茶、花夸茶、密云龙茶、龙团、凤团、小龙茶等。①

  由于茶是人们生活中的必需品，金国又不产茶，所以朝廷采取一些措施，管理茶事。户部置员，掌香茶。②海陵王贞元二年（1154年），初设盐钞香茶文引印造库使副。③世宗大定十六年（1176年），"更定香茶罪赏格"，④限制私贩茶叶。承安三年（1198年）八月，因每年耗资从南宋换取茶叶，遂决定设官加工茶叶，以尚书省令史刘成往河南承办此事，发现所加工者为温桑，实非茶叶。章宗以此人不称职，而将其罢官。四年，于淄、密、宁海、蔡州各置一坊，造新茶，并依南方例，每斤为一袋，价六百文。命山东、河北四路转运司按各路户口分配，运往各县出售。⑤

  由于茶主要从与南宋贸易所得，所以颇为珍贵。《松漠记闻》卷上载，女真人婚嫁时，酒宴之后，"富者瀹建茗，留上客数人啜之，或以粗者煮乳酪"。酒是所有宾客同饮，而茶却仅"留上客数人啜之"，其珍贵是可想而知的。

---

① 《重明节馆伴语录》，见赵永春编注《奉使辽金行程录》第326页，吉林文史出版社1995年版。
② 《金史》卷五五《百官志一》。
③ 《金史》卷五《海陵纪》。
④ 《金史》卷四九《食货志四》。
⑤ 同上。

金国茶叶主要来源于南宋，其煎饮方法、饮茶习俗等，也与南宋大体相同。刘迎《淮安行》云："里间风俗乐过从，学得南人煮茶吃。"① 就是说淮安一带随着金宋榷场贸易的开展，南宋的饮茶习俗也为金人所接受。

宋人饮茶，分片茶（腊茶、团茶、饼茶）和散茶（草茶）两大系列。片茶产于四川、福建（主要是建安一带），草茶产于两浙。金人所饮之茶，其珍贵者为建茶。如前引《松漠记闻》云，"富者瀹建茗"。《董解元西厢记》卷四："只恨我今宵瞌睡呵，先点建溪茶。"刘著《伯坚惠新茶绿桔》诗有"建溪玉饼号无双"句。②

金人饮茶方法，大体亦与宋人相同。饮团茶，需先经研磨，然后煎煮。王喆《和傅长老分茶》诗："采时惟我识根源，碾处无人知品格。"③ 宇文虚中《郊居》云："茶铛药灶静中忙。"④ 刘铎《渑池驿舍用苑极之郎中韵》："永夜如何得消遣，新诗吟罢自煎茶。"⑤ 刘昂有"倚炉空听煮茶声"句。⑥ 这些诗句都说明片茶需经研、煮，与后来直接用沸水冲泡不同。从北宋时兴起来的饮茶方式——斗茶也传到了金国。斗茶是比赛茶的好坏，对于茶具、煎水及茶饼要求更高。其煎饮方法也与从前有所不同。斗茶是先煎水，而将茶末直接放在茶盏中，然后用煎好的水注入茶盏。又称点茶、分茶。宋代诗人杨万里有诗云："分茶何似煎茶好，煎茶不似分茶巧。"这里"分茶"与"煎茶"相区别，应指斗茶。《金虏节要》说熙宗自幼接受汉文化熏陶，喜好"分茶焚香"，⑦ 王喆有《和傅长老分茶》诗，都说明"分茶"方式传到了金国。

（二）饮茶风行

饮茶在各族及不同阶层中都很盛行。《金史·食货志四》载，"上下竞啜，农民尤甚，市井茶肆相属"，可见饮茶之风流行甚广。

女真人饮茶，被视为接受汉化的表现，以致熙宗因喜好"分茶、焚香"，一些女真旧功大臣说他是"徒失女真之本态"。⑧

僧人道士多以饮茶为雅事。全真道士祖师王喆《咏茶》诗云："茶，茶。瑶萼，琼芽。生空慧，出虚华。清爽神气，招召云霞。正是吾心事，休言世味夸。一杯惟李白兴，七碗属卢仝家。金则独能烹玉蕊，便令传透放金花。"⑨ 又，《和傅长老分茶》诗云："坐

---

① 《中州集》卷九。
② 《中州集》卷二。
③ 《全金诗》卷一〇。
④ 《全金诗》卷二。
⑤ 《中州集》卷七。
⑥ 《大金国志校证》卷二八《刘昂传》。
⑦ 《三朝北盟会编》炎兴下帙六六。
⑧ 同上。
⑨ 《全金诗》卷一〇，南开大学出版社1995年版。

间总是神仙客,天上灵芝今日得。采时帷我识根源,碾处无人知品格。尘散琼瑶分外香,汤浇雪浪于中白。清怀不论死生分,爽气每嫌天地窄。七碗道情通旧因,一传禅味开心特。荡涤方虚寂静真,从今更没凡尘隔。"①王喆认为,饮茶可以令人清爽开心,摈除虚华,符合道、佛追求的境界。两首诗中的卢仝"七碗",是历来谈茶事常常引用的典故。唐代诗人卢仝咏茶诗中有一首《走笔谢孟谏议惠寄新茶》:"……一碗喉吻润,两碗破孤闷。三碗搜枯肠,惟有文章五千卷。四碗发轻汗,平生不平事,尽向毛孔散。五碗肌滑清,六碗通仙灵。七碗吃不得,惟觉两腋清风生。"有些文人还喜以茶代酒。蔡松年《石州慢词序》云:"毛泽民尝九日以微疾不饮酒,惟煎小团,荐以菊叶,作侑茶乐府,卒章有'一杯菊叶小云团,满眼萧萧松竹晓'之句。"②蔡松年也"用泽民故事","拟菊烹茶",以茶代酒,并为此作长短句:"天东今日,沈书两眼昏花,壶觞不果酬佳节,独咏竹萧萧,者云团风叶。"③就是说在九月九日重阳佳节,因无酒,而以小云团茶加菊花烹而饮之。

  茶同酒一样,催生着诗人的激情,从而写出许多诗篇。党怀英《青玉案》茶词充分表达了诗人对茶的陶醉:

> 红莎绿蒻春风饼,趁梅驿,来云岭,紫桂岩空琼窦冷。佳人却恨,等闲分破,缥缈双鸾影。一瓯月露心魄醒,更送清歌助清兴。痛饮休辞今夕永。与君洗尽,满襟烦暑,别作高寒境。④

  这首咏茶词,从茶的制作、运转,写到品尝的清新,并用双关手法把品茶与赏月联系起来,构思巧妙,联想丰富。后人评论云:"党承旨《茶词》:'红莎绿蒻春风饼,趁梅驿,来云岭。'金自明昌、大定时,文物已埒中国,而制茶之精,如此风味,亦何减宋人。"⑤从这首茶词可以看出,诗人认为茶有清心、助兴、解忧、消暑等多种功效,反映了金人对茶的认识。饮茶有如此功效,难怪要"上下竞啜"了。

  (三)禁茶

  金代饮茶之风日甚一日,茶叶消耗量不断增加。至宣宗元光二年(1123年),据省臣奏:"今河南、陕西凡五十余郡,郡日食茶率二十袋,袋直银二两,是一岁之中妄费

---

① 《全金诗》卷一〇,南开大学出版社1995年版。
② 《金文最》卷三七,中华书局1990年版。
③ 《全金元词》上册,第13页,中华书局1979年版。
④ 《中州乐府》,《中州集》下册,第552页,中华书局1959年版。
⑤ 杨慎《词品》,《历代诗余》卷一一九,文渊阁"四库全书"本。

民银三十余万也。"①朝廷官员纷纷要求禁茶，规定饮茶者的范围，不得随意储存、馈献和出售茶叶。泰和六年（1206年）十一月，尚书省奏："茶，饮食之余，非必用之物。……商旅多以丝绢易茶，岁费不下百万，是以有用而易无用之物也。若不禁，恐耗财弥甚。"于是，"命七品以上官，其家方许食茶，仍不得卖及馈献。不应留者，以斤两立罪赏"。七年，更定食茶制。八年七月，有人"以茶乃宋土草芽，而易中国丝绵锦绢有益之物，不可也"。宣宗元光二年（1223年），大臣"以国蹙财竭"，奏请禁茶，"乃制亲王、公主及见任五品以上官，素蓄者存之，禁不得卖、馈，余人并禁之。犯者徒五年，告者赏宝泉一万贯"。②金朝官员谓茶乃无用之物，实属无知妄说，但饮茶成风，耗费财货，于此可见。

三、其他饮料

金代除酒、茶之外，还有其他饮料，主要是乳和汤。

（一）乳

金朝境内各族人放牧、饲养多种牧畜，除供肉用外，牛、羊、马乳是日常生活中的重要饮料，既能解渴，又可充饥。

（二）汤

在朝廷典礼及日常生活、待客时，除酒、茶外，还有汤。金与辽一样，一般是先汤后茶，茶罢送客，与两宋先茶后汤次序相反。周辉《北辕录》载，"虏法：先汤后茶。"《金史·礼志十一》载，接待外使时，依次上汤、酒、茶。"先汤，次酒三盏，置酒殽"，"茶罢"，客人离位告辞。

金人所饮汤的成分如何，殊少记载。但据宋元人所饮汤，主要以水加药材或蜜饯果品等制成。宋代风俗，"客至则设茶，欲去则设汤"。有人谓"客至设汤，是饮人以药也，非是"，所以"其家每客至，多以蜜饯渍橙、木瓜之类为汤饮客"。③元代汤饮，名目很多。④金代的汤饮，或与宋元大体相同。

金代一些医书中也载有名目繁多的汤饮。这些用于医疗的汤，其中相当一部分

---

① 《金史》卷四九《食货志四》。据中华书局本校勘记："按上文'五十余郡，郡日食茶二十袋'，是每日千袋，袋直银二两则一岁妄费七十余万，如袋直银一两则一岁妄费三十余万，'二'字或'三'，字必有一误。"
② 《金史》卷四九《食货志四》。
③ [宋]佚名《南窗纪谈》，"丛书集成初编"本。
④ 史卫民《元代社会生活史》，第159页，中国社会科学出版社1996年版。

具有保健性质，也同宋元近似，可以作为日常饮料。如刘完素《伤寒直格》、《伤寒标本心法类萃》中即有桂枝汤、十枣汤、栀子汤、桂苓甘露饮、半夏桔皮汤、五味子汤等。① 金元之际李杲《兰室秘藏》中有：黄芪汤，可补胃除湿，和血益血，滋养元气；参术汤，治脾胃虚弱、元气不足、四肢沉重、食后昏闷等；葛花解醒汤，治饮食太过；人参饮子，治脾胃虚弱、气促气弱、精神短少；人参补气汤，治四肢懒倦、自汗无力；上清汤，可清利头目、宽快胸膈等。② 此外，黑豆汤也是一种具有医疗效用的饮料。"以黑豆二合炒熟，甘草二寸，炒黄色，以水一盏，时时服之"，可医治时疫。③

上述诸汤，有的可作待客时饮用，有的则是居家生活中的保健饮料。

---

① 人民卫生出版社 1982 年版。
② "丛书集成初编"本。
③ 《泣血录》，《三朝北盟会编》靖康中帙六一。

第三节　宴饮名目

金代朝廷或皇帝接待外国使节的宴饮名目很多，有所谓御厨宴、花宴、较射箭宴、换衣灯宴等。

一、御厨宴

御厨宴是金朝皇帝为外国使节接风的宴会。许亢宗奉使金国，到达上京后，金太宗在乾元殿设宴款待他们。厅内设"朱漆银装镀金几案"，"果碟以玉，酒器以金，食器以玳瑁，匙箸以象齿"。宴饮开始，有几名女真人抬着十几个鼎镬，进来，七手八脚地"切割恒飣以进"。边进食，边奏乐，乐队是由旧契丹教坊四部二百人组成。"酒五行，食毕，各赐衣袍带，使副以金，余人以银，谢毕，归宿。"[1] 这就是御厨宴。

二、花宴

花宴大体与御厨宴相同，还要伴之以百戏演出等，内容更为丰富。"酒三行，则作乐，鸣钲击鼓，百戏出场，有大旗、狮豹、刀牌、砑鼓、踏索、上竿、斗跳、弄丸、挝簸旗、筑球、角抵、斗鸡、杂剧等，服色鲜明，颇类中朝。又有五六妇人涂丹粉，艳衣，立于百戏后，各持两镜，高下其手，镜光闪烁，如祠庙所画电母。""酒五行，各起就帐，戴色绢花，各二十余枝。"[2] 楼钥出使金国，曾赴花宴。他描述说："……又三

---

[1]《许亢宗行程录疏证稿》。
[2] 同上。

日甲寅，晴风益其，赴花宴于大安殿，大率如元日，加酒二行，五行后四趋，国主先起，百官出，就簪花、剪彩为之。惟栾枝甚异，或四或二，长二尺许，花为杂色，状如锦带翘起。幞头四角后垂柳四枝。"①

所谓花宴，大约是因宴饮中有"戴花"、"簪花"之仪而来。

花宴本为契丹旧俗。《大金集礼》卷四〇"杂录"载，"生辰、正旦花宴"。熙宗天眷三年（1140年），依辽制筑山楼，为举行花宴时用。贞元二年（1154年）正月，"山楼以万春山为名"，大定五年（1165年）又"以仁寿山为名"。二十二年（1182年）敕旨，"今后彩山正旦以仁寿山为名，万春节以万春山为名"。清人有诗云："大安花宴礼仪新，高矗山楼署万春。"②就是咏金朝花宴的。

三、较射宴

许亢宗到达金上京第四日，曾赴伴以较射节目的宴饮，姑称之为较射宴。"有贵臣就赐宴兼伴射，于馆内庭下设垛。乐作，酒三行，伴射贵臣、馆伴使副、国信使副离席就射三矢，弓弩从便用之。胜负各有差，就赐袭衣鞍马。"举行较射宴时，有名王、贵臣等身着微服混杂在人群中观看。③宴中伴以较射，大约是行于金初的风俗，后来废弃。

四、换衣灯宴

换衣灯宴是朝廷为外使举行的送别宴会。许亢宗在上京的最后一天，曾赴此宴。行程录中写道：

> 次日朝辞如见时，酒食毕，就殿上请国书捧下殿，赐使、副袭衣、物、帛、鞍马，三节人（宋与辽金外交使节除使、副使外，分为上、中、下三节，称三节人）物、帛各有差。拜辞归馆，铺挂彩灯百十余为芙蓉、鹅、雁之形，蜡炬十数，杂以弦管为堂上乐。馆伴使、副过位召国信使、副为惜别之会，名曰"换衣灯宴"。

---

① 《北行日录》卷下，"知不足斋丛书"本。
② 陆长春《金宫词》，《辽金元宫词》第55页。
③ 《许亢宗行程录疏证稿》，贾敬颜著《五代宋金元人边疆行记十三种疏证稿》第253—254页。

酒三行，各出衣服三数件或币帛交遗，常相聚，惟劝酒食，不敢多言。至此夜，语笑甚款，酒不记巡，以醉为度，皆旧例也。①

由此可见，换衣灯宴除一般礼仪外，还要张彩灯及互换衣帛。换衣灯宴名本此。

当宋朝使副离开金境前，陪同官员再次"夜具酒食，为惜别之会"，而且也要以"衣服三数件或币帛交遗，情意甚欢"。次日清晨，于边界行饮酒换鞭之仪。宋使及金朝陪同官员来到边界，这时南宋方面欢迎者已等候在那里，"旗帜、甲马、车舆、帘幕以待，人皆有喜色"。这时，奏乐，饮酒，上马。当将宋使送至双方边界中线，彼此回马竚立，在马上饮酒一杯，并交换所执马鞭，以为纪念。然后"举鞭揖别，各背马回顾。少顷，进数步，踌躇为不忍别之状，如是者三乃行"。此宴限于环境，未必丰盛，但是女真人之热情却令宋使感动，"虏人情皆凄恻或挥泪，吾人（宋人）无也"。②

---

① 《许亢宗行程录疏证稿》，贾敬颜《五代宋金元人边疆行记十三种疏证稿》第254页。
② 同上。

【 第四节　炊具与饮食器皿 】

女真早期炊具多为铁器，饮食器和存贮器多为木质，亦有陶瓷、金属等器，中原地区大体沿袭北宋。金代不同阶层使用的炊具和饮食器皿差别很大。

一、炊具

女真人很早就掌握了冶铁技术。《神麓记》载，献祖随阔（随可）"自幼习射采生，长而善射猎，教人烧炭炼铁，刳木为器"。[①]可能由于产铁量较低，不能满足需要，他们还要从邻国购买或从别部掠取一些铁器。

考古工作者在许多地方发现金代早期采矿和冶铁遗址以及铁制炊具。如在黑龙江阿城东部的小岭、五道岭地区，发现五十余处金代早期采矿、冶铁遗址；在上京地区出土的炊具有铁锅、铁菜刀等；[②]甚至在更为偏远的蒲峪路（今黑龙江克东）也有铁锅出土。[③]在黑龙江绥滨中兴古城出土有三足铁锅、三足铜锅等。[④]在吉林省农安、怀德、吉林、靖宇等地也出土有炊具铁锅等。[⑤]

至于在中原地区，炊具种类就更多了。据《金史·礼志》载，有镬、鼎等炊具。

在金代炊具中，还出现了名牌产品，如产于今山西的并刀。岳行甫诗中有"并州

---

① 《三朝北盟会编》政宣上帙一八。
② 黑龙江省博物馆《黑龙江阿城县小岭地区金代冶铁遗址》，《考古》1960年第5期；《文物考古工作三十年》，第119—120页。
③ 《文物考古工作三十年》，第88页。
④ 《黑龙江畔绥滨中兴古城和金代墓群》，《文物》1977年第4期。
⑤ 《文物》1977年第4期。

第一章 饮食

铜簋(《北京金代皇陵》)

细落季膺鲈"句，① 就是咏并州菜刀的。

二、饮食器与存贮器

女真早期的饮食器与存贮器以木器为主。《三朝北盟会编》政宣上帙三载："食器无瓢陶，无匕箸，皆以木为盆。春夏之间，止用木盆贮鲜粥，随人多寡盛之，以长柄小木勺子数柄回环共食。"金代东北地区的陶瓷业是在辽代的基础上发展起来的。在辽宁抚顺大官屯和辽阳江官屯都曾发现陶窑遗址，所产饮食器和存贮器有碗、盘、碟、瓶、罐、壶等。工艺较简单粗糙，胎质厚粗。②

中原地区的饮食与贮存陶瓷器主要来源于定窑（河北曲阳）、磁州窑（河北邯郸）、钧窑（河南禹县）、耀州窑（陕西铜川）、磁村窑（山东临淄）等，诸窑所产器皿各具特色。

定窑产白瓷，有莹白、甜白、牙白等。纹样有划花、绣花、印花等。以刀雕刻者为划花，以针剔刺者为绣花，以陶范印成者为印花。③宋、金时人们称赞定窑瓷"色莹净可爱"，④"定州花瓷瓯，颜色天下白"。⑤

磁州窑所产瓷器，北宋时以白釉、黑釉为主，金代仍以白釉为主，也有黑、茶、沫绿、酱紫、黄琉璃釉等。⑥

钧窑，北宋钧瓷光泽鲜艳，具有五色。有绿中微显蓝色光彩的，也有呈紫红色彩的。蓝呈月白，或蔚蓝，紫呈玫瑰般紫红，犹如晚霞。⑦金代钧瓷与宋时风格大体相同。

耀州窑，大约始烧于唐初，以黑、白釉为主；盛烧于北宋，以青色为主；金元时继续烧造，从考古发现，这个时期的青瓷，釉呈姜黄色，并有黑及月白青、白釉黑彩等釉色。⑧

磁村窑以产白瓷为主，其次有白釉黑花、黑釉等。器形有碗、盘、碟、盆等。装饰工艺除宋代原有的刻花外，新出现了篦纹划花、白釉黑花、加彩等，比宋代有进一

---

① 《寄李天英》，《中州集》卷五。
② 参见赵光林、张宁《金代瓷器的初步探讨》，《考古》1979年第5期。
③ 张子高编著《中国文学史稿》古代之部，第132页，科学出版社1964年版。
④ 周煇《清波杂志》卷五，《宋元笔记小说大观》，上海古籍出版社2001年版。
⑤ 刘从益句，《归潜志》卷八，中华书局1983年版。
⑥ 《文物考古工作三十年》第50页，文物出版社1979年版。
⑦ 杨万里《中国历代烧制瓷器的成就与特点》，《文物》1963年第6期。
⑧ 中国社会科学院考古所编《新中国的考古发现和研究》，第642页。

第一章 饮食

定窑刻花葵瓣碗

褐釉鱼纹罐

磁州窑龙凤纹罐

褐釉盏

步发展。其中黑釉白线纹器是金代最富特色的品种之一。[1]

宋金时期一些名窑生产的陶瓷饮食器和存贮器流传范围很广,远在黑龙江畔绥滨中兴古城曾有发现,其中有定窑、耀州窑、磁州窑的产品。

此外,汝窑(河南临汝)产品,在民间也偶有使用。因其产量少,尤被珍视。赵秉文《汝瓷酒尊》诗云:"秘色创尊形,中泓贮醇醽。缩肩潜蝘蜓,蟠腹涨青宁。巧琢晴岚古,圆瑳碧玉莹。银杯犹羽化,风雨慎缄扃。"[2] 由此可见人们对汝瓷的钟爱。

金代的饮食器和贮存器,除陶瓷器外,还有金、银、铜以及玉、玻璃、琥珀等器皿。当然这些主要用于宫廷和上层社会。金朝初年,上京宫廷"御厨宴"上的饮食器具已相当可观,"前施朱漆银装镀金几案,果楪以玉,酒器以金,食器以玳瑁,匙箸以象齿"。[3] 及至大定间,中都宫廷中的饮食器皿更加豪华,多用金、银、玉、玳瑁等质。如玉壶、玳瑁碗、银碟等。[4] 皇帝高兴时,还以金银器皿为赏赐物。有一次章宗在瑶光楼赏月,召赵沨(文孺)当场赋诗,《中秋》诗成,章宗大为赞赏,"手持金钟以赐",并对赵沨说"以此钟赐汝作酒直"。[5]

金朝上层贵族也常用金银器皿。考古工作者在黑龙江金代遗址、墓葬中发现许多

---

[1] 中国硅酸盐学会编《中国陶瓷史》,第 327 页。
[2] 《闲闲老人滏水文集》卷六。
[3] 《许亢宗行程录疏证稿》。
[4] 《北行日录》。
[5] 《中州集》卷四。

三足釜

三足提梁锅（鲍海春等编《金源文物图集》，哈尔滨出版社2001年）

精美的金银器皿，如绥滨中兴古城即出土有银碗等。[1]

在金宋和好时期，两国互赠礼物中，往往有金银酒茶器。《建炎以来朝野杂记》甲集卷三载："自和戎后，虏人（金）正旦，馈上金酒器六事：注碗一，盏四，盘一。""而戎主生辰正旦，朝廷皆遗金茶器千两，银酒器万两。"玻璃、琥珀器皿，也被应用到日常生活当中，如《归潜志》卷八载，几位文人小聚，坐中有定瓷酒瓯，使联句赞曰："轻浮妾玻璃，顽钝奴琥珀"，"器质至坚脆，肤理还悦泽"，即可说明。

饮食器除以上所述容器，还有匕、筯等。如《金史·纳坦出传》有"掷匕箸于案"。匕，即匙；筯，又作箸，俗称筷子；案，即饭桌。周驰《箸诗》咏筷子："矢束形何短，筹分色尽红。骈头斯效力，失偶竟何功。比数盘盂侧，经营指掌中。蒸豚挑项脔，汤饼拌油葱。正使进馋口，何尝废直躬。上前如许借，犹足沃渊衷。"[2]述说了筷子的形状、功能、用法等。

---

[1] 《黑龙江畔绥滨中兴古城和金代墓群》，《文物》1977年第4期。
[2] 《中州集》卷七。

第五节 金代饮食观念、特点及影响

一、饮食思想与观念

人们的饮食思想、观念是同当时社会生产力发展水平、社会风气以及个人的爱好等相联系的。金初，社会生产力较低，狩猎、畜牧在社会经济中占有重要的地位，由此反映出来的有关饮食的主张也离不开这个大背景。阿骨打在简陋的御宴上对宋使说："我家自上祖相传，止有如此风俗，不会奢饰。只得个屋子冬暖夏凉，更不必修宫殿，劳费百姓也。"[①] 反映了金初女真的饮食、居住等观念。

到熙宗、海陵王时，由于他们接受汉文化熏陶，对"分茶"、"点茶"等表现出极大的兴趣。熙宗还把那些拒绝和反对接受"雅歌儒服、分茶焚香"之类汉族文化的女真开国旧臣，视为"无知夷狄"。[②] 世宗则针对前朝及海陵王奢糜的教训，在饮食上提倡节俭，反对糜费。他说："亡辽日屠食羊三百，亦岂能尽用，徒伤生耳。"[③] 他主张，在饮食等风俗上，保持女真纯朴旧俗。世宗说："会宁乃国家兴王之地，自海陵迁都永安，女直人寖忘旧风。朕旧尝见女直风俗，迄今不忘。今之燕饮音乐，皆习汉风，盖以备礼也，非朕心所好。"[④] 还说："国初风俗淳俭，居家惟衣布衣，非大会宾客，未尝辄烹羊豕。朕尝念当时节俭之风，不欲妄费，凡宫中之官与赐之食者，皆有常数。"[⑤]

---

① 《茅斋自叙》，《三朝北盟会编》政宣上帙三。
② 《大金国志校证》卷一二《熙宗孝成皇帝四》。
③ 《金史》卷六《世宗纪上》。
④ 《金史》卷七《世宗纪中》。
⑤ 《金史》卷八《世宗纪下》。

大葆台金代水井(《金中都遗珍》)

人们经过饥荒、战乱等磨难，对饮食的意义有更深刻的体会。金朝末年，蒙古军围困金南京，城内乏食，一升米值银二两余。[①]朝廷派人收索城中粮食，许多百姓相继死亡，竟出现"人相食"、[②]"殍死者相望"[③]的惨状。在金朝君臣逃往蔡州后，当地人口骤增，那里的百姓也是"采城壕菱芡水草以食"。[④]有无这种经历的人对饮食的理解与感受是大不一样的。刘祁说："肥浓甘脆世所共珍，使饱而遇之，则食如泥土。藜藿葵荠世所共贱，使饥而遇之，则食如饴糠。"[⑤]又说："金银珠玉，世人所甚贵，及遇凶年则不及菽粟。""平时富贵之家求一珠玉、犀象、玩好、器物，至发粟出帛惟恐其不得。将以充其室，夸耀于人以自乐者皆是也。"而到金末天兴元年（1232年）南京被围时，士庶之家以平日珠玉、玩好、妆具、环珮、锦绣衣裳，在市中出卖，换取一点米豆，以救朝夕。刘祁自家亦曾以一件精致的新"毳袍"换了八升米，又以金钗换"牛肉一肩"。这时，他深深体会到"明君贵五谷而贱金玉，诚知其本也"，古人所说的"薪如桂，米如珠"诚至理名言。[⑥]

---

① 《归潜志》卷一二。
② 《金史》卷一八《哀宗纪下》。
③ 《归潜志》卷二二。
④ 《金史》卷一八《哀宗纪下》。
⑤ 《归潜志》卷一三。
⑥ 《归潜志》卷一二。

二、饮食特点及其影响

金朝是女真族建立的包括有契丹、奚、渤海等族的王朝，其民族成分大体与辽相同，但是各民族地位有所变化，加之社会经济发展，北南交往增多，其饮食文化也有了新的变化与发展。

辽金两朝均在北方，女真与契丹生存的自然、地理环境比较接近，其饮食文化也多有相似之处。然而，契丹是一个游牧民族，渔猎、畜牧在辽朝经济生活中一直占有重要地位。而女真则较早实现了从狩猎、畜牧到农业的过渡，金朝建立后，逐渐转向以农业为主。这也影响到辽金饮食文化有一定的差异。

金代初期，由于女真社会发展落后于中原汉族，加之受自然环境、民族传统等影响，其饮食仍较原始、粗陋。金初，宋人马扩出使金朝，见到金太祖阿骨打在打猎途中所设御宴情景：君臣围坐在炕上，每人端着饭碗，就着腌渍的野菜，另有猪、羊、牛、马、鹿、兔、鹅、雁等肉，或生食，或烹煮，或烧烤。各用佩刀，大块吃肉。如此而已。[1]

在稍晚于马扩使金的许亢宗所述太宗在上京宫廷中的御宴，则略显讲究一些，饮食器亦较精制，但所食食品，与前大体相同，只是"差精细而味和耳"。[2] 应该说，这反映了当时女真饮食的最高水平。

宫廷中尚且如此，民间饮食就更为简陋了，这是可想而知的。食品加工制作简单，常常主副食不分，半生米饭、生狗血、野菜之类和而食之。

由于北方天寒，生长蔬菜的季节较短，于是腌渍蔬菜便成为女真及北方各族人贮存、加工蔬菜的手段，是他们不可短少的副食品。

三、饮食的汉化与女真化

随着金朝社会的不断发展，各族人的饮食也有所变化。女真统治者大量任用汉人参政，仿效汉制，实行许多政治改革。他们还将大批汉人从燕云、汴京迁往东北，同时又将大批猛安谋克户从女真"内地"迁入中原，形成女真人与汉人交错杂居的局面，为女真人汉化，汉人女真化以及促进民族融合创造了条件。在生活方式上也互相影响。

---

[1] 《茅斋自叙》，《三朝北盟会编》政宣上帙三。
[2] 《许亢宗行程录疏证稿》。

如金熙宗就是较早接受汉族生活方式影响的皇帝，"儒服，分茶，焚香"，无所不好，以致被一些女真贵族认为是已失去女真之本态。海陵王也喜好"象戏、点茶、延接儒生"。① 连上京会宁府的"燕饮音乐"，"皆习汉风"。② 可见汉族的生活方式包括饮食文化已风行女真"内地"了。前面我们已经谈到，女真的岁时节日及其饮食风俗，有许多来自中原，所谓"四时节序，皆与中国侔矣"。③ 女真饮食在很大程度上已经汉化。

女真的饮食文化对境内汉族，乃至邻境也产生了一定的影响。金世宗大定间，宋人范成大使金，路经北宋旧京，见到那里"民亦习胡俗，态度嗜好，与之俱化"。④ 说明金朝境内汉人与女真人生活方式的区别正在缩小。尽管范成大对北宋旧京风俗"胡化"表示惋惜，然而伴随各民族经济、文化交流的增加，他们的生活方式互相影响，这是一个不可逆转的发展趋势。其实，宋人的饮食结构也在发生变化。至南宋晚期，原来的南北食差别，已经不大。《梦粱录》卷一六"面食店"载："向者（指北宋时期）汴京开南食店，川菜分茶，以备北南往来士大夫，谓其不便北食故耳。南渡以来，几二百余年，则水土既惯，饮食混淆，无南北之分矣。"⑤ 随着汴京饮食的南传，包括某些颇具北方风味的辽金饮食也传到了南方。

总之，在12—13世纪间，不仅是在金朝境内而且也是当时整个中国南北饮食文化大交流、大融合的时期。

金代饮食对后世也有一定的影响。清人有咏北京食物的俳谐体诗，其中所列有许多吃食，都可从辽金饮食中找到渊源。诗云：

> 旅食京华久，肴羞亦偏尝。
> 山珍先鹿兔，海物首鲟鳇。
> 烧鸭寻常见，燔豚馈送将。
> 鸡如春笋嫩，鱼比面条长。
> 火鼎膏凝雉（原注：野鸡火锅），炎炉胛熟羊。
> ……
> 出瓮怜菘白，堆盘爱韭黄。
> 蔓菁腌作腊，薯蓣熟为粮。
> ……

---

① 《大金国志校证》卷一三《海陵炀王上》。
② 《金史》卷七《世宗纪中》。
③ 《建炎以来朝野杂记》卷一九，建炎三年正月甲午。
④ 《揽辔录》，《三朝北盟会编》炎兴下帙一四五。
⑤ 浙江人民出版社1984年版。

赵励墓壁画(《金中都遗珍》)

赵励墓壁画(《金中都遗珍》)

是人皆食蒜,无味不调姜。
恶汉葱三斗,贫儿荠一筐。
炊糜要和合(原注:用杂品作糜,谓之和合粥),说饼即家常。
扁食教濡醋(原注:水饺谓之扁食),元宵更糁糖(原注:汤圆谓之元宵)。
……
油馓松盘髻,牛酥莹割肪。
茶醲和炒面(原注:炒面作糜,谓之面茶),粥薄饮甜浆。
……
糖栗充饥饳,酸梅解暑汤。
淡菽夸易水,苦酒说良乡。①

其中有些吃食,至今仍然出现在北方的餐桌上,反映了金人饮食对后世的影响。

---

① 方元鹍《咏都门食物作俳谐体》,《北京风俗杂咏》第41页,北京古籍出版社1982年版。

第二章

穿 着

第一节 女真早期衣着

女真所居地域纬度偏北，冬季漫长而寒冷。早期女真衣着主要以皮毛及织布为原料。《松漠记闻》卷下载："北方苦寒，故多衣皮，虽得一鼠亦褫皮藏之，妇人以羔皮帽为饰，至直十数千，敌三大羊之价。"《大金国志》卷三九《男女冠服》亦载：女真"土产无桑蚕，惟多织布，贵贱以布之粗细为别。又以化外不毛之地，非皮不可御寒，所以无贫富皆服之。富人春夏多以宁丝绵䌷由为衫裳，亦闲用细布。秋冬以貂鼠、青鼠、狐貉皮或羔皮为裘，或作红宁丝四袖（原文如此，疑有误）。贫者春夏并用布为衫裳，秋冬亦衣牛、马、猪、羊、猫、犬、鱼、蛇之皮，或獐、鹿皮为衫。袜皆以皮"。妇女服装，曰大袄子，无领，"如男子道服"，裳曰锦裙。

女真衣服尚白色。

黑龙江阿城亚沟石刻图像，被认为是金代早期作品，为后人了解当时女真衣着形制提供了形象而可靠的资料，引起中外学者的重视。半个多世纪以前日人鸟居龙藏对此有过较详细的描述。他说：

> 此武士身着胡服，头戴盔，右手握鞭，足着长靴，可谓其为全幅武装矣。盔顶附有甚大之玉。……胡服之衿较广，全身皆有装饰之花纹，两肩之部分露有高贵披肩之两端，自胸部以迄两腕之上部，亦隐约有花纹存在。……由左肩下迄腕所披之装饰，似为其品位之象征。
>
> 与其相并盘膝而坐者为一妇人之像，其服装与契丹妇人服相同。……头戴帽，于右肩之上部有甚长之突出物，为帽之附属品，当为贵妇人之象征。衣为左衽，袖甚长。[①]

亚沟石刻至今仍然依稀可辨，大抵如鸟居龙藏氏所述。

---

① 《金上京及其文化》上篇，《燕京学报》第 35 期。

【 第二节 服饰制度 】

金初本无严格的服饰制度,至熙宗天眷、皇统间,参照汉、唐、宋服制制定本朝服制,到世宗、章宗时逐渐完备起来。其常服充分反映出女真服饰的特色。

一、金代服制的确立

熙宗天眷二年(1139年)四月,"百官朝参,初用朝服"。六月,"初御冠服"。[①]三年,因熙宗将赴燕京(今北京),掌管礼仪的官员称应该服通天冠、绛纱袍,遂"据见阙名件,咨行省依样造成"。包括袍裳、方心曲领、中单、蔽膝、革带、大带、玉具剑、绶佩、舄袜等,[②]标志金朝服制的初步确立。世宗大定三年(1163年),定百官公服之制。金代前期,朝服、祭服不分,章宗泰和元年(1201年),礼官上奏:"祭服所以接神,朝服所以事君,虽历代损益不同,然未尝不分别……今群臣但有朝服,而祭服尚阙,每有祀事但以朝服从事,实于典礼未当……乞参酌古今,改置祭服。"章宗曰:"朝祭之服,固宜分也。"于是参酌汉、唐,更制祭服,"其服用青衣、朱裳、白袜、朱履",[③]以别于朝服。至此,金朝服制才最后完备。

---

① 《金史》卷四《熙宗纪》。
② 《大金集礼》卷二九《舆服上》。
③ 《金史》卷四三《舆服志下》。

二、礼服

金朝服制，因袭历代遗制，其等级界限相当严格。

（一）天子衮冕

皇帝衮冕大体采用宋制，而略加增损。由通天冠、绛纱袍、衮、冕、偪舄等组成。冕有天板，以青罗、红罗为表里，周围用金棱。天板下有四柱，前后有二十四珠旒，还有一些其他装饰品。衮衣，用青罗夹制，以五彩间金绘画，图案为日、月、星辰、山、龙、华虫、火、宗彝等。中单（内衣）用白罗单制。裳和蔽膝，都用红罗夹制。舄，即鞋，重底，红罗面。袜，用绯罗加绵。

凡大祭祀、加尊号、受册宝等仪，服衮冕。行幸、斋戒出宫或御正殿，则戴通天冠，穿绛纱袍。

平时上朝，则服小帽、红襕（衣与裳相连曰襕，即袍），偏带或束带。

（二）皇后冠服

皇后冠服，与宋代相近。有花珠冠、袆衣、裳、蔽膝、舄、袜等。花株冠，以青罗为表，青绢衬金红罗托里，用九龙、四凤，前面大龙衔穗球，前后有花珠各十二以及其他装饰。袆衣，按《释名·释衣服》："王后之上服曰袆衣，画翚翟雉之文于衣也。"以青罗织成翚翟（野鸡）之形，素质。中单以素青纱制。裳，深青罗织成瞿文六等。蔽膝，深青罗织成三等。舄，以青罗制，白绫里，如意头。袜，以青罗为表里，缀系带。

（三）皇太子冠服

皇太子冠服有冕、衮、白纱中单、革带、蔽膝、朱舄、白袜等。其中衮衣是在青衣上绣山、龙、华虫、火、宗彝等五种花纹；在朱裳上绣藻、粉米、黼、黻等四种花纹。

太子入朝起居及与宴，着朝服，紫袍、玉带、双鱼袋。其他场合如视事、会见宾客等，则着小帽、皂衫、玉束带。

此外，对宗室、外戚及一品命妇及百官冠服均有规定。如宗室、外戚及一品命妇，衣服许用明金。五品以上官母、妻，许披霞帔。百官服饰有朝服、祭服、公服之别。百官公服，大定官制，各依官阶定服色、纹饰。

三、常服

以上是金朝皇帝、后妃、太子、外戚、命妇、大臣等在朝会、祭祀等典礼时所穿礼服，而最能反映金人服饰特点的则是常服。

常服主要由巾、盘领衣、带、乌皮靴四部分组成。

（一）巾

即幞头。以皂罗为之，上结方顶，折垂于后。顶之下际两角，各缀以方罗径二寸左右，方罗之下各附带长六七寸。顶中饰以顶珠。

考古工作者曾在阿城巨源齐国王墓中发现有女真幞头实物。实物虽同《金史》所载形制略有差异，但总体上是一致的。女真幞头大致源于唐宋，而又具本民族的特色：其一，具有幞头的传统形制和某些特征；其二，在幞头顶前部折出左右对称的二小角与前部的大折角相互照应，使之增加了美感；其三，此两角抽出后，即可系于颔下，以避免大风或骑马飞奔时脱落。①

（二）盘领衣

衣多白色，窄袖，盘领。前胸与肩袖，饰以文饰。随从皇帝"春水"之服，多绣鹰鹘捕鹅及花卉等。从"秋山"之服，则绣熊鹿山林。显然，这些图案具有保护色的作用，不易惊动被猎目标。衣长至骭骨（胫骨与小腿间），便于骑射。

（三）带

束带，又称吐鹘。带銙（带扣板）以玉、金、犀象骨角制作。外出射猎时用来佩带刀、牌。

双鹤纹带銙（《金源文物图集》）

---

① 谭英杰等《黑龙江区域考古学》，第131页，中国社会科学出版社1991年版。

在上京会宁府女真早期墓地曾出土有鎏铜质及玉质带銙，其纹饰有花草纹、云纹、蜂蝶纹、鱼纹、兽面纹、童戏纹、海东青捕天鹅纹等。①

（四）乌皮靴

妇女常服，服襜裙，多为黑紫色。上衣称团衫，直领，左衽，前后拖地。腰系带，用红黄色。

此外，金朝对士庶、三教九流、兵卒、奴婢的衣着，均有具体规定，不得逾越等级界限。大定十三年（1173年），"太常寺拟士人及僧尼道女冠有师号，并良闲官八品以上，许服花纱绫罗丝䌷"。"庶人止许服毐䌷、绢布、毛褐、花纱、无纹素罗、丝绵，其头巾、系腰、领帕许用芝麻罗、绦用绒织成者，不得以金玉犀象诸宝玛瑙玻璃之类为器皿及装饰刀把鞘、并银装钉床榻之类。""兵卒许服无纹压罗、毐䌷、绢布、毛褐。奴婢止许服毐䌷、绢布、毛褐。倡优遇迎接，公筵承应，许暂服绘画之服，其私服与庶人同。"②

在使金的宋人诗文及其他资料中也有关于女真服饰的零星记载。范仲熊《北记》云："凡番官平居惟著上领褐衫，无上下之辨，富者着褐色毛衫，以羊裘狼皮等为帽。"③绍兴四年（1134年），金右副元帅完颜昌召见宋通问使魏良臣、王绘时，旁边有四人"皆衣浑纱短袍、裹头巾、着毬头靴"。④范成大使金，金国接送伴田彦皋对他所戴巾裹非常羡慕，求其式样，而对自己所戴的"蹋鸱巾"则颇有愧色。范成大写了一首《蹋鸱巾》诗记述此事："重译知书自贵珍，一生心愧蹋鸱巾。雨中折角君何爱，帝有衣裳易介鳞。"⑤元人虞集在《金人出塞图》诗中写道："银黄兔鹘明绣袍，鹧鸪小管随鸣鞘。背孤向虚出北臬，海东之鵟王不骄。锦鞲金镞红绒绦，按习久蓄思一超。"⑥我们虽然不能亲睹原画，却从诗中仿佛看到了身着民族衣装，雄姿英发的金人形象。

---

① 阎景全、李建勋《金代帝王的春水生活》，《北方文化研究》第1集，阎景全《黑龙江省阿城市双城村金墓群出土文物整理报告》，《北方文物》1990年第2期。
② 以上见《金史》卷四三《舆服志》。
③ 《三朝北盟会编》靖康中帙七四。
④ 《三朝北盟会编》炎兴下帙六二。
⑤ 《范石湖集》卷一二，中华书局1981年版。
⑥ 《元文类》卷五，文渊阁"四库全书"本。

文姬归汉（局部，吉林省博物馆藏）

第二章 穿 着

文姬归汉(局部)

文姬归汉（局部）

四、文物考古资料中的金人衣着

从流传下来的金代文物及考古发现，如壁画、砖雕以及服饰实物中，可以印证有关文献记载中的金代衣着形制，为我们提供了形象而真实的资料。

原题金人张瑀《文姬归汉图》（吉林省博物馆藏）所画系汉末人物故事，但服饰具有金人特点。图中最前面的胡人肩扛黑旗，旗上有日形。据《金志》载："金国以水德王，用师行征旗皆尚黑，虽五色皆具，必以黑为主。寻常车出入，止用一日旗。"图中蔡文姬头戴貂帽，耳两旁似各垂一辫，上身着半袖，内着直领长袖上衣，腰束带。足穿长勒尖靴，颈项间围有云肩。其貂帽、长辫、云肩、束带、长勒靴等，都是金人服饰特点。画面最后的胡人武士右手架海东青，左手执缰，以海东青捕获猎物也体现女真人特点。

河南焦作金墓舞蹈俑，头戴六角形笠，梳双辫垂于肩，身着方领窄袖长袍，有护胸，腰系带，足穿靴。① 山西沁源正中村金墓壁画，骑马者头戴毡笠，着盘领袍，尖头靴。② 山西繁峙县岩上寺壁画东壁宫中图所绘人物服饰，总的来说已经汉化，其中一人仍着女真服饰；头戴跷脚幞头，着窄袖盘领袍，腰系带，足穿尖头靴。③ 河南焦作壁画中妇女装束，有二人头戴凤翘垂脚幞头（金凤花幞头），着盘领短袖袍，腰系抱肚，束

---

① 《河南焦作金墓发掘简报》，《文物》1979年第8期。
② 周锡保《中国古代服饰史》，第346—347页，中国戏剧出版社1991年版。
③ 《山西繁峙岩上寺的金代壁画》，《文物》1979年第2期。

革带，足着乌皮靴。有一人外罩大袄子，前后拂地，下着补襜裙，即所谓"团衫"。内衣为左衽。① 焦作老万庄三号金代壁画墓中有不同身份的人物形象。墓主，头戴皂色展幞头（乌纱帽），身穿朱红色圆领窄袖长衫，腰束带，足著皂靴。执扇侍从，头裹皂色幞头，身穿圆领红色长衫，腰扎绿带，足著皂靴。托巾侍女，头束高髻，并扎花带。上穿黄色短袖掩襟外套，内穿衬衫，半袒胸，胸束白色长带。下穿桔红色长裙，裙边拖地。负琴侍女，头梳高髻，扎土红色裹巾，身穿绿色掩襟长衫，左衽，腰扎长带。②

以上文物考古资料，印证并丰富了文献记载。

---

① 《河南焦作金墓发掘简报》。
② 河南省博物馆、焦作市博物馆《焦作金代壁画墓发掘简报》，《河南省文博通讯》1980年第4期。

褐地翻鸿金锦锦袍黄绢里（赵评春、赵鲜姬著《金代丝织艺术》，科学出版社2001年）

褐绿地全枝梅金锦绵襜裙（《金代丝织艺术》）

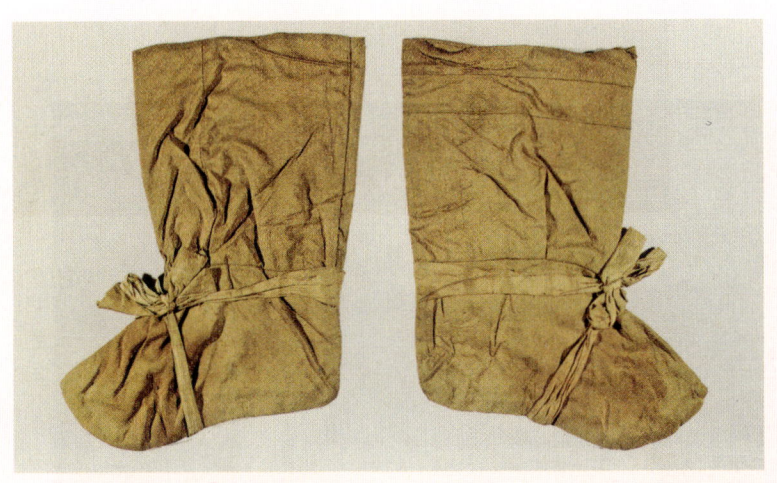

黄地小杂花金锦元袂袜(《金代丝织艺术》)

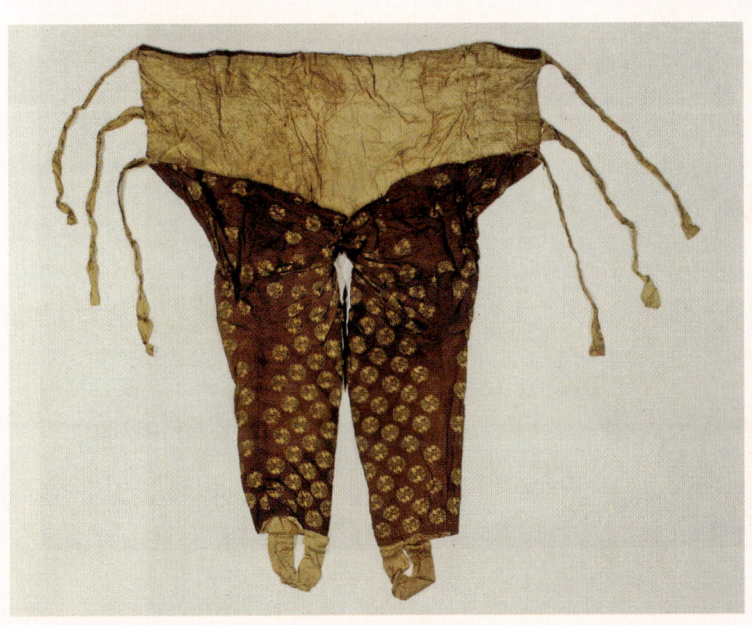

棕褐菱纹暗花罗萱草团花绣绵大口裤(《金代丝织艺术》)

第二章 穿着

青海阿拉尔出土胡锦袍(《金代丝织艺术》)

第三节　发式、首饰、佩饰及化妆

一、发式

女真女子留辫发，盘髻。男子也蓄辫发，垂于脊背，系以色丝，富者以珠玉为饰。①

二、首饰、佩饰

女真男女爱用首饰。妇女多佩带首饰。老年妇女"以皂纱笼髻如巾状，散缀玉钿于上"，称为"玉逍遥"。②这本是辽人头饰，为金人袭用。男子也"耳垂金银"。③金朝规定，"妇女首饰，不许用珠翠钿子等物，翠毛除许装饰花环冠子，余外并禁"。④

在黑龙江绥滨中兴、永生金代墓中出土许多金代的首饰、佩饰，有银钏、银簪、银钗、银耳坠、金指环、金列鞢等，还有以铜、铁、石、高岭土为原料做成的首饰、佩饰。⑤在阿城巨源齐国王墓发现的首饰、佩饰尤为丰富、精美。男墓主首饰、佩饰有：青玉镂空衔莲天鹅、玳瑁簪、金耳坠、玉柄佩刀、佩巾、香囊、丝绳编结腰佩、荷包（囊）、象牙梳、金握手等。女墓主有镂雕双凤青玉佩饰（即"玉逍遥"）、竹节形八角金环、金钿、项饰、腰佩等。此外，在长春市附近的完颜娄室墓发现有结纽状

---

① 《三朝北盟会编》政宣上帙三。
② 《金史》卷四三《舆服志下》。
③ 《三朝北盟会编》政宣上帙三。
④ 同上。
⑤ 《黑龙江畔绥滨中兴古城和金代墓群》、《绥滨永生的金代平民墓》，《文物》1977年第4期。

人物诗文佩饰

镂空鹿衔芝形佩饰

金花饰（可能是冠上饰物）、鎏金环（指环或耳环）、金钏、鎏金笄、宝石金钳、胡桃形石饰、鎏金装饰品、鎏金饰件等。①

---

① 谭英杰等编《黑龙江区域考古学》第128—137页，中国社会科学出版社1991年版。

三、化妆

金代妇女重化妆,后妃更是如此。金章宗曾为元妃李师儿筑梳妆台于中都东北隅,后人咏此事者颇多。元人廼贤《妆台》诗云:

　　废苑莺花尽,荒台燕麦生。
　　韶华如逝水,粉黛忆倾城。
　　野菊金钿小,秋潭石镜清。
　　谁怜旧时月,曾向日边明。①

元人陈孚《李妃妆台歌》云:

　　雪艳透肤腻红重,仙姿何待施铅华。
　　妆成独对东风笑,藕花一朵开涟漪。②

清人史梦兰《金宫词》中有"琼花仙岛接蓬瀛,百尺妆台压禁城"句。③

秋山镜

生肖镜

四兽"承安"铭文镜

---

① 《元诗选》初集《金台集》,中华书局1987年版。
② 《元诗选》二集《刚中玉堂稿》,中华书局1987年版。
③ 《辽金元宫词》第122页。

画眉是金代宫中妇女常用的化妆术。有关北京的许多志书如徐昌祚《燕山丛录》、《帝京景物略》等，都载西斋堂村产石，黑色而性坚，磨之如墨。金时宫人多以画眉。名曰眉石，又曰黛石。刘从益《戏答侯威卿觅墨》诗云："万松火厄化缁尘，依旧徂徕雪里春。冷剂香螺夔一足，破悭分与画眉人。"作者自注云："宫中取张遇墨烧去胶，以之画眉，谓之画眉墨。"① 元好问《赋南中杨生玉泉墨》诗注云："宫中以张遇麝香小团为画眉墨。"又在《杏花》诗中有"画眉卢女娇无奈，龋齿孙娘笑不成"句。② 这些都说明金代宫中流行画眉。

---

① 《中州集》卷六。
② 《遗山先生文集》卷九。

第四节　服饰风尚的变迁

由于社会生产力的发展，阶级对立和贫富分化的加剧，时尚的变化等因素，金人衣着也随之发生变迁。其主要趋势表现在两个方面：

一方面是由俭入奢。世宗说："国初风俗淳俭，居家惟衣布衣。"[①] 当然，金初女真衣着"惟衣布衣"不止是因风俗淳朴，还同当时生产力水平有关。随着生产力的提高，经济的发展，衣着也有变化，并渐趋奢华。大定十三年（1173年）吏部尚书梁肃请立衣服禁约疏说："民间钱难，盖由风俗奢华所致。今则吏卒屠贩奴仆之贱，各衣罗纨绮绣，服带金鱼，以致钱货尽入富商大贾及兼并之家。拟乞严行禁约，明定服色。"又说："自国家有天下到今，凡法度皆缘民情，中间恐风俗僭侈，遂以车舆伞盖、明金衣服、金花鞍秪、玉铰且鞍辔，各限品级。"[②] 以后遂有一些限制。然而并不能从根本上制止社会风气的变化。特别是宣宗南渡之后，一些膏粱子弟"惟以妆饰体样相夸，膏面镊须、鞍马、衣服鲜整，朝夕侍上，迎合谄媚"。有的显贵之家，婢妾居然"衣缕金绮绣如宫人"，[③] 女真贵族醉生梦死，奢靡腐化，达到了惊人的程度。

另一方面是汉化。女真人纷纷改着汉人衣冠，熙宗"雅歌儒服"，海陵王"见江南衣冠文物朝仪位著而慕之"，便集中地反映了女真衣着汉化的趋势。妇女的头饰也逐渐汉化，"自灭辽侵宋，渐有文饰，妇人或裹逍遥巾，或裹头巾，随其所好"。[④] 金世宗为保护女真旧俗，于大定二十七年（1187年）颁布命令，禁女真人学南人衣装，犯者抵罪。[⑤] 泰和七年（1207年），章宗勒令女真人不得学南人衣装，并规定"违者杖八十，

---

① 《金史》卷八《世宗纪下》。
② 《金文最》第236页。
③ 刘祁《归潜志》卷七。
④ 《大金国志校证》卷三九《男女冠服》。
⑤ 《金史》卷八《世宗纪下》。

编为永制"。① 但是女真汉化已成风尚，就连反对汉化的世宗、章宗所穿着的礼服、祭服等，亦无不是遵照"前代之遗制"，或"参酌汉唐"而更制的，②更不必说那些汉衣冠的仰慕者了。

金代北方汉人的衣着和发式也有变化。燕地汉人早在契丹统治下的时候，已改着胡服。苏辙《燕山》诗云，"左衽今已半"。③金初，"蕃汉杂处"，④女真"散居汉地"，⑤金朝统治者强制各族人民改行女真衣着、发式。天会四年（1126年）十一月，枢密院告谕两路指挥曰："今随处既归本朝，宜同风俗，亦仰削去头发，短巾，左衽。敢有违犯者，即是犹怀旧国，当正典刑，不得错失。"⑥天会七年（1129年），"金元帅府禁民汉服，又下令髡发，不如式者杀之"。宋青州观察使李邈城陷入燕，因对髡发令有抵触言论而丧生。当时刘陶知代州，因一军人顶发稍长，大小且不如式，便将其斩首。知赵州韩常、知解州耿守忠见有穿汉服"犊鼻"（即围裙）者，便把那个人杀了。一时因衣服和发式而无辜受害者，"莫可胜纪"。⑦

由于金朝统治者强制推行汉人女真化政策，以及汉人与女真接触的增多，使女真的衣着、发式在一些地区的汉人中流行开来。范成大《揽辔录》云："民亦久习胡俗，态度嗜好与之俱化，最甚者衣装之类，其制尽为胡矣。自过淮已北皆然，而京师尤甚。惟妇女之服不甚改，而戴冠者绝少，多绾髻，贵人家即用珠珑璁冒之，谓之方髻。"

女真衣冠在北宋旧都汴京（今开封）成为时髦货。范成大在《相国寺》诗中写道："闻说今朝恰开寺，羊裘狼帽趁时新。"而且寺中杂货，"皆胡俗所需"。⑧可见北方女真等少数民族的衣冠及日常生活用品已充斥这里的市场。女真的服饰还传到了南宋京城临安（今杭州）。南宋当局一再禁止。隆兴元年（大定三年，1163年），南宋有臣僚奏称，临安府士民百姓的"服饰乱常"，已经颁布诏令禁止。他说：如今，许多原辽、金、西夏归服本朝者以及本朝士民流落邻国后来重新回归者，往往不改"胡服"，诸军也仿效女真衣装，有乱风化，应严加禁止，不得"左衽胡服"。⑨南宋诗人陆游在一首诗中写道："上源驿中搥画鼓，汉使作客胡作主。舞女不知宣和装，庐儿尽能女真语。"⑩从以上

---

① 《金史》卷一二《章宗纪四》。
② 《金史》卷四三《舆服志上》。
③ 《栾城集》卷一六。
④ 《大金国志》卷二《太祖武元皇帝下》。
⑤ 《大金国志》卷八《太宗文烈皇帝六》。
⑥ 《大金吊伐录》卷三，见《避戎夜话》第96页，上海书店1982年版。
⑦ 《建炎以来系年要录》卷二八。
⑧ 《范石湖集》卷一二。
⑨ 《宋会要辑稿》兵一五之一二、一三，中华书局1957年版。
⑩ 《得韩无咎书》，《陆游集》第1册第118页，中华书局1976年版。

诗篇和奏议中不难看出，女真的服饰不仅深深影响了金朝统治下的汉族，而且对南宋也有影响。

北方汉族人民衣着、发式发生的变化，既是民族压迫的结果，也反映了民族融合的历史发展趋势。

第三章

居住与建筑

【第一节 民 居】

女真人早期住所简易,并在很长一个时期里变化不大。《金史·世纪》载:

黑水旧俗无室庐,负山水坎地,梁木其上,覆以土,夏则出随水草以居,冬则入处其中,迁徙不常。献祖乃徙居海古水……始筑室,有栋宇之制,人呼其地为纳葛里。"纳葛里"者,汉语居室也。

《三朝北盟会编》政宣上帙三亦载:

其俗依山谷而居,联木为栅,屋高数尺,无瓦,覆以木板,或以桦皮,或以

侍寝图(赵励墓壁画,《金中都遗珍》)

草绸缪之。墙垣篱壁，率皆以木，门皆东向。环屋为土床，炽火其下，与饮食起居其上，谓之炕，以取其暖。

这是关于女真早期民居的记载，从中可知当时屋室的形制。联木为栅，户开东南以及屋内置火炕等习惯，大抵有金一代都没有多大改变，而且直到清代，东北地区的满、汉人仍然保留着这种习惯。清人杨宾《柳边纪略》卷一载，宁古塔一带，"屋皆东南向，立破木为墙"，"开户多东南，土炕高尺五寸，周南西北三面，空其东，就南北炕头作灶，上下男女各据炕一面"，屋舍"四面立木若城，而以栅为门"，不难看出，这同《三朝北盟会编》、《金史·世纪》所载女真民居的特点，如以木为墙垣，"环屋为床，炽火其下，而寝食起居其上"，"联木为栅"等，多有近似之处，而且时至现代，东北许多农村仍然保留有这种居住习惯。

侍洗图（赵励墓壁画，《金中都遗珍》）

【第二节　宫　室】

金朝建立，初都上京，后易中都（今北京）和南京（今河南开封）。上京宫室建筑布局与特征，大体效仿北宋东京汴京风格。中都则是在辽南京（燕京）基础上，以汴京为准，进行大规模改建、扩建而成。至于南京，金朝对原汴京城市格局并无多大改动，当然也没能恢复北宋时期的盛况。

一、上京

太祖阿骨打时，金源"尚无城郭，星散而居"。皇帝臣属无宫殿巨室，其所居称皇帝寨、国相寨、太子庄等，① 与平民无多大区别。太宗即位后，于天会二年（1124年）开始兴建宫殿。以卢彦伦"知新城事"，"城邑初建，彦伦为经画，民居、公宇皆有法"。②

天会三年，宋朝贺即位使到达正在兴建中的金京师（当时称"内地"），《许亢宗行程录》中记述说：

> 一望平原，旷野间有居民数十百家，星罗棋布，纷揉错杂，不成伦次，更无城郭。里巷率皆背阴向阳，便于牧放，自在散居。又一二里，命撤伞，云近阙。复北行百余步，有阜宿围绕三数顷，并高丈余，云皇城也。至于宿围门，就龙台下马，行入宿围西。四设毡帐四座。……其山棚左曰桃源洞，右曰紫极洞，中作大牌，题曰翠微宫，高五七丈（或作"尺"）。以五色采间结山石及仙、佛、龙、

---

① 《大金国志校证》卷三三《燕京制度》。
② 《金史》卷七五《卢彦伦传》。

象之形，杂以松柏枝。以数人能为禽鸣者，吟叫山内。木建殿七间，甚壮，未结盖，以瓦仰铺及泥补之，以木为鸱吻（鸱吻又称鸱尾，是我国古代建筑屋脊上的装饰，作鱼尾之状，以厌火灾），及屋脊用墨，下铺帷幕，榜额曰乾元殿。阶高四尺许，阶前土坛，方阔数丈，名曰龙墀。两厢旋结架小苇屋，幂以青幕，以座三节人。殿内以女真兵数十人，分两壁立，各持长柄小骨朵以仪卫。日役数千人兴筑，已架屋数千百间，未就，规模亦甚侈也。①

可见当时乾元殿正在紧张施工之中，尚未最后竣工。

乾元殿建成后，又陆续修建了一些其他宫殿和建筑物，有庆元宫（辰居殿、景辉门），朝殿（敷德殿、延光门、宵衣殿、稽古殿），明德宫，明德殿，凉殿（延福门、五云楼、重明殿），泰和殿，武德殿，熏风殿，天开殿，兴圣宫，兴德宫，光兴宫，皇武殿，以及太庙、社稷等。②其中有些是熙宗扩建上京时修建的。

天眷元年（1138年）八月，正式以京师为上京，府曰会宁。③

太宗时虽然已修建所谓"乾元殿"等，但皇帝、贵族和平民的居住区尚未形成严格的界限。《大金国志》卷三三《仪卫》载：

> 居民往来，车马杂遝，自前朝门直抵后朝门，尽为往来出入之路，略无禁制。每孟春击土牛，父老士庶无长幼，皆观于殿侧。民有讼来决者，多邀驾以诉。

熙宗即位后，左右诸儒"教以宫室之壮，服御之美，妃嫔之盛，燕乐之侈，乘舆之贵，禁卫之严，礼义之尊，府库之限，以尽中国（中原）为君之道"。于是"出则清道警跸，入则端居九重"，④而"始有内廷之禁"。⑤从此，皇帝与贵族、平民的居住区才逐渐区别开来。

经过从金朝建立至海陵王完颜亮迁都前近四十年间的经营开发，金上京已初具规模。海陵王迁中都后，命吏部郎中萧彦良"尽毁（上京）宫殿、宗庙、诸大族府第及储庆寺，夷其地，耕垦之"，⑥使上京遭到极大的破坏。后来，金世宗又修复上京宫室、宗庙，大体依仿熙宗时代旧制，并略有损益。现在所见到的金上京故城遗址，即是金世

---

① 据陈乐素校本，见《求是集》第一集269—271页，广东人民出版社1991年版。
② 《金史》卷二四《地理志上》。
③ 《金史》卷四《熙宗纪》。
④ 《金虏节要》。
⑤ 《金虏图经》。
⑥ 《金史》卷二四《地理志上》。

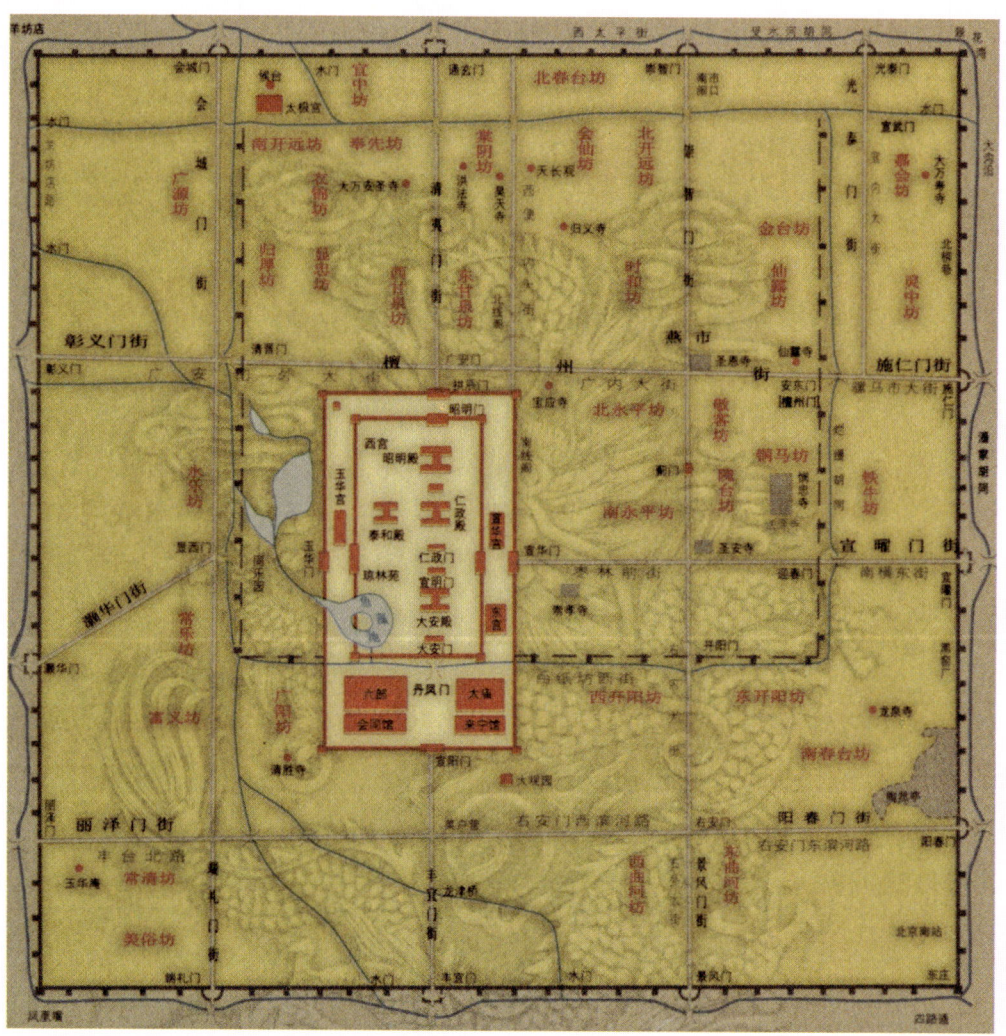

金中都城全图(《金中都遗珍》)

宗重建后的上京城。

金上京城由南北二城组成，南北城之间以城垣为界。南城内有子城（即皇城），大体模仿北宋都城汴京（今河南开封）和辽中京（今内蒙古宁城大名府）。关于城址周长，《金史》没有记载，《大金国志》载，上京规模仿照汴京，然而周长仅为其"十之二三而已"，并无确切记载。20世纪20—30年代以来，中外文物考古工作者曾对金上京会宁府城址进行过多次踏查实测，由于测量手段、方式不同，其精准程度略有差异。

多年来一般沿用1978年黑龙江省测绘局测绘成果。金上京城分南北二城，平面呈曲尺形，北城南北长1828米，东西宽1553米；南城东西长2148米，南北宽1528米。南城西北部有皇城，南北长645米，东西宽500米。皇城午门外有土阙，午门内的中轴线上有五个宫殿基址，两侧有左右廊基址，殿基平面呈"工"字形。

金上京城呈南北两城分布的形制，继承了辽上京城城址规划布局的传统，而上京城南城内皇城宫殿的建筑布局与特征，则源于北宋东京汴京城的风格。①

上京城址虽久经风雨剥蚀及人工破坏，其夯土板筑城垣仍高达3—5米，颓垣基阔7—10米城墙外侧有马面89个。南北有城门九处，其中有七处城门附有瓮城。南北城外垣有护城壕遗迹，当为当年筑城取土的同时开凿而成，可能借其引灌阿什河水加固守御。皇城位于南城内偏西处，南垣中段尚存午门遗址，可见大小土阜，当为金初建阙之处。皇城内，尚存宫殿遗址多处，其中有五座自南而北地排列在午门后的中轴线上，基址通常高出地表2米。其中第二和第四殿址的规模较大，可能为朝殿（敷德殿、宵衣殿、稽古殿）和凉殿（重明殿、五云楼）的基址。据1975年探查，在其前四重正殿址两侧有左右廊基址，各长约380米、宽11米，可见金上京宫殿建筑有的规模相当宏伟。在皇城内宫殿基地上曾发现大量断瓦、残砖。瓦有筒瓦和大小型板瓦；砖有方形精砖、云尤纹雕砖、条纹砖和长方形粗砖等；瓦当有兽面纹、花纹、龙纹等数种；还有绿釉琉璃瓦、龙纹勾滴、凤头等，从中可以想见金上京当年的壮丽景象。②

二、中都

金中都（今北京）本古幽州，辽朝建立后，升幽州为五京之一，改名为南京，后称燕京。金海陵王完颜亮即位后，为了"居天下之正"，决定从偏僻的上京迁都燕京。

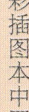

---

① 赵永军《金上京城址发现与研究》，《北方文物》2011年第1期。
② 谭英杰等《黑龙江区域考古学》第122页，中国社会科学出版社1991年版；阿城县文物管理所《金代故都上京会宁府遗址简介》第13页。

金中都城垣遗址 凤凰嘴段（梅宁华主编《北京辽金史迹图志》上，北京燕山出版社 2003 年版）

北海（金太宁宫遗址旧址，《北京辽金史迹图志》上）

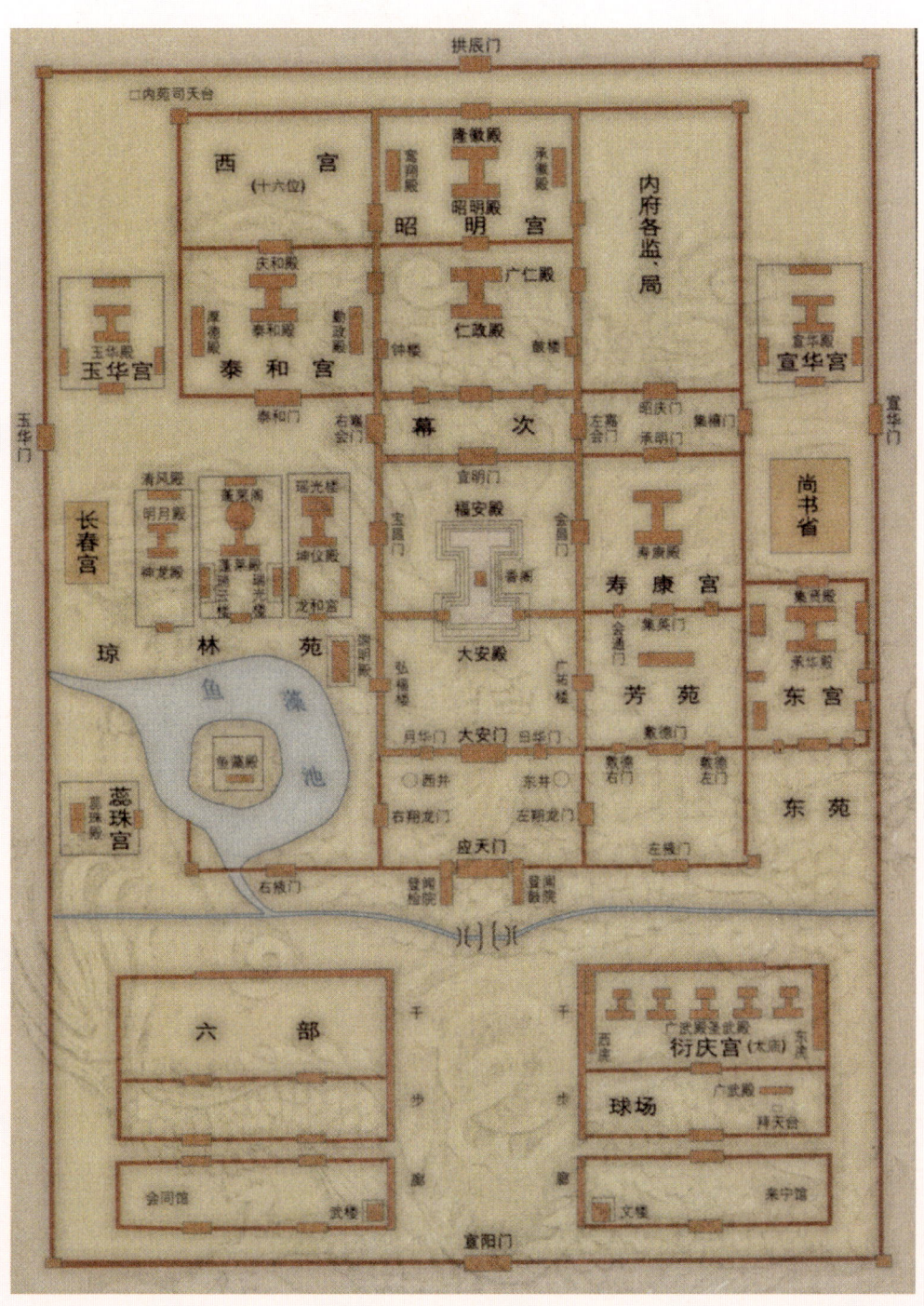

金中都皇城、宫城图（《金中都遗珍》）

万泉寺城墙遗址(《金中都遗珍》)

天德二年(1150年)"发诸路民夫,筑燕京城",[①] 积极为迁都做准备。三年(1151年),诏"广燕城,建宫室"。[②] 贞元元年(1153年)三月,正式迁都燕京。改燕京为中都,上京会宁府为北京,汴京为南京,中京为北京,辽阳府为东京,大同府为西京如旧。[③]

辽金之际的燕京,由于辽朝的多年经营,已颇壮观,"户口安堵,人物繁庶,大康广陌,皆有条理。州宅用契丹旧内,壮丽复绝。城北有三市,陆海百货,萃于其中。僧居佛宇,冠于北方"。[④] 海陵王迁此前后,又"以汴京为准",[⑤] 对燕京城及宫殿进行了大规模的扩建。

中都城位于今北京城区西南部,由外城、皇城(内城)、宫城三部分筑组成。

中都城(外城)的东、西、南三面城墙是在辽南京城基础上约向外延伸3里,东城墙北城墙也向外扩展一些。东城墙在今虎坊桥偏西处南北一线上,西城墙在丰台区凤凰嘴村所残留的城墙及其以北一线,南城墙在今金中都水关遗址与万泉寺残留城墙连线一线上,北城墙在今白云观以北东西一线上。据20世纪50年代的考古勘测,东城墙约长4325米,西城墙约4087米,南城墙约4065米,北城墙约4486米,周长

[①] 《大金国志》卷一三《海陵炀王上》。
[②] 《金史》卷五《海陵王纪》。
[③] 《建炎以来系年要录》卷一六四,绍兴二十三年三月条。
[④] 《许亢宗行程录疏证稿》。
[⑤] 《建炎以来系年要录》卷一六一。

樊七叔造铁狮（《金中都遗珍》）

16963米。①

中都的城门，文献记载不尽相同。《金虏图经》、《大金国志》卷三三《燕京制度》及《析津志》均载，每面城门三座，共有城门十二座。东为宣曜、阳春、施仁；西为丽泽、灏华、彰义；南为丰宜、景风、端礼；北为通玄、会城、崇智。而《金史·地理志上》则载，中都城门十三，北城垣多出光泰一门。此门当是世宗或章宗时增辟的。

皇城（内城）位于中都城内中央偏西南处。据《金史·地理志上》、《大金国志》卷三三《燕京制度》、张棣《金虏图经》等记载，皇城有四门，南为宣阳门，上有重楼，制度宏大，三门并立。正东为宣华门；正西为玉华门；正北为拱辰门。皇城内有文武楼；来宁馆、会同馆（是会见外国使臣的地方）；千步廊，东西相对，各二百余间。宫城位于皇城中央，内有三十六殿，东西各有廊百间左右。驰道两旁种植柳树，廊脊覆盖碧瓦，宫阙殿门纯用碧瓦。金章宗《宫中》诗云："五云金碧拱朝霞，楼阁峥嵘帝王家。三千六宫帘尽卷，东风无处不飞花。"②描绘了中都宫殿的豪华。

南宋出使金国使节楼钥、范成大等在其行程录中对中都城、皇城、宫城有更为具

金中都西湖遗址（局部，《北京辽金史迹图志》上）

---

① 参见阎文儒《金中都》，《文物》1959年第9期；周峰《完颜亮评传》第96—97页，民族出版社2002年版。
② 刘祁《归潜志》卷一。

金中都南城垣水关遗址(《金中都遗珍》)

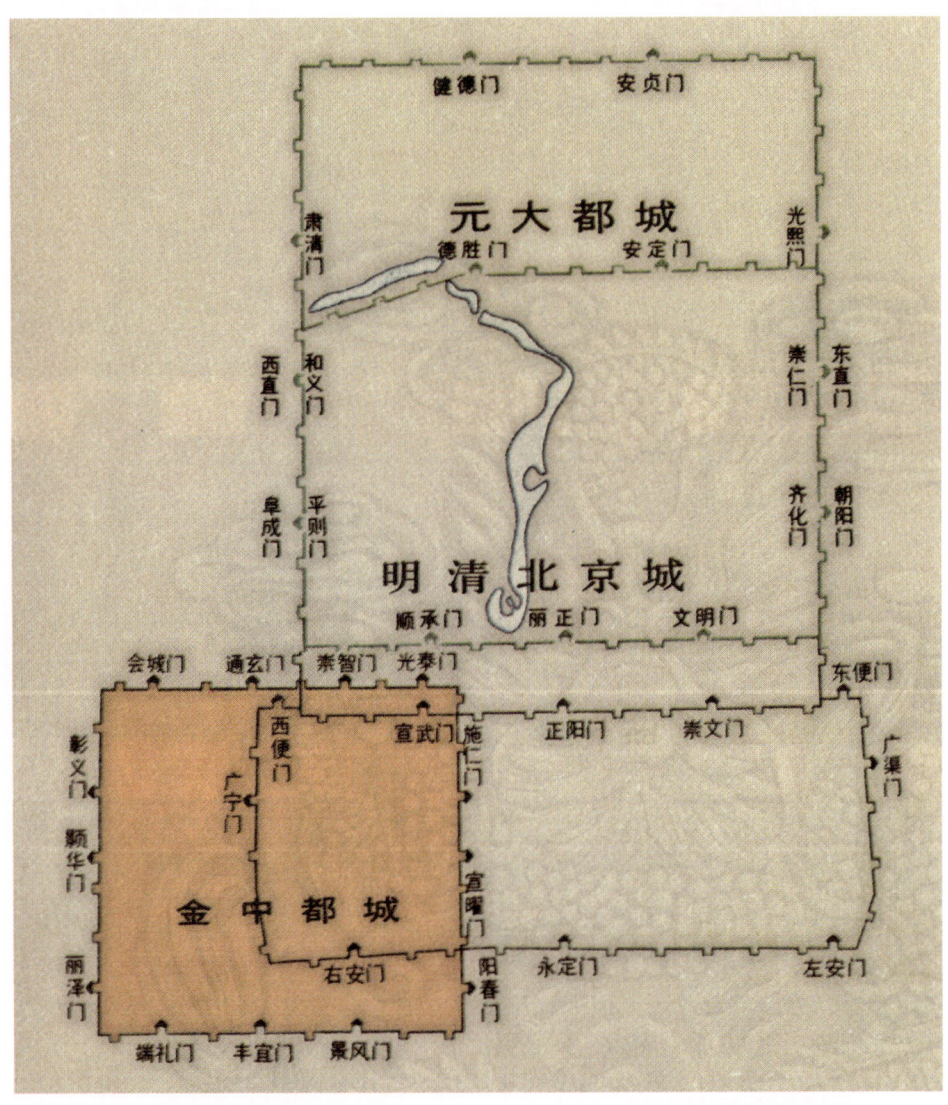

金、元、明、清北京城址变迁图（《金中都遗珍》）

岩山寺壁画（局部，《金中都遗珍》）

体、形象的描述。楼钥《北行日录》载：

> 次入丰宜门（按，外城），门楼九间，尤伟丽，分三门，由东门以入。又过龙津桥二桥，皆以石栏分为三道，中道限以护穿国主所行也。龙津雄壮特甚，中道及扶栏四行华表柱皆以燕石为之。其色正白，而镌镂精巧如图画然。桥下一水，清深东流，桥北二小亭，东亭有桥名碑。
>
> 次入宣阳门（按，内城），楼九间，分三门，由西门入会同馆……馆之西有门，门外皆民居。宣阳门内街分三道，中有朱栏二行，跨大沟为限，栏外植柳。高丽人、西夏人二馆在东，与会同馆相对……长廊东西曲尺，各二百五十间，廊头各有三层楼亭，护以绿栏杆。廊有三路贯其中，南路两门外皆民居，中路无门而路甚阔，左为太庙，右为三省。北路左门外有屏墙，夹道中有官府，南向。右门入六部，盖在三省之后也。①

---

① 《攻媿集》卷一一一，文渊阁"四库全书"本。

范成大《揽辔录》载：

入丰宜门，即外城门也。过石玉桥，燕石色如玉，上分三道，皆以栏隔之，雕刻极工。中为御路，亦栏以杈子。两旁有小亭，中有碑曰"龙津桥"。

入宣阳门，金书额，两旁有小四角亭，即登门路也。楼下分三门。中门为御路，常阖，皆画龙。两旁门通行，皆画凤。入门北望其阙，由西御廊下转西至会同馆……出馆，复循西御廊至横道。至东御廊首，转北循檐行，几二百间。廊分三节，每节一门。路东出第一门通街，第二门通球场，第三门通太庙，庙中有楼。将至宫城，廊即东转。又百许间，其西亦有三间。出门但不知所通何处，望之皆民居。

东西廊之中，驰道甚阔。两旁有沟，沟上植柳。两廊屋脊，皆覆以青琉璃瓦。宫阙门户即纯用之。驰道之北，即端门，十一间，曰"应天之门"（按，即宫城南门），旧尝名"通天门"，亦十一间，两挟有楼，如左右升龙之制。东西两角楼，每楼次第攒三檐，与挟楼接，极工巧。端门之内，有左右翔凤门、日华、月华门。前殿曰"大安殿"，使人入左掖门，直北循大安殿东廊后壁行，入敷德门。自侧门入，又东北行，直东有殿宇，门曰"东宫"。墙内亭观甚多。直北面南列三门，中曰"集英门"，云是故寿康殿，母后所居。西曰"会通门"，自会通东小门北入承

兽面纹瓦当

琉璃脊兽

明门。又北则昭庆门,东则集禧门,尚书省在门外。又西则有右嘉会门。四门正相对。入右嘉会门,门有楼,与左嘉会门相对,即大安殿后门……有顷,入宣明门,即常朝后殿门也。门内庭中列卫士二百许人,贴金双凤幞头,团花红锦衫,散手立。入仁政门,盖隔门也。至仁政殿下,大花毡可半庭,中团双凤,两旁各有朵殿。朵殿之上两高楼,曰东西上閤门。[1]

金中都的规模和繁盛程度,尚无法与汴京相比,但是自海陵王迁此到宣宗迁汴,经历六十多年的营建修缮,"宫阙雄丽,为古今冠",[2] 已相当壮丽可观了。

三、南京

南京(今河南开封),原为北宋东都汴京,金贞元元年(1153年)改称南京。

正隆四年(1159年)春三月,遣左相张浩、右参政敬嗣晖大兴土木、营建南京宫殿。"起天下军民,夫匠、民夫限五而役三,工匠限三而役两,统计二百万。运天下林木花石,营都于汴。将旧日宫室台榭,虽尺柱之不存,片瓦之不留,更而新之。至于丹楹刻桷,雕墙峻宇,壁泥以金,柱石以玉,华丽之极,不可胜记。"[3] 营建宫殿所需木材,来自河东、陕西,"浮河而下,经砥柱之险",许多筏工沉溺丧命。[4] "运一木之费至二千万,牵一车之力至五百人。宫殿之饰,遍傅黄金而后间以五采,金屑飞空如落雪。一殿之费以亿万计,成而复毁,务极华丽。"[5] 真可谓劳民伤财。但总的说来,金朝对北宋汴京城市格局并无多大更动,而且终金之世,开封没有恢复北宋时期的繁盛景况。

---

[1] 《揽辔录》版本较多,此处引文据《说郛》本及《三朝北盟会编》本。
[2] 《大金国志校证》卷二五。
[3] 张棣《正隆事迹》,《建炎以来系年要录》卷一九三。
[4] 《金史》卷八二《郑建充传》。
[5] 《金史》卷五《海陵纪》。

第三节 火 炕

女真早期无论尊卑贵贱，都用火炕为寝息之所，并以其取暖。金初，皇帝殿宇"绕壁尽置火炕，平居无事则锁之，或开之，则与臣下坐之于炕，伪后妃躬侍饮食"。①

从金宋文人有关咏火炕的诗篇中，可以使我们对金代火炕在北方各族日常生活中所占的重要位置，火炕所用的燃料及火炕分布地区等，有所了解。

宋人朱弁（1085—1144年）于建炎元年（1127年）自荐为通问副使赴金，被金羁留，居云朔十七年，直至宋金绍兴议和，始得放归。他在《炕寝三十韵》中写道：

> 风土南北殊，习尚非一蹴，
> 出疆虽仗节，入国暂同俗。
> 淹留岁再残，朔雪满崖谷。
> 御冬貂裘弊，一炕且跧伏。
> 西山石为薪，黝色惊射目。
> 方炽绝可迩，将尽自还续。
> 飞飞涌玄云，焰焰炽红玉。
> 稍疑雷出地，又似风薄木。
> 谁容鼠栖冰，信是龙衔烛。
> 阳曦助喘息，未害摇空腹。
> 惠气生补袴襦，仍工展拳足。
> 岂惟脱肤鳞，兼复平体粟。
> 角喧那用诧，执热定思沃。
> 收功在岁寒，较德比时燠。

---

① 《金虏节要》，《三朝北盟会编》炎兴下帙六六。

虽余炙手焰，宁有烂额酷。
矧当凝沍辰，炎帝独回毂。
玄冥真退听，祝融端可录。
嗟予亦何者，万里歌黄鹄。
偃仰对窗扉，妍暖谢衾褥。
壮怀羞灶媚，晚悟笑突曲。
因思堕指人，暴露苦皲瘃。①

赵秉文的《夜卧炕暖诗》云：

京师苦寒岁，桂玉不易求。
斗粟换束薪，掉臂不肯酬。
日粜五升米，未有旦夕忧。
近山富黑鐾，百金不难谋。
地炕规玲珑，火穴通深幽。
长舒两脚睡，暖律初回邹。
门前三尺雪，鼻息方齁齁。
田家烧楒柮，湿烟炫泪流。
浑家身上衣，炙背晓未休。
谁能献此术，助汝当衾裯。②

此外，朱自牧《晋宁感兴》诗中有"樵丁还喜炕连厨"句。晋宁，本宋州名，金改葭州，在今陕西佳县。女真诗人完颜璹《如庵乐事》中有"炕暖窗明有书册"③句。秦志安《寄李俊民》云："窗明炕暖十笏地，松风萧萧和陶诗。"④

在金上京城及东北地区其他一些金代遗址中，发现多处火炕遗迹。1979年在金代蒲峪路故城官署遗址曾发现有完好的火炕以及灶坑和烟囱。⑤在今俄罗斯远东滨海边疆区乌苏里斯克古城址曾发现女真人烧炕用的烟道，在奥西诺夫卡河畔也有火炕的

---

① 《中州集》卷一〇。
② 《闲闲老人滏水文集》卷五。
③ 《中州集》卷五。
④ 《全金诗增补中州集》卷六一，文渊阁"四库全书"本。
⑤ 黑龙江省文物考古研究所《黑龙江克东县金蒲峪路故城发掘》，《考古》1987年第2期。

遗存。①

以上诗篇及考古资料说明，金代有火炕的地方并不限于女真聚居的东北地区，而几乎遍及北方各地。烧火炕的燃料，主要是树木（榾柮），农作物秸秆，在产煤区附近，则多用煤。上引诗中的"西山石为薪"，"近山富黑瑿"，显然都是指煤。陆游《老学庵笔记》卷一中也记载当时"北方多石炭"。② 宋金时北方各族人民用煤炭作燃料，已非个别现象。

---

① 参见 А.П. 奥克拉德尼科夫《滨海遥远的过去》第369、375页，商务印书馆1982年版。
② 中华书局1979年版。

第四章

行旅交通

第一节　陆　路

金代的陆路交通工具主要依赖畜力和车辆，并在世宗大定间正式制定了体现尊卑贵贱之序的车舆制度。

一、畜力

金国畜力有马、牛、羊、驼、骡、驴等。供人乘坐，以其负重及牵引车辆。

女真地区很早就以产马著称，女真人则以善骑射闻名。《北风扬沙录》说，女真之地"产名马"，女真人"俗勇悍，耐饥渴辛苦，骑上下崖如飞"。[1]除马外，还有驼、骡、驴等。金国的女真、汉人及其他族人平时出行主要靠这些畜力（特别是马）作为代步工具。

从金人的一些诗词中也可反映出马、驴等是常见的代步工具。如陈元规《元日隆安道中》："山冈重复三竿日，溪路萦回一席天。老境飘零情更恶，又从马上得新年。"[2]杨庭秀《成皋道中》："瘦马成皋道阻长，峥嵘冰雪老年光。"[3]田特秀《宿万安寺》有"长途鞍马倦黄尘"[4]句。鲜于溥《鲁村道中》："小桥沙路已堪图，更着衰翁跨蹇驴。"[5]张毂（伯玉）有诗云："日日饮燕市，人人识张胡。西山晚来好，饮酒不下驴。"[6]不仅在境内郊游、远行要靠骑马，就是出使邻国也不例外。李通（平甫）《使高丽》诗云："去国

---

[1] "说郛"本。
[2] 《中州集》卷五。
[3] 《中州集》卷七。
[4] 《中州集》卷八。
[5] 《中州集》卷九。
[6] 刘祁《归潜志》卷二。

五千里，马头犹向东。"①

元明之际的诗人李祁《题金人出塞图》诗云："忆昔从北征，驱车出幽蓟。天时大雨雪，道远恐遂泥。牛马俱阻塞，驴骡缩如猬。所见人物殊，适与此图类。"②诗人从征幽蓟所见，恰与金人出塞图中景象十分相近。图与诗都反映了金元时期北方的牛马骡驴为主要运输工具的实况。

马匹不仅是人们日常生活中用来乘骑、负重、牵引车辆的运输工具，而且在战争中具重要地位。从女真抗辽建国到灭辽克宋的战争中，骑兵发挥了巨大作用。每当作战之前，征调马匹成不可缺少的备战措施。天会三年（1125年）七月，为了攻宋，"诏南京括官豪牧马，以等第取之，分给诸军"。③在海陵王决意南侵后，更是大肆括马。正隆四年（1159年）八月，"诏诸路调马，以户口为差，计五十六万余疋，富室有至六十疋者，仍令户自养饲以俟"。④金宋交战后，正隆六年竟"大括天下眊马"，⑤以补充战争中所需马匹的不足。卫绍王以后，也多次括马。哀宗天兴二年十二月二十四日，竟杀马分犒将士，"杀上厩马五十匹，官马百五十匹，分犒将士，尚厩饲马止十匹。百官惟执政四五人与都弹压移失剌乘马，余皆徒行矣"。⑥表明金王朝已走到尽头，半个月后便灭亡了。

为了保证平日与战时所需马匹（包括作为交通运输工具及食用）的来源，金朝设置专门机构官员，掌理此事。金初，因袭辽制，设置"群牧"。天德间，置五个群牧所，各设官员管理。又在诸色人内选家富丁多者及品官、猛安谋克等家中余丁、奴隶等，使之牧放马驼牛羊，称为"群子"，并制定了奖罚办法。世宗时，置七群牧所。大定二十年（1180年）三月，更定群牧官、群牧人等奖罚条令，加速了马驼牛羊的蕃息。二十八年（1188年），马47万，牛13万，羊87万，驼4千。⑦此后，章宗明昌、宣宗兴定间，又陆续颁布了有关奖励养马及括马的规定。如明昌五年（1194年），"散驷乘马，令中都、西京、河北东西路驷念民物力分畜之"。"又令它路民养马者，死则于前四路所养者给换，若欲用则悉以送官。然每有大役，必括于民，及取消群官之余骑，以供战士焉"。宣宗兴定元年（1217年），"定民间收溃军亡马之法，及以马送官酬直之格"，每交上等马一匹，给银五十两，中下递减十两。又"遣官括市民马，立赏格以示

---

① 《中州集》卷五。
② 《元诗选》初集《云阳集》，中华书局1983年版。
③ 《金史》卷三《太宗纪》。
④ 《金史》卷五《海陵纪》。
⑤ 《金史》卷五《海陵纪》。
⑥ 王鹗《汝南遗事》卷四，"丛书集成初编"本。
⑦ 《金史》卷四四《兵志四》。

劝"。① 从金廷对马政的重视，也可见马匹在平日及战时的重要作用。

二、车辆

车辆是和畜力并重的交通运输工具。

《神麓记》说：随阔（绥可）"自幼习射采生，长而善骑射猎，教人烧炭炼铁，刳木为器，制造舟车"，②说明女真人早在绥可时代已会造舟车。《金史·世纪》载，世祖劾里钵在同敌部作战时，对方死者如仆麻，水为之赤，"弃车甲马牛军实尽获之"，表明这时车辆已用于战事。

车辆多以马、牛、驼、骡、驴等牵引。刘迎《车辀辘》诗云："马觖陌贵，牛觳觫，山行紫纤车辀辘。"③ 又，《败车行》云："前车行，后车逐，车声夜随山诘曲。前车失手落高崖，车轮直下声如雷。同行急救救不得，人牛翻压鸣哀声。我时潜闻后车说，前车使牛何太拙。"④

金国车辆除主要用畜力牵引外，还有人力手推车。蔡珪《燕山道中》云："独轮车重汗如浆，蒲秸芒鞋亦败商。"⑤

三、车舆制度

同历代王朝一样，金朝对上自天子、皇后、妃嫔、太子、百官，下及庶民百姓的车舆均有明确规定，各有等差，不得僭越，"所以别上下，明等威也"。⑥

金初，在对辽宋的战争中，虏获辽宋仪物，渐有车辂之制。天眷三年（1140年），熙宗巡幸燕京，开始用特制的天子车驾。世宗时正式制定车舆制度。

大定十一年（1171年），世宗到南郊祭祀，命太常寺按宋南郊礼安排卤簿（仪仗队）。卤簿当用玉辂、金辂、象辂、革辂、木辂、耕根车、明远车、指南车、记里鼓车、崇德车、皮轩车、进贤车、黄钺戊车、白鹭车、鸾旗车、豹尾车、辎车、羊车各一，

---

① 《金史》卷四四《兵志》。
② 《三朝北盟会编》政宣上帙一八。
③ 《中州集》卷三。
④ 同上。
⑤ 《中州集》卷一。
⑥ 《金史》卷四三《舆服志》。

革车五,属车十二。然而当时并未筹备齐全。

皇后之车有六,分别为重翟车、厌翟车、翟车、安车、四望车、金根车。

其他如妃嫔、皇太子、公主以下百官的车,各有定制。对车的数量、形制、质料、颜色、装饰等,均有规定。

庶人的马鞍许用黑漆,以骨、角、铁为饰,不得用玉及金、银、犀、象饰辔鞍。

考古工作者在许多地方发现了金代车马具。在黑龙江肇东八里城、绥滨等地出土的金代车马具,包括银、铜饰马鞍,铁马镫、马衔,烙马火印以及铁车辖等,其中有的明显表现出受到中原地区车马具的影响。[①]

[①] 见《绥永生的金代平民墓》;《黑龙江肇东县八里城清理简报》。

【第二节 水 路】

金国内有江河湖泊，东濒大海，船舰是内河和近海的运输工具。

一、金初舟楫和造船业的发展

女真在建国前后已知用舟楫渡河。前引《神麓记》载，绥可时代即能制造舟车。《松漠记闻》卷下载："其俗刳木为舟，长可八尺，形如梭，曰梭船。上施一桨，止以捕鱼，至渡车则方舟或三舟。后悟室（完颜希尹）得南人，始造船如中国运粮者，多自国都往五国头城载鱼。"《金史·太祖纪》载，收国元年（1115年）八月，阿骨打攻打黄龙府，行至混同江，无舟，"使一人道前乘赭白马径涉，曰：'视吾鞭所指而行。'诸军随之，水及马腹。后使舟人测其渡处，深不得其底"。此说虽近于神话，但可以说明当时已有舟楫，并用于战事。太宗时，金国的舟师已初具规模。天会间，叛乱者依山谷，地势险阻，林木深密，官府骑兵不得施展。太宗至混同江，命人"具舟楫舣江"。一边令官兵据高山，连木为栅，多张旗帜，以示长久之计；一边"潜以舟师浮江而下，直拒寿其营，遂大败之"。①

为了适应攻宋的需要，造船业有了迅速的发展。天会十三年（1135年），刘豫曾献海道图和战船木样，熙宗用刘豫建议，令人在蔚州采伐树木，准备制造战船，后因故中辍。② 海陵王时造船业有了明显的发展。正隆四年（1159年），海陵王为了伐宋，开始"造战船于通州"。③ 五年（1160年），东海县民张旺、徐元等起义，海陵王遣都水

---

① 《金史》卷七三《晏传》。
② 《建炎以来朝野杂记》甲集卷二〇。
③ 《金史》卷五《海陵纪》。

监徐文等,"率舟师九百,浮海讨之"。并说:"朕意不在一邑,将试舟师耳。"次年又征诸道水手运战船。① 在攻宋战争中,海陵王曾令曹望之运米八十万斛,"由蔡水入淮,馈伐宋诸军,期以一日",曹望之如期运到。② 反映了当时的水陆运输能力已相当可观。在金宋交战中,金将苏保衡率舟师泛海,直趋临安(今杭州),与南宋守浙江副总管李宝相遇,李宝命以火箭射之,"延烧数百艘",金兵"脱甲而降者三千人次"。③ 这一情况说明金国所造的近海船已具一定的数量和规模。

二、破冰船

金国地处北方,江河冰封期长,金人发明了破冰船,可破冰而行。蔡珪《撞冰行》诗云:

船头缚铁横长锥,十十五五张黄旗。
百夫袖手略无用,舟过理棹徐徐归。
……
扬锤启路夜撞冰,手皮半逐冰皮裂。
今年穷腊波溶溶,安流东下闲篙工。
江东贾客借余润,贞元使者如春风。④

看来这种破冰船是在船头装置铁锥。如此,无论是贾客经商,还是官员出使(贞元是海陵王年号)的船只都可在冰河上行驶而不受阻隔了。

三、漕运

为了保证平时各地粮、盐等生活必需品的调运,建立了漕运制度,将诸内河沟通起来。还在诸路滨河城镇设置仓库。其制,每年春运以江河解冻起,到雨季止。秋运

---

① 《金史》卷五《海陵纪》。
② 《金史》卷九二《曹望之传》。
③ 《建炎以来系年要录》卷一九三。
④ 《中州集》卷一。

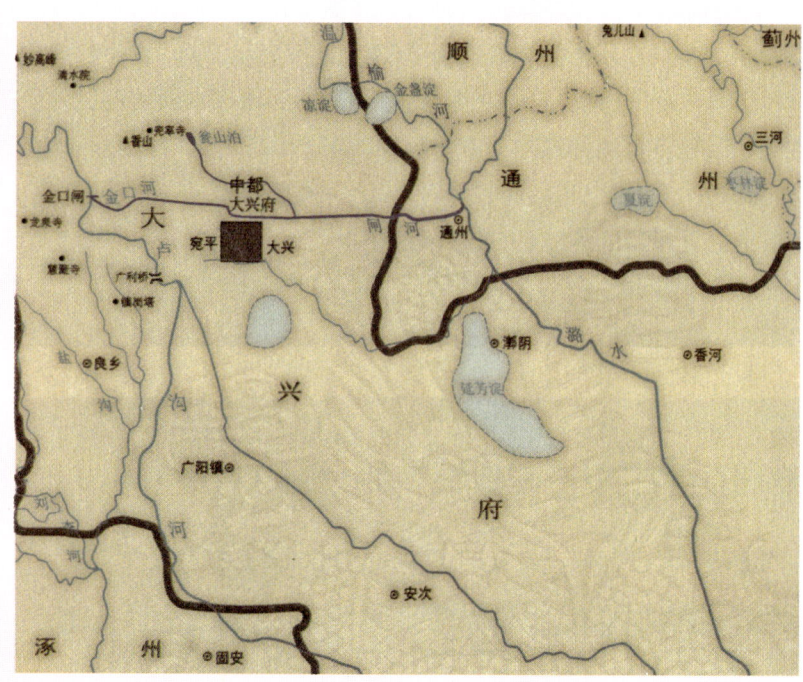

金中都漕运示意图(《金中都遗珍》)

从八月起到结冰止。按规定付给纲户运费。由于漕河所经之地的州县官以为与己无利，往往生出许多弊端。章宗泰和六年（1206年），规定凡漕河所经之地，州府县官衔内分别带"提挖漕河事"或"管勾漕河事"，保证纲运，维护堤岸。这一措施有利于水陆漕运的畅通。

第三节 桥 梁

桥梁是渡水的交通工具，有浮桥、木桥和石桥等。

一、浮桥

浮桥，是以船、筏做成的临时性桥梁，我国劳动人民很早就会搭造浮桥。[1]金人常常利用浮桥，供车辆或人畜渡河。《松漠记闻》卷下所载"渡车则方舟或三舟"，就是将三四只船并在一起，以为浮桥。

浮桥可随时搭造或拆除，机动灵活。兀术（完颜宗弼）在对宋作战中，屡屡"作筏系桥"，[2]"造舟为梁"。[3]海陵王攻宋时，金兵大肆伐木造船，搭设浮桥。正隆四年（1159年），南宋归朝官李宗闵上书说，"臣窃闻近者金人岐、雍间伐木以造浮梁"。[4]六年，海陵王渡淮之前，以尚书右丞相李通为大都督，将军粘安阿术虎为副都督，先造浮梁于淮水之上。[5]金人构筑的浮桥，在平时运输和对宋战争中发挥了重要作用。

---

[1]《诗·大雅·大明》有"造舟为梁"句。朱熹注云："作船于水，比之而加版于其上，以通行者，即今之浮桥也。"可知浮桥历史颇为久远。
[2]《大金国志校证》卷一一《熙宗孝成皇帝三》。
[3]《建炎以来系年要录》卷一四三。
[4]《建炎以来系年要录》卷一八一。
[5]《建炎以来系年要录》卷一九二。

二、木桥

木桥是人畜、车辆渡河的重要工具。

金人架设木桥的技术已相当高超。陕西路兵马使张中彦就是一位有名的造桥能手。海陵王在营建汴京新宫时,张中彦负责采运关中木材。青峰山巨木虽多,但高深阻隔,无法运出,"唐宋以来不能致"。张中彦"构崖驾壑,起长桥十数里,以车运木,若行平地,开六盘山水洛之地,遂通汴梁"。①

三、石桥

金人建筑石桥技术,更是高超,名扬中外。《济源创建石桥碑》载,河南怀宁府济源县于大定十七年十月到二十二年三月间建成一座石桥,从此,"居民行旅无往来限阻之叹"。②又如,《磁州石桥记》载,磁州是当时的交通要冲,每当雨季来临,交通不便。最初由一和尚发起修筑石桥,历经四十年修成此桥。"凡用石工以亿计,观其缔构隆崇,砻嵌致密,如山斯屹,如月斯彀。力拔地劲,势与空斗。忽兮无楹,何其壮也。广容两轨,濠以十丈,旁凿二室,以泄水怒。下洞九泉,以镇地脉。垩以白灰,制以铁楗,标以华柱,护以崇栏。物鬼怪蹲伏,腾掷变态百出。屹若飞动,嘘可骇也。……信乎天下之雄胜,而燕南之伟观也"。③其雄伟壮观,不难想见。

卢沟桥更堪称中外石桥建筑史上的杰作。卢沟桥横跨卢沟河(今永定河)上,这里历来是重要渡口,在石桥修建之前,曾有浮桥、木桥。大定二十八年(1188年)五月,世宗诏建石桥。几个月后,世宗病故。章宗大定二十九年六月"复以涉者病河流湍急,诏命造舟,既而更名建石桥",④明昌三年(1192年)三月,石桥建成,敕名广利桥。

关于卢沟桥的情况,曾在元朝任职的意大利人马可波罗在其行记中说:

> 自从汗八里(元大都皇城,今北京)发足以后,骑行十哩,抵一极大河流名

---

① 《金史》卷七九《张中彦传》。
② 《金文最》卷七二。
③ 《闲闲老人滏水文集》卷一二。
④ 《金史》卷二七《河渠志》。

卢沟桥

卢沟桥石狮

称普里桑乾，此河流入海洋。商人利用河流运输商货者甚伙。河上有一美丽石桥，各处桥梁之美鲜有及之者。桥长三百步，宽逾八步，十骑可并行于上。下有桥拱二十四，桥脚二十四，建置甚佳，纯用极美之大理石为之。桥两旁皆有大理石栏，又有柱，狮腰承之。柱顶别有一狮，此种石狮甚巨丽，雕刻甚精。每隔一步有一石柱，其状皆同。两柱之间建灰色大理石柱，俾行人不致落水。桥两面皆如此，颇壮观也。①

马可波罗所见的石桥，与现在卢沟桥的形状大体相符，栏杆、石狮的形状相似，只是桥拱数目不一致，可能是因后来追记或由其他原因致误。卢沟桥建成之后，经历代修缮，至今保存完好。现今桥的整个形制，桥的下部基础和桥身部分构件与雕刻，当仍为金代原物；桥拱、桥面和部分雕刻则为历代所修理补配。1975年，有关部门在卢沟桥上进行载重科学试验，最后通过429吨大型平板车，运行良好，充分显示了我国古代劳动人民在石桥建筑方面所表现出的智慧和创造力。②

---

① 冯承钧译《马可波罗行记》，第261页，上海书店出版社2001年版。
② 参见罗哲文等《略谈卢沟桥的历史与建筑》，《金代卢沟桥进行超限大件通过的载重试验取得成功》，均载《文物》1975年第10期。

第四章 行旅交通

卢沟桥全景

清"琼岛春阴"碑(《金中都遗珍》)

第四章 行旅交通

"卢沟晓月"碑

【 第四节　要道与驿站 】

皇帝游幸通道和境内驿道、驿站共同组成的国道是全国主要交通干线。

一、皇帝游幸通道

金朝皇帝承辽代的捺钵制度，一年四季到气候适宜的地方行猎和避暑消寒，这就是所谓的"春山秋水，冬夏捺钵"。① 金朝迁都燕京之后，海陵王、世宗、章宗、卫绍王等，每年都要外出行猎和避暑，"春水"以去滦州的石城长春宫为多，还有安州、顺州和蓟州的玉田等地，夏秋多去金莲川。皇帝所经州县的道路需要花费许多人力物力进行修筑，以保证其畅通无阻。大定二十三年（1183年）正月，世宗"如春水，诏夹道三十里内被役之民与免今年租税，仍给佣直"。② 这里"被役之民"应当包括那些为世宗"春水"而修筑道路者。梁襄在谏世宗幸金莲川疏中说："以一身之乐，岁使百万之人困于役，伤于财，不得其所"。③ 这里的役与财，无疑也有很大部分是用于修路的。为四时游幸而修筑道路，在客观上方便了那里的陆路交通。

二、金宋驿道

金与宋、高丽、西夏在和好时，每逢正旦、双方君主生辰等，都要互派使节祝贺，

---

① 《大金国志》卷一一《熙宗孝成皇帝三》。
② 《金史》卷八《世宗纪下》。
③ 《金史》卷九六《梁襄传》。

金同这些国家间也有往来通道。宋人的一些行程录留下了关于从宋至金上京、中都驿道的记载。

（一）白沟至上京

《宣和乙巳奉使金国行程录》记载了金初从辽宋旧界白沟至金上京附近所经驿站：

1. 雄州（60里）2. 新城（60里）3. 涿州（60里）4. 良乡（60里）5. 燕山府（80里）6. 潞县（70里）7. 三河（60里）8. 蓟州（70里）9. 玉田（90里）10. 韩城镇（50里）11. 清州（90里）12. 滦州（40里）13. 望都（60里）14. 营州（100里）15. 润州（80里）16. 迁州（90里）17. 习州（90里）18. 来州（80里）19. 海云寺（100里）20. 红花务（90里）21. 锦州（80里）22. 刘家庄（100里）23. 显州（90里）24. 兔儿涡（60里）25. 梁鱼务（103里）26. 没咄（孛堇）寨（80里）27. 沈州（70里）28. 兴州（90里）29. 咸州（40里）30. 肃州（50里）31. 同州（30里）32. 信州（90里）33. 蒲里孛堇寨（40里）34. 黄龙府（60里）35. 托撒孛堇寨（90里）36. 漫七离孛堇寨（100里）37. 和里间寨（90里）38. 句孤孛堇寨（70里）39. 达河寨（40里）40. 蒲挞寨（50里）41. 上京驿馆

（二）泗州至中都

楼钥《北行日录》、范成大《揽辔录》、周煇《北辕录》等，记载了从盱眙渡淮由泗州入金界至金中都的路线及沿途见闻。

楼钥《北行日录》所载路线：

1. 泗州 2. 临淮 3. 春隅镇 4. 虹县 5. 灵璧 6. 静安镇 7. 宿州 8. 蕲泽镇 9. 柳子镇 10. 永城 11. 会亭镇 12. 谷熟 13. 南京（归德府）14. 宁陵 15. 雍丘 16. 陈留 17. 东京（开封）18. 潜州 19. 汤阴 20. 相州 21. 邯郸 22. 沙河 23. 内丘 24. 柏乡 25. 赵州 26. 栾城 27. 真定 28. 新乐 29. 中山 30. 望都 31. 安肃军 32. 定兴 33. 涿州 34. 良乡 35. 燕山城

此外，洪皓《松漠记闻》、张棣《金虏图经》、赵彦卫《云麓漫钞》、范成大《揽辔录》、周煇《北辕录》等也分别记载了从宋金边界到上京的地里驿程。

三、驿站

驿站除了为政府官员往来公干、传递文书提供食宿之外，还是招待过路外使的场所。据《许亢宗行程录》载，许亢宗一行为贺金太宗即位，出使金国，在诸驿馆受到热情款待，当临近咸州时，有州守出迎，设宴，席间有歌舞演出。然后迎至驿馆。这时馆外有"老幼夹观，填溢道路"。次日，有伴使问候，置酒，设宴。这些伴使都通晓汉语，兼作译员和接待。当然金初诸事处在草创时期，虽接待热情，但设备简单。上京外的驿馆，"惟茅舍三十余间，墙壁全密，堂室如帟幕，寝榻皆土床，铺厚毡褥及锦绣貂皮被、大枕头等"。外有"女真兵数十，佩刀执弓矢，守护甚严"。

至中晚期，金朝的驿馆较初期有很大改观，接待依然热情周到。楼钥到燕山（中都）城外燕宾馆，受到许多高级官员的宴请后才入城。① 范成大去中都亦住燕宾馆，他以《燕宾馆》为题赋诗云："九日朝天种落欢，也将佳节劝杯盘。苦寒不以东篱下，雪满西山把菊看。"诗题下注说，他在燕宾馆正值重阳节，"西望诸山皆缟，云初六日大雪"。②

至于一般官员或羁旅之人所住的驿舍，则不能同接待外使的驿馆相比，其设备很简陋。刘铎的一首咏渑池驿舍诗云："惯从鞍马作生涯，宿处依依认是家。炉火相看衣袖暖，盘冶食未办驿厨哗。淹留岁月头如雪，旧没风尘眼更花。永夜如何得消遣，新诗吟罢自煎茶。"③ 赵鼎在来同馆的遭遇就更差了。诗云："渭北洮南过却春，穷边冰雪更愁人。来同驿里题诗处，破屋春灯一病身。"④

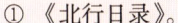

① 《北行日录》。
② 《范石湖集》卷一二。
③ 《渑池驿舍用苑极之郎中韵》，《中州集》卷七。
④ 《宿来同馆》，《中州集》卷八。

第五章

婚 姻

第一节 婚姻制度

金朝境内不同地区、民族及阶级、阶层的婚姻形态与状况存在很大差异，在女真中尚有许多原始婚制的残余。随着历史的前进，限制原始婚姻陋习，听任、鼓励各族间通婚，在客观上推动了民族融合和社会发展，具有积极的历史作用。

一、一夫一妻制的确立

《金史》、《神麓记》、《松漠记闻》中留下了关于女真早期婚姻家庭制度的重要资料，说明女真在其始祖函普时已基本确立了一夫一妻制度。

《金史·世纪》载：女真始祖函普，初从高丽来，年已六十岁。函普到完颜部后，部人因杀别族之人，由是两族交恶，常常发生械斗，关系十分紧张。完颜部人对函普说：如能解此怨，使两族人不再相互残杀，部有一贤女，年十六而未嫁人，当以她相配，你也可以成为完颜部人。函普便亲往邻族劝说：杀一人而斗不能解，双方损伤愈来愈多。不如止诛首乱者一人，部内以物赔偿你们的损失，这样既能停止争斗而且还可获利。邻族接受了他的建议，并且与完颜部相约："凡有杀伤人者，征其家人口一马十偶（对）、牸（母牛）十头、黄金六两，与所杀伤之家，即两解，不得私斗。"女真"杀人偿马牛三十"之俗，便是由此而来的。由于函普解决了完颜部与邻族的关系问题，部人都很信服他，"谢以青牛一，并许十六之妇。始祖乃以青牛为聘礼而纳之，并得其赀产"。后来生二男，长曰乌鲁，次曰斡鲁，一女为注思板。函普遂为完颜部人，并被称为始祖。

苗耀《神麓记》有近似的记载：女真始祖揩浦（即函普），出自新罗，奔至阿触胡，无所归依，便依附完颜部，以完颜为氏。揩浦年六十而未娶。当时各部落以强凌弱，没有制度。揩浦"教人举债生息，勤于耕种"，遂至巨富。如有"盗鸡豚狗马者，以桎桎拘械，用柳条笞挞外，赔偿七倍"。法令严峻，果断不私，由是远近皆服。邻寨姓徒姑丹的酋长有女年十四，尚未出嫁，遂以牛马财物农具作陪嫁，嫁给掯浦。后来女真各部结为联盟，推举掯浦为首领。掯浦生讹鲁辣，讹鲁辣生佯海，佯海生随阔。①

《松漠记闻》卷上亦云：女真酋长本新罗人，姓完颜氏。女真以其办事干练，遂将首领职位让给他。酋长兄弟三人，一为熟女真酋长，一去其他部落。酋长年六十余，女真将十六岁的女子嫁给他，生二子，其长子名胡来。

当时女真尚无文字，以上诸书记载，大都是依据传闻追记的，因此略有出入，而且未必准确。但这是我们能见到的考察女真早期社会和婚姻制度的重要资料。根据这些资料，可以对女真的婚姻家庭制度得出如下的一些认识和判断。

首先，从"凡有杀伤人者，征其家人口一，马十偶，牸牛十，黄金六两"，"杀人偿马牛三十，教人举债生息"等知道当时已经出现相当数量的私有财产，而且人也同财产一样可以为别人所占有。"若遇盗鸡豚狗马者，以桎梏枸械，用柳条笞挞外，赔偿七倍"，则反映出那时已经有了维护私有财产的不成文法。

其次，这时的家庭是妻从夫居，世系与财产继承均以父系计算，因而是建立在丈夫的统治之上的家庭。再次，从函普以青牛为聘礼纳妇可知男方需给女方亲属赠送礼物，算是被出让的女儿的赎金，这是从对偶家庭发生时就出现了的购买妇女的现象。

最后，函普之被接受为完颜部的氏族成员，并被推举为酋长这一传说，仍保留有明显的母权制风俗残余，即"氏族可以接纳外人入族，并用这个办法吸收他们为整个部落的成员"，"从而获得了氏族和部落的一切权利"。②

事实表明，女真在公元十世纪函普时，已经确立了"与文明时代相适应的"一夫一妻制。

二、原始婚制的残余

在一夫一妻制出现和确立之后的一段时间里，女真社会还存在着许多原始群婚的遗风。

（一）接续婚或收继婚

《三朝北盟会编》政宣上帙三载：女真婚俗，"父死则妻其母，兄死则妻其嫂，叔

---

① 《三朝北盟会编》政宣上帙一八。
② 恩格斯《家庭、私有制和国家的起源》，《马克思恩格斯选集》第4卷，第86页，人民出版社1995年版。

伯死则侄亦如之，故无论贵贱，人有数妻"。《金史·后妃传》载，"妇女寡居，宗族接续之"。这当是群婚晚期阶段一个氏族的妇女以另一氏族的一群男子为她们共同的丈夫，而男子则以另一氏族的一群妇女为他们的共同妻子的那个时代所遗留下的痕迹。这种"妻母报嫂"的风俗，在北方许多民族（如匈奴、乌桓、契丹及后来的蒙古等）的历史上都存在过，并且被认为是天经地义的事情。《史记·匈奴列传》："父死，妻其后母；兄弟死，皆取其妻妻之。"《后汉书·乌桓列传》："其俗，妻后母，报寡嫂。"《隋书·突厥传》："父兄死，子弟妻其群母及嫂。"文惟简《虏廷事实》载契丹"娶其妇于家，而其妇身死不令归宗，则兄皆得以聘之，有妻其继母者"。《元朝秘史》卷一亦载蒙古有"收嫂为妻"之俗。不同民族中出现的相同婚姻制度反映了他们所经历过的共同的发展道路。

（二）隶役婚

《松漠记闻》卷上载：女真人成婚之后，男方要留女家"执仆隶役"三年。在此期间，"虽行酒进食皆躬亲之。三年然后以妇归"。这时女方则"用奴隶数十户，牛马十数群，每群九牸一牡，以资遣之"。这是母系氏族下妻方居住的遗风，所不同的是私有财产已受到重视。

（三）一夫多妻

女真的一夫一妻制同别的民族一样，从一开始就成为只是对妇女而不是对男子的一夫一妻制。久居金国的洪皓说："其良人皆有小妇、侍婢。"[①]虽未必尽然，但一夫多妻较为常见应是事实。女真早期即存在一夫多妻。昭祖一次掳二女子以归，"昭祖纳其一，贤石鲁纳其一，皆以为妾"。[②]终金之世，都是如此。海陵王时曾明令规定："命庶官许求次室二人，百姓亦许置妾。"[③]平民置妾须得到官方的许可。如由宋入金者孔彦舟，"荒于色，有禽兽行"，妾生女有姿色，又将其女"纳为妾"。[④]至于帝王贵胄达官的嫔妃妻妾成群更是司空见惯之事了。

三、皇族世婚制

这也是原始婚制的遗留。女真早期，完颜氏即同某些异姓部长之家世代联姻。金

[①] 《松漠记闻》卷上。
[②] 《金史》卷一《世纪》。
[③] 《金史》卷五《海陵王纪》。
[④] 《金史》卷七九《孔彦舟传》。

朝建立后，完颜氏成了皇族，这一风习依然被传承下来。"昏因有恒族"、① "后不娶庶族"，② 始终是金朝帝王恪守的祖训和信条。他们通常只在徒单、唐括、蒲察、拏懒、仆散、纥石烈、乌林荅、乌古伦、裴满等大族中娶后尚主，"天子娶后必于是，公主下嫁必于是"。③

金朝九帝的皇后分别是：
太祖圣穆皇后　唐括氏
　　光懿皇后　裴满氏
　　钦宪皇后　纥石烈氏
　　宣献皇后　仆散氏
太宗钦仁皇后　唐括氏
熙宗悼平皇后　裴满氏
海陵后　徒单氏
世宗昭德皇后　乌林荅氏
章宗钦怀皇后　蒲察氏
卫绍王后　徒单氏
宣宗皇后　王氏
　　明惠皇后　王氏（王皇后之姊）
哀宗皇后　徒单氏

在诸皇后中，惟有宣宗皇后王氏姊妹是个特例，非女真世家大族。宣宗为翼王时，章宗诏诸王求民家之女"以广继嗣"，遂纳王氏。宣宗见其姊有姿色，又纳之，宣宗继位，封为妃，后来又立为后。金朝对"娶后尚主"的限制极严，难以通融。章宗在钦怀皇后死后，中宫虚位，想立"能作字，知文义，尤善伺候颜色，迎合旨意"的李师儿为后，但因李师儿出身微贱（其家因罪而被没入宫籍监），众大臣以"国朝立后非贵种不预选择"④ 为理由，坚决反对章宗纳她为后。章宗不得已，进封李师儿为元妃。因此，元妃虽"势位熏赫，与皇后侔"，⑤ 但在名分上仍为妃，而不是后。金朝初年，诸妃并无固定的位号，熙宗时开始有贵妃、贤妃、德妃之号。海陵王时后宫渐多，有元妃、

---
① 《金史》卷一二〇《世戚传》。
② 《金史》卷六三《后妃传上》。
③ 《金史》卷一二〇《世戚传》。
④ 元好问《平章政事寿国累得文贞公神道碑》，《遗山先生文集》卷一六。
⑤ 同上。

姝妃、惠妃、贵妃、贤妃、宸妃、丽妃、淑妃、德妃、昭妃、温妃、柔妃等。世宗时后宫简少，章宗以后，内官制度大备。诸妃的出身较皇后宽泛，不仅世家大族，还有许多来自汉人、契丹、渤海者。

四、金朝的婚姻政策

　　金朝统治者对女真及其他族的原始婚姻制度残余采取了一定的限制措施。如禁同姓为婚、继父母之子女通婚等。太祖天辅元年（1117年），"诏自收宁江州已后同姓为婚者，杖而离之"。① 太宗天会五年（1127年），诏曰："合苏馆诸部与新附人民，其在降附之后同姓为婚者，离之。"② 八年（1130年），令"继父继母之男女无相嫁娶"③等等。这些诏令的颁施，反映了在女真一夫一妻制确立后相当长的时期里，原始婚姻制度残余并没有完全根除，同时也说明了人们在长期的历史实践中已觉察到旧的婚姻制度不利于自身的繁衍和社会的进步，因此采取措施，禁限陋习。

　　随着金朝疆域扩大，各族共居杂处，统治者对各族间的通婚持听任或鼓励的态度。世宗为防备耶律大石成为边患，于大定十七年（1177年）下令徙西北路部分契丹人往上京、济、利等路安置，"俾与女真人杂居，男婚女聘，渐化成俗"，并称这是"长久之策"。④ 章宗二年（1191年），尚书省言："齐民与屯田户往往不睦，若令递相婚姻，实国家长久安宁之计。"章宗从之。⑤ 泰和六年（1206年），"诏屯田军户与所居民为婚姻者听"。⑥ 女真族与境内其他族通婚，既是民族融合、社会发展的大势所趋，又是金朝统治者为使社会长治久安而采取的措施，具有积极的历史作用。

---

① 《金史》卷二《太祖纪》。
② 同上。
③ 《金史》卷三《太宗纪》。
④ 《金史》卷八八《唐括安礼传》。
⑤ 《金史》卷九《章宗纪一》。
⑥ 《金史》卷一二《章宗纪四》。

第二节 婚嫁习俗

在人类社会的发展过程中，一种制度的变革往往需要经过相当长的历史时期才能最后确定和巩固下来，而风俗习惯则显得更加不易改变。自女真见诸史籍记载，在婚姻形态上已是一夫一妻制，但是在金朝建立前后乃至终金之世的女真婚俗中，依然保留了不少群婚的遗风。

一、婚恋自由

女真早期，男女婚姻有较大的自由，无须"父母之命，媒妁之言"。《松漠记闻》卷上载：女真的富家子弟常常在夜晚携带酒馔骑马到嗢热（兀惹）住地，嗢热女子听说他们来到，便聚拢围观，有的则同他们一起饮酒，或以起舞讴歌助兴。倘若双方有意，就跟随女真人而去，父母也不加干涉。留数载生了子女之后，回到娘家，谓之"拜门"，执子婿之礼，"其俗谓男女自媒，胜于纳币而昏者"。[①]《三朝北盟会编》政宣上帙卷三亦记载有女真婚嫁礼俗："富者则以牛马为币，贫者则女年及笄行歌于途，其歌也，乃自叙家世妇工容色，以伸求侣之意，听者有未娶欲纳之者，即携而归，其后方具礼，偕女来家，以告父母。"

二、婚仪

在女真人相亲、订亲、成亲仪式中，保留许多母系氏族制下的痕迹。订婚时，男

[①] 《契丹国志》卷二六《诸蕃记》所载略同。

方及其亲属携带酒馔到女家，"妇家无大小，皆坐炕上，婿党罗拜其下，谓之男下女"。礼毕，男方牵马百匹，少者十匹，供女方家长选择，女方不过留十之二三，或皆不中选。一般以留马少为耻，女家也给一定的回礼。①

泰和五年（1205年）六月，曾"制定本朝婚礼"。②其具体条文则不得而知。

三、渤海婚俗

渤海旧俗，"男女婚娶多不以礼，必先攘窃以奔"。大定十七年（1177年），明令禁绝这种婚俗，"犯者以奸论"。③

四、同性恋

据《金史·后妃传上》载：宫中诸妃侍女皆服男子衣冠，号"假厮儿"，即假小子。有一名为胜哥者，是海陵王昭妃阿里虎（姓蒲察氏）的侍女，"阿里虎与之同卧起，如夫妇"。厨婢三娘将此事报告海陵王，阿里虎遂将三娘打死。海陵王得知后，缢杀阿里虎。

五、指腹为婚

《松漠记闻》卷上载："金国旧俗多指腹为婚姻，既长，虽贵贱殊隔，亦不可渝。"这种婚俗起源较早，《魏书》即有"指腹为亲"的记载。宋金流行此俗，司马光《书仪》卷三载："世俗好襁褓童幼之时轻许为婚，亦有指腹为婚者。"④此俗延续了很长时间，直到清代，乃至20世纪上半叶，在东北的满汉人中，仍然可以看到这方面的某些痕迹，此俗可谓源远流长。

---

① 《松漠记闻》卷上；《金志》。
② 《金史》卷一二《章宗纪四》。
③ 《金史》卷七《世宗纪中》。
④ 文渊阁"四库全书"本。

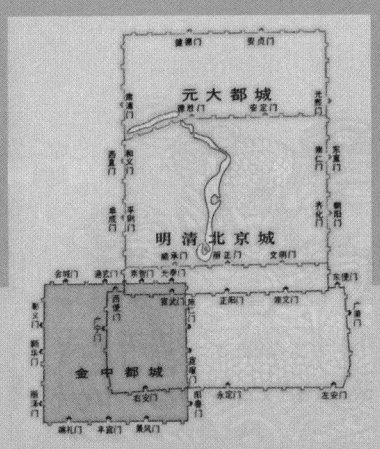

第六章

生育与姓名

第一节 生 育

女真人重视生儿育女，尤重生子。全国流行的过满月、百日、生日、本命年等诞生礼俗，来自中原或契丹。

一、重视生子

女真人重视生子，皇帝更是如此。天辅七年（1123年），习不失将当年"辽人以燕京降"、"宋人约岁币"及"世宗（完颜雍）生"并列为三件大事，称"国家迭有大庆"，请太宗减郓王昂因违纪而当受死刑，"太宗然之"。[①] 皇统二年（1142年），熙宗因"二十四岁始有皇子，喜甚"，于是遣使驰报太皇太后，"命名"、"大赦天下"，并奏告天地宗庙。[②] 泰和二年（1202年）九月，章宗"以皇子生，亲谢南北郊"。[③] 这些都反映了女真人、特别是皇帝对生子的重视。章宗还颁行鼓励生育政策，明昌元年（1190年）礼官建议："民或一产三男，内有才行可用者可令察举，量材叙用。"[④] 章宗当即采纳。

二、自择佳辰为"生日"

女真初无历法，不知纪年，"以草一青为一岁"，当然也无所谓生日。金朝建立后，

---

① 《金史》卷七〇《习不失传》。
② 《金史》卷八〇《济安传》。
③ 《金史》卷一一《章宗纪三》。
④ 《金史》卷九《章宗纪一》。

"浸染华风"，皇室贵胄纷纷"自择佳辰"以为生日。如粘罕（完颜宗翰）以正旦、悟室（完颜希尹）以元夕、乌拽马以上巳为生日。其他如重午、七夕、重九、中秋、中元、下元、四月八日等也被人择为生日。[①]女真人选择节辰为生日，表明了濡染汉人习俗和对生日的重视。

三、诞生礼俗

女真人婴儿降生后，有在满月、满三月或百日、每年生日举行庆祝活动，以及十二岁后过本命年等风俗。

（一）满月

《金史·章宗诸子传》载：洪辉（本名讹论），承安二年（1198年）五月生，"弥月，封寿王"。同书卷六四《后妃传下》载：泰和二年（1202年），元妃生皇子忒邻，群臣上表称贺。"既弥月，诏赐名，封为葛王"。满月有翦髦礼。《金史·济安传》载，济安满月，"翦髦"。翦髦礼，本中原风俗。《礼记·内则》疏云："三月剪发，所留不剪者谓之髦。"

（二）满三月或百日

《金史·后妃传下》载，忒邻"生满三月"，章宗敕放僧道度牒三千道，设醮于玄真观，为忒邻祈福。《金史·章宗诸子传》载，忒邻生满百日，放僧道度牒三千，设醮玄真观，宴于庆和殿。与《后妃传》所载当为一事。又，《金史·后妃传下》载：洪裕，为世宗曾孙，大定二十六年（1186年）生，世宗喜甚。"满三月，宴于庆和殿，赐曾孙金鼎，金香合，重采二十端，骨睹犀、吐鹘玉山子、兔儿垂头一副，名马二匹。章宗进玉双驼镇纸、玉琵琶拨、玉凤钩、骨睹犀具佩刀、衣服一袭。世宗御酒歌欢，乙夜方罢。"可见洪裕满三月活动之隆重。

满三月还有"洗儿"之俗。忒邻生满三月，章宗以卢玒年老而健康，"命以所策杖为洗儿礼物"。[②]

"洗儿"本中原风俗，婴儿出生后三日或满月时替其洗身，称"洗儿"。前蜀花蕊夫人《宫词》之六三："中尉传闻三日宴，翰林当撰洗儿文。"《资治通鉴·唐玄宗天宝十载》："上闻后宫欢笑，问其故，左右以贵妃三日洗禄儿对。上自往观之，喜，赐贵妃洗儿金银钱。"《东京梦华录》卷五"育子"载："至满月……大展洗儿会。亲宾盛集，煎香汤

---

① 《松漠记闻》卷上。
② 《金史》卷七五《卢彦伦传》。

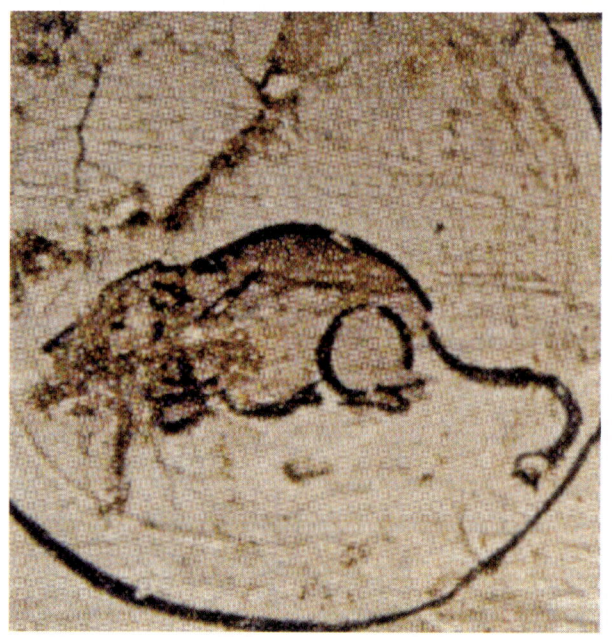
十二生肖之子鼠

十二生肖之丑牛

十二生肖之辰龙

十二生肖之巳蛇

十二生肖之午马

十二生肖之未羊

十二生肖之申猴

十二生肖之酉鸡

十二生肖之戌狗

十二生肖之亥猪

（以上均见北京石景山金墓壁画，梅宁华主编《金中都遗珍》，北京燕山出版社2003年版）

于盆中，下果子彩钱葱蒜等。"《梦粱录》卷二十"育子"载："至满月……大展洗儿会。亲朋俱集，煎香汤于银盆内，下洗儿果彩钱等。"洗儿之俗为后世所沿袭。

（三）生日

金国朝野的不同阶层人都有庆祝生日习俗。天德三年（1151年）正月十六日，"海陵生日，宴宗室百官于武德殿"，其生母"大氏欢甚，饮尽醉"。[①] 文人间往往在生日里以诗酒相祝。宇文虚中有题为《生日，和甫同诸公载酒袖诗为礼，感佩之余，以诗为谢》诗："词人诗句压离骚，按膝长吟意自豪。袖里虹蜺冲霁色，笔端风雨驾云涛。将衰难称千年祝，增重虚蒙只字褒。太史已应飞急奏，文星偏傍使星高。"[②] 即便是囊中羞涩、百病缠身者也不忘生日。王若虚《生日自祝》诗云："空囊无一钱，羸躯兼百疾。""清晨闻喧呼，亲旧作生日。我初未免俗，随分略修饰。举觞聊自祝，醉语尽情实。"[③]

（四）本命年

与辽代一样，金代也有本命年风习。《金史·世宗诸子传》载，郑王永蹈（本名银术可）曾召崔温论天象，崔说："丑年有兵灾，属兔命者来年春当收兵得位。"此虽为不经之言，但从崔温说"属兔命者"云云，而且永蹈"深信其说"，遂以崔温为谋主谋反，可知当时流行本命年风俗。

---

① 《金史》卷六三《后妃传上》。
② 《中州集》卷一。
③ 《中州集》卷六。

第二节　姓氏与命名

金朝的姓氏与命名习俗，如女真改称汉姓，皇帝赐国姓（完颜）或完颜以外的姓给非女真人，以及避古帝王、周公、孔子及本朝皇帝、太子等名讳，是金代民族融合的重要体现。

一、姓氏

（一）女真改汉姓

金源一代，随着女真与汉人交往日渐频繁，民族融合趋势不可阻挡，一些女真人纷纷改用汉姓。早在辽金之际，即有女真改汉姓之例，如改完颜姓王，赤盏姓张，那懒姓高。[1] 后来改用汉姓者渐多，世宗、章宗为保持女真旧俗一再禁止女直改译或改称汉姓。大定十三年（1173年），"禁女直人毋得译为汉姓"。[2] 二十七年（1187年），"禁女真人不得改称汉姓"，"犯者抵罪"。[3] 章宗明昌二年（1191年），"制诸女直人不得以姓氏译为汉字"，[4] 泰和七年（1207年），"敕女直人不得改为汉姓"。[5] 表明当时改译、改称汉姓已很普遍，尽管朝廷三令五申，还是阻止不住这一趋势。据《南村辍耕录》卷一"氏族"条所载，金元之际已有三十一个女真（包括附隶于金朝的其他族）姓改称汉姓。现列表如下：

---

[1]《三朝北盟会编》政宣上帙卷三。
[2]《金史》卷七《世宗纪中》。
[3]《金史》卷八《世宗纪下》。
[4]《金史》卷九《章宗纪一》。
[5]《金史》卷一二《章宗纪四》。

原 姓	改称汉姓	原 姓	改称汉姓
完颜	王	移剌	刘
乌古论	商	斡勒	石
纥石烈	高	纳剌	康
徒单	杜	夹谷	仝
女奚烈	郎	裴满	麻
兀颜	朱	尼忙古	鱼
蒲察	李	斡准	赵
颜盏	张	阿典	雷
温迪罕	温	阿里侃	何
石抹	萧	温敦	空
奥屯	曹	吾鲁	惠
孛术鲁	鲁	抹颜	孟
都烈	强	仆散	林
散答	骆	术虎	董
呵不哈	田	古里甲	汪
乌林荅	蔡		

女真改汉姓者尚不止于此，这只是"载其可知者"，"其后氏族或因人变易，难以遍举"。①据近人考证，除上述三十一姓外，在其他二十八姓中亦有或多或少的女真（包括附隶金朝的其他族）成分渗入。这二十八姓为：毛、仇、元、术、古、包、尼、米、沙、金、居、吴、花、周、姚、计、乌、秦、马、陈、黄、单、贾、郑、慕、卢、颜、苏。②

（二）赐姓

金朝不仅有女真改称汉姓之例，并有赐"国姓"（完颜）或其他女真姓给汉人及其他族有功者的制度。金朝规定："赐本朝姓者，凡以千人败敌三千者赐及缌麻以上，败二千人以上者赐及大功以上，败千人以上者赐止其家。"③如完颜阿邻本姓郭，以功劳赐姓完颜；④国用安先名安用，后赐姓完颜，改名用安；⑤郭药师，渤海铁州人，先为辽

---

① 《金国语解》。
② 陈述《金史拾补五种》第二种《女真汉姓考》卷二，科学出版社1960年版。
③ 《金史》卷一〇三《完颜阿邻传》。
④ 同上。
⑤ 《金史》卷一一七《国用安传》。

"怨军"首领，后降宋，再降金，赐姓完颜。①金代赐姓完颜之可考者近三十人，包括汉人、渤海、契丹和沙陀突厥等成分。其中有赐姓本人者，亦有赐及一家，所以实际上非完颜而称完颜者还不止于此数。②金朝赐给汉和其他族以别的女真姓者，据考证，赐夹谷氏者四人，温敦氏六人，兀林答氏一人，和速嘉氏一人，乌古论氏二人，女奚烈氏一人，颜盏氏二人，必兰氏一人，温撒氏一人，蒲察氏一人。③

二、命名

（一）女真人姓名次序及汉名

女真人姓名次序姓氏在前，名在后，有人还有字。除姓、名、字外，初生时有小字。如章宗姓完颜，名璟，小字麻达葛；徒单合喜，徒单为姓，合喜是名；完颜伯嘉，字辅之；完颜奴申，字正甫等等。女真帝王、皇室乃至平民除本名外，多有汉名。如太祖阿骨打，汉名；太宗吴乞买，汉名晟；皇族粘罕，汉名宗翰；兀术汉名宗弼；庶姓唐括安礼，安礼是汉名，本名斡鲁古；富察世杰，世杰是汉名，本名阿散等等。女真名和汉名在使用上略有区分。前者用于彼此称呼，后者用于诏、令、章、奏。④

（二）避讳

金朝对名犯古帝王、周公、孔子和本朝皇帝甚至太子，以及宋朝帝王名讳者均要避讳。明昌三年（1192年）十一月，"诏臣庶名犯古帝王而姓复同者禁之，周公、孔子之名亦令回避"。⑤如海陵王太子名光英，后来以"英"字与"鹰隼"字声相近，改"鹰坊"为"驯鸷坊"。国号有"英国"和"应国"，遂改"英国"为"寿国"，"应国"为"杞国"。宋亦改"光州"为"蒋州"，"光山县"为"期思县"，"光化军"为"通化军"。⑥又，杨伯仁初名伯英，因避"光英"讳而改今名。⑦张炜本名燁，因避章宗讳"璟"而改之。⑧

---

① 《金史》卷八二《郭药师传》。
② 陈述《金史拾补五种》第三种，《金赐姓表》卷一，科学出版社1960年版。
③ 同上。
④ 赵翼《廿二史札记》卷二八"金一人二名"条，中国书店1987年版。
⑤ 《金史》卷九《章宗纪一》。
⑥ 《金史》卷八二《海陵诸子传》。
⑦ 《金史》卷二五《文艺传上》。
⑧ 《金史》卷一〇〇《张炜传》。

第七章
丧 葬

第一节 葬法与墓葬形制

金代不同民族和地区的葬法与墓葬形制存在许多差异,而且在不同时期有很大变化,期间各民族的互相影响也相当明显。

一、葬法

金代有土葬、火葬及土葬火葬结合等葬法。

女真早期多用土葬,"死者埋之"。① 汉人死后多用土葬。

火葬是在金代女真、北方汉人及不同宗教信徒中流行的丧葬方法。《建炎以来系年要录》卷一四九载,绍兴十三年(皇统三年)张邵自金回到南宋,谈及奉使金朝的陈过庭将死,其部下自割其肋,取肝为羹,以医过庭之疾。过庭既死,"以北俗焚之,其卒又自剔股肉,投之于火,曰,此肉与相公同焚"。道士亦行火葬。如大定二十六年(1186年),"咸平集真观刘道士,载归本观,火其尸而焚之"。②

金元之际的王恽在《论中都丧祭礼薄事状》中说:"切惟送终,人子之大事,今见中都风俗薄恶,于丧祭之礼有亟当纠正者,如父母之丧,例皆焚烧,以为当然,习既成风,恬不知痛。……其在汉民,断不可训。"③ 元好问《续夷坚志》卷三载,吕忠嗣平生通晓经学,每以古人自期,他在临终时对诸子说:"我死无火葬,火葬是为戮尸,无斋僧作佛事,斋僧佛事是不以尧、舜、文、武、周、孔之教待我,有违我言者,非吕氏子孙,诸子从教,无一敢违者。"张邵、王恽、吕忠嗣所言,从不同侧面反映了金朝

---

① 《三朝北盟会编》政宣上帙三。
② 《辽东行部志》。
③ 《秋涧先生大全文集》卷八四《乌中笔补》,"四部丛刊"本。

火葬的流行，同时说明恪守传统观念者仍不乏其人。金代还有土葬与火葬结合的葬式。尸体火化后，将骨灰及随葬品装入木棺下葬，再在墓穴内将木棺、骨灰和随葬品一同焚烧。①

两宋许多地区的汉人由于受佛教和契丹、女真等影响，也采用火葬。北宋时，"河东人众而地狭，民家有丧事，虽至亲，悉燔取骨烬，寄僧舍，以至积久弃捐乃已，习以为俗"。②北宋朝廷只许少数民族行火葬，而限制汉人火葬，"惟胡夷礼泊僧尼，许从夷礼而焚柩，齐民则一皆禁之"。③南宋官方亦禁汉人火葬，然而都不见效。绍兴二十七年（1157年），"监登闻检院范冈（或作"同"）言：'今火葬之惨日炽，事关风化，理宜禁止。望申严法禁，仍饬守臣措置荒闲之地，使贫民得以收葬。'从之"。④京城临安也有火葬事例。吴自牧《梦粱录》卷一五载，有蔡汝拨者，其庶母沈氏死，汝拨尚幼，父用火葬，汝拨伤母无坟茔之地，及年长，以木刻庶母形象，并以衣衾棺椁，择地葬之，乡人称之为木娘墓。考古工作者在上海、广州、佛山等地都曾发现南宋时代的火葬墓，说明火葬在南宋未被禁绝，而且相当普遍。女真火葬之俗，直接为其后裔满族所承袭。清人吴桭臣《宁古塔记略》云："丧事将入殓，其夕亲友俱集，名曰守夜，终夜不睡。丧家盛设相待，俟殓后方散，七七内必殡，火化而葬。"清代南方亦有火葬流行。道光间诸生黄汝成说，"火葬之事，杭城至今犹沿其俗，至为惨伤，而长官不为禁止，士大夫不知动色诫谕，习为故常"。⑤

火葬作为一种简便、经济、卫生的丧葬方法在两宋以来得以流行，是同契丹、女真的影响分不开的。

二、墓葬形制

关于金代墓葬形制，文献鲜有记载，从考古发掘中可以发现，由于时间早晚，距离中原地区远近以及墓主地位的不同，墓葬有简繁之别。女真早期，死者"埋之而无棺椁"，⑥但并非自始至终和所有阶层都如此。随着社会经济的发展，女真汉化程度的加深，逐渐从原来简单的土坑墓发展到大型石室或砖室墓；从无棺椁发展为有木棺或石

---

① 《黑龙江畔绥滨中兴古城和金代墓群》、《松花江下游奥里米古城及周围的金代墓群》。
② 张师正《倦游录》，《宋朝事实类苑》卷三二，上海古籍出版社1981年版。
③ 同上。
④ 《建炎以来系年要录》卷一七七。
⑤ 《日知录集释》卷一五，岳麓书社1994年版。
⑥ 《三朝北盟会编》政宣上帙三。

函等葬具。从已清理发掘的金代女真人的墓葬来看，无论土葬还是火葬，多数有棺敛之具。葬具有木棺、石函、瓮罐等。

在东北地区曾经发现不同形制的金墓。吉林扶余有早期女真贵族的石椁墓。[1]黑龙江绥滨中兴古城、永生和奥里米古城金墓则土葬、火葬并见。分别为有葬具、有棺无椁及有棺有椁等不同形制。其中无葬具者，多是一长方形土坑，有封土；有棺有椁者的墓室也多为长方形土坑，墓内有红烧土和木炭，用以防潮。有的棺底部残留着防腐用的水银，还有的墓底铺有石块，这是承袭唐代渤海时期积石墓的葬俗。[2]在阿城巨源乡发现的齐国王墓葬形制为土坑竖穴石椁木棺墓。其中放置一长方形大石椁，在大石椁和二层中间还置有一长方形小石椁。石椁内置放一具长方形木棺。石棺的接缝处均用白膏泥或白膏夹杂布纹瓦片封堵严密，并逐层填土夯实。通过这样处理，形成了相对封密的空间，为墓内的随葬得以长期保存提供了重要条件。[3]在吉林舒兰东南小城乡发现的完颜希尹家族墓地的墓室结构有石棺墓、石函墓、石室墓和砖室石椁木棺等形制。墓前有七组石雕刻物，每组石雕基本上是由成对的石柱、石虎、石羊和石人组成。这些石雕具有很高的历史艺术价值，它不仅反映了唐宋文化对金代文化的深刻影响，而且也反映了金代中期贵族墓石雕造型艺术的特点，是研究金代葬俗及文化艺术的珍贵实物资料。[4]

金陵M9墓门左侧云龙纹石抱柱（北京文物研究所编《北京金代皇陵》，文物出版社2006年版）

---

[1] 《吉林省扶余县的一座辽金墓》，《考古》1963年第11期。
[2] 《黑龙江畔绥滨中兴古城和金代墓群》、《绥滨永生的金代平民墓》、《松花江下游奥里米古城及其周围的金代墓群》。
[3] 谭英杰等《黑龙江区域考古学》第127—134页，中国社会科学出版社1991年版。
[4] 《黑龙江区域考古学》第134—136页。

此外，在辽宁、河北、北京、山西、陕西、甘肃、河南等地发现的墓葬，大都是大定间以后的，不仅有棺有椁，而且墓室建造得相当考究。①

鎏金银覆面

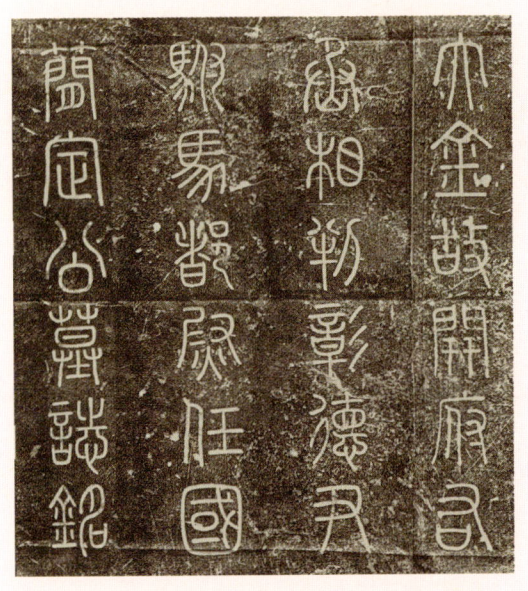

乌古论元忠墓志盖拓片（《金中都遗珍》）

---

① 《新中国的考古发现和研究》第六章之（四），文物出版社1984年版。

第七章 丧葬

赵励墓棺床(《北京辽金史迹图志》)

金陵 M6-3 凤纹石椁四周匝敷松香(《北京金代皇陵》)

辽金风俗

金陵 M6-3 石椁外壁雕刻凤纹（《北京金代皇陵》）

完颜晏墓出土朱棺

文武官员石像生(《金中都遗珍》)

第二节 殉葬、髠面、"烧饭"及其他葬祭习俗

殉葬、髠面、"烧饭"等是女真颇具特色的葬祭习俗,是承袭契丹等北方民族的传统,而烧纸钱习俗则是出自中原汉人。

一、殉葬

殉葬是以器物、牲畜乃至活人从葬,最早起源于原始社会后期,是同人类的原始信仰特别是灵魂崇拜和祖先崇拜联系在一起的极其野蛮残酷的陋习。人们为了让死者的灵魂有所寄托,将他们"生前认为最珍贵的物品,都与已死的占有者一起殉葬到坟墓中,以便他在幽冥中能继续使用"。[①]殉葬,特别是人殉,在奴隶制时代的原始信仰的基础之上,又反映出阶级压迫的实质。《三朝北盟会编》政宣上帙卷三载,女真人死后,"贵者生焚所宠奴婢、所乘鞍马以殉之"。考古资料表明,在一些金代墓葬中还有生产工具、鞍具、生活用品以及首饰、佩饰、服饰等随葬品。如在绥滨中兴墓群中发现的随葬品有铁器、铜器、陶器、瓷器等生产工具、鞍具和生活用品,还有金银器和玉器,如金列鞢(腰佩)、金花、金耳坠、银钏、银簪、银钗,玉鱼、玉人、玉飞天、水晶嘎拉哈等。从随葬品可以断定墓主人属于贵族阶层。绥滨永生金代平民墓中的随葬品是以陶器、铁器为主,多是有实用价值的炊餐器具和骑马用的铁衔镳、铁刀、铁镞,还有铜、铁、石、高岭土为原料做成的首饰、佩饰、服饰等。[②]

[①] 马克思《摩尔根(古代社会)一书摘要》第51页,人民出版社1965年版。
[②] 《黑龙江畔绥滨中兴古城和金代墓群》、《绥滨永生的金代平民墓》。

二、劓面

劓面，即用割面流血，以表示对死者的哀悼。《三朝北盟会编》政宣上帙三载，"其死亡，则刃劓额，血泪交下，谓之送血泪"。①

在我国其他一些北方民族中，如匈奴、突厥、回纥等，都有这类劓面哭丧的风俗。《后汉书·耿秉传》云："匈奴闻秉卒，举国号哭，或至梨面流血。"梨面即劓面。《周书·异域列传下》载突厥风俗，"死者，停尸于帐，子孙及诸亲属男女，各杀羊马，陈于帐前，祭之。绕帐走马七匝，一诣帐门，以刀劓面，且哭，血泪俱流"。《旧唐书·回纥传》云，毗迦阙可汗死，宁国公主"依回纥法，劓面大哭"。

劓面不止用于送丧。女真首领阿骨打率兵反辽后，辽天祚帝大怒，下诏有"女真作过，大军剪除"之语，阿骨打为激励部众，悲痛欲绝，"劓面仰天恸哭"。② 可能大凡极度悲痛时都可用劓面表示。后来满族萨满跳神有所谓"开天门"，即"用利刃自劈其额"，③ 与此近似，不过其用意似乎有了变化。

三、"烧饭"

"烧饭"是契丹、女真和蒙古族祭奠死者的重要习俗。辽金元史料中关于烧饭的记载，如《契丹国志》卷二三《建官制度》云：

〔其主〕既死，则设大穹庐，铸金为像，朔、望、节、辰、忌日辄致祭。筑台高丈余，以盆焚食，谓之烧饭。

《三朝北盟会编》政宣上帙卷三云：

所有祭祀饮食之物尽焚之，谓之烧饭。

---

① 《大金国志》卷三九《初兴风土》略同。
② 《辽史》卷二八，《天祚皇帝纪二》。《三朝北盟会编》政宣上帙三略同。
③ 杨同桂《沈故》卷四"跳神"条，"辽海丛书"本。

《金虏节要》云：

〔绍兴〕四年冬，虏主吴乞买以病死，传位于谙版孛极烈都元帅完颜。……于五年之春，方告诸路郡邑，立吴乞买之灵、抛盏烧饭，虏俗也。①

《虏廷事实》云：

尝见女真贵人初亡之时，其亲戚、部曲、奴婢设牲牢、酒馔以为祭奠，名曰烧饭。

《元史·祭祀志六》"国俗旧礼"云：

葬后，每日用羊二次烧饭以为祭，至四十九日而后已。

综合以上记载，烧饭是人们埋葬死者以及葬后每当朔、望、节、辰、忌日等焚烧酒食的祭祀仪式。

关于金代女真烧饭之礼，在《金史》中多有记载：大定二十一年二月，戊子，世宗元妃李氏以疾薨，葬于海王庄，"上（世宗）如海王庄烧饭"。② 明昌二年正月，孝懿皇后崩，"永中（镐王）适有寒疾，不能至。……二月丙戌，禫祭，永中始至，入临。辛卯，始克行烧饭之礼"。③ 同年，太傅徒单克宁薨，章宗欲亲为烧饭，张时韦奏："若为大臣烧饭，礼有未安。"章宗从之。④ 承安二年，乌古论元忠卒，章宗"遣宣徽使白碗烧饭，赙物甚厚"。⑤ 贞元年九月，"宣宗以允升（夔王）年高，素嬴疾，诏宫中听扶杖。寻薨。既殡，烧饭，上亲临奠"。⑥ 泰和七年，张万公薨，"命依宰臣故事，烧饭，赙葬"。⑦ 正大元年二月，"宣宗小祥，〔哀宗〕烧饭于德陵"。⑧ 可惜这些记载语焉不详，

---

① 《三朝北盟会编》炎兴下帙六五。
② 卷六四《后妃传下》。
③ 卷八五《世宗承诸子传》。
④ 卷一〇六《张炜传》。
⑤ 卷一二〇《乌古论元忠传》。
⑥ 卷八五《世宗诸子传》。
⑦ 卷九五《张万公传》。
⑧ 卷一七《哀宗纪上》。

都很简略。不过还是可以从中推测：一般说来，烧饭限于臣对君，下对上，晚辈对长辈，以及平辈之间进行，而君为臣，长辈为晚辈，上为下亲自烧饭是不合于礼的。烧饭与殉葬颇有近似之处，但两者还是有区别的。殉葬时焚烧器物是一次烧之，而烧饭则是在特定的日子里多次进行。两者所烧对象不同，殉葬物是死者生前所乘鞍马及衣物，而烧饭是指焚烧祭祀用的酒食。当然，就其本质来说。二者都是在灵魂不灭、祖宗崇拜等观念基础上产生的祭奠和悼念死者的仪式。①

金代葬俗，除了女真的殉葬、劈面、烧饭之外，在汉族和女真人中有以焚烧纸制器物、人畜等送葬的习俗，这实际上是殉葬的一种延续形态。殉葬本来是以器物、牲畜乃至活人从葬，或将其焚烧后从葬。后来人们逐渐认识到这样过于耗费财力物力，特别是人殉，随着社会的进步而被废止，改以纸制品代替器物、人畜。金元之际，中都一带流行此俗，人死之后，"无问贵贱，多破钱物，市一切纸作房屋、侍从、车马等仪物"。②

烧纸钱是长期流行于北方汉人中的丧祭风俗。此俗起源于汉代的瘗钱，③至唐代则以焚纸钱代替，从此便相沿成俗。到金代，仍"习以为常，俗莫能易"。④烧纸钱之俗源远流长，近世犹未绝迹。

---

① 见贾敬颜《"烧饭"之俗小议》(《中央民族学院学报》1982年第1期)、宋德金《"烧饭"琐议》(《中国史研究》1983年第2期)。
② 王恽《论中都丧祭礼薄事状》。
③ 《汉书》卷五九《张汤传》："会有人盗发孝文园瘗钱。"颜师古注引如淳曰："瘗，埋也。埋钱于园陵以送死也。"
④ 李俊民《抄纸疏》，《庄靖集》卷一〇，"石莲盦九金人集"本。

第三节 帝王陵寝与宗庙

金代陵寝与宗庙制度系受中原王朝影响而建立起来的。女真建国之初，祖宗死后，葬于上京附近护国林之东，仪制简单。自海陵王迁燕后，始有置陵寝之意，令司天台于燕山四周择地。经过一年多的勘查、卜筮，选定良乡西的大房山（在今房山县），这里"冈峦秀出，林木隐映"，[①] 是筑陵的理想之处。贞元三年（1155年），海陵王"命以大房山云峰寺为山陵"，并建行宫于山麓。[②] 正隆元年（1156年）十月，改葬始祖以下十帝（指金朝建立之前的始祖函普、德帝乌鲁、安帝跋海、献祖绥可、昭祖石鲁、景祖乌古迺、世祖劾里钵、肃宗颇剌淑、穆宗盈哥、康宗乌雅素）于大房山。金朝建立后，除特殊情况外，诸帝陵寝均在大房山。

现据《金史》本纪所载，列表如下：

庙号或谥号	陵寝	说　　明
太祖	睿陵	天辅七年崩，葬上京宫城西南，建宁神殿于陵上。天会十三年，改葬和陵。皇统四年改曰睿陵。贞元三年十一月，改葬于大房山。
太宗	恭陵	天会十三年崩，葬和陵。皇统四年，改号恭陵。贞元三年十一月，改葬于大房山。
熙宗	思陵	皇统九年崩，葬于裴满氏墓中。贞元三年改葬于大房山蓼香甸。大定初，号陵曰思陵，二十八年，改葬于峨嵋谷，仍号思陵。
海陵王		正隆六年崩，其柩置之南京班荆馆。大定二年降封为海陵郡王，葬于大房山鹿门谷诸王兆域中，二十年废为庶人，改葬于山陵西南40里。
世宗	兴陵	大定二十九年崩，葬大房山。
章宗	道陵	泰和八年崩，葬大房山。

[①]《大金国志》卷三三《陵庙制度》。
[②]《金史》卷五，《海陵纪》。

金代皇陵主陵区（《北京金代皇陵》）

庙号或谥号	陵寝	说　明
卫绍王		至宁元年被其下所杀，葬地不详。
宣宗	德陵	元光二年十二月崩。葬地不详。
哀宗		天兴三年，兵围自缢而死，人收其骨，瘗之汝水上。

女真本无宗庙制度，祭祀不及中原汉人那么讲究。《金虏图经》说，自金平辽之后，所用大臣多为汉人，他们"往往说以天子之孝，在于尊祖，尊祖之事在乎建宗庙"，于是金朝开始兴建宗庙，在京师者称太庙。其"庙貌祀事虽具"，但是"制度极简略"。[①] 贞元初，海陵王迁燕，增广旧庙，将祖宗神位从上京迁到中都，安于太庙。正隆间，营建南京宫室，又立宗庙。其祭祀制度，大抵参照中原自周以来传统的"三年一祫，五年一禘"旧制。祫，即"合食祖庙"，就是集远近祖先的神主于太庙大合祭；禘为"禘序尊卑"，就是合高祖父以上的神主祭于太祖庙，高祖以下分祭于本庙。大定年间，还按唐礼于四时的第一个月及岁末祭于太庙。[②] 从《金史·礼志三》中对于宗庙、禘祫、朝享、时享等仪的记载，可见其繁琐庄重，以示他们对祖先的崇敬。

---

① 《三朝北盟会编》炎兴上帙一四四。
② 《金史》卷三〇《礼志三》。

金陵神道·石踏道(《金中都遗珍》)

金太祖陵寝地宫全貌(《金中都遗珍》)

金睿宗墓碑（《北京金代皇陵》）

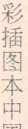

第七章 丧葬

小铜人像

第八章
生 产

第一节 农业

金朝统治者重视农业生产，采取许多有效措施，促进了东北地区的开发及中原地区农业生产的恢复和发展。与农业生产相关的习俗，如重视岁时节会，建立社稷之制，祈祷农业丰收等中原传统农事风俗，在金代得到继承和发展。

一、农业生产的发展

女真人在很早就有了原始农业，开始过着定居的生活。献祖绥可时，即改变了长期以来"随水草以居"、"迁徙不常"的游牧生活，他们迁徙到海古水一带，"耕种树艺，始筑栋宇之制"。① 原始农业的出现和发展，为人们提供了生活中必需的食粮。据《金史·世纪》载，景祖乌古迺"嗜酒好色，饮啗过人"，世祖劾里钵也曾嗜酒。酿酒的出现与普及，说明粮食生产已具备一定规模。《金史·太祖纪》载，康宗七年，"岁不登，民多流莩，强者转而为盗"。从中可以看出，年成的丰歉，已严重地影响和制约着当时人们的物质生活和社会安定，说明农业生产在社会经济中具有相当重要的地位。

阿骨打在金朝建立前后，即很重视农业生产，提倡"力农积粟"。② 在与辽作战的同时，诏令各级将领，不得"纵军士动扰人民，以废农业"。③ 金朝初年，实行移民实内政策，将燕京豪族、工匠及山西诸州居民大量迁往东北地区的女真发源地。这些汉人在迁往金朝"内地"的同时，也把中原先进的农业技术和耕作风俗传到了那里。太宗多次发布诏令，劝课农桑。天会四年（1127年），诏曰："朕惟国家，四境虽远而兵革未

---

① 《金史》卷一《世纪》。
② 《大金国志校证》卷一《太祖武元皇帝》。
③ 《金史》卷二《太祖纪》。

息，田野虽广而畎亩未辟，百工略备而禄秩未均，方贡仅修而宾馆未赡。是皆出乎民力，苟不务本业而抑游手，欲上下皆足其可得乎。其令所在长吏，敦劝农功。"① 太宗还诏令对新徙戍边户缺少耕牛者"给以官牛"，并派遣官员"劝督田作"。② 熙宗以后，令东北女真人"与汉人错居"，"农作时令相助济"，③ 这些措施有利于当地农业技术水平的提高与发展。

在实行移民实内的同时，还强令女真猛安谋克户垦荒屯田。收国二年（1116年）迁猛安谋克二千户，以银术可为谋克，屯宁江州。天辅五年（1121年），派遣昱和宗雄分诸路猛安谋克万户屯泰州。

在金初一系列发展农业政策的推动下，女真"内地"耕地面积逐渐扩大。到金代中期以后，黑龙江地区的农业已有了很大发展。至于原来基础较好的今东北中、南部地区也都有了不同程度的发展。

金朝在治理河流上收到了一定的成效。黄河是金朝境内最长的河流，长期为患，或决或塞，迁徙无定。世宗时设置巡河官，并投入许多人力，进行筑堤护堤。沿河上下修二十五埽（堤岸），六埽在河南，十九埽在河北。埽设巡河官。由于一些巡河官玩忽职守，"多致浅滞"后改由沿河京府州县副职兼管河防之事。④ 卢沟河也经常造成水患，大定二十七年（1187年），根据宰臣建议，在上游设立重堋，并置官署与埽兵，以防河水暴涨时为害稻田。

正是由于提倡兴修水利，引水溉田，扩大了水田面积，水稻的种植得到了推广。特别是章宗、宣宗两朝，颁布许多鼓励种植水田的措施。金代水田在章、宣两朝得到了较大推广。据有文献可征者，在中原种植水稻的地区，有南京路之单州、邓州，河东南路之平阳府、怀州，山东西路之曹州、邳州，山东东路之沂州，中都路之安肃州、涿州、卢沟河沿岸以及京兆府路之泾阳县。据估计，从水稻种植地区之广泛，已逐渐恢复到北宋的水平。⑤

金代的农具和耕作技术也有发展和提高。在今黑龙江、吉林、辽宁、北京、山西、河南等省市，都出土了许多金代农具。考古发现证实，黑龙江地区虽然很早就出现和使用铁器，但是到了金代，铁器才被普遍地、大量地应用于日常生活当中。黑龙江大部分地区都有金代铁器出土，农具种类相当之多。其中，犁、铧出土尤为普遍，标志着农耕面积的扩大。在阿什河流域的阿城、哈尔滨、双城、榆树、扶余、五常等地，

---

① 《金史》卷三《太宗记》。
② 《金史》卷三《太宗记》。
③ 《金史》卷四九《食货志一》。
④ 《金史》卷二七《河渠志上》。
⑤ 漆侠、乔幼梅《辽夏金经济史》第325页，河北大学出版社1994年版。

都有铁制农具出土。在阿城金上京故城内曾出土有铁镰、铁锹。在松花江流域的肇东县八里城遗址曾出土铁制农具50余件，主要有犁铧、犁碗子、蹚头、锄、镢、手镰、锹、铡刀、垛叉等。① 此外，在嫩江至松花江下游、乌苏里江流域地区，也曾出土各种铁制农具。北京地区也曾出土许多金代农具。在先农坛、天坛、清河镇、西郊百万庄、北郊东小营、顺义、通州、怀柔、房山等地发现了大量金代铁制农具。其种类有犁镜、铧、耘锄、镰、钩镰、铡刀、锄、手铲、禾叉等。② 这些农具可分别用于翻土、播种、中耕、除草、收获等各个不同生产环节。其中有些农具样式与今已无大的区别，反映了当时这里的农具生产已有相当的发展。

二、作物种类和耕作习俗

（一）谷物

东北地区，气候寒冷，无霜期短，谷物种类较少，主要有黍、穄（糜子）、荞麦、豆、粟等。《三朝北盟会编》政宣上帙三载，女真在契丹东北隅，"土多林，田宜麻谷，以耕凿为业"。"其饭食则以糜酿酒，以豆为酱"。糜子，又称穄、稷，为黍的变种。豆，又称菽，至今东北地区仍以盛产大豆著称。五国部谷物有糜子、荞麦等。③ 东北地区中部、南部，谷物种类较北部为多。渤海国故地在辽代时，即有粟、麦、穄等。王寂在《鸭江行部志》中有诗云："粗饭满匙才脱粟，藜羹供筯欲吐虀。"④ 说明粟是当时常见的谷物。

燕云地区，谷物种类已相当之多，在辽末金初时已是"稻粱之类，靡不毕出"了。

西部地区，今陕西一带，谷物品种较为单调，"种艺不过麻、粟、荞麦"。⑤

南部地区，今河南、山东一带，出产麦、稻等，产量也比较高。特别是河南南阳地区，兴定间，宣尉使李复亨奏曰，其"土性宜稻，今因久雨，乃更滋茂，田凡五百余顷，亩可收五石，都得二十五万余石"。⑥

（二）菜蔬

金国的菜蔬，主要有葱、韭、姜、蒜、萝卜、回鹘豆、芹、蔓菁、葵等。除人工栽培种植者外，在山野，平原还出产有许多野菜。

---

① 肇东县博物馆《黑龙江肇东县八里城清理简报》，《考古》1960年第2期。
② 《文物考古工作三十年》第7页，文物出版社1981年版。
③ 《三朝北盟会编》靖康中帙七三。
④ 罗继祖、张博泉《鸭江行部志注释》第46页，黑龙江人民出版社1984年版。
⑤ 《金史》卷九二《毛硕传》。
⑥ 《金史》卷一〇〇《李复亨传》。

（三）果木

金代人工栽培和野生果木，品种很多。见诸《金史》、诗文记载者，有樱桃、枣、榛、李、栗、梨、杏、石榴、蒲桃（葡萄）等。

中都路良乡、渔阳、易州等地的栗、梨、枣等，历来都很有名。这在《金史》、南宋使者奉使金国行程录及金人诗文中多有记载。《金史·地理志上》载，蓟州"产栗"。范成大在《良乡》诗中盛赞那里出产的栗子，谓其甘甜是梨、枣都无法相比的。诗人在题下注曰："驿中供金栗梨、天生子，皆珍果，又有易州栗，甚小而甘。"诗云："新寒冻指似挂签，村酒虽酸未可嫌。紫烂山梨红皱枣，总输易栗十分甜。"① 诗中提到的栗、梨、枣等果品，都是这里的特产。赵秉文《栗》诗云："渔阳上谷晚风寒，秋入霜林栗玉干。未折棕榈封万壳，乍分混沌出双丸。宾朋宴罢煨秋熟，儿女灯前爆夜阑。千树侯封等尘土，且随园芋劝加餐。"② 此诗充分反映了今北京一带当时即盛产栗子，并给当时人们的生活带来许多情趣。

河北内丘的鹅梨（今称鸭梨）也很有名。范成大《内丘梨园》诗云："汗后鹅梨爽似冰，花身耐久老犹荣。园翁指似还三笑，曾共翁身见太平。"原注："内丘鹅梨为天下第一，初熟收藏，十月出汗后方佳。园户云：'梨至易种，一接便生，可支数十年，吾家园者犹圣宋太平时所接。'"③ 可见当时在梨树嫁接、鹅梨收藏等方面已积累有丰富的经验。

金代，梨、杏、石榴等在中原一带随处可见，其种植已相当普遍。王庭筠《河阴道中二首》诗云："梨叶成荫杏子青，榴花相映可邻生。林深不见人家住，道上唯闻打麦声。""微行入麦去斜斜，才过深林又几家。一色生红三十里，际山多少石榴花。"④ 石榴不仅可食，而且花色鲜艳，且有观赏价值，所以尤其受人喜爱。元德明有诗咏石榴花果和榴花，如"竹马儿童厌梨栗，绿囊聊为剥红珠"。"庭中忽见安石榴，叹息花中有真色。生红一撮掌中看，摹写虽工更觉难。"⑤

（四）西瓜

西瓜自五代传入契丹后，到金时继续受到各族人的喜爱，并为文人所乐道。范成大《西瓜园》诗中对西瓜及其南传作了记述。诗云："碧蔓凌霜卧软沙，年来处处食西瓜。形模濩洛淡如水，未可蒲萄苜蓿夸。"诗人在题下注曰："味淡而多液，本燕北种，

---

① 《范石湖集》卷一二。
② 《闲闲老人滏水文集》卷七。
③ 《范石湖集》卷一二。
④ 《中州集》卷三。
⑤ 《从赵敷道觅石榴》、《榴花》，《中州集》卷一〇。

今河南皆种之。"① 从诗及注中亦可看出，西瓜在当时新近得到普遍栽培和推广，而且刚从北方传到中原。同胡峤《陷北记》、洪皓《松漠记闻》对西瓜的记载，也是相契合的。金人所食水果，除来源于境内所产之外，还从与南宋榷场贸易中得到一定数量北方罕见的水果。如泗州场，大定间每年进荔支500斤，圆眼500斤，金橘6000斤，橘子8000个，栀子90称。② 这些从榷场贸易中得来的稀见水果大约只有皇室等少数上层人才能有幸品尝了。对此，清人有诗云："泗上新闻置榷场，北珠南货往来忙。后宫分赐江南物，金橘堆盘橄榄香。"③ 柑橙之类的水果，在金国不易得，还可以范成大的见闻来说明。他在燕城外曾见有数车载新橙，"云修贡种之汴京撷芳园也"。他在诗中写道："尧舜方堪橘柚色，穹庐亦复使民芳。华清荔子沾恩幸，一骑四时万骑骚。"④ 范成大把从中原运新橙至中都，比作唐朝从岭南为杨贵妃送荔枝，也说明橙子在当时金国是很稀见的。

南宋使臣出使金国，有时也携带应时水果，献给金朝皇帝。章宗时，状元王泽民在翰林，正值宋使进枇杷子，章宗遂令左右文臣作诗，王泽民说："小官不识枇杷子。"只有大诗人王庭筠当场赋成，章宗大喜。于是有"泽民不识枇杷子"的打油诗嘲讽此事。⑤ 这个故事固然是旨在说当时有的士大夫孤陋寡闻，但也反映了枇杷在北方不易见到。

三、重视农时和祈祷丰收

我国中原与农业生产密切相关的传统农历岁时节日，如年节、节气等，在金代广泛流行，其风俗也大体一致，说明金代对农时已相当重视。如立春仪，同中原一样，有"击土牛"、"送寒牛"、"鞭春牛"等俗，反映了对农时及牛耕的关注。

社稷，是我国古代帝王、诸侯祭祀的土神和谷神，也是国家政权的象征。《白虎通义·社稷》云："王者所以有社稷何？为天下求福报功。人非土不立，非谷不食。土地广博，不可遍敬也；五谷众多，不可一一祭也。故封土立社示有土尊；稷，五谷之长，故封稷而祭之也。"⑥ 随着金代风俗的汉化和农业生产在经济中地位的提高，社稷制

---

① 《范石湖集》卷一二。
② 《金史》卷五〇《食货志五》。
③ 陆长春《金宫词》，《辽金元宫词》第63页。
④ 《橙纲》、《范石湖集》卷一二。
⑤ 刘祁《归潜志》卷七，中华书局1987年版。
⑥ 文渊阁"四库全书"本。

度也在金朝建立起来。贞元元年闰十二月,建社稷坛,定社稷制度。社坛"以五色土各饰其方,中央覆以黄土。其广五丈,高五尺。其主用白石"。稷坛,如社稷之制,而无石。① 每于春秋两季祭祀。

  北方地多干旱,金代有旱天祈雨及因雨足而报祀郊、太庙、社稷、岳镇、海渎之俗。大定四年(1164年)五月不雨,世宗命礼部祈雨北岳,又"禁屠杀,断伞扇,造土龙以祈。雨足则报祀,送龙水中"。② 明昌元年(1190年)五月不雨,先后"祈雨于北郊及太庙","祈雨于社稷","以祈雨望祭岳镇海渎于北郊"。③ 三年五月,"以雨足,致祭于社稷","望祀岳镇海渎"。④ 兴定五年(1121年)三月,宣宗"祈雨,仍望祭于北郊","以旱,筑坛祀雷雨师。壬子,雨"。⑤

---

① 《金史》卷三四《礼志七》。
② 《金史》卷三五《礼志八》。
③ 《金史》卷九《章宗纪一》。
④ 同上。
⑤ 《金史》卷一六《宣宗纪下》。

第二节　畜牧业

畜牧业是人们饮食中肉、乳的主要来源。

女真早期，畜牧业就有相当的发展，比原始农业出现得更早。在女真始祖初从高丽来完颜部时，其部即以牛、马为部落族人之间杀人抵偿之物，"杀人偿马牛三十"。① 女真人男婚女嫁，还以牛马为聘礼，"其婚嫁，富者则以牛马为币"。② 及至献祖绥可以后，女真有了原始农业，畜牧业继续得到发展，并且仍然占有重要的地位。

女真之地，向以产马著称，同时还产牛、羊等。《三朝北盟会编》政宣上帙三载，其地"土产名马"，"兽多牛羊、麋鹿、野狗"等。牛羊与野兽并列，大约是因牛羊从野生到牧羊晚于马。女真家庭饲养的家畜有鸡、豚（猪）、狗等。《神麓记》载，"若遇盗窃鸡豚狗马者"，要处以"桎梏拘械，用柳条笞挞外，赔偿七倍"，③ 说明当时这些家畜已成为女真人的主要财产，并且受到保护。

金朝建立后，辖境内的契丹、奚族的原有的发达的畜牧业也成为金朝的主要生产部类。朝廷设置专门机构对契丹等部进行管理，以促进畜牧业的发展。《金史·兵志》载，金朝初年，因"辽诸抹而置群牧"。"抹"为契丹语，意为"无蚊蚋、美水草之地也"。④ 天德间，置迪河斡朵、斡里保（一作"本"）、蒲速斡、燕恩、兀者五群牧所，"各设官以治之"。"又于诸色人内，选家富丁多、及品官家子、猛安谋克蒲辇军与司吏家余丁及奴，使之司牧，谓之群子，分牧马驼牛羊，为之立蕃息衰耗之刑赏。"

金朝牲畜产量相当之大。熙宗封皇后父太尉胡塔为王，一次赐人口马牛五百、驼

---

① 《金史》卷一《世纪》。
② 《三朝北盟会编》政宣上帙一八。
③ 同上。
④ 《金史》卷四四《兵志》。

五十、羊五千。① 至世宗大定二十八年（1188年），经过多年对畜牧业的有效管理，马至47万，牛13万，羊87万，驼4千。② 金代畜牧业的发达，于此可见一斑。

---

① 《金史》卷八〇《熙宗二子传》。
② 《金史》卷四四《兵志》。

第三节　狩猎业

女真人善骑射。《北风扬沙录》载，女真"俗勇悍，耐饥渴辛苦，骑马上下崖如飞"。①《大金国志》卷三九《初兴风土》亦载，女真人"善骑射，喜耕种，好渔猎"。在辽朝时，契丹皇帝每于秋天到山中游猎，即令女真人跟随其左右，为他们"呼鹿、射虎、搏熊"。②

金朝建立后，女真人的骑射传统依然保存下来。有些地区的女真人及契丹、渤海人仍以渔猎为业。天辅二年（1118年）七月，金太祖诏曰："匹里水路完颜术里古、渤海大家奴等六谋克贫乏之民，昔曾给以官粮，置之渔猎之地。今历已久，不知登耗，可具其数以闻。"③

至于皇帝及上层贵族，田猎的目的主要已不是为获取肉食、维持生计，而是把它作为游乐和习武的手段。金朝皇帝多好田猎。阿骨打说过，"我国中最乐无如打围"。④《金虏图经》载，"虏人无他技，所喜者莫过于田猎。昔都会宁府之际，四时皆猎焉。至亮（海陵王）徙燕，以都城之外皆民田，三时无地可猎，候冬月则出，一出必逾月，后妃、亲王、近臣皆随焉。每猎，则以随驾之军密布四围，名曰'围场'，待狐、兔、猪、鹿散走于围中，虏主必射之，或以雕隼击之，次及亲王、近臣。出围者，许人捕之。……亮以子光英年十二获獐取而告太庙。褒（世宗）立尤甚，有三事令臣下谏：曰饭僧，曰作乐，曰围场，其重猎如此"。⑤《金史》卷六本纪亦载，金世宗"善骑射，国人推为第一，每出猎，耆老皆随而观之"。

金朝皇帝打围的情景，南宋马扩《茅斋自叙》说：阿骨打坐在雪地上背风而坐，

---

① 《说郛》卷二五。
② 《三朝北盟会编》政宣上帙三。
③ 《金史》卷二《太祖纪》。
④ 《茅斋自叙》，《三朝北盟会编》政宣上帙三。
⑤ 《三朝北盟会编》炎兴下帙一四四。

前面烧的草木，借以取暖。诸酋至，分别指挥所率军马，每骑相距五、七步，连续不断。两头相望，长达一二十里。安置停当，阿骨打上马。两翼骑兵，根据指挥旗进趋。凡野兽自内往外者，由四围兵卒迎射；由外往内者，由主酋先射。待射猎完毕，用火烧烤所获野兽，或生食。①

金朝皇帝打围，大体上是承袭辽朝春水秋山制度。对此，可以从一些诗文中的描绘得到印证。赵秉文《春水行》云：

> 光春宫外春水生，驾喳鹅飞下寒犹轻。
> 绿衣探使一鞭信，春风写入鸣鞘声。
> 龙旂晓日迎天仗，小队长围月圆称。
> 忽闻叠鼓一声飞，轻纹触破桃花浪。
> 内家最爱海东青，锦鞲掣臂翻青冥。
> 晴空一击雪花堕，迳延十里风毛腥。
> 初得头鹅夸得隽，一骑星驰荐陵寝。
> 欢声沸入万年觞，琼毛散上千官鬓。
> 不才无力苔阳春，羞作长杨侍丛臣。
> 闲与老农歌帝力，欢呼一曲太平人。②

又，《扈从行》云：

> 马翻翻，车辘辘，尘土难分真面目。
> 年年扈从春水行，栽染春山波漾绿。
> 绿鞯珠勒大羽箭，少年将军面如玉。
> 车中小妇听鸣鞭，遥认飞尘郎马足。
> 朝随鼓声起，暮逐旗尾宿，乐事从今相继躅。
> 圣皇岁岁万机暇，春水围鹅秋射鹿。③

世宗为使女真人不忘旧风，倡导围猎、骑射、习武。大定二十六年（1186年），世宗对宰臣说："西南、西北两路招讨司地隘，猛安人户无处围猎，不能闲习骑射。委各

---

① 《三朝北盟会编》政宣上帙三。
② 《闲闲老人滏水文集》卷三。
③ 同上。

猛安谋克官依时教练,其弛慢过期及不亲监视,并决罚之。"① 由于金朝皇帝对围猎的热衷与重视,在射猎习武的同时,也增加了肉食的来源。

---

① 《金史》卷八《世宗纪下》。

第四节　工商业

手工业匠人，分官匠与民匠，各有固定的薪俸。据《金史·百官志四》记载，各局手工匠人的薪俸标准：绣女都管（刺绣匠人总管）薪俸五贯石，都绣头（次于绣女都管的职务）钱粟四贯石，副绣头三贯五百石，中等刺绣匠人三贯石，次等刺绣匠人二贯五百石，习学本把正办人（大约是学徒）为次等之半，即一贯二百五十石。修内司（掌管宫城、太庙修缮事务的机构）的工头五贯石，工匠四贯石，春秋加衣绢各二匹。国子监刻字匠人，工头六贯石，副工头四贯石，春秋加衣绢各二匹。从手工匠人有薪俸可知其地位不同于奴隶。

承安宝货（《金源文物图集》）

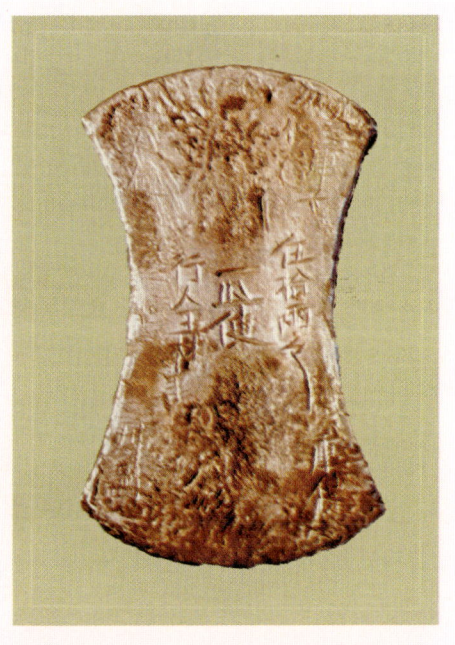

"行人王林"银锭（《金源文物图集》）

兴定宝泉贰贯闻省版（李埏、林文勋《宋金楮币史系年》，云南民族出版社1996年版）

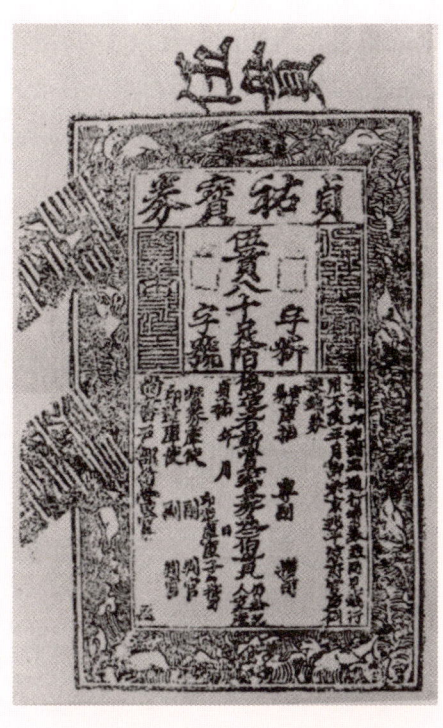

贞祐宝卷五贯两合同版（李埏、林文勋《宋金楮币史系年》）

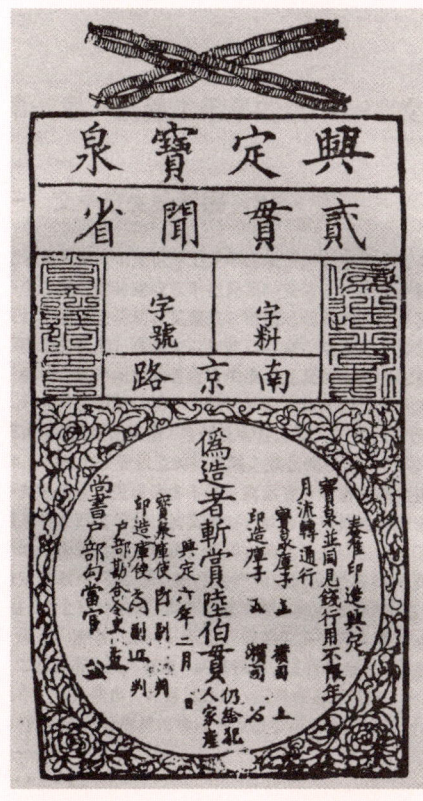

兴定宝泉贰贯闻省版（李埏、林文勋《宋金楮币史系年》）

由于商业的恢复和发展，从城镇到乡村，到处都有商人活动的踪迹。蔡珪《燕山道中》："独轮车重汗如浆，蒲秸芒鞋亦贩商。"①朱自牧《清河道中暮归》："川平佛塔层层见，浪稳商舟尾尾行。"②这是商贩活跃在市镇乡间的写照。州县富商大贾的生意更为兴隆，"货置从繁"，"鬻者兼赢，求者不匮"。③

　　在山西繁峙岩上寺曾发现绘于正隆、大定间的壁画，其中绘有一座酒楼：楼内座客满堂，有品茶饮酒的，有说唱卖艺的。楼外有叫卖饮食的小贩，或手提，或挑担，或摆摊，或推车，还有算卦盲人，游方和尚，等等。④这是当时商人和市民生活的再现。

　　榷场周围有许多居民弃农经商，赖以谋生。有一首诗写道："迄今井邑犹荒凉，居民生资惟榷场。马军步军自来往，南客北客相经商。迩来户口虽增出，主户中间十无一。里闾风俗乐过从，学得南人煮茶吃。"⑤反映了榷场周围居民的经商活动和生活方式的变迁。

① 《中州集》卷一。
② 《中州集》卷二。
③ 刘晞颜《创建宝坻县碑》，《金文最》卷六九，中华书局1990年版。
④ 张亚平、赵晋璋《山西繁峙岩上寺的金代壁画》及潘絜兹《灵岩彩壁动心魄——岩上寺金代壁画小记》。
⑤ 刘迎《淮安行》，《中州集》卷三。

第九章

信 仰

【第一节 原始信仰及其他民间信仰】

原始信仰，如自然崇拜、灵魂崇拜、鬼魂崇拜等及其他诸多民间信仰在金代各族中都有不同程度的流行。

一、原始信仰

宗教是人类社会发展到一定历史时期的产物。"宗教是在最原始的时代从人们关于他们本身和周围的外部自然界的错误的、最原始的观念中产生的。"[①]在女真进入阶级社会以后，人们的一些原始信仰，如自然崇拜、灵魂崇拜、祖先崇拜等依然长期存在着。

（一）自然崇拜

自然崇拜包括对天地、日月星辰、山川、风雨雷电、动物植物等自然界物质和现象的崇拜。

1. 天地崇拜

女真人对天地的崇拜在诸多崇拜中占有极为重要的位置。拜天是女真人的传统礼俗，通常在重午、中元、重九举行。"其制，刳木为盘如舟状，赤为质，画云鹤文。为架高五六尺，置盘其上，荐食物其中，聚宗族拜之。"[②]

每当国有大事，如皇帝即位、上尊号、纳后、册命以及军队出征、临敌、临师等，也要举行祭告天地的仪式。如阿骨打起兵进军宁江州前，奉宣靖皇后率诸将出门，举

---

① 恩格斯《路德维希·费尔巴哈和德国古典哲学的终结》，《马克思恩格斯选集》第四卷第254页，人民出版社1995年版。
② 《金史》卷三五《礼志八》。

觞东向,"祷于皇天后土"。① 正隆六年(1161年),金兵大举伐宋,渡江之前,筑台于江上,海陵王披金甲登台,杀黑马以祭天,将一羊一豕投于江水之中。②

女真以前的东北和北方民族都有各自的祭天仪式。《后汉书·东夷列传》载,夫余国"以腊月祭天,大会连日,饮食歌舞,名曰'迎鼓'。……有军事亦祭天,杀牛,以蹄占其吉凶"。又载,三韩(马韩、辰韩、弁辰)"诸国邑各以一人主祭天神,号为'天君',又立苏涂,建大木以悬铃鼓,事鬼神"。《辽史·礼志一》载,契丹设天神、地祇于木叶山,用赭白马、玄牛、赤白羊作牺牲,悬于树上。祭祀由太丞主持,皇帝、皇后及大臣、命妇等以次就位,相继致奠天神、地祇。女真拜天祭天之礼,同以上各族的礼俗有一定的联系,尤其是直接承袭了契丹的信仰和习俗。

女真还继承了汉人祭祀天地的仪式——南北郊。"金之郊祀,本于其俗有拜天之礼。其后,太宗即位,乃告祀天地,盖设位而祭也。天德以后,始有南北郊之制,大定明昌其礼寖备。"③ 女真拜天之礼及从汉人那里学来的郊祀,反映了对天的崇拜。金世宗说,"本国拜天之礼甚重","国莫大于祀,祀莫大于天,振古所行,旧章咸在",④ 足见女真对拜天的重视。金人还从中原那里学来对地神的崇拜。贞元元年闰十二月,"定社稷制度",始建社稷坛于上京。⑤ 社,即地神。金朝皇帝常以冬至日合祀昊天上帝、皇地祇于圜丘,夏至日祭皇地祇于方丘。

2. 日月崇拜

太阳照耀万物生长,给人类以温暖和光明,许多民族都有崇拜太阳的信仰和习俗。女真也是如此。有元日拜日相庆之俗,并且门皆东向。后来在汉文化影响下,又有朝日夕月之仪。天会四年(1126年)正月,始朝日于乾元殿。天眷二年(1139年),定朔望朝日仪,于每月朔望之日行拜日礼。拜日之时,"设百官褥位于殿门外,皆向日"。⑥

3. 天象、山川崇拜

金朝建立后,中原王朝祭祀风雨雷师、岳镇海渎等礼仪制度都为金朝所承袭。明昌五年(1194年)分别筑坛,以每岁立春后丑日祀风师,立夏日后申日祀雨师和雷师。⑦ 大定四年(1164年),依唐宋之礼,于立春、立夏、季夏、立秋、立冬之日,分

---

① 《金史》卷二《太祖纪》。
② 《金史》卷一二九《李通传》。
③ 《金史》二八《礼志一》。
④ 同上。
⑤ 《金史》卷五《海陵纪》。
⑥ 《金史》卷二九《礼志二》。
⑦ 《金史》卷三四《礼志七》。

祭东南中西北五方岳镇海渎。① 大定间，分别对长白山、大房山、混同江、泸沟河等，建庙祭祀，敕封公侯，以示崇敬。大定十二年，以长白山在兴王之地，礼应尊崇，在山北修建庙宇。二十一年，敕封山陵地大房山神为保陵公，混同江因太祖征辽"策马径渡，江神助顺，更应昭著"，封神为兴国应圣公。十九年，因泸沟河水势泛滥，损坏民田，封安平侯，建庙，每岁委本县长官春秋致祭。②

4. 动物崇拜

我国古代人们对于本来不存在的神异动物——龙的迷信尤深，认为它可兴云致雨。《金史·世宗纪上》说，金世宗一日方寝，忽然有红光照室，黄龙出现在寝室之上，结果那一年东梁水泛滥成灾，世宗亲自登城举酒祭奠，水才退下。这个传说反映了金代女真及各族人对龙的迷信。此外，每遇天旱，人们要向龙祈祷乞雨。③

(二) 灵魂崇拜、鬼魂崇拜

关于灵魂和灵魂不死观念的产生，恩格斯有过精辟的论述。他说："在远古时代，人们还完全不知道自己身体的构造，并且受梦中景象的影响，于是就产生了一种观念：他们的思维和感觉不是他们身体的活动，而是一种独特的、寓于这个身体之中而在人死亡时就离开身体的灵魂的活动。从这个时候起，人们不得不思考这种灵魂对外部世界的关系。如果灵魂在人死时离开肉体而继续活着，那就没有理由去设想它本身还会死亡；这样就产生了灵魂不死的观念……"④

女真人相信人在睡眠时灵魂离开身体，人死之后灵魂长期离开肉体而继续存在，活着的人可通过"招魂"⑤而把灵魂召唤回来。鬼魂崇拜是在人有灵魂和灵魂不死基础上产生的观念，而在父系社会，进一步发展成为祖先崇拜。丧葬和陵寝、宗庙制度，都是人们对祖先的崇拜，这在前面已经述及，不再赘述。

---

① 《大金集礼》卷三四。
② 以上见《金史》卷三五《礼志八》。
③ 《金史》卷三五《礼志八》。
④ 恩格斯《路德维希·费尔巴哈和德国古典哲学的终结》，《马克思恩格斯选集》第4卷，第223—224页，人民出版社1995年版。
⑤ 《大金国志》卷二三《东海郡侯下》。

铜坐龙（《金中都遗珍》）

辽金风俗

全彩插图本中国风俗通史丛书

石坐龙(《北京金代皇陵》)

铜坐龙(《北京金代皇陵》)

二、其他民间信仰

（一）天命

女真人相信天命，以为人的吉凶，事之成败无不出于天意，人们希望遇事得到天的佑助。如阿骨打起兵进军宁江州前，申告天地说："今将问罪于辽，天地其鉴佑之。"①女真还把平时看到的异常自然现象当成征兆，视为天意。如，阿骨打率部进攻辽之黄龙府，"有火光正圆，自空而坠"（大概是陨石由天而降），他说："此祥征，殆天助也。"世宗说他每见天象变异，"辄思政事之阙，寤寐自责不遑"。②他们都把天象同人事联系了起来。

（二）梦兆

女真人相信梦兆，认为梦能预示吉凶祸福。如，世祖劾里钵每遇战事，先以梦兆推测胜负。有一次与外族发生冲突，劾里钵说他昔有异梦，不可亲战，遂命他人出战。③阿骨打起兵抗辽，在到鸭子河之前的一个夜里，梦中仿佛觉得有人戳他的头，他在醒来后说，"神明警我也"，④也是把做梦视为神灵的昭示。

（三）卜筮

卜筮在女真和汉人中都很流行。金朝统治者常把占卜作为实现自己政治目的的手段。海陵王一次过良乡的料石冈祠，手持杯珓（占卜用具）说，我有天命，当得吉卜。投之，得了吉卜。又说，如果占卜灵验，他日当有报答，否则便要毁掉祠宇。投之，又得吉卜，遂封料石冈为灵应王。⑤然而海陵王在他决意从上京迁燕时，有人奏卜迁都及营建宫室事，他却说："国家吉凶，在德不在地。使桀纣居之，虽卜善地何益。使尧舜居之，何用卜为。"⑥反映了统治者对占卜的态度，说到底是为己所用。

汉族士人也颇信卜筮。王寂《赠日者李子明序》云：

> 今之日者，行衢坐肆，纷纷如蝟毛，然而言信而有征者亡几。大抵市道以急衣食之计，所以驰骋穿凿，牵合诡诞，无所不至。所谓君子之道者，吾不得而见之矣。遂人李子明得乐五虎之法，又能以五行十干奇偶成字，吉凶泰否，必以忠

---

① 《金史》卷二《太祖纪》。
② 《金史》卷七四《京传》。
③ 《金史》卷一《世纪》。
④ 《金史》卷二《太祖纪》。
⑤ 《金史》卷五《海陵纪》。
⑥ 同上。

告。尝为予筮之屡中。①

是说当时市肆之上多有以卜筮谋生者，多不灵验，然而亦有李子明者能卜吉凶泰否，而且屡卜"屡中"。反映了时人对卜筮的迷信。

（四）拆字

元好问《续夷坚志》卷四说：宋末有相字知休咎者。宋徽宗写一"朝"字，相者说："十月十日天子生。"宋高宗绍兴间南渡，将驻于杭，书一"杭"字。相者说："兀术（将"杭"字拆成"兀术"，兀术即金将完颜宗弼）将至，当避其锋。"后来兀术"果拥兵而南，其验如此"。元好问与朋友李某论及此事，认为"古无相字法"，是否"挟以他术"，才如此应验？李说："不然，此龟卜之余意耳。"姑且不论拆字是否会如此灵验，但这个故事说明相字在宋金的流行。

（五）相术

金代流行相术。《金史·世宗诸子传》载，崔温、郭谏、马太初与世宗之子永蹈的一个家奴谈论"谶记灾祥"。这个家奴即告诉永蹈说："郭谏颇能相人。"于是永蹈召郭谏相己及妻子。郭谏说："大人相貌非常，王妃及二子皆贵。"又说："大王，元妃长子，不与诸王比也。"后来永蹈却死于章宗之手。《金史》卷七四记载，渤海人高彪刚生时，父亲听信术者之言，以为不利于己，将他驱出家门。术者一句妄语竟使人断绝父子之情，可见当时人们对相术的迷信之深。

金代文献中还留下了论相术的著作，如张行简《人伦大统赋》。元人薛延年称赞此文说："芟诸家之繁冗，撮百世之机要，提纲挈领，不三二千言，囊括相术殆尽，条目流畅而有节，文辞华丽而中理，其心亦勤矣。"②是书被后人视为古代相术经典。

（六）风水

北宋曾颁行《地理新书》，是对以往地理堪舆术的全面总结，据金毕履道《地理新书序》（大定二十四年）和张谦《地理新书序》（明昌三年）③可知金朝也"颁行"过《新校正地理新书》，颁行的目的是"俾世遵用，以裨政治。保生民路于寿域，惠亡者安于下泉，示爱民广博之道"，反映了宋金时期朝野对风水的重视。此书成为古代风水术（堪舆术）的圭臬和经典之作。

（七）魇魅

又称厌胜，是借助暗中诅咒以害人的一种巫术。宣宗大安二年（1210年）赐元妃

---

① 《拙轩集》卷六，"石莲盦九金人集"本。
② 杨家骆《新补金史艺文志》第65页，台湾国防研究院出版部。
③ 《金文最》卷三八。

李师儿自尽诏中说，章宗宠妃李师儿平时因嫉妒章宗"幸御"其他嫔妃，而"令女巫李定奴作纸木人、鸳鸯符以事魔魅致绝圣嗣"，由此赐其自尽。刘祁《归潜志》卷一〇谈及此事说：章宗死后，李师儿与完颜匡等定策立卫王，当卫王既立，完颜匡"欲专其功"，遂"媒孽李氏罪恶，尝为厌胜事"云云。此事很可能是一件冤案。但却说明当时盛行厌胜之术，而且人们认为它是灵验的，是李师儿"以事魔魅"才使章宗无子的。此俗流传久远，直至清代、近代仍有此俗，《红楼梦》中就有类似的故事。

第九章 信 仰

厌胜钱（正、背两面，《金源文物图集》）

第二节　萨满教

萨满教是一种包括了自然崇拜、图腾、万物有灵、祖先崇拜、巫术等信仰在内的原始宗教。有关萨满教的文献记载，最早见于《三朝北盟会编》政宣上帙卷三："兀室（完颜希尹）奸猾而有才。""国人号为珊蛮。珊蛮者，女真语巫妪也，以其通变如神。"这里的"珊蛮"，即"萨满"的异译。根据《三朝北盟会编》、《金史》记载，女真萨满有如下几种职能：

第一，萨满是沟通人神之间的中介，女真人认为"巫者能道神语"，十分灵验。

第二，参与重大典礼、事件和节日里举行的祭祀仪式。在祭祀祖宗、社稷、风雨雷师、岳镇海渎时，以及在为皇帝即位、受尊号、纳后、册命、巡狩、征伐等举行的奏告祖宗天地的仪式中，都有巫师参加，或由他们司仪。

第三，消灾治病。《三朝北盟会编》政宣上帙三载，女真"无医药，尚巫祝，病则巫者杀猪狗以禳之，或车载病人至深山大谷以避之"。

第四，为人求生子女。女真人相信巫能代人求生子女。

第五，诅咒别人遭灾致祸。《金史·始祖以下诸子传》说：女真有这样一种习俗，有被杀者，其亲属必使巫觋去诅咒杀人者。诅咒时，将一把刀系在木杖顶端，会同许多人到杀人者之家，口中唱着十分费解、莫名其妙的诅语说："取尔一角指天、一角指地之牛，无名之马，向之则华面，背之则白尾，横视之则有左右翼者。"其声音哀切悽婉。接着以刀画地，劫取其畜产财物而去。"其家一经诅咒，家道辄败"。

《金史·后妃传下》载，卫绍王即位不久，在处置章宗元妃李师儿的一道诏书中说："先皇（章宗）平昔或有幸御，李氏嫉妒，令女巫李定奴作纸木人、鸳鸯符以事魇魅，致绝圣嗣。"卫绍王和当时人以为章宗无子系元妃李师儿令女巫魇魅所致。

---

① 《金史》卷六五《始祖以下诸子传》。

对于金代女真萨满举行仪式时的情景,限于资料,已难知其详。《南渡录》[①]卷三载有女真祝神的情景:宋徽宗、钦宗及其随行人员被掳往金国时,曾在市井间看到百姓数十人,敲锣打鼓,高举旗帜,牵着两头牛,牛背上各坐童男童女。他们闹闹嚷嚷,说是到官府祝神。徽钦二帝也随之到官府之中。只见庭下众人"鸣鼓拔刀,互相斗武",并有巫者,"彩服面冠,振铃击鼓,罗列于前",一边跪拜,一边念念有词,不知说些什么。

萨满教在女真后裔满族中十分流行,其仪式当与女真有近似的地方。《宁古塔纪略》载,满族每于春秋两季跳家神,以当家妇为主,衣服外系裙,裙腰上周围系长铁铃百数。手执纸鼓敲之,其声镗镗然。口诵满语,腰摇铃响,以鼓接应,旁有大皮鼓数面,随之敲和。萨满教的影响,在金代始终没有消除,只是随着社会的进化而逐渐失去其重要的地位,佛教和道教得到了越来越广泛的传播。

---

① 《南渡录》旧本题无名氏撰,或题辛弃疾撰。《四库全书总目提要》谓此书出于"伪托","所载全非事实","必南北宋间乱臣贼子不得志于君父者造此以泄其愤怨,断断乎非实录也"。不过考其有关巫者的记载,与后世关于萨满教的记载颇有近似之处,姑且摘引于此。

第三节 佛 教

佛教于两汉之际传入我国后,首先在帝王贵族中流行起来,并逐渐扩展到其他阶层之中。到魏晋南北朝时,佛教传到东北地区。

由于高丽、渤海、辽朝佛教在北方的广泛传播,女真早期就有人信佛,如始祖函普之兄阿古迺即好佛事。金初,金源"内地"有佛教信徒,太宗天会元年有上京庆元寺僧献佛骨之事。辽朝故地幽燕地区的佛教更盛,析津府"僧居佛宇,冠于北方"。①"燕京兰若相望,大者三十有六"。②在帝王公卿贵族中,信佛者十分普遍。《松漠记闻》卷上载,"胡俗奉佛尤谨,帝后见像设皆梵拜,公卿诣寺则僧坐上坐"。"贵族之家,多为僧衣盂(原注:衣钵也)甚厚。"熙宗因其子济安病重,与皇后亲到佛寺焚香,流涕哀祷。③海陵王改元正隆,亲到宣华门迎佛,并赐诸寺僧绢五百匹,彩五十段,银五百两。④

世宗时期,社会安定,经济发展,是金朝的盛世,佛教得到广泛的传播。

世宗在位期间,各地兴建和修缮的佛寺较金代各朝都多,不仅在中原,而且在金源"内地"也留下了佛教的遗迹。在金上京故地曾出土大定二十八年修建的宝严大师塔志,铭文记录了宝严大师在上京弘扬佛法的经历,称"其声名已播京华"。⑤

由于大肆兴建佛寺和许多人纷纷出家为僧尼,金朝统治者感到对佛教需要采取一些限制措施。大定十四年(1174年),世宗亲谕宰臣说:"闻愚民祈福,多建佛寺,虽已条禁,尚多犯者,宜申约束,无令徒费财用。"大定十八年(1178年),"禁民间无得创

---

① 《许亢宗行程录疏证稿》。
② 《松漠记闻》卷上。
③ 《金史》卷八〇《熙宗二子传》。
④ 《金史》卷五《海陵纪》。
⑤ 王新英辑校《全金石刻文辑校》第310页,吉林文史出版社2012年版。

兴寺观"。① 说明世宗想使佛教在一定范围内流行，不致过于影响国计民生，动摇金王朝的统治。

章宗也信佛。他的儿子洪辉生下来后不久得了"急风"病，愈后，章宗令印《无量寿经》一万卷报谢。② 宣宗南渡以后，政治腐败，财政匮乏，朝廷各种课赋征调有增无已，"民既罄其所有而不足"。③ 许多人在力竭财尽的情况下，为逃避课赋征调，纷纷奔走他乡或遁入空门。值此乱世，一些士大夫也被佛教的因果轮回之说所惑而喜好佛学，有人因怀才不遇而祝发为僧。如，有个法名圆基的僧人就是因"负其材略，有握兵、治民之志"，不得重用而剃发为僧的。④

佛教的广泛流行，对社会生活习俗也有影响。如四月八日为佛诞日，契丹即有此节，承辽旧俗，佛诞日也是金朝民间的重要节日。再有，从某些人所取的名字，如奥屯丑和尚、完颜僧寿、完颜药师、耶律弥勒、耶律佛顶等，不难看出佛教对各族人生活习俗的影响之深。

---

① 《金史》卷七《世宗纪中》。
② 《金史》卷九三《章宗诸子传》。
③ 《金史》卷四七《食货志二》。
④ 刘祁《归潜志》卷六。

大悲寺（《北京辽金史迹图志》上）

法源寺（《北京辽金史迹图志》上）

第九章 信 仰

大觉寺（清水园遗址旧址，《北京辽金史迹图志》上）

佛造像（残）

第九章 信仰

北郑院邑人起建陀罗尼幢

广慧通理禅师塔

燃灯塔

鞭塔

晦堂禅师塔

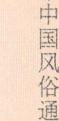

天宁寺塔

第九章 信 仰

香水院（七王坟）

云居寺北塔（以上《北京辽金史迹图志》）

第四节　道　教

道教滥觞于我国古代民间流行的巫术和秦汉的神仙方术。东汉帝王最早在宫中并祭黄老、浮屠，已接近宗教仪式。顺帝时张陵倡五斗米道，奉老子为教主。灵帝时张角以《太平清领书》为经典，号为太平道。五斗米道和太平道是早期的两个道教派别。自是道教经久不衰，不断有所发展。到了金朝，汉族士人在新的历史条件下创建了全真、太一、大道等新的道教派别。

一、金代道教发展的原因

道教在金代得到发展，其原因是多方面的。

首先，受辽宋的影响。道教自创立以来，在我国中原不断发展，以至唐高宗奉老子为其祖先，上老子"太上玄元皇帝"尊号；玄宗崇尚玄学，奉《老子》、《庄子》、《列子》为"真经"。道教在辽朝也有传播。《辽史·太祖纪上》说，阿保机于神册三年即诏建道观。圣宗对"道、释二教皆洞其旨"。[1] 北宋真宗谓"道释二门有助世教"。[2] 徽宗对于道教更加尊崇，自称教主道君皇帝，[3] 并一度下令"道士序在僧上"，将佛教的一些称呼改为道教称呼。佛改号大觉金仙，余为仙人、大士。僧为德士，寺为宫，院为观，改女冠为女道，尼为女德。[4]

其次，同帝王的好恶有关。《元史·释老传》说："释老之教，行乎中国也，千数百

---

[1]《契丹国志》卷七《圣宗纪》。
[2]《续资治通鉴长编》卷六三，上海古籍出版社 1986 年版。
[3]《宋史》卷二一《徽宗纪三》。
[4]《宋史》卷二二《徽宗纪四》。

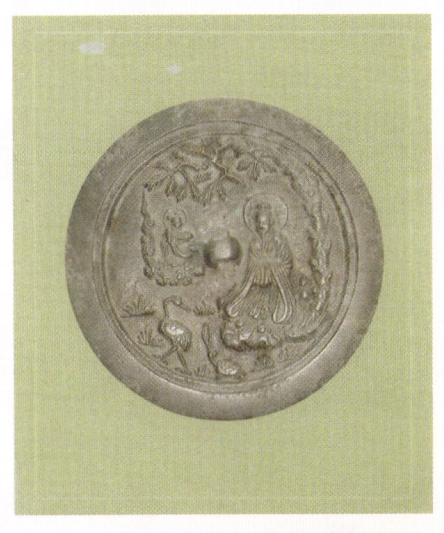 

仙人故事镜（《金源文物图集》）

年，而其盛衰，每系乎时君之好恶。是故，佛于晋、宋、梁、陈，黄老于汉、唐、宋，而其效可睹矣。"金朝道教的发展，同样与帝王的支持有关。当然，金朝帝王并不希望道教无限制的发展，以免危及他们的统治。当世宗听说有人"假托释道，以妖幻惑人，愚民无知，遂至于犯法"之后，[1] 尤感对道教不可任其自流。世宗、章宗在招抚道教上层的同时，一再下令禁止民间创兴寺观，禁为僧道，"禁罢全真及五行、毗卢"。[2]

最后，金朝民族矛盾为道教的发展创造了前提。女真进入汉族地区之后，对汉族和各族人民实行经济掠夺和民族压迫，汉族地主阶级发生分化，有的归顺女真族，有的加入抗金斗争行列，有的则选择了逃避现实斗争的以宗教为精神慰藉的道路。

二、新道教的产生、教义及传播

金代道教有全真、大道、太一诸教派。

（一）全真教

据完颜璹《全真教祖碑》[3] 等记载，创始人王喆（1113—1170年）原名中孚，陕西

---

[1] 《金史》卷八八《石琚传》。
[2] 《金史》卷九《章宗纪一》。
[3] 《金文最》下册，第1199—1203页，中华书局1990年版。

咸阳人。家业丰厚，常以粟贷贫人。弱冠修进士举业，籍京兆府学，又喜武略。天眷年间，金收复陕西，他感到英雄可有用武之地，乃捐文场应武举，改名德威，字世雄。然而却是文武之进两无成就。在他对仕途完全绝望的情况下，慨然入道，改名喆。自是不问家业，自称王害风。正隆四年（1159年）王喆于甘河镇醉饮，有两人见王喆，说"此子可教矣"，授以口诀。王喆遂弃妻子而去，别号重阳子。此后愈发佯狂垢污，落魄不羁。乞食于市，短蓑破瓢，服冰卧雪。并在时南村筑穴室居住，名曰"活死人墓"、后迁居刘蒋村。

王喆经过这一番惊世骇俗的折腾，并无什么结果，遂于大定七年（1167年）索性一把火烧毁了自己的庐舍，一路浪迹到山东宁海州（今山东牟平），与当地富豪马从义相与论道，化度马入道，并在那里筑全真庵。马从义改名马钰，号丹阳子。此后，王喆又先后度谭处端（长真子）、丘处机（长春子）、刘处玄（长生子）、王处一（玉阳子）和郝大通、孙不二等入道。马、谭、丘、刘、王、郝、孙合称七真。

全真教倡导苦行、忍辱、柔弱、清静。以"柔弱为本，清静为基"，主张"节饮食，绝思虑"，[①]这个宗旨在他们的理论和实践中都有反映。据说丘处机在王喆死后，曾入蟠溪穴居，"日乞一食，行则一蓑，虽箪瓢不置也"，"昼夜不寐者六年"。[②]张志信（逍遥子）"以天地为蘧庐，形骸为逆旅，衣絮带索，面垢首蓬，岁时寒暑之易，一如也。自始及终，其志不变"。[③]这些记载难免夸张，但可说明全真是以苦行忍辱为其教旨的。

全真教主张道、儒、佛合一。王喆于文登建三教七宝会，在宁海立三教金莲会，至福山立三教三光会，至登州建三教玉华会，至莱州建三教平等会，"凡立会必以三教名之"，"足见其冲虚明妙，寂静圆融，不独居一教也"。王喆还劝人诵《道德清静经》、《般若心经》及《孝经》等道、佛、儒三家经典。[④]

全真教创兴以来，颇受金朝帝王青睐。世宗曾召王处一、丘处机至京师，并授命丘处机"主万寿节醮事，职高功懋"。承安二年（1197年）章宗召王处一，赐号体玄大师，并赐修真观一所，又召刘处玄，命侍诏长天观。[⑤]

全真教简便易行，传播广泛，"南际淮，北至朔漠，西向秦，东向海，山林城市，庐舍相望，什百为偶，甲乙授受，牢不可破"。[⑥]全真教的广泛传播，给金朝统治者造成很大的忧虑，"惧其有张角斗米之变"，多次下令禁绝。结果却适得其反，"已绝而复

[①]《丹阳真人语录》，《中华道藏》第26册第405页，华夏出版社2004年版。
[②]《长春真人道行碑》，《甘水仙源录》卷三。
[③] 姬志真《开州神清观记》，《云山集》卷八。
[④]《全真教祖碑》。
[⑤]《全真教祖碑》。
[⑥] 元好问《紫微观记》，《遗山先生文集》卷三五。

存，稍微而更炽"。① 以致终金之世流行不衰，而且继续风行于蒙元时期。

（二）大道教

又名真大道教。创始人是金初刘德仁（1122—1180年），号无忧子。大定间，又号东岳先生。沧州乐陵（今山东）人。据宋濂《书刘真人事》载，刘德仁读书通大义，靖康之乱，徙居盐山大平乡。一日有老者乘牛车以《道德经》要言授之，说"善识之可以修身，可以化人"。刘德仁自是"玄学顿进，从之游者众"。他据《道德经》"敷绎其义"：一曰视物犹己，勿萌残害凶嗔之心；二曰忠于君，孝于亲，诚于人，辞无绮语，口无恶声；三曰除淫邪，守清静；四曰远势力，安贱贫，力耕而食，量入为用，五曰毋事博弈，毋习盗窃；六曰毋饮酒茹荤，衣食取足，毋为骄盈；七曰虚心而弱志，和光而同尘；八曰毋恃强梁，谦尊而光；九曰知足不辱，知止不殆，学者宜世守之。② 有人将大道的教旨概括为"以苦节危行为要，不妄求于人，不苟侈于己"。③

大道教不尚符箓针药，"有疾者，符药针艾之事，悉无所用，惟默祷虚空，似至获愈"。不讲"飞升化炼之术"和"长生久视之事"，"惟以一瓣香朝夕恳礼天地，上为吾皇之祝，下为臣庶之祷"。④ 这是有别于旧道教的一个特点。

大道教五传到郦希成时，被元宪帝所知，改名为真大道教，赐号教祖为真人。从刘德仁到郦希成以前的四代教祖，也追赐真人称号。真大道教在元朝得到了广泛的传播。

（三）太一教

始祖萧抱珍（？—1166年）创建于天眷年间。其教因萧抱珍"传太一三元法箓之术"所以称太一教。⑤

太一教以柔弱为主，认为"做仙佛不难，只依一弱字便是"。⑥

太一教崇尚符箓，为人治病、求子、禳灾、驱鬼。据《太一三代度师萧公墓表》载，太一教"以符药济人"，章宗的一个宫人久病，诸医治疗无效，遂命太一三代度师萧志冲直抵宫闱，"治以符水而愈"。章宗无子嗣，一再召萧志冲和别的道士为他"祈皇嗣"。每遇天灾或异常自然现象，亦须由太一教徒祈禳。承安元年正旦日食，"父老惧灾"，请萧志冲"作醮于神霄宫"。泰和七年，蝗虫成灾，命他"依科作醮"，禳治蝗

---

① 元好问《紫微观记》，《遗山先生文集》卷三五。
② 《宋学士全集》卷二八，"丛书集成"本。
③ 虞集《真大道教第八代崇玄广化真人岳公之碑》，《道园学古录》卷五〇。
④ 赵清琳《大道延祥观碑》，陈垣编纂，陈智超、曾庆瑛校补《道家金石录》第822页，文物出版社1988年版。
⑤ 《元史》卷二〇二，《释老传》。
⑥ 王恽《太一二代度师赠嗣教重明真人萧公行状》，《秋涧先生大全文集》卷四七。

虫。① 太一教徒还以驱鬼为务,如《太一二代度师赠嗣教重明真人肃公行状》载萧道熙"持行法箓,扑逐鬼物,风声萧肃,……精一之诚贯达幽显","其鸿灵幽祕,变化叵测,通彻神明之功,几于上下天地把握阴阳者矣"。②

太一教在发展的过程中也得到金朝最高统治者的支持。皇统八年(1148年),熙宗招萧抱珍赴阙,"悼后尤加礼敬,赏赉不赀",③ 并"勅赐观名太一,万世世嗣其法"。④ 世宗时立万寿额碑于太一教汲县祖庭本观。⑤ 并召二代度师萧道熙(重明真人)往天长观,萧道熙"尝入禁中论道称旨,宠赐尤渥"。章宗时"三代虚寂师(萧志冲)以道凝重一时,泰和四年太极宫初建,命师主焉"。⑥

由于太一教"上动至尊",流传很广,"所在翕然从风","声教大振,门庭增盛,东渐于海"。⑦

全真、大道、太一诸教是女真入主中原后,汉族士人在民族和阶级双重压迫下创建的新道教派别,具有不同于以往派别和其他宗教的特点,但是彼此也有不少共同之处。新道教主张顺从和忍耐,在这个根本点上,与其他宗教没有本质上的区别。

第九章 信 仰

① 王若虚《滹南遗老集》卷四二。
② 王恽《秋润先生大全文集》卷四七。
③ 王恽《重修太一广福万寿宫碑》,《道家金石录》第845页。
④ 王若虚《太一三代度师萧公墓表》。
⑤ 王恽《太一二代度师赠嗣教重明真人萧公行状》。
⑥ 均见王恽《大都宛平县京西乡创建太一集仙观记》,《秋润先生大全文集》卷四〇。
⑦ 王恽《太一二代度师赠嗣教重明真人萧公行状》。

仰山栖隐寺遗址全景(《北京辽金史迹图志》上)

第九章　信仰

银山塔山（《北京辽金史迹图志》上）

第十章
节　日

第一节 女真传统节日

女真早期无历法，不知纪年，"以草一青为一岁"。①后来，中原汉族历法传到女真，传说岁时风俗也逐渐在女真人中传播开来。然而女真的民族节日及其风俗仍然并行不废。有的虽然采用了中原节日名称，但其风俗却具有民族和地方特色。如重五、中元、重九有拜天、射柳之俗。金朝皇帝还有在端午慰劳宗室的传统。大定二十四年（1184年），金世宗说："念本朝风俗重端午节，比及端午到上京，则燕劳乡间宗室父老。"②"重九出猎"的"旧俗"，至世宗时尚存。③

纵偷日（或称放偷日），系承袭契丹风俗。《松漠记闻》卷上载：金国治盗甚严。惟正月十六日（或作正旦）纵偷一天。这天，盗窃别人财物、车马以至妻女，均不加刑。所以，每到这天，人们都需严加戒备。遇有小偷来，则含笑将他们打发走。小偷无所获，总不甘心，至少要拿点不值钱的东西。妇女到显赫人家，往往乘主人出去接客之机，指使其奴婢拿几件茶壶、茶碗之类。过后，当主人发现时，或偷者自言，这时主人则用一些点心之类的东西，将所失之物赎回。更奇怪的是有先同未出嫁的女子相约，到时将人带走，女子愿留下者，听任之。后世北京及华北各地，除夕之夜不闭户，任人出入，名曰"迎福"，实是辽金放偷之遗意。④

---

① 《松漠记闻》卷上。
② 《金史》卷八《世宗纪下》。
③ 《金史》卷六《世宗纪上》。
④ 贾敬颜《佛妆与放偷》，《民族历史文化萃要》第72页，吉林教育出版社1990年版。

第二节　金朝节日

汉族长期以来的传统岁时风俗，不仅被金代汉人沿袭下来，而且多为女真人所接受，实际上已经成为金代各族人们生活中共有的风俗。据《大金集礼》载，元旦、上元、中和、立春、春分、上巳、寒食、清明、立夏、四月八日（佛诞日）、端午、三伏、立秋、七夕、中元、中秋、重阳、下元、立冬、冬至、除夕等，都是金朝法定的节日，各级官员有一至三日的休假。

一、除夕、元旦

辞旧迎新是全年最重要的节日，历来有燃放爆竹、[1]饮屠苏酒、[2]饰桃木人[3]等俗，多取其驱祟避邪之意。

从金人的一些诗词中反映出这些风俗在各地的普遍流行。如姚孝锡《岁晚怀二弟》云："爆竹又惊新荐岁，屠苏空忆旧传觞。"[4]王寂《踏莎行》（元旦）云："爆竹庭前，树桃门右。香汤浴罢、五更后。高烧银烛，瑞烟喷金兽。萱堂次第了，相为寿。　改岁宜新，应时纳祐。从今诸事愿、胜如旧。人生强健，喜一年入手。休辞最后饮（或作"馀"）、酴酥酒。"[5]这两首诗词大体上反映了金代除夕、元旦的主要风俗。如燃放爆竹、饮屠苏酒、树桃符等。

---

[1] 《荆楚岁时记》，"四部备要"本。
[2] 陈元靓编《岁时广记》卷五；《容斋续笔》卷二"岁旦饮酒"条。
[3] 即用桃木刻神荼、郁壘二人，放于门口。后来贴门神、对联之俗即由此演化而来。见《风俗通义》卷八"桃梗、苇茭、画虎"条。
[4] 《中州集》卷一〇。
[5] 《拙轩集》卷四，"石莲盦九金人集"本。

除夕还有守岁、祭灶、驱傩等俗。刘从益《岁除夕次东坡守岁韵》云:"殷勤守此岁,来岁复如何。南邻祭灶喧,北里驱傩哗。须臾罢无为,但听楼鼓挝。"①

此外,每逢元旦,皇帝即御座,鸣鞭报时之后,接受皇太子及文武百官参拜。致词、奏乐后,皇帝举酒宴饮臣僚。同时,相邻各国如宋、高丽、西夏等遣使来贺,有奏乐、举酒等仪。②赵秉文《甲子元日大安早朝》诗云:"阙角苍龙建(一作"转")斗杓,衣冠万国大安朝。使臣未入分班立,殿陛将升按笏招。彩殿中间瞻北极,丹墀侧畔听箫韶。太初甲子天元朔,万岁常瞻玉烛调。"③金国也派贺正旦使于元日到达邻国致贺。如由宋降金的施宜生曾以翰林侍讲学士的身份任贺正旦使,于绍兴三十年贺宋正旦。④

二、晦日

每月最后一天称晦日,元月晦日有送穷之俗。唐人在这天"沥酒"、"拜街",以送穷祈福。金人沿袭此俗。元好问《送穷》诗云:"煎饼虚抛塩撒堆,满城都道送穷回。不如留守穷新妇,贵女何曾唤得来。"⑤将煎饼抛弃,表示送走"穷鬼"。

三、人日

正月初七为人日,俗以是日天气清明者则人生繁衍。元好问《人日有怀愚斋张兄纬文》诗中有"明月高楼燕市酒,梅花人日草堂诗"⑥句。

四、上元

正月十五日,又称元宵节、灯节。

---

① 《中州集》卷六。
② 《大金集礼》卷三九《元旦称贺仪》。
③ 《闲闲老人滏水文集》卷七。
④ 岳珂《桯史》卷一"施宜生"条,中华书局1981年版。
⑤ 《遗山先生文集》卷一二。
⑥ 《遗山先生文集》卷一〇。

张灯是上元的主要风俗。上元张灯之俗最晚在唐朝时已渐流行开来。《唐会要》卷四九"燃灯"条云，玄宗先天二年（713年）二月，"胡僧婆陁请夜开城门，燃灯百千炬，三日三夜，皇帝御延喜门，观灯纵乐，凡三日夜"。开元二十八年（740年）"以正月望日，御勤政楼，讵燕群臣，连夜燃灯，会大雪而罢，因命自今常以二月望日夜为之"。"天宝三载（744年）十一月敕，每载依旧正月十四日、十五日、十六日开坊市燃灯，永为常式。"此后，上元张灯之俗历代相沿不改。

女真本无上元张灯之俗，后由宋传入。据说金初有一被女真从中原掳来的僧人，在上元节以长竿擎灯，欢庆佳节。太宗（吴乞买）见了大骇，问臣僚说，这莫非是星星吗？臣僚据实回答，太宗仍有疑虑，以为僧人以灯作联络信号，"啸聚为乱"，便命人将他杀了。后来女真到了燕地，才知上元张灯之俗，①并且成了深得各族重视的习俗。海陵王于贞元元年"正月元夕张灯，宴丞相以下于燕之新宫，赋诗纵饮尽欢而罢"。②大定二十七年，"正月元夕张灯，琉璃、珠缨、翠羽、飞仙之类不一，至有一灯金珠为饰者。都人男女盛饰观玩，至十八日而罢"。③元好问《京都元夕》诗云："袨服华妆着处逢，六街灯火闹儿童。长衫我亦何为者，也在游人笑语中。"④形象地描绘出了灯节盛况。

五、中和

唐德宗贞元间始以二月一日为中和节，因与二月二日龙台头日相连，后来常常将二者混为一个节日。

据《大金集礼》卷三二载，金代有中和节，按规定休假一日。

六、上巳

金代上巳节俗来自中原。王寂《鸭江行部志》载：明昌二年（1191年）二月，他因公事有鸭绿江之行。其三月上巳日（初三）条云："是日，阴霾，终夕面壁块然坐，念往岁曲水流觞，笙歌鼎沸。年来奔走荒山，殊无聊赖，戏作一绝云：'禊饮年年湆水滨，

---

① 《松漠记闻》卷上。
② 《大金国志》卷一三,《海陵炀王上》。
③ 《大金国志》卷一八,《世宗圣明皇帝下》。
④ 《遗山先生文集》卷一一。

补夹衣初试趁芳春。那知海上风沙恶，不似长安天气新。'"① 禊饮，即上巳日宴聚；长安，这里指金中都大兴府。又，朱弁《上巳》诗云："行行春向暮，犹未见花枝。晦朔中原隔，风烟上巳疑。常令汉节在，莫作楚囚悲。早晚鸾旗发，吾归敢恨迟。"② 因作者是作为宋朝使节于金初使金被留不遣，居云朔二十年。他在上巳日毫无情趣，除了地域原因之外，还在于心情。

七、四月八日

据《大金集礼》卷三二"休假"条载，金以四月八日为佛诞日。党怀英因友人生子四月八日，有诗云："宴寝香凝佳梦兆，与佛同生佛亲抱。"③

八、端午

五月（初五），又称端阳、重五、重午。

通常认为端午节起源于纪念我国最早的诗人屈原投汨罗江。历来有插艾叶、系彩丝、悬菖蒲、饮黄酒、吃粽子、浴兰汤、赠扇子、划龙舟等俗。金代端午节俗，亦大体如此。党怀英《端午日照道中》诗云："几年客舍逢端午，今日东行复海隅。三岁已无平老艾，一杯聊作辟愁符。"④ 滕茂实《五日》云："节物惊心动远思，薰风又见浴兰时。空寻好句书纨扇，无复佳人系彩丝。酒注菖蒲唯欲醉，筒包菰黍不胜悲。"⑤ 这两首诗大体记述了金代的端午节风俗。《金史·刘从益传》载，从益曾为叶县令，及死，叶人为表达哀思，"以端午罢酒为位而哭"，也说明饮酒是端午的主要食俗。

大约自战国以后，民间俗称五月为恶月，五月初五为恶日。东汉以来，此说得到广泛流行，禁忌颇多。东汉应劭《风俗通义》云："五月初五以五彩丝系臂者，辟兵及鬼，令人不病瘟。"又说："俗说五月初五生子，男害父，女害母。""五月到官，至免不迁"。⑥《荆梦岁时记》亦云，五月俗称恶月，多禁忌。金人也多信此说，然而元好问却

---

① 罗继祖、张博泉注释本，第42—43页，黑龙江人民出版社1984年版。
② 《中州集》卷一〇。
③ 《君锡生子四月八日》，《中州集》卷三。
④ 《中州集》卷三。
⑤ 《中州集》一〇。
⑥ 吴树平《风俗通义校释》第436页，天津人民出版社1980年版。

将恶月之说斥之为"田家媪火炉头语"。①

俗忌五月,流行广泛而久远。周煇《清波杂志》卷七说,宋人忌正、五、九月,在这三个月里,仕宦者不交印,俗忌牢不可破",实在是"不经之甚"。直到清代,京师仍有恶五月之说,所谓"善正月,恶五月"。②有五月不搬家、不糊窗户之俗。

九、三伏

据《大金集礼》卷三二"休假"条载,有三伏节。

十、七夕

七月初七。七夕是传说中牛郎织女相会的日子,是唤起人们尤其是诗人产生遐想的时刻。郭彦邦《七夕》诗云:"箱中回驭锦机闲,天上悲欢亦梦间。月夜并肩人不见,萧萧风叶满骊山。"③是说唐玄宗与杨贵妃的悲剧。杜佺《七夕》诗云:"高楼人散酒罇空,漫拟新文送五穷。独倚南窗夜岑寂,一钩凉月下疏桐。"④元德明《七夕》诗云:"天河唯有鹊桥通,万劫欢缘一瞬中。惆怅五更仙驭远,寂寥云幄掩秋风。"⑤从诗中反映出七夕有登楼、饮酒和望星月等俗。

十一、中元

金代中元节承袭了中原传统祭祖风俗。《大定改元七月十五日祭山陵祝文》云:"孟秋既望,新谷将升。感时序以兴怀,仰园陵而致孝,荐馨香于令节,庶仿佛其生平。庸者精诚,冀垂昭鉴。尚飨。"⑥又,《七月十五日祭保陵公祝文》云:"列圣园陵,

---

① 《靖德昭儿子高户字说》,《遗山先生文集》卷三九。
② 《帝京岁时纪胜》,《燕京岁时记》,北京古籍出版社 1981 年版。
③ 《中州集》卷七。
④ 《中州集》卷八。
⑤ 《中州集》卷一〇。
⑥ 《金文最》卷六一。

神实保佑。比颁显册,封以上公。申敕有司,俾修祀事。从厥岁序,著为彝仪。"①

此外,女真人有于七月十五日拜天射柳之俗。"故事,五月五日、七月十五日、九月九日拜天射柳,岁以为常。"②

十二、中秋节

八月十五日。中秋节是家人团聚之日,有赏月、饮酒等俗。宇文虚中《中秋觅酒》云:"今夜家家月,临筵绮照楼。那知孤馆客,独抱故乡愁。"③萧贡《中秋对月》云:"去年中秋客神京,露坐举杯邀月明。今年还对去年月,北风黄草辽西城。"④人们由赏月又会联想起与月亮有关的传说。如朱弁《丙申中秋不见月》云:"兔疑停杵臼,蟾岂逊风尘。默识嫦娥意,承平赏更新。"边元鼎《八月十四日对酒》云:"须臾蟾蜍弄清影,恍然不是人间景。金波淡荡桂树横,孤在玻璃千万顷。"⑤海陵王完颜亮迁汴,当中秋夜,因"待月不至",十分不快,于是赋《鹊桥仙》云:"停杯不举,停车不发,等候银蟾出海。不知何处片云来,做许大通天障碍。虬髯撚断,星眸睁裂,惟恨剑锋不快。一挥截断紫云腰,子细看嫦娥体态。"⑥

以上诗词把嫦娥、玉兔、蟾蜍、桂树等与月亮有关的传说都融于诗词之中,反映了同中原一样,饮酒、赏月是中秋的主要习俗。

十三、重阳

九月初九,又称重九。重阳节历来有赏菊、饮酒、登高、插茱萸等俗,这些也是金代重九风俗。

宇文虚中《又和九日》云:"一时旌节出,五见菊花开。强忍玄猿泪,聊浮绿蚁杯。"⑦绿蚁乃酒的代称。朱弁《重九》云:"九日今何地,寒深紫塞霜。敢嫌芦酒

---

① 《金文最》卷六一。
② 《金史》卷二《太祖纪》。
③ 《中州集》卷一。
④ 《中州集》卷五。
⑤ 《中州集》卷二。
⑥ 岳珂《桯史》卷八。
⑦ 《中州集》卷一。

浊，且对菊花尝。"①表现了重阳赏菊、饮酒之俗。雷渊《九日登少室绝顶同裕之分韵得萝字》："闲居爱重九，佳人重相过。登高酬节物，少室郁嵯峨。"②元好问《十日作》云："重阳拟作登高赋，一片伤心画不成。"③反映了重九登高的风俗。姚孝锡《重九偶成》："天边今日又重阳，陇树红飞雁信霜。且插茱萸慰寒鬓，莫将诗句挠回肠。"④说明重九有插茱萸的习俗。

十四、下元

十月十五日为下元节。下元源于道教，道家有三官，即天官、地官、水官。称天官赐福，地官赦罪，水官解厄。"水官解厄之日，宫观士庶设斋建醮，或解厄，或荐亡。"⑤

据《大全集礼》卷三二"休假"条，有下元节，放假三日。

---

① 《中州集》卷一〇。
② 《中州集》卷六。
③ 《中州集》卷一〇。
④ 《中州集》卷一〇。
⑤ 吴自牧《梦粱录》卷六，《东京梦华录》（外四种），文化艺术出版社1998年版。

第三节 节 气

据《大金集礼》卷三二"休假"条将立春、春分、清明、立夏、立秋、立冬、冬至等列为法定假日推测,二十四节气中的其他节气亦当传入,只是不如上述诸节气重要。

一、立春

中原地区向有立春"击土牛"、"送寒牛"、"进春牛"、"鞭春牛"和"作春饼"、"馈春盘"、"食春菜"等俗。

与牛有关的习俗,起源甚早。《礼记·月令》云,季冬之月,命有司"击土牛以送寒气"。击土牛就是作土牛。《后汉书志·礼仪志中》云:季冬"立土牛六头,于国都郡县城外丑地,以送大寒"。击土牛、送寒牛等都是取送寒迎春之意。后来的所谓"进春牛"、"鞭春牛"等,盖源于此。

这一风俗长期延续下来。《东京梦华录》卷六"立春"条载,北宋时,"立春前一日,开封府进春牛入禁中鞭春"。《梦粱录》卷一"立春"条载,南宋时,"临安府进春牛于禁庭,立春前一日,以镇鼓罗吹妓乐迎春牛,往府衙前迎春馆内,至日侵晨,郡守率僚佐以彩仗鞭春"。

作春盘、馈春盘、食春菜等俗,均有久远的历史。《岁时广记》卷八引唐《四时宝镜》云:"立春日,食芦菔春饼生菜,号春盘。"《摭遗》云:"东晋李鄂,立春日命芦菔芹菜为菜盘馈贶,江淮人多效之。"《齐民月令》云:"凡立春日食生菜,不可过多,取迎新之日而已。"

金朝立春风俗,大体与前代相同。有击土牛及生吃新鲜蔬菜和饮酒等俗。《金史·

---

① 《岁时广记》卷八,"丛书集成初编"本。

海陵纪》云:"立春,观击土牛。"岳行甫《立春日》诗曰:"银线青丝翠碗堆,争牛击鼓欲惊雷。翻风斗巧春头胜,漉雪浮香賸尾杯。"① 银丝青丝,指蔬菜;賸尾盃,賸同腊,指腊酒。滕茂实《立春》云:"宫花插帽枝枝秀,菜甲堆槃种种新。拘窘经时成土俗,聊从一醉适天真。"② 朱弁《善长命作岁除日立春》云:"土牛已着劝农鞭,苇索仍专捕鬼权。且喜春盘兼守岁,莫嗟腊酒易经年。"③ 这些诗篇都是金代立春风俗的写照。

立春还有吃乳猪肉的食俗。元德明《谢张使君梦弼馈春肉》云:"牙猪肋厚一尺玉,盐花入深蒸脱骨。韭芽蓼甲春满盘,走送茅斋慰幽独。"④

二、寒食、清明

寒食虽非节气,但因其时间与清明相连,风俗相杂,这里一并叙述。

寒食相传起于晋文公为悼念介之推事,因介之推抱木焚死,遂定这天禁火寒食,又称熟食节。晋陆岁羽《邺中记》附录云:"冬至一百五日为介之推断火,冷食三日,作干粥。"又云:"寒食三日作醴酪,又煮粳米及麦为酪,拒寿杏仁煮作粥。"清明在寒食后一两日,历来有踏青、扫墓、烧纸钱等俗。食麦粥、杏粥、稠汤之类,也是寒食、清明的传统食俗。北宋寒食、清明有食稠饧、麦糕、乳酪、乳饼之俗。⑤ 这些节俗,在金国各地亦有流行。如,王寂《辽东行部志》说,他于寒食之日行宜民(在今辽宁辽阳东北)道中,见"山林间居民携妻孥上冢,往来如织"。朱弁被金拘留期间,在《寒食感怀次韵吴英叔》诗中写道:"榆钱何处迎新火,杏粥频年系此心。"又,《寒食》云:"纸钱灰入松楸梦,饧粥香随榆柳烟。"⑥ 麻九畴《清明》云:"村村榆火碧烟新,拜扫归来第四辰。城里看家多白发,游春总是少年人。"⑦

以上诗文说明金代寒食、清明有禁火、扫墓、祭祖、踏青等俗。

此外,有春分、立夏、立秋、立冬、冬至等节。

---

① 《中州集》卷七。
② 《中州集》卷一〇。
③ 同上。
④ 同上。
⑤ 《东京梦华录》卷七。
⑥ 《中州集》卷一〇。
⑦ 《中州集》卷六。

第四节 圣 节

金同宋辽一样，以皇帝生日为圣节，太宗始立。不见关于海陵王圣节记载。现据《大金集礼》、《金史》本纪列表如下：

庙号或谥号	节名	时间	建节时间	资料来源
太宗	天清节	十月十五日	不详	《大金集礼》卷二三"圣节"、《金史·太宗纪》
熙宗	万寿节	正月十七日	天会十三年六月二十一日	《大金集礼》卷二十三"圣节"
世宗	万春节	三月一日	大定元年十二月二十六日	《大金集礼》卷二三"圣节"
章宗	天寿节	九月一日	大定二十九年三月	《金史·章宗纪一》
卫绍王	万秋节	八月十日	不详	《金史·卫绍王纪》
宣宗	长春节	三月十三日	不详	《金史·宣宗纪下》
哀宗	万年节	八月二十三日	不详	《金史·哀宗纪上》

其实圣节并非都是皇帝的真正生日。如熙宗生日本为七月七日，但因七月七日是其父"景宣皇帝（宗峻）忌辰"，"又以暑雨泥潦，使驿艰阻"，于是改作正月十七日为"万寿节"。① 章宗生辰本为七月二十七日，初以生辰为天寿节，后亦因"雨水淫暑，外方人使赴阙，有碍行李"，改作九月一日，并通报邻国。后来又改为十月十五日。②

皇帝有在圣节接受亲王、百官祝寿、设宴庆贺、做佛事及受邻境使节朝贺等俗。如天会四年（1126年）十月丁未，天清节，高丽、夏遣使来贺。③ 八年（1130年）十月甲申，天清节，齐、高丽、夏来贺。明昌三年（1192年）九月庚午，朔，天寿节，"以

---

① 《大金集礼》卷二三"圣节"。
② 《金史》卷八三《张汝霖传》；《金史》卷一二《章宗纪四》。
③ 《金史》卷三《太宗纪》。

八仙祝寿（缂丝，《金代丝织艺术》）

皇帝太后丧，不受朝"。① 说明如无特殊情况，皇帝在圣节受贺。四年九月甲子，朔，天寿节，御大安殿，受亲王百官及宋、高丽、夏使来贺。② 崇庆元年（1212年）八月，万秋节，"以兵事不设宴"。③ 如无兵事照例是要设宴的。元光二年（1223年）三月丙辰，长春节，"免朝"。④ 当时正值兵戈时期，也就一切从简了。天兴二年（1233年）八月二十三日是哀宗过的最后一次圣节，其情景颇为凄惨。《汝南遗事》卷三载："乙未，万年节，上思太后泣下，左右悲感，不能仰视。时州郡上表称贺者二十余处。敌人大势已过钧，许矣。"

《大金集礼》卷三九和《金史·礼志六》记载了世宗"圣节称贺仪"或称圣诞上寿仪的程序：皇帝就御座，鸣鞭报时，殿前班起居毕，舍人引皇太子、臣僚、使节入，舞蹈五拜，平立。皇太子等再拜，进寿酒，二瞭使拜跪致词："万春令节，谨上寿卮，伏愿皇帝陛下万岁万万岁。"世宗答道："得卿等寿酒，与卿等内外同庆。"词毕，臣僚又是舞蹈五拜。尚有教坊奏乐、皇帝举酒等仪式。继之，则是邻国使臣进酒，皇帝饮，赐宴，奏乐，使臣再拜等仪。

大定六年（1166年）正月，世宗御大安殿，受皇太子以下百官及外国使贺，赐宴，文武五品以上侍坐者有定员，以后遂为常制。王寂《万春节口号》诗（万春节，世宗圣节）云："翠舆黄缴望天颜，警跸西清缀两班。瑞日曈曈明彩仗，香云霭霭拥篷山。已闻贺使朝金阙，伫见降王款玉关。君寿国安从此始，老人星现丙丁间。"又，《万春节宴罢述怀》诗云："去岁宫花插满头，玉阶端笏觐珠旒。如金沦落江淮上，始觉哀残两鬓秋。"⑤ 都写出了万春节的盛况。

---

① 《金史》卷九《章宗纪一》。
② 《金史》卷一〇《章宗纪二》。
③ 《金史》卷一三《卫绍王纪》。
④ 《金史》卷一六《宣宗纪下》。
⑤ 《拙轩集》卷三，"石莲盦九金人集"本。

"龟鹤齐寿"花钱(《金源文物图集》)

第十一章

游 艺

第一节　口头文学

金代各民族的口头文学从一个侧面反映了当时人们的信仰、心理及社会问题。

一、女真自度歌

女真语"自度歌"是女真民歌。《金史·后妃传上》载，景祖昭肃皇后唐括氏一次为了调节桓赧与散达二人的纠纷，"因自作歌，桓赧、散达怒乃解"。可惜歌词已失传，但其内容是即席唱出来的，并含有政治内容，从中可以看出女真口头文学已从宗教迷信色彩很浓的原始民歌向带有政治性的民歌、民谣过渡。[①]

二、汉语歌谣、谚语

金朝世宗大定间，在中都和北方流行一首童谣："鞑靼去，赶得官家没去处。"[②]反映了北方鞑靼将成金国边患。

章宗时，民间流行"经童作相，监女为妃"的谚语，是讽刺章宗重用经童出身的胥持国为相及宠幸出身微贱的妃子李师儿。表达了民众对胥持国和李师儿互为表里、专擅朝政的不满情绪。章宗后期，金朝由盛转衰，当时有童谣云："易水流，汴水流，百年易过又休休。两家都好住，前后总成留。"[③]以易水代表燕京（金中都），以汴水代

---

① 金启孮《论金代的女真文学》，载《沈水集》，内蒙古大学出版社1992年版。
② 赵珙《蒙鞑备录》，"说郛"本。
③ 《金史》卷二三《五行志》。

表汴京。这首童谣被认为是后来宣宗贞祐间金朝受来自北方民族的侵扰而从中都南迁汴京的预言。

宣宗贞元年（1213年），卫州有童谣："团圞冬，劈半年，寒食节，没人烟。"次年正月，元兵破卫，城遂成废墟。① 又，兴定五年（1221年），京师有童谣云："青山转，转青山，耽误尽，少年人。"是说由于战乱，人人皆兵，战山谷，战斗不休，兵士从少年而老年，② 反映了人民的厌战情绪。

金代朝野行猜谜语，章宗颇好此道。他曾与李妃露坐梳妆台，信口说："二人土上坐。"李妃应声道："一月日边明。"既是写实，又是字谜。二人土上为"坐"，一月日边为"明"。这里还透着李妃的机敏，难怪深得章宗宠幸。章宗曾令蜀人杨圃祥编《百斛珠》刊行，清人史梦兰《金宫词》有"雅谜编成珠百斛，看灯相唤斗心裁"③句，即咏章宗好谜一事。

① 《金史》卷二三《五行志》。
② 同上。
③ 《辽金元宫词》第119页。

第二节　音乐、舞蹈与曲艺

金代音乐，舞蹈与曲艺都有不同程度的发展，特别是以董解元《西厢记》为代表的诸宫调对后世音乐、戏曲发展产生重大影响，被称为"北曲之祖"。

一、音乐

音乐同人们的日常生活有密切的联系。女真女子到了出嫁年龄，藉歌求偶；萨满在通神、治病或驱邪逐祟、诅咒别人时，一边口唱巫歌，一边手舞足蹈。

女真早期乐器少，歌曲单调。《金志》云："其乐惟鼓笛，其歌惟鹧鸪曲，第高下长短如鹧鸪声而已。"原来辽和北宋地区入金后，其乐器大都流传下来。金初，许亢宗出使金国，到达咸州时，州守为他设宴接风，席间演奏乐曲，使用的乐器有腰鼓、芦管、笛、琵琶、方响、筝、笙、箜篌、大鼓、拍板等，"曲调与中朝一同"，只是演奏技巧不及中原，"腰鼓下手太阔，声遂下；而管笛声高，韵多不合"。①

天会五年（1127年），金攻取汴京后，将宋朝大批演乐艺人、内家乐女、钩容班（军乐队）、大晟乐工、教坊乐工以及乐器、乐书、乐章等劫往金国。金朝从此"始有金石之乐"，并且建立宫廷音乐，到大定、明昌之际，"日修月葺，粲然大备"。②

金朝宫廷音乐有雅乐、散乐（燕乐）、鼓吹乐和本朝乐曲等。

雅乐，用于祭祀、皇帝即位、册命皇太子太孙以及接受外使朝贺等重大仪式。金朝雅乐制度是大定十一年（1171年）参照唐开元和宋开宝年间的制度议定的。乐曲以"宁"字为名，如"乾宁之曲"、"昌宁之曲"、"丰宁之曲"、"肃宁之曲"、"福宁之曲"、

---

① 《许亢宗行程录疏证稿》，贾敬颜《五代宋金元人边疆行记十三种疏证稿》第243页。
② 《金史》卷三九《乐志上》。

散乐图（赵励墓壁画，《金中都遗珍》）

"洪宁之曲"、"坤宁之曲"、"永宁之曲"等。其乐器大抵与宋"大晟乐"相同。

散乐，即燕乐，用于元日、圣诞称贺及宴请外国使臣，由教坊演奏。其乐器、乐曲名都已失传。鼓吹乐，是马上乐，皇帝出行时由仪仗队演奏。金代鼓吹乐是参照辽、宋鼓吹乐谱成的。本朝乐曲，简称本曲，原是女真民歌。世宗为了使女真不忘旧俗，每于宴会上令歌者唱女真语歌曲。大定十三年，世宗在睿思殿命歌者歌女真词，对皇太子及诸王说："朕思先朝所行之事，未尝暂忘。故时听此词，亦令汝辈知之。"① 大定二十五年，世宗回到上京，大宴宗室，宗妇于皇武殿，宗室妇女及群臣故老以次起舞，进酒。世宗说："吾来数月，未有一人歌本曲者，吾为汝等歌之。"世宗所唱"本曲"被译成汉文保存在《金史·乐志上》之中，歌词内容是"道王业之艰难，及继述之不易"。当世宗唱到"慨思祖宗，宛然如睹"的时候，"慷慨悲激，不能成声，歌毕泣下"。世宗歌后，诸夫人也改唱本曲。②

本曲这种女真语民歌，在世宗的倡导下，经常出现在宫廷的宴会上，成为宫廷音乐"燕乐"的一部分。

据《金史·乐志上》载，金代乐器有钟、磬、箫、埙、篪、笛、笙、竽、箫、匏、搏拊、柷、敔、琴、瑟、鼓、钲、拱辰管、筛、大横吹、筚篥、铙，等等，与两宋乐器大抵相同。随着金宋和战交往，女真音乐在南宋也有传播。南宋朝廷因女真等音乐流行，"声音乱雅"，而多次颁布诏令予以禁止。③ 当然，各族人民这种文化交流的大势不是靠行政命令所能阻止得了的。

二、舞蹈

古代的乐与舞往往是分不开的，金代也是如此。

"臻蓬蓬歌"，是辽金之际流行于今北京一带的民歌，它又是舞曲。据《宣政杂录》载：

> 宣和初，收复燕山，以归朝金民来居京师，其俗有《臻蓬蓬歌》，每叩鼓和臻蓬蓬之音节而舞，人无不喜闻其声而效之者。其歌曰："臻蓬蓬，外头花花里头空，但看明年正二月，满城不见主人翁。"本北谶，故京师不禁，然次年正月徽宗南

---

① 《金史》卷七《世宗纪中》。
② 《金史》卷八《世宗纪下》。
③ 《宋会要辑稿》兵一五之一二、一三。

乐舞人物纹带銙(《金源文物图集》)

金乐舞俑(《金源文物图集》)

幸，次年二圣北狩。①

后来流行于清朝满汉族中的"太平鼓"当同辽金之际的臻蓬蓬歌舞有一脉相承的关系。

镜舞，可能是同萨满教信仰有联系的一种舞蹈。在表演时，有五六个妇女面涂丹粉，身着艳衣，各持两面镜子，"高下其手，镜光闪烁，如祠庙所画电母"。②

踏锥舞。王恽《西苑怀古和刘怀州韵》云："彩凤箫声彻晓闻，宫墙烟柳接龙津。月边横吹非清夜，镜里蓬莱总好春。行殿基存蕉作土，踏锥舞歇草留茵。野花岂解兴亡恨，犹学宫妆一色匀。"诗人在诗末注云："踏锥，舞名。见景元所录金人遗事。"③

莽势。杨宾《柳边纪略》卷三载，清代满洲大宴会上男女必更迭起舞，其舞姿"大率一举袖于额，反一袖于背，盘旋作势，曰莽势"。其中一人歌，众人则以"宫齐"二字和之，谓之"空齐"。杨宾自注云："《金志》所谓作鹧鸪声者近是。"

还有一种舞蹈，"舞者六七十人，但如常服，出手袖外，回旋曲折，莫知起止，殊不可观"。④

三、曲艺

（一）杂剧

我国戏剧发源甚早，其渊源可以追溯到周秦的乐舞，汉魏六朝的散乐以及隋唐的歌舞和俳优（参军戏），到辽宋时流行一种名为"杂剧"的表演形式。《东京梦华录》中多处提到杂剧、般杂剧、小杂剧、哑杂剧、诸军缴对杂剧、露台弟子杂剧、勾杂剧等。《宋史·乐志十七》云："真宗不喜郑声，而或为杂剧词，未尝宣布于外。"《辽史·乐志》载，每当庆贺皇帝生辰和宴请宋国使臣时，席间穿插演出杂剧。

金朝建立后，辽宋杂剧被继续保存下来。《许亢宗行程录》记载了金初北方演出"百戏"的场面，"有大旗、狮豹、刀牌、砑鼓、踏索、上竿、斗跳、弄丸、挝簸旗、筑毬、角抵、斗鸡、杂剧等"，将杂剧列于百戏之内。金朝在对宋战争中，掳获北宋大批杂剧及其他艺人。如，天会五年正月二十五日，金人令杂剧、说话、弄影戏、小说、

---

① 《说郛》卷 47 下，见《说郛三种》，上海古籍出版社 1998 年版。
② 《许亢宗行程录疏证稿》。
③ 《元诗选》初集第 484 页，中华书局 1987 年版。
④ 《许亢宗行程录疏证稿》。

戏剧人物俑（正、背两面，《金源文物图集》）

嘌唱、弄傀儡、打筋斗及其他乐人一百五十余家押赴军前，解往金国。几天后，又索杂戏一百五十人。① 大批北宋杂剧艺人入金，为金代杂剧发展提供了条件。

杂剧是金朝宫廷典礼和接待外国使者的宴会中不可缺少的节目。如，《金史·礼志十一》载，新定夏使仪注说，"候押宴等初盏毕，乐声尽，坐。至五盏后进食，六盏、七盏，杂剧"。《大金国志》卷三《楚国张邦昌录》云，张邦昌册立后，"遇金人至则遽易服，卫士等曰，伶人往日作杂剧，每装假官人，今日张太宰作假官家"。《遗史》载，天会四年冬，金兵攻克北宋汴京。次年正月上元，宗翰、宗望设筵，与宋钦宗在刘家寺观灯，席间"悉呈百戏，露台弟子祗应倡优杂剧罗列于庭"。② 沈作喆《寓简》卷一云："伪齐刘豫既僭位，大飨群臣，教坊进杂剧。"③

优伶平时可出入宫掖，为皇帝后妃演出。《金史·元妃李氏传》载：

> 一日，章宗宴宫中，优人瑇瑁头者戏于前，或问："上国有何符端？"优曰："汝不闻凤皇见乎？"其人曰："知之，而未闻其详。"优曰："其飞有四，所应亦异。若向

---

① 《三朝北盟会编》靖康中帙五二、五三。
② 《三朝北盟会编》靖康中帙四九。
③ "丛书集成初编"本。

上飞则风雨顺时,向下飞则五谷丰登,向外飞则四国来朝,向里飞则加官进禄。"上笑而罢。

"里飞"是"李妃"的谐音。

辽宋和金中期以前的杂剧,从内容到形式都很复杂,有人说它不过是与"杂耍"一流的表演形式而已,①此说虽未必妥当,但是这时的杂剧同后来金元之际盛行的那种具备念白、歌唱、情节、表演的作为纯粹意义上的戏剧——杂剧,显然是有区别的。

金代末期杂剧,又称院本。《南村辍耕录》卷二五"院本名目"条说:"唐有传奇,宋有戏曲、唱诨、词说。金有院本、杂剧、诸宫调。院本、杂剧,其实一也。"明朱权《太和正音谱》解释说,"院本者,行院之本也",也就是行院所演的杂剧。对于行院,目前存在不同的理解,主要有以下四种说法:行院者大抵金元人谓倡伎所居;②行院是冲州撞府的流动歌舞演出班;③行院指演剧的勾栏——剧场,或亦兼指妓院;④行院实则包括了旧时所称的妓女、乐人、伶人、乞者等类人的含义。⑤

文献和考古资料说明金代戏曲是相当流行的。到了元代,杂剧空前繁荣,成为元代文学的代表形式,在文学史上与唐诗、宋词并称。元杂剧的根基是在金代奠定下来的。在元杂剧剧目中,有不少是金代作品,杂剧作家中,有的生活在金元之际,有的就是女真人。

(二) 说话、诸宫调、连厢词

1. 说话

"说话",是流行于唐宋的说唱形式,宋代的说话分小说、说经、讲史等,说话用的底本称"话本"。到了金代,说话受到上自帝王下至市民的喜爱。《金史·佞幸传》载:"张仲轲幼名牛儿,市井无赖,说传奇小说,杂以俳优诙谐语为业。海陵引之左右,以资戏笑。"说传奇小说既然成为一种职业,那么以此为业者必非张仲轲一人,说话的场所也不会局限于宫廷。说话是各阶层人喜闻乐见的表演形式。

2. 诸宫调

诸宫调又称诸般品调,据说首创于生活在北宋神宗、哲宗、徽宗时期的孔三传。对此,《东京梦华录》卷五"京瓦伎艺"条、《都城纪胜》"瓦舍众伎"条、《碧鸡漫志》卷二、《梦粱录》卷二等都有记载。

---

① 参见郑振铎《中国俗文学史》下册第 1 页,作家出版社 1957 年版。
② 王国维《宋元戏曲考》,《王国维戏曲论文集》第 59 页,中国戏曲出版社 1957 年版。
③ 郑振铎《中国俗文学史》下册第 38 页。
④ 周贻白《侯马董氏墓中五个砖俑的研究》,《文物》1959 年第 10 期。
⑤ 胡忌《宋金杂剧考》第 10 页,古典文学出版社 1957 年版。

诸宫调是有说有唱、以唱为主的表演形式，属于曲艺的一种。由两人表演，一人说唱，一人伴奏。诸宫调的歌唱部分由若干不同宫调组成，故称"诸宫调"。流传下来的金代诸宫调，有《刘知远诸宫调》（残本）和《西厢记诸宫调》。

3. 连厢词

连厢词也是一种说唱表演形式。表演时，有一人歌唱，三人伴奏，分别弹琵琶、弹筝、吹笛。另外有各种角色，随着唱词表演相应的动作。"舞者不唱，唱者不舞"。直至清代在北方仍有流行，称为打连厢、唱连厢、连厢搬演。[①]

---

① 毛奇龄《西河词话》卷二，文渊阁"四库全书"本。

第三节 体育与游戏

金代体育与游戏项目丰富多彩，既有具有北方民族特色的骑射、射柳、击球、角抵等，又有源于中原的弈棋、投壶、放纸鸢等。

一、骑射

女真人勇敢顽强，善于骑射，"上下崖如飞，济江不用舟楫，浮马而渡，精射猎"。[1] 如果说骑射最初主要是女真人谋取生存的手段的话，那么后来的农业生产有了很大发展的情况下，骑射已成为女真人特别是其上层的体育和娱乐活动了，正如阿骨打对宋朝使臣所说，"我国中最乐无如打猎"。[2] 随着女真进入中原汉族地区日久，生活环境和方式有了很大变化，骑射这种充满尚武精神的体育娱乐活动渐趋式微，被汉族传统的围棋、双陆、象棋等所代替。

金世宗为了保持女真的生活方式、民族特点，大力倡导恢复女真旧俗。大定三年（1163年）诏曰："女真旧风，凡酒食会聚，以骑射为乐。今则奕棋双陆，宜悉禁止，令习骑射。"[3] 二十六年（1186年），世宗告诫宰臣，令猛安谋克户勿忘骑射："西南、西北两路招讨司地隘，猛安人户无处围猎，不能闲习骑射。委各猛安谋克依时教练，其弛慢过期及不亲监视，并决罚之。"[4] 明昌四年（1193年），章宗敕令女真进士及第后，"仍试以骑射，中选者升擢之"；[5] 还规定"女真人及百姓不得用网捕野兽，及不得放群雕狂

---

[1] 《三朝北盟会编》政宣上帙三。
[2] 《茅斋自叙》，《三朝北盟会编》政宣上帙四。
[3] 《金史》卷八〇《阿离补传》。
[4] 《金史》卷八《世宗纪下》。
[5] 《金史》卷一〇《章宗纪二》。

害物命，亦恐女真人废骑射也"。① 这些措施都是旨在鼓励骑射，不忘旧俗，然而毕竟是无法重振女真当年的雄风了。

二、射柳

射柳是与骑射密切相关的体育竞技活动，通常在拜天后进行。

射柳的方法，据《金史·礼志八》载：在毬场插两行柳枝，参加射柳者以尊卑为序，各以手帕标志出要射的柳枝，在离地几寸的地方，削去树皮，这便是射柳的鹄的。先以一人驰马前导，然后，射者驰马以无羽横镞箭射之。既断柳枝，又以手接住，飞驰而去者为优胜。射断柳枝而不能接者，次之。射断鹄的以外的地方，或射中而不能断者，以及不能中者，为负。当射柳时，场外的观众击鼓助兴。这确实是一种精彩的骑射比赛，要有高超的骑术和娴熟的射技方有可能获得优胜。

金代帝王经常在宫廷中举行射柳活动，并让百姓观看。大定三年五月五日，太宗"幸广乐园射柳，命皇太子、亲王、百姓皆射，胜者赐物有差"。② 明昌元年五月，"戊午，拜天于西苑。射柳、击毬，纵百姓观"。③

女真射柳系来源于辽朝旧俗"瑟瑟仪"。瑟瑟仪通常是为祈雨而举行的仪式。《辽史·礼志一》记载：如遇天旱，选择若旱，择吉日行瑟瑟仪以祈雨。前期，吉日举行"瑟瑟仪"以祈祷降雨。在举行仪式之前，先搭建一个天棚。到了吉日，皇帝首先祭奠先帝，然后射柳。皇帝射两次，亲王、宰执依次各射一次。次日，在天棚东南种植柳树，巫师用酒、黍、稗进献植柳之前，并且祝祷。皇帝、皇后向东方祭祀之后，由子弟射柳。

金朝射柳来源于辽朝瑟瑟仪，但是已经有了变化：一是与祈雨无关；二是有了固定的日期，通常在五月五日举行。

女真重五射柳之俗为元、清两代所沿袭。元人射柳之俗，据熊梦祥《析津志》载：每逢端午节举行射柳之仪。其具体作法，是将柳枝插入土中，各以手帕系在柳枝之上，以为标志。然后，射柳者策马前行，同时张弓引箭，以射断各人所志之柳者为胜，"此武将耀武之艺也"。④ 以上记载，与女真射柳近似。清人射柳情景，据潘荣陛《帝京岁

---

① 《金史》卷九《章宗纪一》。
② 《金史》卷六《世宗纪上》。
③ 《金史》卷九《章宗纪一》。
④ 《析津志辑佚》第 204 页，北京古籍出版社 1983 年版。

时纪胜》"天坛"条载:"帝京午节极胜游览。或南顶城隍庙游回,或午后家宴毕,仍修射柳故事,于天坛长垣之下,骋骑走红解。"①在清人咏端午节的风俗诗中有"球场射柳马如飞,艾叶催装七事衣"②之句,可见射柳仍是清代端午节的重要风俗。

三、击球

击球是风行金朝全国的体育活动。女真击球,系承袭渤海和辽朝旧俗。宫廷中每逢重午拜天之后,即行射柳、击球之戏,击球有时也在其他的日子里进行。

关于击球的情景,据《金史·礼志八》记载:在球场南端立两根柱子,柱间置板,板下开一孔为球门,球门用网为囊。球如拳头大小,用木制作。击球者各乘自己平时常乘之马,手持球杖,杖顶如弯月形状。上场人员,分成两队,争击一球,以击入球门者为胜。

击球运动深得金朝各阶层人特别是帝王公卿达官贵人的爱好。太宗天会五年,完颜宗翰、完颜宗望俘宋徽宗、钦宗北归,途经真定府时,二人让徽宗与皇后看打球,宗翰等也入球场击球。打球罢,让徽宗赋一首打球诗,徽宗诗云:"锦袍骏马晓棚分,一点星驰百骑奔。夺得头筹须正过,无令绰拨入邪门。"(原注:绰拨、邪门皆打球家语。)③

金朝帝王常常在宫廷设场击球,大定八年,世宗击球于常武殿,有人上书谏曰:"陛下为天下主,守宗庙社稷之重,围猎击球皆危事也。前日皇太子坠马,可以为戒,臣愿一切罢之。"世宗却不以为然,他说:"祖宗以武定天下,岂以承平遽忘之邪。皇统尝罢此事,当时之人皆以为非,朕所亲见,故示天下以习武耳。"④世宗所言,当非遁辞,他是把击球作为保持女真骑射传统的一种手段来提倡的。

为鼓励习武,金朝曾将击球列为策论进士的考试科目,到泰和七年(1207年),章宗才下令免除。⑤

辽金时期的击球运动直接影响到了蒙元。南宋赵珙《蒙鞑备录》说:"如彼(蒙古)击鞠,止是二十来骑,不多用马尔,恶其哄闹也。击罢,遣人来请我使人至彼,乃曰:'今日打球,如何不来?'"《析津志》亦载有元代击球的风俗:每逢五月初五、九月初

---

① 《帝京岁时纪胜》第21页,北京古籍出版社1982年版。
② 《北京风俗杂咏》,第20页,北京古籍出版社1982年版。
③ 曹勋《北狩闻见录》,"丛书集成初编"本。
④ 《金史》卷一三一《马贵中传》。
⑤ 《金史》卷一二《章宗纪四》。

九，太子、诸王以及怯薛（禁卫军）中能击球者，在西华门内广场上行击球之戏。先以一马前驰，这时将用皮革缝制的马球掷在地上，群马奔腾，击球者骑在马上，手执长藤柄杖，争相击球。行动迅速而技艺高超者，可将球挑起掷于空中，而球不离杖，马走如飞。将球打入球门中者为胜。当其击球之时，盘屈旋转，快如流电过目，使观者动心骇志，精神振奋。①

据上引《蒙鞑备录》、《析津志》所载，蒙元击球与金时大抵相同，是一脉相承的。

四、角抵

金朝建国前后，角抵在女真中就有流行。《金史·阿徒罕传》载，阿徒罕为人孝悌，好施惠，健捷善弋猎，"至角抵、击鞠，咸精其能"。后来，角抵深为金朝皇帝所乐见。《金史》卷五本纪中不止一次地记载海陵王在宫廷中观看角抵。如贞元三年，"六月丙戌，登宝昌门观角抵，百姓纵观"。正隆元年正月，戊午，海陵王生辰，宋、高丽、夏遣使来贺，乙丑，"观角抵戏"。大约由于角抵的过度流行，曾有所限制。章宗明昌四年三月，"定制民习角抵、枪棒罪"。②

角抵在汉人中亦有流行。元好问《续夷坚志》卷一载，秀容东南双堡王增寿，号为外力，"善角抵，人莫能敌"。

五、棋类

围棋经常成为文人歌咏的题材。如完颜璹《内族子锐归来堂》："东郭风烟宜蕙帐，南山猿鹤识纶巾。清尊雅趣闲棋味，盏盏冲和局局新。"③ 王若虚《宫女围棋图》："尽日羊车不见过，春来雨露向谁多。争机决胜元无事，永日消磨不奈何。"④ 元好问《杂著九首》中有："泗水龙归海县空，朱三王八竟言功。围棋局上猪奴戏，可是乾坤斗两雄。"⑤ 这些诗篇反映了围棋在宫廷和贵族中的流行。

---

① 《析津志辑佚》第203—204页，北京古籍出版社1983版。
② 《金史》卷一〇《章宗纪二》。
③ 《中州集》卷五。
④ 《滹南遗老集》四五，"石莲盦九金人集"本。
⑤ 《遗山先生文集》卷一一。

六、其他

（一）投壶

投壶，本古代宴会的礼制和游戏。据《礼记·投壶》载，此戏是将矢投入酒壶中，以投入多少决胜负，负者饮酒。《后汉书·祭遵传》云："对酒设乐，必雅歌投壶。"这种古雅的礼制和游戏，也为女真贵族、文臣武将所接受。《金史·完颜弼传》载，完颜弼"平生无所好，惟喜读书，闲暇延引儒士，歌咏投壶以为常"。元好问《千户赵侯神道碑铭》云："河朔用武之国，自金朝南驾，文事扫地，后生所习见，唯驰逐射猎之事，莅官政者或不能执笔记名姓。风俗既成，恬不知怪。惟侯在军旅中，日以文史自随，延致名儒，考论今古，穷日夕不少厌。时或投壶、雅咏、挥麈清坐，倡优杂戏不得至其前。"① 显然，投壶在当时被视为一种儒雅的活动。

（二）纸鸢

纸鸢，俗谓风筝，相传初为韩信所作。汉高祖刘邦征陈豨，韩信作纸鸢放之，以量未央宫之远近。② 后来，放纸鸢成为一种常见的民间游戏。

金代民间流行放风筝，这可以从许多诗篇中得到说明。《中州集》卷首载，山阳民家有显宗御书一诗云："心与寥寥太古通，手随轻籁入天风。山长水阔寻无处，声在乱云空碧中。"此诗无题，据判断为风筝诗。又，石抹世碏《纸鸢》诗云："鸥鹭雕鹗谁雌雄，假手成形本自同。果物戏人人戏物，为风乘我我乘风。扶摇漫拟层屑上，高下都归半纸中。儿辈呶呶方竚目，岂知天外有冥鸿。"③ 此诗虽似借题发挥，但可以说明放风筝是当时流行的游戏。金朝末年，京城被蒙古兵围困，金人放纸鸢以传递文书。④ 元好问《壬辰十二月车驾东狩后即事诗五首》之一中"只知河朔归铜马，又说台城堕纸鸢"⑤ 即咏此事，说明放风筝在平时必为人们所习见。

（三）撒雪

据王恽《秋涧先生大全文集》卷七七《江神子》序云："金朝遗风，冬月头雪，令僮辈团取，比明，抛亲好家。主人见之，即开宴娱赛，谓之撒雪。"清人陆长春《金宫词》中有"开宴刚逢撒雪时，数峰青敛远山眉"⑥ 句，即咏此戏。

---

① 《遗山先生文集》卷一九。
② 高承《事物纪原》卷八"纸鸢"条。
③ 《中州集》卷八。
④ 《金史》卷一一三《赤盏合喜传》。
⑤ 《元遗山先生文集》卷八。
⑥ 《辽金元宫词》第62页。

第十二章

社会组织

【 第一节　家庭结构与观念 】

金朝初年，女真与汉人的家庭结构和观念存在很大差别，随着社会的发展，女真家庭结构有所变化，儒家论理道德也逐渐成为金代家庭观念的主流。

一、家庭结构

恩格斯在论及专偶制家庭形式时说："专偶制是不以自然条件为基础，而以经济条件为基础，即以私有制对原始的自然产生的公有制的胜利为基础的第一个家庭形式。"①

在女真内部确立之后，小家庭逐渐成为主要家庭形式。《金史·世纪》载，"生女直之俗，生子年长即异居"。《金史·撒改传》亦载："及诸子长，国俗当异宫居。"说的就是这一历史现象。兄弟多者，也不一定尽数异居。如景祖乌古迺生有九子，有劾者、世祖劾里钵、劾孙、肃宗颇剌淑、穆宗盈歌等当到了异居的年龄，景祖说："劾者柔和，可治家务。劾里钵有器量智识，何事不成。劾孙亦柔善人耳。"于是命劾者与劾里钵同居，分掌家务和外事，劾孙与颇剌淑同居。②

女真早期至金初，这种小家庭虽已出现，但一般仍处在聚族而居的大家庭内。

金朝中期，兄弟同居者仍然存在。如大定二十年（1180年），"诏戍边军士年五十五以上，许以其子及同居弟侄承替"，③就是说尚多有兄弟同居者。然而各自独立的小家庭越来越成为主要的形式。大定二十二（1182年），在丞相乌古论元忠说："彼方（指山东）之人以所得之地为家，虽兄弟不同处。"并认为这是"贫者众"的原因。参政

---

① 《马克思恩格斯选集》第四卷第 62—63 页，人民出版社 1995 年版。
② 《金史》卷一《世纪》；《金史》卷七〇《撒改传》。
③ 《金史》卷四四《兵志》。

粘割斡特剌也说:"旧时兄弟虽析犹相聚种,今则不然。"①说明"析居""分种"的小家庭已占主导地位。

汉族家庭一般也以小家庭为主。据梁方仲统计,金代几个年份每户平均口数:

世宗大定二十七年(1187年)		6.58
章宗明昌元年(1190年)		6.55
明昌六年(1195年)		6.71
泰和七年(1207年)	(一)	5.96
	(二)	6.36②

金律对汉族,大体仿唐律,"旧例,祖父母、父母不得令子孙别籍,其支折财产者听"。③正是基于这一传统道德观念及律令,汉人的大家族当相对比女真多。中原地区有一些世代形成的大家族。如济宁李氏,自唐迄金章宗明昌间已历五百余年,阖族大小五百口,散居诸村,"阡陌连接,鸡犬相闻,大率俱以力田为业"。④又,嘉祥成氏之族,自唐以来历十余世,到章宗承安间,已成为巨族,有"数十余户","自梁唐已来,未有如此之巨族也"。⑤

二、家庭成员的地位

(一)家长与其他成员关系

在女真早期家庭中,家长有很大的权威,"祖父一言,子孙终生奉之弗敢违"。⑥父母对子女甚至有生杀之权。石鲁有一子名乌古出,酗酒,并屡悖其母,其母遂与乌古迺(乌古出之兄)将乌古出谋杀。部人得知后,想杀乌古迺,但其母说:"(乌古出)为子而悖其母,吾割爱而杀之,与乌古迺无关。"众人遂无话可说。⑦

(二)夫妻关系

妻妾从属于夫,但夫对妻妾在法律上无生杀予夺之权。金律规定:"殴伤妻者,减凡人二等,死者以凡人论。""殴妾折伤以上,各减妻罪二等。""(妻)谋杀夫者,皆

---

① 《金史》卷四四《兵志》。
② 《中国历代户口、田地、田赋统计》第165页,上海人民出版社1985年版。
③ 《金律之研究》第83页。
④ 黄晦之《济宁李氏祖茔碑》(明昌六年),《金文最》卷八六。
⑤ 鹿汝弼《成氏葬祖先坟茔碑》(承安四年),《金文最》卷八六。
⑥ 赵翼《廿二史札记》卷二八"金初父子兄弟同志"条。
⑦ 《金史》卷一《世纪》。

斩。"①

(三) 妻妾关系

妻高于妾,其名分地位不可倒置,"以妻为妾者,徒二年,各还正之"。②

(四) 兄弟关系

兄弟具有平等的地位。跋黑幼时常与同母弟争抢饮食,其父石鲁"见而恶之",说此子"后必为子孙之患"。③

(五) 主奴关系

主人对奴婢有绝对权威,法律对奴隶犯主行为的处罚极严。"奴婢杀主者,皆斩。""若奴婢詈主者,绞。"④奴婢骂了主人,即处绞刑,实在过于严酷。

(六) 嫡庶关系

中国古代宗法制度称正妻为嫡妻,嫡妻之子为嫡子;妾为庶,其子称庶子。女真早期家庭,妻妾名分不同,嫡庶观念不重。嫡庶观念应是在熙宗、海陵王时随着中原儒家文化的传播而逐渐强化起来的。海陵王完颜亮的嫡母徒单氏是宗干正室,生母大氏是宗干次室。《金史·后妃传上》说:"海陵自其母大氏与徒单嫡妾之分,心常不安。"说明此时已颇重嫡庶之分了。世宗得知嫡孙完颜璟(后来的章宗)生后,喜出望外。他对近臣说:"朕诸子虽多,皇后止有太子一人而已。今幸得嫡孙,观其骨相不凡……朕甚嘉之。"⑤也说明了这点。

在皇位继承上,金朝立嫡制度是熙宗时确立起来的。金朝建国前,景祖乌古迺以后五世,都是兄终弟及。太祖阿骨打死后,传位给其弟太宗吴乞买。早在太宗死前,宗璟、宗翰、宗干等争夺皇位斗争激烈,皇储问题久拖不决。天会十年(1132年),宗翰、宗辅、完颜希尹入朝与宗干商议说:"谙班勃极烈(实为皇储)虚位已久,今不早定,恐授非其人。合剌(完颜,后来的熙宗),先帝(太祖)嫡孙,当立。"⑥完颜因是太祖嫡孙而立为储嗣的。皇统二年(1142年),熙宗在《立皇子济安为皇太子诏》中说,"立子立贵","稽载籍传嫡之格言,有前代承平之故事"。⑦又在《皇子生大赦天下制》中说:"礼重世嫡,为其承七庙之尊。"⑧

---

① 叶潜昭《金律之研究》第152、112页,台湾商务印书馆1972年版。
② 叶潜昭《金律之研究》第88页。
③ 《金史》卷六五《始祖以下诸子传》。
④ 《金律之研究》第113、151页。
⑤ 《金史》卷六四《后妃传下》。
⑥ 《金史》卷四《熙宗纪》。
⑦ 《金文最》卷四。
⑧ 《金文最》卷一一。

世宗也遵循立嫡的原则。当其长子允恭病死后，立允恭长子完颜璟为皇太孙。完颜璟在世宗死后即皇帝位。贞元年（1213年）闰九月，宣宗立长子守忠为皇太子。诏曰："皇太子守忠性秉温良，地居长嫡，以次第言之，则宜升储嗣……其定为皇太子。"① 说明立嫡原则已经确立起来，而且被收入金律。承安五年（1200年），定"立嫡违法者徒一年"。②

爵位、猛安及财产继承等，亦有嫡庶之分。突合速的诸子"分财异居"时，其次室子与近室子之间争袭财产和猛安，世宗得知后，说："次室子岂当受封邪。""遂以嫡妻长子袭"。③ 世宗曾针对司徒张通古的不肖子孙鬻卖田宅一事，诏曰："自今官民祖先亡没，子孙不得分割居第，止以嫡幼主之，毋致鬻卖。"并"著于令"。④

（七）养子、养女

金代流行收养本族人婴儿为养子、养女的风俗。太宗吴乞买为世祖第四子、太祖阿骨打同母弟。生后，"初为穆宗养子"。⑤ 章宗钦怀皇后蒲察氏，出生后，"就养于姨冀国公主。既长，孝谨如事所生"。⑥ 宣宗皇后王氏为明惠皇后之妹。因无子，遂收养其姊所生守绪（后来的哀宗）为己子。

金律禁止皇族收养异姓男子。章宗承安五年（1200年）九月，"定皇族收养异姓男子者徒三年，姓同者减二等"。⑦

三、家庭观念

家庭是构成社会的最基本要素，为了维护社会的稳定，金朝统治者大力提倡儒家伦理道德观念，把它作为齐家治国的根本，儒家伦理道德逐渐成为金代家庭观念的主流。

（一）孝悌

金朝最高统治者把孝敬父母、友爱兄弟作为人的行为的最高准则。大定十四年（1174年）世宗对皇太子及亲王说："人之行，莫大于孝弟。孝弟无不蒙天日之佑。汝等宜尽孝于父母，友于兄弟。自古兄弟之际，多因妻妾离间，以至相违。且妻乃外属耳，

---

① 《金史》卷九三《守忠传》。
② 《金史》卷一一《章宗纪三》。
③ 《金史》卷八〇《突合速传》。
④ 《金史》卷八一《赵𪟝传》。
⑤ 《金史》卷三《太宗纪》。
⑥ 《金史》卷六四《后妃传下》。
⑦ 《金史》卷一一《章宗纪三》。

可比兄弟之亲乎。若妻言是听，而兄弟相违，甚非礼也。"①世宗还把女真原始、质朴的旧风说成是符合儒家思想的。他说："女真旧风最为纯真，虽不知书，然其祭天地，敬亲戚，尊耆老，接宾客，信友，礼意款曲，皆出自然，其善与古书所载无异。"②

孝行、孝悌在汉族家庭观念里，更是居于首位。王朋寿《类林百篇赞》的头两篇便是孝行、孝悌。孝行篇赞云："孝乎惟孝，百行之先。"孝悌篇赞云："人之爱厚，莫甚天伦。连枝之戚，同气之亲。"③

在"百行孝为先"观念的影响下，出现了许多父母有病，子女刲骨疗亲的事例。《金史》本传说，庞迪"性纯孝"，父病，医药无效，庞迪仰天祝祷，"刲骨作羹"，居然治好了父病。《金史·孝友传》载，温迪罕斡鲁补十五岁丧父，居丧期间，不饮酒食肉，"庐于墓侧"。母病，"刲股肉疗之，疾愈"。王震，母患风疾，"刲骨肉杂饮食中，疾遂愈"。刘政，母疾，昼夜侍奉，衣不解带，"刲骨肉啖之者再三"。《金史·列女传》载，聂舜英父亲被创伤，她以"刲其股杂他肉以进"。

孝悌常常被作为美德懿行而载入史册或写进墓志，受到世人的尊重。《王氏先茔之碑》云，王杰，字邦美，"教其子弟，一以孝友忠信，里少年有悍戾不率者，亦必委屈镌谕，使之改而后已，由是中外重之"。④《千户贾侯父墓铭》云，贾佐，字巨平，"事父兄以孝悌闻，待友朋以忠信称，乡党宗族，莫不服其淳德"。⑤《遗安先生言行碣》云，王磵，字逸宾，"孝于亲，友于弟，诚于人，笃于己。远近论文行，必曰王逸宾矣"。《孝义县丞崔公墓铭》云，崔宪，字子贞，"慈祥孝友，笃密恺悌，人无得而称焉。然天下学士大夫言善人，必曰子贞云"。⑥

在山西、河南等地多次发现金代墓葬中有反映孝行故事的画像石刻和壁画。1979年在山西永济发现贞元元年青石棺，棺帮上绘有二十四孝图，每图各标内容题记。左为王武子、刘殷、田真、杨香、刘明达、王祥、袁觉、赵孝宗、孟宗、姜诗、王伓、老莱子；右为鲁义姑、蔡顺、鲍山、睒子、郭巨、闵子骞、丁栏、曾参、韩百榆、曹娥、董永、舜子。⑦1983年在山西长子县发现的金代正隆间壁画墓中有二十四孝人物画，依次为：舜子、刘明达、董永、鲍山、赵孝宗、杨昌（香）、元觉、姜师、鲁义姑、曾参、蔡顺、闵子骞、睒子、陆绩、刘殷、丁兰、王祥、郭巨、王武子妻、韩伯榆、田

---

① 《金史》卷七《世宗纪中》。
② 同上。
③ 《金文最》卷二〇。
④ 王若虚《滹南遗老集》卷四一。
⑤ 同上书，卷四二。
⑥ 《闲闲老人滏水文集》卷一一。
⑦ 张青晋《山西永济发现金代贞元元年青石棺》，《文物》1985年第8期。

真兄弟、孟宗、曹娥、老莱子①。在山西沁源县发现过大定八年所绘的二十四孝图，与长子县壁画墓内容相同。1973年在河南焦作市郊发现的承安间邹瑰画像石墓有十一幅故事图，如曹娥哭江寻尸，丁兰刻木奉母，杨香打虎救父，郭巨为母埋儿得金，王祥卧冰求鲤，孟宗哭竹，闵子骞单衣顺继母等。②二十四孝中人物在各地长期流传中略有变化，加之金墓中壁画、画像石均出自民间，书写、刻画者文化水平不一名字难免出现歧异。这些雕像和壁画都是海陵王、世宗、章宗时期的作品，同金朝孝的观念在这个期间的广泛流行是相吻合的。上述正史、碑传、考古文物等资料一致反映了金代人们共同的心理状态，"忠以报国，孝以起家"③已成为社会上所公认的家庭观念和道德规范。

（二）妇道、节烈

我国传统的妇道（如三从四德）、节烈等观念已在不同程度上为金代各族妇女所接受，并且体现在行动中。如葛王（后来的金世宗）妃乌林艺合氏为免遭海陵王的戕害而自杀身亡。她在上世宗遗书中说："尝谓女之事夫，犹臣之事君。臣之事君，其心惟一，而后谓之忠。女之事夫，其心惟一，而后谓之节。故曰忠臣不事二君，贞女不更二夫。"④王寿朋《烈女篇赞》云："女行能全，终于贞烈。不为柔存，宁蹈刚折……三从不违，四德罔缺。"《贤女篇赞》云："孝养舅姑，调和姒娣。截发待宾，断机教子。"⑤也反映了当时社会所倡导的观念。《金史·列女传》共收22人，既有汉人，也有女真人。她们的事迹不外是丈夫亡故之后，誓不改嫁，孝养公婆；倘遇变故，自毁容貌，或以死保其清白。如雷某之妻师氏，丈夫死后，依然孝养公婆，婆婆生病，则割下自己胳膊上的肉给婆婆吃。公婆死后，别人逼他改嫁，师氏誓死不从，投井而死。朝廷得知后，令地方官祭其墓，赐谥曰"节"。

---

① 山西省考古研究所晋南工作站：《山西长子县石哲金代壁画墓》，《文物》1985年第6期。
② 河南省博物馆、焦作市博物馆：《河南焦作金墓发掘简报》，《文物》1979年第8期。
③ 元好问《大丞相刘氏先茔神道碑》，《遗山先生文集》卷二八。
④ 《金文最》卷五〇引《采璧》。《金文最》辑录者张金吾案："采璧，明孙惟熊撰，中载昭德皇后上世宗书，未详何本，姑录之以俟续考。"此书所反映的乌林苔氏的贞节观念与《金史》卷六四《后妃传》所载言行的精神一致，或有所本。
⑤ 《金文最》卷二〇。

第二节 邑 社

金承辽俗，民间有邑社组织，称千人邑。不过从传世碑刻情况看，未必都能达到此数。

一、邑社宗旨

建立邑社的目的，是为修缮寺院、供给道粮、崇奉佛经等。如《宜州厅峪道院建藏经千人邑碑》（皇统八年）载，为建藏经之所，而纠合千人，立为一社。①《兴中府尹银青改建三学寺及供给道粮千人邑碑》（大定七年）载，银青为改建三学寺和供给道粮，乃"纠千人邑"。②《齐东镇行香院碑》（大定十三年）载，为寺院塑三世诸佛等像，而"糺化千众"。③

二、邑社组织

邑社成员称"邑人"。邑社设有邑长、提点等。如前引宜州千人邑碑载，"众推马为邑长，以颜寿等为提点"。

---

① 《金文最》卷六六。
② 《金文最》卷六八。
③ 《金文最》卷六九。

三、集资方式

当因时因地因事而定。如兴千府千人邑是不问僧尼道流男女老幼,每岁十月一日,人各纳钱二百、米一斗,永给道粮",结果是"邑无累月,几就千人",然后将邑人姓名,刻于碑阴。

后 记

本书是《全彩插图本中国风俗通史丛书》之一卷。原为《中国风俗通史·辽金西夏卷》的辽金编，于2001年出版。根据出版社的要求，新版辽金与西夏分别立卷。本卷与初版相较，主要是增配图片，做到图文并茂。文字部分，除改写导言之外，原则上一仍其旧，未作太大变动，只是改正个别谬误，重新核对引文及做若干增删。本应借此次再版及辽金、西夏各自成卷之机，吸取新近研究和考古成果，充实内容，使之更臻完善，但是由于限期交稿，未能如愿，留下些许遗憾。

本书图片大都采自公开出版的相关著作、图集和期刊，主要有：中国历史博物馆、内蒙古自治区文化厅编《契丹王朝》，内蒙古自治区文物考古研究所、哲里木盟博物馆编《陈国公主墓》，河北省文物研究所编《宣化辽墓壁画》，孙建华编著《内蒙古辽代壁画》，王健群、陈相伟《库伦辽代壁画墓》，梅宁华主编《北京辽金史迹图志》，北京市文物研究所编《北京金代皇陵》，鲍海春、王禹浪等编《金源文物图集》、赵评春、赵鲜姬《金代丝织艺术》以及《文物》等。这里谨向相识与不相识的编著者朋友表示衷心的感谢。

此外，对出版社在这套丛书出版十五年后予以增订再版并将辽金西夏分作两卷，以及责任编辑的辛勤劳动，一并致以诚挚的谢意。

宋德金

2016年10月16日

图书在版编目（CIP）数据

辽金风俗/宋德金著.-上海：上海文艺出版社.2017
（全彩插图本中国风俗通史丛书/陈高华,徐吉军主编）
ISBN 978-7-5321-5726-6
Ⅰ.①辽… Ⅱ.①宋… Ⅲ.①风俗习惯史－中国－辽金时代
Ⅳ.①K892
中国版本图书馆CIP数据核字（2017）第120630号

出 品 人：陈　征
责任编辑：徐华龙
封面设计：王志伟

书　　名：辽金风俗
作　　者：宋德金
出　　版：上海世纪出版集团　上海文艺出版社
地　　址：上海绍兴路7号　200020
发　　行：上海文艺出版社发行中心发行
　　　　　上海市绍兴路50号　200020　www.ewen.co
印　　刷：山东临沂新华印刷物流集团
开　　本：787×1092　1/16
印　　张：32.5
插　　页：5
字　　数：633,000
印　　次：2018年1月第1版　2018年1月第1次印刷
I S B N：978-7-5321-5726-6/K·356
定　　价：270.00元
告 读 者：如发现本书有质量问题请与印刷厂质量科联系　T:0539-2925888